마이클 로즈의 목소리는 신선하면서도 선명하고 강렬하다. 신학적 기반이 탄탄하고 성경학에 대한 깊은 이해로 무장한 그는 성경 전반의 본문을 다양하게 사용해 인종적, 경제적 정의라는 현대 문제를 능숙한 솜씨로 다룬다. 풍부한 예시를 활용해 누구나 쉽게 이해할 수 있도록 글을 쓰는 로즈는 불의가 판치는 세상에서 정의를 세울 수 있도록 교회에 시의적절한 도전을 제기한다. 변화의 여정을 시작하도록 우리를 창의적으로 도발하고 초청하는 이 책을 강력히 추천한다.

존 바클레이 John Barclay
영국 더럼대학교 신학과 라이트풋 교수

예수님은 하나님 나라가 "주여, 주여"라고 말하는 사람이 아니라 "내 아버지의 뜻대로 행하는" 자들의 것이라고 말씀하신다. 이 책은 성경의 지면을 가득 메운 정의의 풍부한 광맥을 활용하여 아버지의 뜻대로 행하라는 예수님의 부르심을 진지하게 탐구한다. 로즈의 연구는 매우 개인적이고 해석학적이며 도전적이다. 이 책은 극복할 수 없는 불의의 문제들로 독자들이 무력감과 낙심에 시달리게 버려두지 않고, 전인적 제자도에 대한 복음의 폭넓은 범위와 비전에 매료되게 해줄 것이다. 교회들, 특별히 특권적 유산을 가진 교회가 이 책이 제공하는 도전과 기회를 놓치지 않고 붙들기를 기도한다.

매슈 린치 Matthew Lynch
리젠트대학 구약학 부교수

성경학, 신학, 윤리학, 실천 신학에 대한 전문적 지식과 경험을 두루 겸비한 학자를 만나기란 쉬운 일이 아니다. 마이클 로즈는 바로 그중 한 사람이며, 이 책에서 그는 이 모든 학문이 예수를 따른다는 의미를 이해하는 데 어떤 도움이 되는지 보여준다. 로즈는 성경을 신학적이고 선교학적으로 읽는 방법에 대한 본을 보여줌으로써 오늘날 제자도의 길을 걷는 이들에게 명확한 지침을 제공한다. 예수를 따르는 모든 사람이 이 책에서 유익을 얻을 것이다.

보 H. 임[Bo H. Lim]
시애틀 퍼시픽대학교

이 시의적절한 책은 인종 관계에 대한 직접적인 경험에서 출발하여 전체 성경에 대한 통찰력 있는 읽기와 구체적인 적용을 바탕으로 탄생했다. 이 책에서 로즈는 제자도를 핵심 주제로 다루며, 정의라는 덕목을 통해 하나님의 백성이 형성된다는 제자도의 개념을 설득력 있게 주장한다. 이것은 사회, 경제, 정치적 삶의 영역에서 하나님의 공의를 신실하고 지혜롭고 용감하게 구현하라는 강력한 요청이다. 꼭 필요하며 대단히 유익한 책이다!

대니얼 캐럴 로즈[M. Daniel Carroll R.]
휘튼대학과 대학원 성경학, 교육학의 성경 출판 사역 교수 오늘날 교회는 정의를 향한 성경의 비전에 따라 훈련받아야 할 긴박한 필요를 안고 있다. 마이클 로즈는 구약과 신약 본문을 폭넓게 조명하여 정의를 향한 부르심이 믿음의 공동체에 대한 하나님 비전의 핵심임을 보여준다. 이 책은 목회자, 신학생 그리고 많은 사람이 값비싸지만 보람 있는 소명을 발견하도록 도전할 것이다.

카르멘 아임스 Carmen Imes
바이올라대학교 탈봇신학대학원 구약학 부교수,
『하나님의 이름을 품다』(Bearing God's Name)와
『하나님의 형상이 되다』(Being God's Image) 저자

이 책에서 가장 인상 깊었던 한 가지는 마이클 로즈가 정보를 제공하고 독자들을 도전하기 위해 다양한 목소리를 들려준다는 점이다. 로즈는 지나치게 세세한 부분에 얽매이지 않으면서도 성경적, 신학적, 선교적 분석을 엄밀하게 수행한다. 또 정의의 개념이 무엇을 의미하는지 명확히 알고 싶어 하는 모든 현대의 독자에게 현명하면서도 사려 깊은 안내자 역할을 톡톡히 해주고 있다.

데니스 에드워즈 Dennis R. Edwards
노스파크신학교 학장

놀라울 정도의 선명성과 폭넓은 지식, 실제적 확신이 돋보이는 이 책은 성경의 한 이야기로서 정의의 문제를 들려준다. 그것은 매우 세세한 성경 내용, 이스라엘과 교회의 심층적 역사, 평범한 사람들의 고결한 삶을 토대로 한 이야기다. 강한 확신에 차 있지만 시종일관 우아한 격조를 유지하는 이 책은 선명한 시각의 선지자이자 온유한 스승이신 하나님과의 대화로 독자들을 초청한다.

조너선 트랜 Jonathan Tran
『아시아계 미국인과 인종 자본주의의 정신』
(*Asian Americans and the Spirit of Racial Capitalism*) 저자

마이클 로즈는 자신의 지배적인 열정에 충실하다. 그는 타락한 세상에서 하나님의 정의대로 산다는 것이 무슨 의미인지에 대해 통찰력 있는 성경 적용의 또 다른 향연을 선사해주었다. 창의적으로 성경에 접근하지만, 설득력은 갖추지 못한 사람들이 있다. 그러나 이 책은 다양한 성경 본문의 형성하는 힘을 신선하고 창조적인 방식으로 탐구할 뿐 아니라 그 본문의 윤리적이고 선교적인 요구를 적용하는 데 도전적일 정도로 설득력을 발휘한다. 로즈는 복음의 중심성을 신실하게 고수하는 동시에 성경 연구에 철저하며, 더 나아가 선지자적 비판의 용기를 아낌없이 발휘한다.

크리스토퍼 라이트 Christopher J. H. Wright
랭햄 파트너십 인터내셔널 사역 디렉터,
『이것이 너희 신이다』(*Here Are Your Gods*, IVP 역간) 저자

마이클 로즈의 정의에 대한 탐구는 현실적이며 예리한 통찰력이 돋보인다. 이는 어렵게 배운 교훈과 치밀한 신학적 탐구와 겸허함의 산물이다. 인생의 경험을 토대로 한 구체적인 논증으로 이 책에 선명성과 설득력을 부여하되 '정의와 의'를 쫓으라는 성경의 명확하고 굽힐 줄 모르는 요청에서 절대 이탈하지 않는다. 이 책은 제자도의 본질적인 범주인 정의를 소홀히 여기는 사람들에게 분명한 경고 나팔을 울리며, 하나님의 백성이 불의한 세상에서 어떻게 하면 더 신실한 제자가 될 수 있는지에 대한 대화로 초대한다.

미셸 나이트 Michelle Knight

트리니티 복음주의 신학대학교 구약학, 셈어 부교수

이 책을 읽자마자 바로 든 생각은 우리 교회 장로님과 집사님, 교인들이 꼭 이 책을 읽어야 한다는 것이다. 성경이 경제적 연대라는 깊이 있는 관계를 요구한다는 것을 제대로 모르는 그리스도인이라도 마이클 로즈의 탁월한 책을 읽고 나면, 그 사실을 분명히 알게 될 것이다. 로즈는 욥기, 시편, 신명기처럼 윤리적 지침과는 무관해 보이는 성경 본문들을 종합해 하나님의 백성이 하나의 민족임을 일깨워주며, 총체적 구원의 길은 현재 널리 알려진 것보다 정의와 공동체에 대한 더 깊은 이해가 필요함을 강조한다.

맬컴 폴리 Malcolm Foley

모자이크 웨이코 교회 목사, 트루트신학교 흑인 교회학 연구 책임자

그리스도인의 정의란
무엇인가?

Just Discipleship
Originally published in English under the title: *Just Discipleship* by
Michael J. Rhodes
Copyright ⓒ 2023 by Michael Jemison Rhodes
Published by InterVarsity Press, P. O. Box 1400, Downers Grove, IL
60515, USA.
www.ivpress.com
All rights reserved.

This Korean translation edition ⓒ 2024 by Timothy Publishing House,
Inc., Seoul, Republic of Korea
Published by arrangement with InterVarsity Press, Lisle, Ilinois, USA.

이 한국어판의 저작권은 InterVarsity Press와 독점 계약한 (주)도서출판
디모데에 있습니다.
신저작권법에 따라 한국 내에서 보호받는 저작물이므로 무단 전재와 무단
복제를 금합니다.

그리스도인의 정의란 무엇인가?

1쇄 발행 2024년 7월 18일

지은이 마이클 로즈
옮긴이 김진선
펴낸이 고종율
펴낸곳 (주)도서출판 디모데〈파이디온선교회 출판 사역 기관〉
등록 2005년 6월 16일 제 319-2005-24호
주소 서울특별시 서초구 서초대로 141-25(방배동, 세일빌딩)
전화 마케팅실 070) 4018-4141
팩스 마케팅실 02) 6919-2381
홈페이지 www.timothybook.com

ISBN 978-89-388-1707-5 (03230)
ⓒ 2024 도서출판 디모데 All rights reserved. 〈Printed in Korea〉

그리스도인의 정의란 무엇인가?

마이클 로즈 지음 · 김진선 옮김

세상이 불의에 눈 감을 때
그리스도인이 세워야 할 정의

예수님을 사랑하고
그분의 말씀을 신뢰하도록 가르쳐주신
마이크 로즈와 게이 로즈 두 분에게
이 책을 바칩니다.

공의로우신 왕을 사랑하며 사는
삶의 기쁨을 누리기를 바라며
아이제이어, 에이머스, 노바, 주블리에게
이 책을 드립니다.

- 차 례 -

추천의 글 ··· 15

1부. 정의로운 제자도의 지형 탐색

1장. 이 책의 배경 ··· 25

2장. 승리에 이르는 정의 ··· 35

3장. 도덕적 제자도를 위한 지도 ··· 63

2부. 정의로운 제자 되기

4장. 축제로 형성되는 정의로운 성품: 신명기 ··· 91

5장. 정의를 향한 노래: 시편 ··· 135

6장. 지혜 없는 정의, 정의 없는 지혜: 잠언 ··· 173

7장. 제자도라는 선물과 과업: 요한일서 ··· 217

3부. 정의로운 백성 되기

8장. 희년의 원리로 세워지는 정의의 공동체: 레위기 … **257**

9장. 성경에서 현대까지 이어지는 희년의 정신 … **289**

10장. 공동체 식탁에서 의자 재배치: 고린도전서 … **329**

4부. 정의로운 정치

11장. 정치 참여를 위한 요셉 방식의 함정 … **359**

12장. 정의로운 정치를 위한 다니엘 방식 … **389**

13장. 기쁨을 위한 정의로운 제자도 … **433**

감사의 글 … **447**

주 … **451**

추천의 글

브렌트 스트론
(Brent A. Strawn)

기독교는 책의 종교다. 그 이상일 수도 있지만 그 이하가 아닌 것은 확실하다. 성경은 기독교라는 명칭에 걸맞은 모든 종파에 없어서는 안 되는 책이다.

기독교의 '책(성경) 사랑'은 수많은 유익과 더불어 적지 않은 어려움을 안겨준다. 긍정적인 측면에서 보자면, 성경 중심성은 교회에 길잡이 역할을 해준다. 교회는 가장 꼼꼼하게 관심을 기울이며 존중해야 하는 부분이 어디인지, 교회가 삼위로 존재하신다고 고백하는 하나님에 대해 최선의 깨달음을 얻기 위해 어디를 살펴봐야 하는지 알고 있다(혹은 알아야 한다). 부정적인 측면에서 보자면, 문제의 책인 성경이 좋게 말해서 복잡하다는 사실이다. 신앙심이 깊은 사람이라도 진득하게 앉아서 성경을 보고 있을 인내심을 발휘하기가 쉽지 않다. 세상은 빠르게 변하고 우리는 손쉽게 정보를 얻을 수 있다(물론 값싼 정보는 보통 그 값을 하지만). 여기에 복잡성을 더하는 것은, 그 근원에 있는 것은 아니지만, 성경의 고대성이다. 심지어 전문가라도 복잡하고 오래된 고대 문서를 장시간 붙들고 씨름하기가 쉽지 않다. 하물며 성경과 그 특별한 의미에 관해 전문적인 대화를 하고자 원어로 그 본문을 읽는 수고야 말해 무엇하겠는가.

불행하게도 세 번째 어려움이 있다. '인생에 유익해야 하는' 책이라고 하기엔 성경의 형식이 이 일에 절대적으로 부적절하게 보인다는 점이다. 히브리 시나 헬라 비유를 토대로 정책을 결정하기란 쉽지 않은 일일 것이다. '삶에 적용'(그 의미가 무엇이든, 그리고 여전히 의문으로 남아 있지만)하기에 가장 도움이 되는 것 같은 성경 본문은 아이러니하게도 많은 그리스도인이 거의 잘 모르는 부분으로, 오경이나 토라로 알려진 성경의 첫 다섯 권이 여기에 해당한다. 이 외 성경에는 윤리적인 교훈이 풍성한 본문들, 소위 '설교 조'의 본문이 많이 있다. 특히 선지서와 지혜서가 여기에 해당한다. 그러나 이런 본문 역시 즐겨 찾는 사람들이 점점 줄어들고 있다. 그렇다. 이사야는 강림절에는 톡톡히 제 몫을 하지만 요즘 교회들은 강림절이란 용어는 물론이고 기독교 연례 절기도 모르는 경우가 적지 않다. 지혜 문헌의 경우 도덕적 자아 형성이라는 오랫동안 유지되었던 역할은 퇴색하고 기껏해야 '성경의 약속'이라는 한 줄로 요약되거나, 최악의 경우 자녀에 대한 체벌을 정당화하거나 아직 석기시대에 사는 듯한 인상을 주는 다른 어리석은 훈육을 간단히 정당화하는 수단으로 축소되는 경우가 많다. 안타깝게도 그리스도인들에게 매우 익숙한 성경 구절조차 직관적으로 이해하기가 쉽지 않다. "천국은 마치 여자가 가루 서 말 속에 갖다 넣어 전부 부풀게 한 누룩과 같으니라"(마 13:33)는 말씀을 정확히 어떻게 실천할 수 있는가? 잠언과 시편 역시 정책(정치도 마찬가지)의 근거로 활용되는 경우는 거의 없다. 이런 장르에서 말씀을 '실행할 수 있는 정보'로 전환하는 과정은 아무리 생각해도 쉬운 일이 아니다.

이런 난제, 즉 성경이 기독교의 필수 조건이지만 그리스도인들이 점점 더 매혹적인 다른 자원에 마음이 뺏기게 되는 어려움은 실제 문제다. 그러나 도움받을 데가 전혀 없는 것은 아니다. 지금 우리에게는 도움이 절실히 필요하다. 모세를 중재자로 요청한 시내산의 이스라엘이나 빌립에게 도움을 요청한 사도행전의 에디오피아 내시처럼 그리스도인들은 지금 이 세상에서 도움을 받기 위해 당시 '성경 나라'의 통역사가 필요하다. 모세와 빌립의 경우처럼 그런 통역관은 지식과 경험을 두루 갖춘 인물이어야 하며, 세상에서 하나님과 하나님의 길에 정통한 사람, 존 웨슬리의 표현을 빌리자면 "참 그리스도인"[1]이어야 한다.

이 시점에서 우리는 이 책과 저자 마이클 로즈를 자연스럽게 떠올린다. 내가 마이클을 처음 만난 것은 잉글랜드와 아이다호에서였다. 그는 영국에서 자신의 논문을 방어하고 있었고, 나는 아이다호에서 화상으로 그의 논문을 심사하는 입장이었다. 당시 나는 그날 심사 대상인 브리스틀 트리니티대학과 애버딘대학교 논문의 저자가 영국인이 아니라 테네시 멤피스 출신의 미국인이라는 것을 알고 상당히 놀랐다. 기억을 더듬어 보자면, 마이클의 논문을 몇 달 일찍 받아보고 불시의 일격을 당한 듯 충격을 받았다. 내가 마이클의 논문에 대한 외부 심사관으로 선정되었다는 것은 그의 논문이 내가 연구했던 신명기를 다루고 있다는 의미였다. 그런데 메일로 보내온 그의 논문을 살펴보니 그것은 신명기에 관한 내용이 아니었다. 최소한 신명기가 주요 내용이 아닌 것이 분명했고, 공동의 식사로 이루어지는 공동체 형성에 관한 내용이 담겨 있었다. 고린도전서에 반영된 성찬 의식처럼 이 논문에서 신명기가 중요했지만, 이 논문은 훨씬 방대하고 폭넓은 논증으로 이루어진 해석학적 사례 연구에 해당했다. 실제로 첫 백 페이지는 미덕 윤리학에 대한 논의에 집중되어 있었다. 이것은 내 전공 분야가 아니다. 하지만 이런 매력적인 논문을 접하면 소매를 걷어 올리며 읽고 …, 열심히 파고드는 수밖에는 없다. 마이클의 논문은 모든 논문이 그렇듯이 교육적이지만, 내가 읽었던 다른 어떤 논문보다 실존적 차원에서 그 기준을 충족했다. 그의 논문은 단순히 학문의 하위 분야에 독특한 공헌을 하는 새로운 지식(!)만 담겨 있는 것이 아니었다. 그의 논문은 세상에 더 나은 길이 있음을 논증하는 것으로, 토라에서 서신서에 이르기까지 고대의 복잡하고 난해한 형식에도 성경이 어떻게 실제 공동체와 실생활에서, 심지어 함께하는 식사처럼 단순한 일에도 실제적인 변화를 일으킬 수 있는지를 보여주는 논문이었다. 나는 모르던 것을 알게 되었고, 깊이 감동했다. 당연히 그 논문은 높은 점수로 통과되었다.[2]

    논문 심사가 끝나고 몇 주 후 나는 하나님의 섭리하심으로 멤피스에 방문할 일이 생겼고 마침 마이클이 고향에 돌아와 있었다. 어느 여름 이른 아침 그는 시내 중심가 거리에서 나를 태우고, 맛집으로 소문난 식당으로 인도해주었다. 함께 식사하며 성경학자, 신학자인 마이클이 아니라 한 인간으로서 그에 관해 더 많이 알게 되었다. 나는 그가 여전히 인종 차별 풍토가 남아 있는 도시 멤피스에서 성장했음을 알게 되었다. 그는 아프리카에서 선교사로 섬기다가 귀국하여 가족과 상의 후에 멤피스의 빈곤한 지역 공동체에 정착하기로 했다고 말했다. 그리고 그 사실을 떠벌리듯이 말하지 않았다. 그저 그의 아내 레베카와 자녀가 평소에 늘 하던 일을 덤덤히 알려주었을 뿐이다. 시인 로버트 블라이(Robert Bly)는 신실한 삶이란 "강처럼 흐른다. 보는 이 한 명 없어도"[3]라고 썼다. 다시 말해, 성도다움은 성도다운 삶으로 드러난다. 강은 아래로 흐르려고 굳이 애쓸 필요가 없다. 학자 마이클이 쓴 이론적인 논문에서 읽은 내용과 그날 스크램블드에그와 해시브라운을 먹으며 개인적으로 마이클에게서 들은 내용이 전혀 다르지 않았다. 그의 논문과 삶 모두 신뢰할 수 있는 강처럼 한결같이 성결한 사람의 삶을 간증했다. 그는 멤피스에서 변화를 일으키고 있었고, 그 변화는 우리가 성경이라고 부르는 기이하고 복잡한 책 모음에 근거하여 형성된 것이었다.

　　나는 그 만남으로 다시 한번 깊이 감동받았다. 마이클과 마찬가지로 나는 성경 연구가 그 무엇보다 중요하다는 확신, 즉 교회가 해야 할 유일하고 '확실한 일'이 성경 연구라는 확신으로 성경 연구에 평생을 바쳤다. 그러나 또한 그리스도인의 신앙 경험에서 성경이 차지하는 실제 위치에 대해 느끼는 절망감이 심각하다는 사실도 인정한다. 이 확실한 일이 모바일 기기(점점 더 우리와 동일한 실체가 되어가는)는 말할 것도 없고, 모든 사람의 마음에서 가장 마지막이 되는 경우가 너무 많기 때문이다.[4] 마이클의 사역은 내게 희망을 주었고 마이클의 인생은 더 큰 희망과 위로를 주었다. 무엇보다 성경 중심적인 마이클의 사역과 실제 신앙생활이 분리되지 않고 통합적이며 상호 연결돼 있고 궁극적으로는 하나를 이루고 있다는 데서 큰 위로를 받았다.

이 외에도 더 하고 싶은 말이 많지만, 지금 하고 싶은 말은 이것이다. 당신이 신뢰할 수 있는 작가가 있다는 것이다. 마이클과 그의 가족은 멤피스에서 최선을 다해 말씀을 삶에 적용하려고 했다. 이제 마이클은 뉴질랜드에서 교수로 섬기며 여전히 그 일을 실천하고 있다. 또 논문에서 시도했던 일을 이 책에서 더 확장하여 사람들이 이해하기 쉽도록 펼치고 있다. 마이클은 실제적인 경험과 진정한 전문 지식을 모두 갖추었다. 또 그는 한결같이 성실하고 진실한 참 그리스도인이다. 이 말은 그가 우리에게 꼭 필요한 사람이라는 뜻이다. 그는 과거에 쓰인 성경을 우리가 사는 현재에 적용하도록 돕고 안내할 수 있는 사람이다. 더 분명하게 말하자면, 나는 그런 일을 할 수 있는 사람 중 그가 최고의 안내자라고 생각한다. 사람들은 정의와 제자도에 관해 많이 이야기한다. 그리고 때로 이런 문제들을 명확하게 규정한다(그렇게 하지 못할 때가 더 많지만). 마이클은 이런 문제들을 연구해왔고 명확히 규정할 수 있지만, 무엇보다 중요한 점은 그가 그것들을 실천한다는 것이다. 이 책에서 그는 신명기의 십일조와 절기 규정이 어떻게 연대 의식을 길러주며, 이는 곧 이주(재배치)라는 현대적 실천(마이클의 가족이 이미 세 개 대륙에서 여러 번 한 일)으로 어떻게 이어지는지, 우리도 그렇게 할 수 있는 방법을 보여준다. 또한 무엇 하나 부족함 없이 베풀기만 하는 사람에서 공동체의 모든 구성원과 주고받는 사람으로 변화된 욥의 모습은 압제를 조장하는 현재의 우리 체제를 어떻게 바꿀 수 있는지 보여준다. 이처럼 마이클은 예리하고 통찰력 있는 해설을 통해 우리 모두에게 어떻게 하면 정의로워질 수 있는지, 제자로서 어떻게 해야 하는지, 그의 표현대로 "사랑과 정의를 화해시키는 투사"가 되려면 어떻게 해야 하는지를 보여준다. 이는 성경의 제자도와 정의를 사랑하는 방식이 기독교의 진정한 중심에서 점점 더 멀어지는 것을 막기 위해 가장 엄격한 기독교 평화주의자들도 지지할 수 있는 유형의 투쟁성이다.

내가 속한 감리교 전통의 세례 전례 중 하나에는 부모에게 다음과 같이 요청하는 내용이 있다.

> 그러므로 이 자녀(인격체) 앞에서 복음에 부합한 삶을 살아간다는 당신의 책무와 특권을 받아들이겠습니까?[5]

여기서 '부합한'(becomes)이라는 동사는 지금은 거의 사용되지 않는 의미로 쓰이고 있다. '일치하다, 동의하다, 적절하다, 적합하다.'[6] 여기서 파생 형용사인 '부합하는'(becoming)은 '그 옷이 당신에게 어울린다'는 문장에서처럼 '적당한, 알맞은,

우아하게 어울리는'의 의미가 있다.[7] 그러므로 세례식 때의 권면은 세례받기를 기다리는 자녀의 부모에게 복음에 부합하며 그에 상응하는 삶을 살라고 강권하는 것이다. 세례 의식이 상정하듯이, 그런 삶은 세례받는 자녀의 인생에 변화를 일으킬 것이다.

  내가 오랫동안 이 의식에 깊은 애정을 느꼈던 이유는 부분적으로 점점 고어처럼 잊혀가는 '부합한'의 의미를 재해석할 기회를 주기 때문이다. 오늘날 '부합한'은 보통 단순히 '되다, 생기다'[8]라는 의미로 사용된다. 그러므로 현대적으로 표현하자면, 이 세례식의 권면은 세례받는 자녀 앞에서 살아가는 삶이란 복음으로 변화되는 것이라는 놀라운 의미를 전달한다. 그렇다면 이런 식의 복음에 부합하는 삶이란 무엇을 의미하는가? 다시 말해, 복음에 부합할 뿐 아니라 실제로 복음으로 변화되는 삶이란 어떤 것인가? 마이클은 이 점을 알려주는 책을 썼다. 이 책은 우리에게 그 길로 가도록 안내하며, 그 도에 대한 신실한 제자로서 정확히 그 일을 하며, 또한 공정하게 그 일을 할 방법에 관해 하나의 본, 아니 수많은 본을 보여준다. 그래서 몇 년 전 비대면 논문 심사를 했을 때와 마찬가지로 나는 그에게 마음의 빚을 진 느낌이다. 깊은 깨달음을 얻게 해준 그에게 감사의 마음을 전한다. 감격스럽고 놀랍다. 이 책을 읽는 모든 사람이 나와 같은 경험을 하리라고 확신한다.

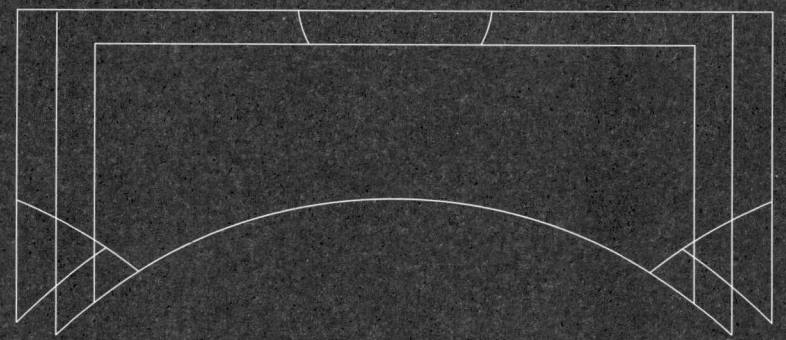

1부

**정의로운 제자도의
지형 탐색**

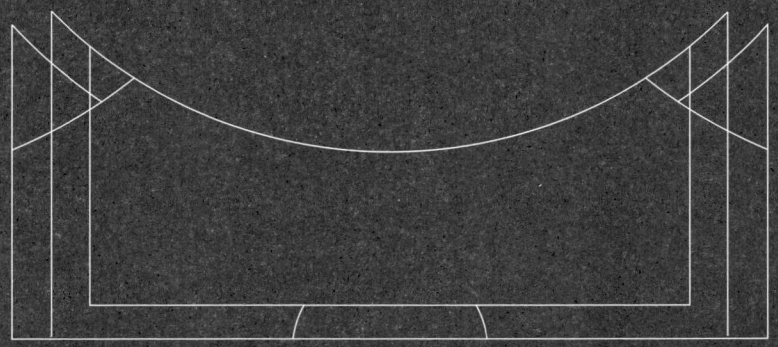

1장
이 책의 배경

이 책은 예수님의 제자들이 어떻게 하면 정의롭게 살 수 있는지에 대해 성경에서 말하는 내용을 탐구한다. 본격적으로 이 주제를 탐구하기 전에 이 책의 배경이 되는 이야기를 조금이나마 소개하는 것이 도움이 되리라 생각한다. 나는 예수님을 사랑하는 가정에서 자랐고, 온 마음과 뜻과 정성과 힘을 다해 예수님을 따르라고 가르치는 교회에서 성장했다. 부모님과 교사들은 성경이 권위 있는 말씀이며, 삶의 모든 영역에서 예수님을 따른다는 의미를 이해하도록 이끌어줄 신뢰할 만한 안내자라고 가르쳐주었다. 이런 확신은 내가 예수님의 제자로서 산다는 인식의 중심을 여전히 차지하고 있다.

나는 또한 인종 차별과 빈곤이라는 잔재가 여전히 남아 있고, 인구 대부분이 흑인인 남부 멤피스에서 자랐다. 한 가지 대표적 사건을 들자면, 마틴 루터 킹이 멤피스의 환경미화원 파업을 지지하던 도중에 암살당한 사건이다. 미국의 많은 그리스도인이 그렇듯이, 우리 가족과 교회 역시 그 오래되고 문제 많은 병폐에 여러 방면으로 가담했고, 그중 일부는 이후의 지면에서 살펴볼 것이다. 80년대와 90년대 내 성장기에 드러난 그 잔재 중 하나는 멤피스 주민의 65퍼센트가 흑인이고 25퍼센트가 빈곤선 이하의 삶을 살고 있는데, 내가 자란 교회, 동네, 기독교 학교 그리고 전반적인 양육 환경은 거의 백인 중상류층을 위주였다는 것이다.[1]

성장기에 노골적인 인종 차별적 대화를 들었던 기억은 거의 없다. 나는 흑인과는 분리된 공동체에서 성장했지만, 나 자신을 인종 차별주의자라고 여겼던 적이 한 번도 없었다. 빈곤이 가득한 흑인의 도시에서 백인 중산층으로서 풍족하게 사는 것이 당연해 보였다. 백인 중산층의 부유한 삶의 모습은 제자도와 거의 무관한 듯 보였다.

그러다가 어느 날 교회에서 흑인인 존 퍼킨스(John Perkins) 목사를 강사로 초청했다. 그가 입을 여는 순간, 나는 그가 예수님과 말씀을 사랑하는 사람임을 한눈에 알 수 있었다. 그는 말씀을 사랑한다는 우리와 전혀 다를 바 없는 사람이었다!

그러나 그는 그동안 내가 전혀 관심을 보이지 않았던 성경 본문, 나의 제자도 레이더에 한 번도 들어오지 않았던 주제를 지적했다. 그것은 가난한 사람들에 대한 하나님의 압도적인 사랑과 인종 차별을 당하는 사람들에 대한 하나님의 배려, 정의에 대한 하나님의 열정적 관심과 같은 주제였다. 퍼킨스 목사는 성경을 진지하게 받아들이고, 제자도를 신실하게 이행하려면 빈곤, 인종 차별, 불의의 문제에 진지한 관심을 가져야 한다고 말했다. 이것들이 자유주의 의제이기 때문이라거나 '시대에 뒤처지지 않기 위해서'가 아니라 '성경에서 그렇게 하라고 말하기 때문'이라는 것이다.

이 일은 내 인생을 바꾸었다. 내가 속한 청년 그룹은 볼티모어를 방문하여 퍼킨스의 도전을 진지하게 받아들이고 있는 나와 같은 백인 장로교인들을 만났다. 그들은 경제적으로 침체된 지역으로 이사하여 성령이 강력하게 역사하시는 것을 직접 눈으로 확인했다.[2] 나는 커버넌트대학에 진학해 지역 개발을 공부하고, 아내 레베카와 케냐로 이주하여 2년 동안 농업 발전 프로젝트를 진행했다. 그러고서 2011년 미국에 돌아와, 테네시주에서 경제적으로 가장 가난한 도시 지역인 멤피스 남부에 정착했다. 우리는 이 지역의 교회 개척에 동참했다. 레베카는 학교 교사로 일하고, 나는 우리 지역의 비영리 기관인 어드밴스 멤피스(Advance Memphis)에서 일했다. 그렇게 하는 내내 우리는 성경의 예수님이 부르신 일에 순종하여 이 모든 일을 하고 있다고 생각했다. 성경이 그렇게 하라고 우리에게 말씀하신 것이다!

주님은 이 여정에서 우리에게 너무나 큰 자비를 베푸시고, 상상할 수 없었던 기쁨을 우리 인생에 안겨주셨다. 그러나 그 과정에서 우리는 수없이 많은 실패에 부딪히기도 했다. 이웃을 자기 몸처럼 사랑하기가 얼마나 어려운지 깨닫고 충격을 받은 적이 한두 번이 아니었다. 하나님은 "오직 정의를 행하며 인자를 사랑하며 겸손하게 네 하나님과 함께 행하"(미 6:8)도록 우리를 부르셨다. 이 부르심이 우리 사명의 핵심임을 인정하는데도 그 말씀대로 살기가 그토록 어려운 이유는 무엇인가?

나는 그 해답의 일부가 이것이라고 생각한다. 즉, 예수님이 우리가 정의를 행하기를 원하신다는 사실을 아는 것만으로는 충분하지 않다는 것이다. 제자는 예수님이 우리에게 원하시는 바가 무엇인지 아는 데만 만족해서는 안 된다. 제자는 행함으로 예수님을 따르며 변화하는 과정에 있다. 다시 말해, 제자도는 오직 형성에 집중한다. 내 어린 시절의 제자훈련은 하나님이 정의를 중요하게 생각하신다는 것을 자주 망각하는 경우가 많았는데, 성인이 된 후의 제자훈련은 하나님의 정의를 실현하는 사람이 되는 법에 대한 지식이 피상적인 수준에 머무는 경우가 많았다.

이 책은 '하나님의 백성이 정의로운 제자가 되는 방법을 성경은 무엇이라고 말하는가?'라는 질문과 '오늘날 정의로운 제자도란 무엇을 의미하는가?'라는 질문에 집중한다. 이 두 질문에 답하는 차원에서 나는 이 책에서 다음의 세 가지를 다루고자 한다.

1. 정의와 관련된 성경 본문들을 주의 깊게 읽는다. 이 책의 대부분 장은 특정 성경 본문을 꼼꼼히 읽는 데 집중한다. 제자도는 예수님을 따르는 것이며, 성경은 그 방법에 대한 권위 있는 지침을 제공한다.
2. 윤리적 제자도에 관한 신학자들의 주장과 그에 관한 성경 말씀을 화두에 올린다. 신학자들은 수천 년에 걸쳐 내가 '도덕적

제자도'라고 부르는 도덕 형성에 관해 연구해왔다.[3] 성품, 덕목, 의식, 전례에 대한 신학적 해석은 창조 본연의 모습으로 우리가 변화되기를 원하시는 하나님의 뜻을 이해하게 해주는 자료를 제공한다. 나는 성경이 말하는 정의를 탐구할 때 이런 자료들을 참고했다.

3. **오늘날의 도덕적 제자도는 어떤 모습일지 상상한다.** 내가 연구하는 성경 본문들이 오늘날의 정의 실천 방법에 대한 청사진을 제공해주지는 않는다. 하지만 크리스 라이트(Chris Wright)가 주장하듯이, 성경은 엉망이고 물질적인 세상 현실에서 정의로운 제자도를 실천하는 것이 어떤 모습일지 상상하도록 영감을 주는 패러다임과 모델을 제시한다. 따라서 이 책의 4장부터 12장까지는 각각 다음과 같이 구성되어 있다.

> 1) 현재의 정의에 관한 문제로 시작한다.
> 2) 정의로운 제자도와 관련된 구체적인 성경 본문을 다룬다.
> 3) 이런 구체적인 본문이 현대의 정의 문제와 관련해 정의로운 제자로서 살아가도록 어떤 도전을 주는지 살펴본다.

지금 다루는 현대의 정의 문제를 내가 어떤 식으로 채택했는지 아는가? 흑인이 다수인 경제적 빈곤 지역에서 예수를 따르고자 분투하는 중상류층 백인 남성으로서 씨름해온 문제들을 시작으로, 나 자신이 처한 상황과 경험에서 이 정의의 문제를 도출했다. 따라서 가능한 한 분명하게 말하자면, 빈곤과 인종 문제만이 이 세상에서 그리스도인들이 직면한 유일한 정의의 문제는 아니다. 절대 그럴 리가 없다. 현대판 노예제, 성매매, 낙태, 종교적 박해, 장애인의 소외 문제, 난민 위기, 세계 기아, 기후 변화, 여성의 고통, 전쟁 등도 하나님 백성의 관심이 필요한 문제이며, 충분히 이 책에서 다룰 수 있다. 백인 미국인이 흑인 미국인에게 저지른 인종 차별이라는 불의에 초점을 맞춘다고 해서 다른 집단들이 겪는 고통의 심각성을 무시하려는 의도는 없으며, 문제가 많은 흑백 이원론에 동조하여 그 고통을 설명할 의도도 없다.[4] 이 책이 특정 문제에 집중하는 이유는 내가 처한 상황에서 성경을 읽었던 개인적 경험 때문이다. 나는 그런 상황 속에서도 예수님을 따라 정의로운 제자도를 향해 나아가고자 했다.

　당신이 처한 상황과 나의 상황이 다를 수 있다. 하지만 정의로운 제자도에 대한 성경의 요청은 보편적이다. 특정 시기와 상황에서 그런 요청을 받는 것이 구체적으로 어떤 것인지, 자기 상황에서 그 요청을 어떻게 받아들일지 상상하는 데 내 연구가 도움이 되기를 바란다. 실제로 우리 가족은 지금 이러한 재상황화가 필요가 상태다. 멤피스에서 생활하던 시기에 맞닥뜨린 주제를 다루었지만, 이 책을 편집하는 마지막 단계에 우리 가족은 아오테아로아(뉴질랜드를 뜻하는 마오리어)로 이주했다. 새로운 상황에 처하면, 정의로운 제자도에 대한 시간을 초월한 성경적 요청을 그 상황과 시기에 구체적으로 어떻게 적용해야 할지 다시 생각해봐야 할 필요가 있다.

내 상황에서 바라본 정의로운 제자도에 관한 구체적인 생각에 동의하기 어려울 수도 있다. 그러나 자기가 속한 상황에서 정의로운 제자도가 무엇인지 고민하는 데 이 책의 성경 해석이 도움이 되기를 바란다. 무엇보다 성경은 정의를 추구하는 일이 기쁨의 길이라고 선언한다. 시편 기자가 말한 것처럼 말이다. "정의를 지키는 자들과 항상 공의를 행하는 자는 복이 있도다"(시 106:3).

앞으로 할 이야기, 이 책의 구성

성경과 제자도에서 정의가 차지하는 역할을 내가 과장하고 있는 것은 아닌지, 혹은 성경과는 반대되는 정의 개념에 경도된 것은 아닌지 의혹의 눈길을 보내는 사람이 있을지도 모른다. 충분히 이해할 만한 합리적인 우려라고 생각한다. 이러한 우려를 해소하고자 2장에서는 창세기에서 계시록까지 펼쳐지는 성경의 정의 이야기를 요약하고자 한다. 또한 성경 학자와 철학자가 정의를 정의한 몇 가지 방법을 살펴본 뒤, '정의와 공의'를 "공동체에서 신실하게 권력을 행사하는 것"이라고 규정한 존 골딩게이(John Goldingay)의 주장을 정의에 관한 성경적 의미를 이해하도록 도와줄 가장 신뢰할 만한 압축적 규정으로 소개하고자 한다.[5]

3장에서는 도덕적 제자도의 과정을 이해하도록 돕고자 한 가지 신학적 모델을 소개할 것이다. 특별히 미덕과 성품의 문제를 연구한 신학자들의 의견을 참고할 것이다. 이 장은 1부 '정의로운 제자도의 지형 탐색'의 결론에 해당한다.

　2부 '정의로운 제자 되기'에서는 신명기의 절기들(4장), 시편에 나오는 정의에 관한 노래들(5장), 잠언에 나오는 지혜에 관한 교훈(6장), 요한일서에서 예수님 본받기(7장)가 모두 어떤 식으로 하나님의 백성이 정의롭게 살도록 돕는지 살펴볼 것이다. 동시에 이런 본문들이 미국 지역 사회의 경제적 차별과 관련해 정의롭게 살도록 우리에게 미치는 영향은 무엇인지 살펴보고, 교회에서 우리가 찬양하고 기도하는 방식과 저임금 노동자들의 곤경, 미국인의 일상에 자리 잡은 인종 차별과 계급 차별의 실태를 살펴볼 것이다. 이 모든 정의의 담론에서 은혜의 자리는 어디인지 궁금해할 독자들을 위해 7장에서는 이런 정의로운 제자도의 실제가 하나님 은혜의 선물이자 하나님이 정해주신 과업으로 어떻게 수용되는지 살펴볼 것이다.

　3부 '정의로운 백성 되기'에서는 정의의 사역을 감당하도록 성경이 어떻게 하나님의 모든 백성을 이끌어가는지 살펴볼 것이다. 살펴볼 성경 본문들은 교회 자체가 하나님 나라의 전초 기지라는 의미에서 정치적 공동체로서 하나님의 백성을 다룰 것이다. 더 나아가 이런 본문은 전초 기지 같은 이 공동체에 거룩한 왕의 정의로운 통치와 일치하는 방식으로 삶을 계획하고 영위하도록 요구한다.

　8장에서는 레위기 25장에 나오는 희년에 대해 심층적으로 살펴볼 것이다. 이 본문은 많은 사람에게 익숙하지만, 우리가 아는 이상으로 훨씬 깊은 의미가 함축된 본문이라고 생각한다. 9장에서는 레위기에서 상정한 상황과는 환경이나 상황 면에서 많은 변화가 있었는데도 후대의 성경 저자들이 희년을 어떻게 강조했는지 살펴볼 것이다. 개인적으로 나는 특별히 논란이 많은 정의의 문제, 즉 미국 흑인에 대한 배상 문제와 관련해 기독교적 대응을 모색하는 데 그들의 발자취를 따를 것이다.

3부는 주의 만찬에 관해 고린도 교회에 주는 바울의 권면을 토대로 신약의 한 가지 사례를 소개하는 것으로 마무리할 것이다(10장). 현대 교회의 공동체 생활 영위 방식과 바울의 가르침의 상관성을 살펴보고, 이것이 미국 다인종 교회에 시사하는 바를 특별히 집중해서 살펴볼 것이다.

4부, '정의로운 정치'에서는 정의로운 제자들이 각자 속한 정치 공동체와 어떤 관계를 맺어야 하는지 살펴볼 것이다. 특별히 이방 정치 공동체에서 유의미한 정치권력을 행사한 성경 내 인물 중 요셉(11장)과 다니엘(12장)을 집중적으로 살펴볼 것이다. 그들의 이야기는 우리의 정치 생활 속에서 정의로운 제자도를 수행하도록 도전할 뿐 아니라 미국 정치에 대한 현재 기독교적 접근 방식이 빠지기 쉬운 몇 가지 함정을 조명해준다.

마지막 장에서는 이 책의 핵심 쟁점을 요약해서 살펴보고, 오늘날 교회가 정의로운 제자도에 대한 하나님의 프로그램을 수용하는 것과 관련해 최종적인 내용을 정리해서 소개할 것이다.

바라건대, 이제 이 책이 어디에서 왔고 어디를 향해 가는지 어느 정도 파악할 수 있었기를 바란다. 어떤 이는 이 여정을 익숙하고 흥미진진하게 받아들일 수도 있고, 또 어떤 이는 낯설고 위협적으로 여길 수도 있다. 그러나 포기하지 말고 끝까지 이 책을 읽으며 질문을 던지고, 하나님의 말씀과 그분의 세계에서 정의로운 제자도의 길을 탐구하는 나와 함께해주기를 기대한다.

2장
승리에 이르는 정의

짐 불럭(Jim Bullock)이라는 백인 대학생과 조 퍼디(Joe Purdy)라는 흑인 대학생이 1964년 종려 주일에 멤피스의 제2장로교회에 출석을 시도했을 때 교회 지도자들은 교회의 분리 정책을 고수하고자 그들의 출석을 물리적으로 차단하기로 했다. 불럭과 퍼디는 정의에 대한 열정으로 교회 정문 현관에서 무릎을 꿇고 기도하며 이에 맞섰다.

정의에 대한 이들의 열정에 공감한 그리스도인 수십 명은 이들과 합류해 장장 14주일에 걸쳐 민권 운동 사상 가장 긴 기간 '무릎 꿇기'(kneel in, 닐 인) 운동을 벌였다. 이 '무릎 꿇기' 운동에 동참한 사람들은 식당, 버스 등의 공공장소에서의 인종에 따른 분리 정책을 철폐한 농성에서 교훈을 얻어, 교회의 인종 차별 정책을 정조준했다. "인종 분리 정책이 정의롭지 않다는 점을 우려하고 있었습니다. 우리 마음 가운데 교회는 절대

분리나 차별이 존재해서는 안 되는 곳이라는 생각이 있었습니다"라고 퍼디는 회상했다.¹

교회 밖에서 기도로 항의하는 이들과 안에서 기도하며 예배드리는 이들의 사이를 가른 선은 최소한 미국 인종 차별과 관련해 정의에 헌신한 기독교와 정의에 대한 의식이 절대적으로 결여된 기독교를 가르는 선이었다. 물론 제2장로교회의 많은 그리스도인은 불럭과 퍼디와 그에 동조하는 사람들이 '참된 예배자'가 아니라 단순히 교회에 소란을 피우고 싶어 하는 분노한 선동꾼일 뿐이라고 주장했다.² 그러나 역사가 스티븐 헤인즈(Stephen Haynes)는 광범위한 연구를 통해 제2장로교회 집회에 참여한 다수가 헌신된 그리스도인이었다는 사실을 입증했다. 그들은 교회가 인종 차별이라는 불의를 다룰 수 있는 독특한 위치에 있으면서 동시에 불의에 연루되어 있다고 진정으로 믿었다.³ 적어도 신학적 확신을 토대로 정의에 헌신하기로 결단한 그리스도인 활동가의 경우, 인종 차별적 교회 계단에서 기도한 것은, 한 시위자의 말을 빌리면, 그 자체가 '예배 행위'였다.⁴

교회 안에서 기도하던 예배자들은 어떠했을까? 제2장로교회의 많은 교인과 목회자는 장로들의 강경한 분리주의 입장에 반대했지만, 교회 밖에서 공개적으로 날뛰는 인종 차별을 수개월 동안 방관하며 그것을 종식하는 데 실패했다. 이 침묵하는 다수는 "지역 교회의 기둥으로 인정받는 사람들, 교회에 넉넉히 후원하는 사람들과 성직자들, 신앙의 모범이 되는 사람들을 공개적으로 거역하기가 극히 어렵다는 사실을 알았다."⁵ 교회는 교인들과 도시의 많은 사람에게 '복음 전도, 해외 선교, 교육, 자선'에 열정을 품고 헌신하는 사람으로 명성이 자자했다.[6] 제2장로교회 교인들은 자신들을 신실하고 헌신된 그리스도인이라고 여겼고, 실제로 그런 노력을 아끼지 않았다. 그러나 적어도 인종 차별과 관련해서는 정의가 실종된 기독교를 믿었다.

2014년 멤피스 '무릎 꿇기' 운동 50주년 기념식 때 나는 제2장로교회 교회에 방문했다. 그곳은 내가 세례받고 교리 교육을 받고 선교사로서 파송받은 곳이었고, 내가 가정 교회를 개척하는 데 도움을 주기도 했다. 나는 지금도 그 교회를 정기적으로 방문한다. 평생 주일마다 예배드렸던 성소 의자에 앉아 내 옆자리의 흑인 여성에게 인사를 건네며 안부를 물었다.

그녀는 "잘 지내요. 제가 이 교회를 다닌 지 50년이 되었어요. 50년 전의 기억은 그렇게 유쾌하지 못하지만요"라고 대답했다.

그때 처음으로 나는 정의에 대한 용기 있는 헌신으로 내가 자란 교회가 통합되는 데 도움을 준 시위대 중 한 사람에게 감사하는 마음이 생겼다.[7] 그들이 아니었다면 나를 키운 교회는 여전히 훨씬 더 오랜 기간 인종 차별을 공개적으로 지지했을지도 모른다. 그들의 실천 덕분에 내 모 교회는 인종 차별하는 교회에서 회복하는 교회가 되었다. 중독 치료 12단계 중 여전히 1단계에 머문 알코올 중독자처럼 우리(그야말로 우리)는 그 당시나 지금도 여전히 가야 할 길이 멀다. 그러나 우리의 신앙생활이 감당할 수 없을 정도가 되었음을 인정하게 된 것은, 부분적으로는 미국 전역의 흑인 강단과 회중석에서 태동한 정의로운 행동주의 덕분이었다. 이런 행동주의는 60년대 중반,

14주 주일마다 교회 입구에서 진행되었다.

　　백인 그리스도인들이 교회 안에서 예배드리는 동안 다른 일단의 그리스도인이 예배당 밖 계단에서 인종 분리 방식에 항의하는 시위를 벌였다는 이야기는 극단적으로 들릴 수도 있다. 그러나 이 책에서 살펴보는 정의로운 제자도의 실패 사례는 극단적으로 보이는 이 이야기를 통해 많은 그리스도인과 교회가 다양한 방법으로 정의롭지 않은 신앙 혹은 적어도 정의를 무시하는 신앙을 세상에 어떻게 보여주었는지 그 실태를 엿볼 수 있게 해준다.

성경 속 정의 이야기

정의를 무시하는 기독교는 성경의 증언과 극명한 대조를 이룬다. 실제로 마태복음은 메시아가 '정의가 승리하도록 이끌며', '그의 이름'으로 이방인들이 '소망'을 품으리라는 이사야의 예언을 예수님이 성취하셨다고 선언함으로써 성경 전체를 아우르는 정의 이야기의 중대한 전환점에 예수님은 놓는다(참고. 마 12:17-21).

　　성경 이야기를 요약할 적절하고 충실하며 보완적인 실제적 방식이 많다. 특정한 주제를 중심으로 성경 이야기를 요약하려는 시도는 성경의 증언을 전체적으로 드러내거나 증언의 복합적인 측면을 제대로 포착하기 어렵다. 그러나 예수님이 '정의가 승리하도록' 하셨다는 마태의 어조는 정의의 이야기로서 성경을 살펴볼 풍부한 근거를 제공한다. 논의를 더 전개하기 전에, '오래되고 오래된 옛이야기'를 들려주는 방식을 다시 환기할 필요가 있다.

왕족이자 제사장 가문의 일원, 곧 우리 정체성이자 역할

성경의 정의 이야기는 하나님이 그분의 형상대로 남자와 여자를 창조하신 것으로 시작된다(창 1:27-28). 인간을 하나님의 형상으로 지어진 존재로 묘사했다는 사실은 인간에게 하나님 가문의 일원으로서 왕이자 제사장의 정체성과 역할이 있음을 암시한다.[8]

창세기의 초기 독자들은 하나님이 그분의 형상대로 인간을 창조하셨다는 표현에서, 인간이 왕족의 일원이라는 의미가 함축되어 있음을 알아차렸을 것이다.[9] 고대 근동에서는 왕들이 신의 형상으로 만들어졌다고 믿었고,[10] 창세기 1장 26절을 "우리의 형상을 따라 우리의 모양대로 우리가 사람을 만들고 그들로…모든 것을 다스리게 하자"라고 번역한 데서 그 사실을 알 수 있다.[11]

특히 고대 근동 이데올로기는 통치자를 사제이자 왕으로 인식했기 때문에 제사장 역시 때로는 '하나님의 형상'으로 묘사되기도 했다.[12] 많은 학자가 창세기의 최초 독자들은 창조 내러티브를 우주적 성소를 짓는 이야기로 인식했고, 남자와 여자가 세계 최초의 사제이자[13] 혹은 살아 있는 우상으로서,[14] 그 정원 성소에 자리 잡았다는 식으로 받아들였을 것으로 주장한다.

그러나 본질적으로 '형상과 모양'이라는 표현은 왕에게 해당하는 언어라는 캐서린 맥도웰(Catherine McDowell)의 주장이 옳을 수 있다. 그러므로 구약에서 창세기 1장 26-27절과 가장 유사한 평행 구절인 창세기 5장 3절은 아담과 하와가 아담의 "자기의 모양 곧 자기의 형상과 같은" 아들을 낳았다고 선언한다.[15] 형상이란 표현은 다소 이해하기 어려운 은유적 의미로, 인류가 하나님과 '가족적 유사성'을 지녔음을 암시한다. 신적 왕가의 일원으로서 우리는 제사장과 통치자의 관을 쓰고 있으며, 그분의 세상에서 사역을 감당하도록 위임받았다.[16]

여호와가 그분의 형상대로 인간을 창조하셨기에 우리는 여호와의 왕 같은 제사장 가족으로서의 정체성과 직무를 갖게 되었다. 그것이 바로 우리의 정체성이자 우리가 하는 일이다. 이러한 왕 같은 제사장 가족은 우주 전체에 하나님의 '권능과 임재'를 중개한다.[17]

하나님의 형상대로 지어진 사람의 반역과 하나님의 뜻

창세기 3장은 하나님의 형상을 닮은 두 사람이 미혹당하는 이야기가 나온다. 최초의 남자와 여자는 자신들이 부여받은 정체성과 소명을 거부한다. 그 후 있었던 공의의 하나님의 심판, 이 땅에 만연해진 죄와 폭력, 그에 따른 황폐한 파멸은 충격 그 자체다. 그러나 여호와 하나님은 왕 같은 제사장인 인간을 통해 그분이 창조하신 세상을 다스리게 할 계획을 포기하지 않으셨다. 하나님은 은혜를 베푸셔서 여호와의 "제사장 나라"(출 19:6)와 "장자"(출 4:22-23)가 될 새 가문의 수장으로 아브라함을 부르셨다. 또 그를 통해 이스라엘이 탄생하게 하심으로 온 인류가 거부했던 소명과 정체성을 감당하게 하셨다.

이스라엘은 인류를 향한 여호와의 뜻을 실행하도록 특별히 선택받았다.[18] 그러나 하나님은 또한 이스라엘을 통해 온 땅의 열국을 축복하시려고 이스라엘을 특별히 부르셨음을 분명히 하셨다(창 12:3).[19] 실제로 하나님이 아브라함과 언약적 약속을 맺으신 궁극적인 목표는 열국을 축복하시기 위해서였다. 인류를 구원하시려고 이 특정한 민족을 부르신 것이다.[20] 신명기 4장 5-8절에 이스라엘을 통해 열국으로 축복이 전달되는 방식이 나오는데, 그것은 이스라엘이 하나님의 도를 삶을 통해 공개적으로 드러냄으로써 이스라엘의 삶으로 하나님의 '권능과 임재'가 드러나는 방식이다.[21] 다시 말해, 여호와는 이스라엘의 정체성과 소명을 회복시키셔서 인류의 동일한 소명과 정체성을 회복시키시려는 것이다.[22]

하나님의 형상을 닮은 사람은 정의와 어떤 관련이 있는가?

하나님의 '능력과 임재'를 중재하는 하나님의 왕 같은 제사장 가족으로 살라는 이 소명은 이스라엘과 인류의 정체성과 직무에 대한 정의의 중심성을 드러낸다. 그 이유는 무엇인가? "의와 공의가 주의 보좌의 기초"(시 89:14[15])이기 때문이다.[23] 실제로 여호와는 '공의와 정의를 사랑하시는 분'이다(시 33:5, 참고. 사 61:8). 시편 기자 아삽은 생생한 한 가지 심상을 이용해 여호와가 약자들을 위해 공의와 정의를 실행하지 못한 열국의 신들을 법정으로 소환하시고 그들을 심판하셔서 내쫓으시는 내용을 그리고 있다(시 82:1-8). 정의와 공의는 신적 왕이 가진 마음의 특성일 뿐 아니라 참 하나님이 되신다는 의미를 가늠하는 잣대다.[24] 이스라엘의 증언은 정의와 공의의 저울에 달아보면 다른 가짜 신들은 다 자격 미달임을 확인해준다.[25] "지상의 정의"는 혹시 발견되더라도 "천상의 정의에서 흘러나온 것이며",[26] 여호와 하나님의 정의로운 성품이 그런 천상의 유일한 원천이다.

이스라엘이 여호와의 권능과 임재를 중재하는 소명을 감당하고자 한다면, 여호와의 정의와 공의의 능력과 임재하심을 중재하는 법을 배워야 한다. 정의와 공의를 행하는 것이 여호와 성품의 핵심이자 그분의 직무 중 가장 중요한 것이므로, 그것이 또한 이스라엘에게 그들 성품의 핵심이자 가장 중요한 직무가 되어야 했던 것이다.

창세기 18장 18-19절보다 이 점이 명확하게 드러난 곳은 없는 것 같다. 이 구절에서 화자는 하나님이 소돔과 고모라를 심판하시려는 계획을 아브라함에게 나눠야 할지 하나님 스스로 물으시는 내용을 독자인 우리가 엿듣게 해준다. 아브라함이 크고 "강대한 나라"가 되고 "천하 만민은 그로 말미암아 복을 받게 될 것"이었기 때문이다.[27] 이어서 하나님은 이렇게 말씀하신다.

> 내가 그로 그 자식과 권속에게 명하여 여호와의 도를 지켜 의와 공도를 행하게 하려고 그를 택하였나니 이는

나 여호와가 아브라함에게 대하여 말한 일을 이루려
함이니라(창 18:19).*28*

놀랍게도 하나님은 그분의 백성을 지상의 모든 열방을 위한 축복의 통로가 되게 하시려고, 의롭고 정의로운 성품을 사용하겠노라고 선언하고 계신다.*29* 다시 말해,

> 여호와는 왕 같은 제사장 가족(이스라엘)을 부르셔서
> 정의와 공의로 대변되는 가족이 되게 하시고
> 모든 민족에게 복을 주려는 그분의 목표에 그들을
> 동참하게 하신다.

축복이라는 소명의 한 가지 중요한 특징은 이 땅의 모든 가족이 왕 같은 제사장 가족의 정체성과 직분을 회복하는 것이다.*30*

창세기 18장 18-19절은 하나님이 지으신 세상에서 정의와 공의를 행한다는 이스라엘의 소명을 요약해서 표현하고 있다. 이후의 구약은 이 소명을 풀어서 설명해준다. 토라에서 모세는 정의와 공의라는 기준에 비추어 판단할 때 이스라엘의 율법이 열국의 법보다 우월하다고 선언하며 "오늘 내가 너희에게 선포하는 이 율법과 같이 그 규례와 법도가 공의로운 큰 나라가 어디 있느냐"(신 4:8)라고 반문한다. 실제로 이스라엘은 (고대 근동에서 유일하게) 하나님이 이런 율법과 규례를 만드셨고, 온 백성에게 그 율법에 순종하여 정의를 행하라는 임무를 주

셨다고 주장한다.³¹

물론 그렇다고 해서 이스라엘의 통치자들이 이 과업에서 면제된다는 의미는 아니다. 오히려 모든 계층의 지도자가 "정의와 공의를 유지하거나 회복하는 중요한 기능을 책임져야 했다."³² 예를 들어, 이스라엘의 왕정 체제를 생각해보라. 얼핏 보기에 왕에 대한 구약의 모호하고 다양한 증언은 상당히 당황스럽다. 어떤 구절은 왕을 이스라엘 문제의 원인으로 보지만(참고. 삼상 8:11-22), 또 어떤 구절은 왕을 해결책으로 본다(참고. 삼하 8:15, 시 72편).³³ 이런 차이를 이해할 수 있는 한 가지 열쇠는 왕정 비판자든 옹호자든, 왕의 일차적 과제가 "정의와 공의를 행하[고]…가난한 자와 궁핍한 자를 변호하[는 것]"(렘 22:15-16)이라는 공통된 확신을 토대로 왕의 업무 수행을 평가해야 함을 인정하는 것이다.³⁴

그러나 궁극적으로 정의는 모든 사람에게 요구되는 책임이다. 선지자는 "여호와께서 네게 구하시는 것은 오직 정의를 행하며 인자를 사랑하며 겸손하게 네 하나님과 함께 행하는 것"(미 6:8)이라고 했다. 정의와 공의를 행하는 것은 여호와를 안다는(렘 22:15-16) 본질적인 의미다. 잠언은 이스라엘 훈육의 핵심을 '공의와 정의와 정직'이라고 강조한다(잠 1:3). 실제로 정의와 공의를 실천하는 일은 희생 제사를 드리는 것보다 훨씬 더 중요하다(잠 21:3).

그러나 정의와 공의는 이전의 모든 인류처럼 이스라엘이 도달하지 못한 기준이다. 이사야는 이렇게 선언했다. "여호와의 포도원은 이스라엘 족속이요 그가 기뻐하시는 나무는 유다 사람이라 그들에게 정의를 바라셨더니 도리어 포학이요 그들에게 공의를 바라셨더니 도리어 부르짖음이었도다"(사 5:7). 이 구절은 창세기 18장 18-19절을 반대로 읽는 것처럼 보인다. 정의와 공의는 하나님이 자기 백성을 기쁨의 동산에 두실 때 추구하셨던 열매다. 그분이 정의가 실현되는지를 확인하셨으나 불의함을 발견하셨고, 의를 구하셨으나 압제당하는 자들의 부르짖음만 들으셨을 뿐이다. 이사야 5장 8-30절에 따르면, 이런 실패는 하나님의 무서운 심판을 초래하며 궁극적으로 그 심판은 포로 생활에서 정점에 이른다.

가혹하게 들릴 수 있겠지만, 이사야의 포도원 노래를 보면 당연한 의문이 떠오른다. 열매 맺지 못하는 포도원에 무슨 유익이 있겠냐는 것이다. 이 의문에 대한 답은 명확하다. 열매 맺지 못하는 포도원은 아무런 소용이 없다. 하나님은 포도원에 심겼으나 애초의 목적인 정의와 공의의 열매를 맺지 못하는 민족 역시 마찬가지라고 판단하신다. 아무 소용이 없는 것이다.

이스라엘이 정의롭고 의로운 소명에 부응하지 못한 것에 대한 여호와의 응답을 고려하면, 우리는 자연스럽게 구약에서 신약으로 넘어가게 된다. 그러나 신약을 살펴보기 전에, 지금까지 우리의 논의를 지배한 두 단어, 즉 정의와 공의의 실제적인 개념을 살펴볼 필요가 있다.

"당신은 계속 그 말만 하고 계십니다"

영화 〈프린세스 브라이드〉(The Princess Bride)에서 내가 좋아하는 한 장면은 스페인인 검객 몬토야가 질릴 대로 질려

괴로워하는 장면이다. 그의 상전인 비지니가 '상상할 수도 없는' 일이라고 입버릇처럼 떠벌린 일들은 한 번도 일어난 적이 없었다. 비지니가 마지막으로 그런 말을 쏟아내자 몬토야는 그를 보며 "당신은 계속 그 말을 쓰지만, 당신이 생각하는 뜻과 내가 생각하는 그 말의 뜻이 달라요"라고 말한다.

논의를 더 진행하기 전에, 정의와 공의라는 단어가 우리가 생각하는 그 뜻과 같은 의미인지를 잠시 생각해볼 필요가 있다. 의라는 단어를 떠올릴 때 우리가 가장 먼저 연상하는 의미는 개인적 경건의 문제에 국한된 경우가 적지 않다. "~한 여자와는 함께 담배도 피우지 말고 술도 마시지 말고, 어울릴 생각은 추호도 하지 말라"는 오래된 차별적 격언이 생각난다. 정의라는 단어를 생각하면 법원 천정에 조각된 눈을 가린 정의의 여신이 즉각 떠오를 수 있다. 개인적인 경건과 공정한 재판은 성경적으로 좋은 일이지만, 그것이 인류를 향한 여호와의 목적의 중심에 있다고 보기는 어렵다. 그렇다면 이런 단어들이 의미하는 바는 무엇인가?

우리는 단독으로나 함께 사용하는 체데크/체데카(*tsedeq/tsedeqah*, 정의[35])와 미쉬파트(*mishpat*, 공의[36])의 발생에 관한 심층적인 단어 연구를 할 수 있다. 이 단어들을 연구해보면, 체데크/체데카는 일차적으로 관계상의 '옳음'이나 기준에 일치하는 '옳음'이라는 의미가 있음을 알게 될 것이다.[37] 미쉬파트는 사법적 맥락과 더 직접적인 관련이 있으며 '일을 바로 세우다'라는 의미를 가리킨다.[38] 단어를 연구할 때 체데크/체데카와 미쉬파트가 모두 사용된 경우, '사회 정의'나 '사회적 공평'과 같

은 의미로 사용되었다고 볼 수 있다.[39]

단어 연구의 또 다른 방식은 철학적인 차원에서 그 단어의 의미와 개념을 살펴보는 것이다. 많은 그리스도인은 6세기 로마식 개념을 그 출발점으로 삼는다. 즉, "각자에게 그들의 정당한 '권리'나 '마땅한 몫'을 돌려주고자 하는 꾸준하고 지속적인 의지"를 정의라고 보는 것이다.[40] 혹은 정의를 "주요한 사회 제도에서 기본적 권리와 의무를 분배하고 사회적 협력을 통해 이득의 분배를 결정하는 방식"이라고 설명한 존 롤스(John Rawls)의 정의 개념을 살펴볼 수 있다.[41] 정의란 한 사회 구성원들이 "자신들에게 권리가 있는 선을 향유하는 사회적 조건"이라고 명명한 니콜라스 월터스토프(Nicholas Wolterstorff)의 권위 있는 논증을 살펴볼 수도 있다.[42]

이런 접근 방식들에는 여러 장점이 있지만, 나는 완전히 다른 접근 방식을 제안하고자 한다. 온전하고 정직하며 하나님을 경외하는 한 사람이 욥기 29장 12-17절에서 체데크와 미쉬파트로 무장한 상태에서 자신이 한 일을 어떻게 소개하고 있는지 들어보자.

욥기 29장은 하나님의 임재를 풍성하게 경험했던 시절로 돌아가고 싶다는 욥의 절절한 탄식으로 시작한다(욥 29:1-6). 이 탄식을 보면 그가 자신의 성품과 행실에 대해 언급하는 모든 내용이 하나님과 그가 이전에 맺었던 관계 덕분이라고 말하는 것을 볼 수 있다. 그의 공정하고 의로운 행위는 하나님이 베푸신 사랑에 대한 반응이었다.[43] 욥기 29장 7-11절은 욥의 성품 덕분에 그가 공동체 전체에서 지극한 존경을 받았음을 분명히 보여준다. 이어서 욥기 29장 12-17절에서 그는 이렇게 온 지역에서 공경의 대상이 될 수 있었던 이유인, 하나님이 주신 성품의 핵심과 실체를 설명한다.

> 이는 부르짖는 빈민과 도와줄 자 없는 고아를 내가 건졌음이라 망하게 된 자도 나를 위하여 복을 빌었으며 과부의 마음이 나로 말미암아 기뻐 노래하였느니라 내가 의(체데크)를 옷으로 삼아 입었으며 나의 정의(미쉬파트)는 겉옷과 모자 같았느니라 나는 맹인의 눈도 되고 다리 저는 사람의 발도 되고 빈궁한 자의 아버지도 되며 내가 모르는 사람의 송사를 돌보아 주었으며 불의한 자의 턱뼈를 부수고 노획한 물건을 그 잇새에서 빼내었느니라.

욥은 정의와 의를 수용하고 실천함으로써 사회의 수많은 사회적 약자와 고통받는 사람을 대신하여 자신의 사회적 권력을 행사한다. 그는 낙심한 자들을 일으켜 세우고, 가난한 사람들을 건져주며, 취약한 자들의 인생에 도움과 기쁨을 선사하고, 나그네들을 대신해 법정에 가주며,[44] 압제자들의 횡포를 적극적으로 무력화하는 데 힘쓴다.[45] 정의와 의로 옷 입었다는 욥의 비유적 표현은 그가 법이 요구하는 그 이상으로, 사실상 취약한 자들과 압제당하는 자들을 대신해 모든 법이 요구하는 수준을 훨씬 넘어 행동하고 노력할 정도로 인생을 걸고 정의에 매진했음을 암시한다.[46]

욥이 옷처럼 입었다는 정의는 개인적 경건은 물론이고 양손에 저울을 든 정의의 여신이 상징하는 공정함을 의미하지만, 또 여기에만 한정되는 것은 아니다. 욥이 실현한 정의의 정중앙에는 여호와가 몸소 실천하시고 사랑하시는, 적극적이고 개입하며 구원하고 해방하며 땀 흘려 노력하는 정의가 자리하고 있다(참고. 시 33:5, 146:7-9).

정의에 대한 전형적인 압축적 개념이 최소한 우리의 가장 기본적인 개념으로 적합하지 않은 이유가 여기에 있다. 사회 정의와 사회적 평등의 언어나 각자에게 정당한 몫을 돌리는 미덕, 혹은 구성원들이 각자의 정당한 권리를 누리도록 보장하는 사회에 대한 묘사가 성경에서 말하는 체데크/체데카와 미쉬파트의 여러 측면을 정확히 드러내지 못해서가 아니다. 적절히 정의된 이런 표현은, 성경의 표현을 이해하는 데 도움이 된다.

문제는 이런 표현이 명확성이 떨어진다는 것이다. 정의와 공의를 칭송하는 욥의 시를 보면 코넬 웨스트(Cornel West)의 유명한 말이 떠오른다. "정의는 사랑이 공개적으로 드러난 것이다…이것은 단순히 제도를 규제하는 추상적 개념이 아니라 만인의 복지를 증진하기 위한 뼛속까지 타오르는 불같은 열정이다."[47] 존 골딩게이는 같은 맥락에서 체데크와 미쉬파트를 "공동체에서 행사하는 신실한 권력"[48]이라고 요약한다. 성경에서 말하는 정의와 공의의 의미를 단순히 한 문장으로 그 넓이와 깊이를 다 포착하는 것은 불가능하지만, 웨스트와 골딩게이는 이 정의와 공의에 대한 개념의 중요한 핵심을 포착하고 있다. 그러므로 성경의 정의에 관한 이야기의 전체 개관으로 다시 돌아가

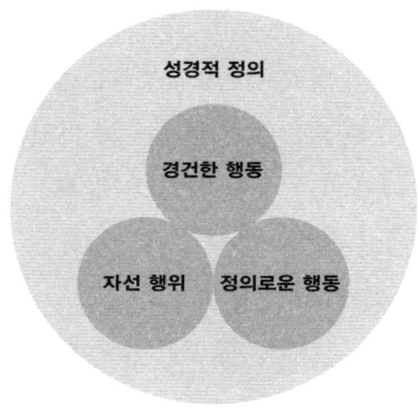

〔표 2.1〕 성경적 정의의 몇 가지 차원

기 전에, 성경에서의 정의의 개념을 '공개적으로 표현된 사랑'과 '공동체에서 행사하는 신실한 권력'으로 요약하면, 욥의 정의로운 성격의 네 가지 중요한 특징을 파악할 수 있다.

  첫째, 욥의 신실한 권력 행사에는 압제자에게 맞서거나 약자를 대신해 법정에 나가는 등 우리가 정의로운 행위로 인식하는 행동이 포함된다. 그러나 욥의 정의에는 우리가 정의보다는 자비나 자선이라고 생각하는 행동도 포함된다. 또한 일반적으로 우리가 생각하는 정직한 행동이나 경건과 연관 짓는 행동도 이 정의에 포함된다.[49] 실제로 우리는 자비와 정의와 경건을 명확하게 구분하지만 성경에서 사용하는 정의와 공의라는 용어의 용례는 이 세 범주를 모두 포괄할 때가 종종 있다.[50] 성경적 정의는 자비로운 행동이나 자선 행위나 경건한 행동에서 더 나아가는 것이지만 그 이하는 아니다. 이 책에서는 무엇보다 '공적 정의'를 집중해서 살펴보겠지만, 우리는 성경의 '정의와 공의'에 대한 더 포괄적인 시각을 계속 견지할 필요가 있다.

둘째, 욥의 행동은 성경에 등장하는 성도들이 하나님의 정의를 사랑하고 갈망하는 이유를 분명히 보여준다. 고아를 입양하고 이민자들을 환대하며 공동체를 이루는 정의가 편만한 세상이 되기를 원하지 않는 사람이 누가 있겠는가? 하지만 때로 하나님의 정의를 그분의 사랑이나 은혜로 극복해야 하는 부정적인 것처럼 이야기하는 그리스도인들이 있다. 물론 여기서 하나님의 정의에 심판이 포함된다는 것은 부분적으로 사실이다. 그러나 하나님의 사람들은 그분의 정의를 즐기고 기뻐하며 갈망한다는 사실을 분명히 할 필요가 있다. 욥의 인생에 작동하는 하나님의 정의를 보면, 그들이 왜 그렇게 하는지 조금 더 쉽게 이해할 수 있다!

셋째, 성경 저자들은 추상적인 의미의 정의에 대해서는 그다지 많이 이야기하지 않는다. 성경은 불의와 불의의 희생자인 "고아와 과부와 나그네들이 처한 비인간적 상황"에 관해 증언하는 방식으로 정의와 불의에 관해 주로 이야기한다.[51] 욥이 소외된 집단을 위해 아홉 가지 다른 표현을 사용한 것은 이런 성경적 방식을 밀도 높게 드러낸 예다.

그렇다고 성경적 정의가 법의 공정한 적용과 전혀 무관하다는 말은 아니다. 출애굽기 23장 3절은 특별히 법정에서 한쪽으로 치우쳐서 가난한 사람들을 두둔해서는 안 된다고 경고한다. 월터스토프가 인정하듯이 "선지자들은 부자의 재물을 빼앗거나 권력자를 공격하는 행위를 인정하지 않는다."[52] 로마 가톨릭 신학자들이 종종 하나님의 "가난한 자들을 위한 선호적 선택"이라고 부르는 것은 특정 집단에 대한 하나님의 추상적인 선호를 가리키는 것이 아니라 오히려 "불의는 동등하게 분배되지 않는다"는 여호와의 현실적인 인식을 가리키는 것이다.[53] 하나님의 정의와 공의가 약자들을 선호하는 이유는 그들이 불의와 불공평의 일차적 희생자이기 때문이다.[54]

  넷째, 더 미묘하게도 본문은 욥이 정의를 사랑하시는 하나님의 왕 같은 제사장 가족으로서 정확하게 정의를 실천하고 있음을 암시한다. 시온의 제사장들이 '의로 옷 입어야 한다'는 시편 132편 9절의 요청은 욥기 29장 14절과 평행을 이룬다. 욥기 29장에 나오는 옷이나 모자를 입는다는 표현 대부분은 제사장 복장이나 왕의 의복을 가리킬 때 사용된다.[55] 욥은 욥기 29장 25절에서 자신을 '왕과 같은 자'라고 표현하며 전체 구절은 시편 72편의 공의로운 왕의 초상을 암시하는 것 같다.[56] 왕이자 제사장으로서 욥이 실천하는 정의는 하나님의 형상을 닮은 인간이라면 모두 부름받은 왕 같은 제사장의 사역을 반영한다.

  더욱이 욥은 왕 같은 제사장으로서 정의와 공의를 행사함으로 여호와 하나님을 본받고 있다.[57] 여호와가 "고아의 아버지시며 과부의 재판장[보호자]"(시 68:5[6])이시므로, 욥도 고아와 궁핍한 자들의 아버지가 돼주고, 과부들이 기쁘게 노래할 수 있도록 돕는다. 여호와가 이주민들과 소외당하는 약자를 사랑하시므로(신 10:18) 욥도 법정에서 그들의 권리를 변호한다. 성경에서 압제자의 턱을 부수는 역할은 하나님의 몫으로 기록되어 있지만, 여기서는 욥이 압제자들의 턱을 부수어 그들의 입에서 먹이를 떨어뜨리게 함으로써 그는 하나님의 정의에 동참하고 있다.⁵⁸ 왕 같은 제사장의 직무에 맞게 압제당하는 자들을 대신해 힘을 행사함으로써 욥은 하나님을 닮아간다.

물론 이 막강한 족장이 계급 사다리의 하층부에 자리한 이들을 대신해 정의를 행한다는 것에 의문이 생길 수도 있다. 특히 사회 계급 사다리의 존재가 구체적으로 언급되어 있지 않다는 점을 감안하면 그렇다.⁵⁹ 욥기 전체에서 이 문제를 확인하고 있음과 욥의 이야기가 진행되면서 욥의 정의로운 성품이 입증되고 변화되는 것으로 묘사된다는 사실을 이 책의 4장에서 살펴볼 것이다. 그러나 내가 보기에, 욥기는 성경의 저자들이 생각하는 '공적으로 드러난 사랑'의 모습을 엿볼 수 있게 해준다.

정의를 이루지 못한 백성에게 여호와가 주신 해결 방안

성경의 정의에 관한 이야기로 다시 돌아가서, 우리는 지금까지 여호와가 자기 형상을 닮은 자들을 지으시고 그들에게 제사장이자 왕가의 일원으로서 정의를 행하라는 임무를 부여하셨음을 살펴보았다. 그런데 비극적인 부분은 전 인류와 이스라엘 모두 정의 실현에 실패했다는 것이다. 여호와가 정의를 바라셨으나 보이는 것은 불의뿐이었다(사 5:7).

하지만 놀랍게도 선지자들은 여호와가 이런 사태를 보시고 스스로 의로 옷 입으시고(사 59:16-17) 성령의 기름부음을 받은 종의 사역을 통해 '성실하게 정의를 실행하실 것'(사 42:1-4)이라고 선언한다. 이렇게 직접 정의를 실현하신다고 해서 자기 형상을 닮은 자들을 통해 세상을 다스리겠다는 하나님의 계획이 폐기되지는 않는다. 오히려 좋은 카리스마 넘치는 사역으로 억눌린 자들을 해방하고, 무너진 지 오래된 공동체들을 재건할 여호와의 "의의 나무"가 될 것이다(사 61:3).

그러나 하나님의 백성이 여호와께 받은 정의와 공의의 사명에 참여하기 위해서는 그동안 완전히 결여되었던 의롭고 정의로운 성품이 필요하다. 여기서도 여호와가 놀라운 약속을 해주신다.

> 그러나 그날 후에 내가 이스라엘 집과 맺을 언약은 이러하니 곧 내가 나의 법을 그들의 속에 두며 그들의 마음에 기록하여 나는 그들의 하나님이 되고 그들은 내 백성이 될 것이라 여호와의 말씀이니라(렘 31:33).[60]

하나님은 자기 백성의 마음에 근본적인 변화를 일으켜 그들에게 주신 율법으로 구체화된 의롭고 공정한 삶의 방식을 따르게 해주겠다고 약속하신다.

신약은 여호와가 성육신, 즉 하나님이 우리와 함께 계신다는 임마누엘을 보내심으로 이 모든 것을 이루어주신다고 증언한다. (표 2.2)에서 묘사된 대로 온 인류가 여호와의 왕 같은 제사장의 가족으로 살아야 하는 소명을 이루지 못하자 하나님은 이스라엘을 그분의 '맏아들'이자 '왕 같은 제사장'으로 보내셨다. 그러나 또 이스라엘이 이 임무에 실패하자 여호와는 신실한 한 이스라엘인, 왕이자 대제사장이며 아들이신 분, 하나님의 온전하고 진정한 형상, "하나님의 영광의 광채시요 그 본

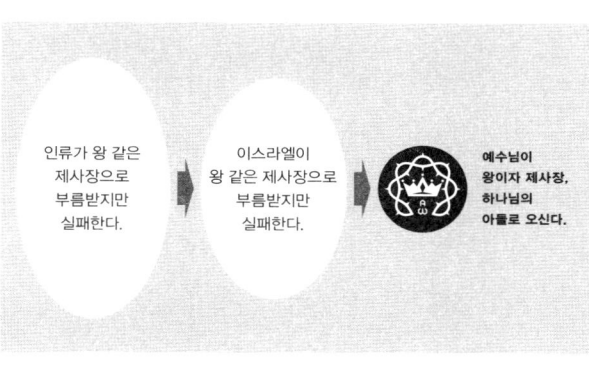

〔표 2.2〕 하나님은 예수님을 통해 정의가 승리하게 하셨다

체의 형상"(히 1:3)을 보내셨다. 하나님은 예수님을 통해 정의가 승리하도록 하신 것이다.

  예수님은 왕이자 제사장으로서 인류의 소명을 감당하시려고 할 때 정의와 공의를 중요한 우선순위로 삼으셨다. 첫 설교에서 예수님은 자신을 가난한 자들에게 복음을 선포하고 주의 은혜의 해를 선언하는 정의로운 해방자 왕으로 밝히셨다(눅 4:16-21). 그분은 병든 자들을 고치시고 "상한 갈대"와 "꺼져가는 심지"를 부드러운 손길로 돌보시며 열국에 희망을 선사하시고 물리적 장애가 있는 자들을 치유하시고 귀신을 쫓아주시며(마 12:13-21), 정의를 무시하는 종교 기득권에 선지자처럼 맞서심으로써 정의가 승리하도록 하신다(마 23:23, 참고. 눅 11:42). 예수님은 무력하고 가난한 자들, 억눌린 자들, 추방당한 자들과 거침없이 연대하시며 그들을 환대하심으로써 공적으로 드러난 사랑을 구체적으로 실현하고 드러내신다. 예수님은 오랫동안 고대하던 하나님의 통치가 시작되게 하는 의로운 왕으로 이 땅에 오셨다.

　　모든 기대와는 정반대로, 이 공의의 왕은 종교적, 정치적 불의의 희생양으로 십자가에서 죽으신다. 십자가에서 하나님은 불의에 희생된 자들 중 한 사람이 되어, 이 희생자들 편에 서셨다. 부활하심으로 예수님은 하나님의 공의를 입증하셨고, 불의와 압제를 궁극적으로 물리치셨다.[61] 이제 '폭군의 최후 무기'인 사망이 영원히 패배했다.[62] 예수님의 부활은 그분의 재림으로 이루어질 새 창조를 통해 성취될 궁극적 정의의 보증금에 해당한다. 이 모든 것을 통해 육신이 되신 거룩한 말씀으로서 예수님은 왕과 대제사장, 아들이자 살아 계신 하나님의 완전한 형상으로 살고 죽으시고 부활하시고 통치하심으로 왕 같은 제사장 가문에 속한 사람들을 통해 세상을 다스리려는 아버지의 계획을 성취하신다.

　　더 자세히 설명할 수 있지만, 성경에 나타난 공의의 이야기를 간략하게 살펴본다는 목적에 부합하도록 아직 남은 마지막 한 가지 핵심을 설명하고자 한다. 창세기 18장 18-19절에서 여호와는 아브라함이 정의와 공의를 실현할 가문의 조상이 될 것이라고 선언하셨다. 삭개오가 토색한 사람들에게 몇 배나 되돌려주고 가난한 사람들을 위해 소유를 포기하는 희생을 치름으로써 정의를 실현하자 예수님은 그를 "아브라함의 자손"이라고 선포하셨다(눅 19:9). 예수님은 스스로 정의를 행하시며 아브라함에게 주신 하나님의 약속을 성취하심으로, 세상에 축복의 통로가 된다는 사명을 함께 감당할 정의로운 가족을 만들어주신다.

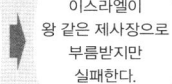

[표 2.3] 예수님은 공의를 행하는 백성을 세우셔서 정의를 승리로 이끄신다

     그리스도 안에서 하나님의 정의가 승리했다고 자기 형상을 지닌 사람들을 통해 세상을 통치하고자 하는 여호와의 계획이 완성되었다는 의미는 아니다. 그리스도 안에서 하나님의 정의가 승리하였기에 그 계획이 다시 확증된 것이다. 다시 말해, [표 2.3]에서 설명한 대로 예수님이 정의를 승리로 이끄시는 한 가지 방법은 정의를 실현하는 인간적 소명을 실천할 백성을 세우는 것이다. 실제로 예수님은 구속받고 회복된 자기 백성을 통해 원래부터 예정되었던 왕 같은 제사장 가문의 일원이 되도록 온 인류를 초청하신다.

     이 새로운 인류 공동체는 바울의 글에서 명확히 밝히듯이, 예수님의 죽음과 부활로 세상에 등장했다. 로마서 3장 10절에서 바울은 "의인(*dikaios*, 디카이오스)은 없나니 하나도 없으"므로 모든 인간이 심판 아래에 있다고 선언한다. 아디키아(*adikia*, 불법/불의, unrighteousness/injustice)라는 단어와 폭력이라는 단어를 빈번히 연결하는 데서 볼 수 있듯이(참고. 롬 1:29-

32, 3:10-18),⁶³ 바울이 지적하는 불법(unrighteousness)에는 불의(injustice)가 포함된다.⁶⁴ 실제로 로마서 1장 18-32절에서 소개한 악덕 중에 "하나님의 의를 드높이길 거부하는 행태나 불의만큼 확실하게 강조되는 것은 없다."⁶⁵

인간의 불의는 단순히 행동상의 문제에 국한되지 않는다. 바울에게 보편적 불의는 인류가 죄의 노예가 된 결과이며, 다른 나라의 적대적인 세력이 된 것으로 이해되기 때문이다(롬 6:17).⁶⁶ 죄의 노예가 되면 인간적인 죄책감을 느끼게 되며, 이는 죄에 예속된 인간이라면 모두 결국 자기 몸을 "불의의 무기"로 드릴 수밖에 없음을 의미한다(롬 6:13). 즉, 모든 인간이 '죄의 권세 아래' 있기에 "의인은 없나니 하나도 없으며" "모든 사람이 죄를 범하였으매 하나님의 영광에 이르지 못하"는 것이다(롬 3:9, 10, 23). 바울은 로마서 1장 18절에서 그런 '불의에 대하여 하나님의 진노가 하늘로부터 나타난다'고 선언한다. 이어지는 구절에서 내내 "바울은 하나님을 모든 인류의 불의에 대해 공의로운 심판을 내리시는 의로운 재판장으로 묘사한다."⁶⁷

인류는 죄와 불의와의 싸움에서 패배하고 있으며, 하나님의 형상을 지닌 존재로서 부여받은 소명에 부응하지 못하고 적극적인 불순종의 행위로 하나님의 진노 아래 있다. 바울은 그리스도의 십자가 죽음과 부활로 흐름이 완전히 바뀌었다고 이해한다. 그리스도 사건에서 참으로 공의롭고 의로운 단 한 명의 인간이 불의한 인간들의 손에 십자가에 못 박혔다. 그러나 기적 중의 기적이 일어났으니 예수님이 십자가에서 죽으심으로 우리 죄를 위한 "화목 제물"(대속 제물)이 돼주신 것이다

(롬 3:25). 베드로가 지적하듯이, 예수님은 우리 대신 죽으시고 우리 대신 고통당하셨으며 "의인으로서 불의한 자를" 대신하심으로 우리를 하나님 앞으로 인도해주셨다(벧전 3:18).

더 나아가, 성부 하나님은 죽은 자 가운데서 예수님을 일으키심으로써 신원해주셨다. 부활을 통한 이 신원은 인간 불의에 대한 아들의 승리인 동시에 죄와 사망과 마귀와 하나님의 통치에 맞서는 모든 다른 '권세'와 '권위'를 무력화한 사건이다(골 2:15).[68] 또한 인간은 이제 믿음으로 그분의 성령에 의해 그리스도와 연합할 수 있기 때문에 그리스도 안에 있는 우리는 죄가 있는데도 의롭다 함을 받고 의인으로 선언을 받는다(*dikaioō*, 디카이오오, 참고. 롬 5:19).[69] "그러므로 이제 그리스도 예수 안에 있는 자에게는 결코 정죄함이 없나니" 이는 십자가에 못 박히신 분의 육신으로 죄사함을 받았기 때문이다(롬 8:1-3).

부활하신 그리스도와 연합한 덕분에(참고. 롬 6:4-5) 신자들은 죄에서 해방되는 동시에 능력을 힘입고, 심지어 재창조함을 받아 하나님의 세상에서 사랑, 자비, 거룩 그리고 의로운 삶을 살 수 있게 되었다. 그리스도를 따르는 자들은 "'죄'와 '불의'에 복무"[70]하는 신세에서 해방되어 하나님을 섬기게 되었다. 그들은 하나님의 은혜의 풍성한 통치 아래 자신들의 몸을 '의의 도구'나 더 정확히 표현하자면 '정의의 무기'(*hopla dikaiosynēs*, 호플라 디카이오쉬네스)로 드림으로써 하나님을 섬기게 된다(롬 6:13).[71] 불의하고 망가진 자들은 그리스도 안에서 다시 하나님의 형상으로 빚어지고 있으며(참고. 골 1:15, 3:10), 하나님의 왕 같은 제사장으로서 소명을 다시 회복하고 있다(참고. 계 5:10, 벧전 2:9).

그 결과 정의로운 개인들의 모임이 아닌 새로운 가족, 새로운 공동체가 세워져, 그것이 세상에 하나님 공의의 복된 소식이 된다.[72] 우리의 지혜와 의와 거룩과 구원이 되신(고전 1:30) 예수 안에서 우리는 "하나님의 의"가 된다(고후 5:21).[73] 최종 목표는 부활하여 새로워진 피조 세계에서 의로운 왕의 통치 아래 하나님의 의로운 왕국이 최종적으로 설립되는 것이다. 놀랍게도 그리스도가 재림하시고 그분의 의로운 나라가 임하며 하늘에서처럼 땅에서도 그분의 의로운 뜻이 이루어질 때라도, 삼위 하나님은 왕 같은 제사장 가문의 구성원들을 통해 세상을 다스린다는 계획을 포기하지 않으실 것이다. 이는 틀림없는 사실이다. "우리를 사랑하사 그의 피로 우리 죄에서 우리를 해방하시고 그의 아버지 하나님을 위하여 우리를 나라와 제사장으로 삼으신"(계 1:5-6) 이에게는 한 가지 영원한 계획이 있으시다. "하나님과 그 어린양의 보좌가 그 가운데에 있으리니 그의 종들이 그를 섬기며 그의 얼굴을 볼 터이요 그의 이름도 그들의 이마에 있으리라…**그들이 세세토록 왕 노릇 하리로다**"(계 22:3-5, 강조 추가).

이야기로 들어가기

성경은 단순히 하나의 이야기가 아니다. 성경은 의에 관한 이야기, 즉 자기 형상을 닮고 자기의 의롭고 공의로운 도를 실현하는 인간을 통해 아름다운 세상을 함께 다스리는 데 필요한 일은 무엇이든지 하는 의로운 왕의 이야기다. 그러므로 성경은 제자로서 예수님을 따르고자 하는 사람이라면 누구나 그 안으로 들어가, 그 이야기를 자기 것으로 받아들이라고 초대하는 정의에 관한 이야기다.

그러나 나처럼 예수님의 정의에 관한 이야기는 전혀 이해하지 못한 채 예수님을 따르려고 노력한 이력이 있는 기독교 공동체의 일원이라면 어떻게 하겠는가? 정의에 관한 이야기는 들었지만, 우리를 의롭게 하시는 살아 계신 주님의 의로운 제자가 되는 법을 모른다면 어떻게 해야 하는가? 아마 그리스도인 공동체들이 정의로워지는 것이 어떤 모습일지 상상하는 데 도움이 될 지도나 모델이 필요할 것이다.

3장
도덕적 제자도를 위한 지도

"우리의 빛"(This Light of Ours)이라는 사진전에서 50-60년대 시민 권리 운동을 흑백 이미지로 전시했다. 그중 한 사진을 보면, 한 무리의 젊은이가 잔디밭에 둥글게 둘러앉아 있는 모습이 찍혀 있다. 그 중앙에 두 사람이 마치 태아처럼 몸을 웅크리고 있다. 이 사진 밑에는 비폭력 직접 행동에 참여하는 동안 혹시 있을 폭력적인 백인 우월주의자들의 공격에 대비해 자신과 다른 이들을 보호하기 위해 학생 비폭력 조정 위원회가 훈련 지원자들을 훈련하는 기간에 찍은 사진이라는 설명이 붙어 있다.[1]

셰릴 샌더스(Cheryl Sanders)는 당시나 지금이나 그리스도인의 시민권 운동 참여는 '전투적 화해 윤리'를 통해 구체화하는 '전투적 화해의 사랑'에 달려 있다고 주장한다.[2] 비폭력 행동을 위한 청년들의 훈련 사진은 그런 윤리의 한 가지 과제, 즉 도덕적 형성이나 도덕적 제자도라는 과제를 탁월하게 포착해서 보여준다.

더 명확한 이해를 위해 윤리에 대한 세 가지 주요한 접근 방식을 간략히 소개하는 것이 도움이 될 것 같다. 윤리학자들이 의무론적 접근법이라고 부르는 방식은 도덕적 의무나 법이나 명령에 초점을 맞춘다. 이런 관점에서 정의를 추구하는 그리스도인들은 '정의가 요구하는 바를 이해하는 데 도움이 되는 의무나 규범은 무엇인가?'라는 질문에 답하고자 노력한다. 정의를 행하는 것은 정의에 대한 개인의 의무에 부응하는 행동을 하는 것이라고 이해한다.

목적론적 혹은 결과주의적 접근 방식은 구체적 상황에서 우리 행동의 도덕적 결과에 초점을 맞춘다. 이런 관점에서 정의를 탐구하는 그리스도인들은 '특정 상황에서 정의로운 결과는 어떤 모습이며, 우리는 어떻게 그 결과를 얻을 수 있는가?'라는 질문에 답하고자 노력한다. 정의를 행하는 것은 특정한 시기와 장소에서 정의로운 결과를 낳을 수 있는 행동을 하는 것이라고 이해한다.

성경은 다양한 부분에서 두 접근 방식을 모두 채택한다. 샌더스의 전투적 화해 윤리에는 의무론적 요소와 목적론적 요소가 모두 포함될 수 있다. 그러나 어떤 윤리적 접근 방식도 이 책이 일차적으로 관심을 가지는 질문, 즉 비폭력 행동을 위한 학생 훈련 사진이 생생히 포착하고 있는 질문에 대한 답은 되지 못한다. 그것은 '우리는 어떻게 정의로워질 수 있는가?'[3]이다. 끊임없이 변하는 복잡다단한 상황에서도 정의를 추구하는 일에 전심을 다하기 위해서는 어떤 훈련이 필요할까?

도덕 형성에 대한 질문은 윤리에 대한 세 번째 접근 방식인 성품 윤리의 핵심이다. 최근 학계에서는 성품 윤리학이 다시 부상하고 있다. 알래스데어 매킨타이어(Alasdair MacIntyre) 같은 철학자와 스탠리 하우어워스(Stanley Hauerwas) 같은 신학자는 성품 형성에서 미덕과 그 역할에 대한 고대의 기록을 바탕으로 기독교가 성품 윤리를 회복해야 한다고 주장한다. 성품 윤리는 공동체에서 도덕 형성이 이루어지는 방식을 강조한다.

―공동체가 공유한 이야기를 전하는 법을 배운다.
―특정한 미덕을 독려하고 특정한 악덕을 정죄한다.
―고결한 성품 함양을 목표로 한 형성적 관행에
  참여한다.
―공동체의 체제, 규범, 정책을 받아들인다.

이런 관점에서 정의를 탐구하는 그리스도인은 '우리는 어떻게 정의로워지는가'라는 질문에 답하고자 노력한다. 이에 대한 답은 소위 도덕 형성 또는 도덕적 제자도, 즉 정의로운 제자가 되기 위한 개인과 공동체의 여정에 초점을 맞출 것이다. 성품 윤리가 종종 인격 형성에서 공동체의 역할에 초점을 맞추기 때문에, 기독교 성품 윤리는 도덕적 제자도에서 교회의 특별한 역할을 강조한다.

성경은 윤리에 대한 세 가지 접근 방식을 모두 반영한다. 실제로 [표 3.1]에서 명확히 보듯이, 기독교 윤리는 최상의 경우 이 세 가지 접근 방식을 모두 통합하고자 노력한다. 율법

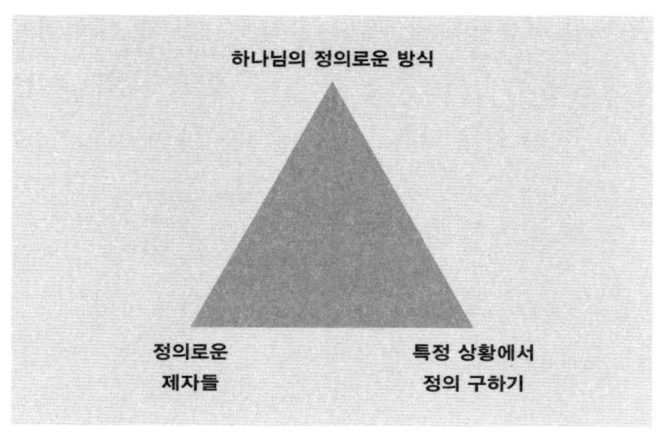

〔표 3.1〕 기독교 윤리의 삼중적 접근 방식

과 행동 기준과 명령으로 구체화되는 하나님의 정의로운 방식(의무론적 입장)은 특정한 상황에서 정의를 추구하기 위해 창조적 방법을 찾는(목적론적 방식) 정의로운 제자들이 받아들이고 구체화해야 한다(성품 중심의 방식).[4] 삼각형의 각마다 나머지 두 각과 연결되어 있다.

그러나 윤리학자들은 실제로는 이런 접근 방식 중 하나를 통해 윤리적 대화를 시작하는 경향이 있다. 먼저 성품 윤리 방식을 시작으로 앞서 말한 청년 학생 행동주의자들의 강력한 이미지에서 정의로운 제자도를 엿볼 수 있다. 그들은 정의로운 화해의 사랑이 무엇을 요구하고, 그 사랑이 실현될 때 어떤 일이 일어날지 단순히 배우는 선에서 만족하지 않는다. 그들은 화해의 사랑과 정의의 투사가 되고 타인들을 위해 예언자적이고 희생적으로 정의를 추구함으로써 '예수님을 진지하게 섬기는' 제자가 되고자 훈련했다.[5] 실제로 이 도덕적 제자훈련에는 더 정의로운 사회를 추구하기 위해 상처를 감수하는 훈련이 포함되어 있다. 정의로운 제자가 되기 위해 필요한 도덕 형성은 중요한 일이었다.[6]

　　이와 반대로, 나를 비롯해 미국 기독교의 많은 다른 교단에서 도덕적 형성은 적어도 정의의 문제에 관해 전혀 진지하지 못한 경우가 많았다. 많은 미국 그리스도인은 '정의를 물같이 흘러넘치게 해야 한다'는 목소리를 높여 왔다. 그러나 우리 중 많은 이가 불의의 역사를 가진 기독교인이 어떻게 정의로워질 수 있는지 묻지 않는 경우가 너무 많다.

　　성경의 정의 이야기는 공동체에서 권력을 신실하게 행사하는 정의가 하나님의 왕 같은 제사장 가족으로서 우리 직무의 핵심임을 보여준다. 그런데 성경은 공동체에서 신실하게 권력을 행사하는 사람이 되는 법에 관한 구체적 지침을 제시하는가? 그렇다면 성품 윤리는 정의로운 제자도에 대한 이 성경적 요청에 우리가 귀 기울이고 반응하도록 도울 수 있는가? 이 질문에 답하기 위해서는 도덕적 제자도의 역학과 관련해 성품 윤리가 가르치는 내용을 더 심층적으로 살펴볼 필요가 있다.

도덕적 제자도 메커니즘의 지도화

우리는 모두 공동체가 우리를 형성한다는 사실을 알고 있다. 모든 공동체는 구성원들에게 특정한 삶의 방식을 낳는 제자도의 한 경로를 제공한다. 그러나 이런 변화는 어떤 식으로 일어

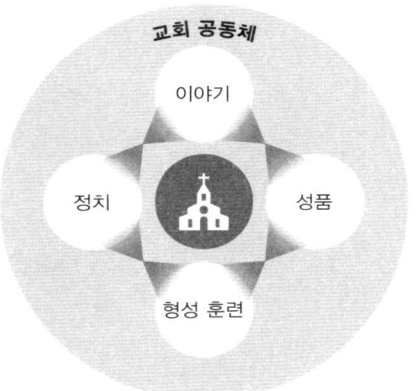

〔표 3.2〕 도덕적 제자도의 메커니즘

나는가? 공동체 생활에서 형성의 메커니즘은 무엇인가?

    나는 이런 의문에 대해 깊이 고민하다 덕성, 성품, 의식, 전례에 관심을 보이는 윤리학자들과 신학자들의 글을 탐독하게 되었다. 〔표 3.2〕는 도덕 형성이 어떻게 이루어지는지에 대한 질문에 성품 윤리의 최선의 해답을 시각적 모델로 보여준다. 이 표의 네 가지 핵심 요소를 각각 자세히 살펴보자.

이야기, 성품, 형성 훈련, 정치

    먼저 성품 윤리에서는 한 공동체의 이야기가 그 공동체의 개인과 집단의 성격을 형성한다고 주장한다. 그 사회의 토대를 이루는 이야기들은 각 구성원에게 자신이 누구이며 어디를 향해 가고 있는지 정체성을 형성하게 해준다. 이런 이야기들은 개별로나 집단으로나 모든 구성원이 찾는 원대한 목표를 확인해준다. 또한 모든 구성원이 마땅히 추구해야 할 성품을 형성해가는 사람들의 공동체적 이야기를 제공한다. 예를 들어, 성경에서 욥의 이야기를 들려주는 방식은 의와 공의를 옷처럼 입는다는 의미가 무엇인지 상상하는 데 도움을 준다.

이야기는 단순히 우리 사고를 형성하는 것으로 끝나지 않는다. 우리의 욕망과 감정과 세계의 모습과 그 안에서 우리의 역할에 대한 본능적 직감을 형성하게 해준다. 공동체는 부분적으로 그들의 이야기를 말하고 또 들려주는 식으로 그 구성원들을 제자화한다.

둘째, 성품 윤리는 공동체가 특정한 유형의 성품을 장려하는 방식으로 형성된다는 점을 인정한다. 즉, 공동체는 특정 덕목을 공동생활의 중심으로 장려하고, 특정 악덕을 공동생활을 위협하는 것으로 정죄함으로써 그 구성원들을 제자화한다.

무엇보다 특별히 아리스토텔레스와 아퀴나스를 중심으로 성품 윤리학자들은 미덕을 특정 텔로스(*telos*), 또는 목적을 달성하도록 효과적으로 일할 수 있게 해주는 습관이나 성향이라고 설명한다.[7] 목표 그 자체는 사랑, 용기, 정의와 같은 구체적인 미덕을 말하며, 덕성을 지닌 사람은 행동으로 이런 목표를 열망하며 추구하는 법을 배운다.[8] 예를 들어, 정의의 미덕을 습득한 사람은 정의에 대한 간절한 열망에 이끌려, 적극적으로 정의로운 행동을 하려고 한다.

동시에 정의의 미덕을 습득하려면 복잡한 세상에서 정의의 진보가 이루어지는 데 필수적인 습관을 형성해야 한다. 성품 윤리학이 미덕을 습관으로 이해하는 또 다른 이유가 여기에 있다. 여기에는 "특정한 방식으로 특정한 목표를 향해 행동하는 인지적 경향"을 포함한다.⁹ 공예 기술처럼 미덕은 시시각각 달라지는 상황으로 생기는 "언제나 예상치 못한 어려움에 창조적으로 대처하는 능력"을 선사한다.¹⁰ 다음 점수를 득점하고자 본능적으로 행동하는 운동선수처럼 덕성의 소유자는 구체화한 직관적 성향을 발휘해 해당 미덕을 실천하고자 노력한다.

그렇다면 특정한 미덕을 소유한다는 것은 다양한 상황 속에서 특정 덕목이라는 목표를 이루고자 효과적으로 인지하고 바라며 행동하는 지속적 성향을 보인다는 뜻이다. 공동체는 부분적으로는 이런 미덕의 특정한 이야기를 가르치고 향유하며 그에 상응하는 악덕을 정죄함으로써 구성원들을 훈련한다.

셋째, 성품 윤리는 공동체 구성원들이 형성 훈련이라는 한 가지 방법을 통해 이런 미덕을 터득함을 인정한다.¹¹ 미덕은 습관이기 때문에 우리는 "배운 뒤 실천해야 하는 것들을 실행함으로써" 이런 미덕들을 쌓아나갈 수 있다.¹² 다시 말해, 미덕의 습관은 습관적 훈련으로 얻을 수 있다. 특정 미덕을 목표로 삼은 반복적 행동을 함으로써¹³ 우리는 미덕의 습관을 형성하거나 그런 성향을 갖게 된다. 그런 반복적 행동에는 공동체의 이야기를 통해 덕스러운 성품을 모방하거나 자기 공동체의 리듬을 이루는 의식과 예전을 수용하는 것이 포함된다.

미덕을 갖춘 사람의 덕을 실천하는 본능적 능력이 운동선수가 본능적으로 수비를 피해 골을 넣는 것과 비슷하다면, 형성 훈련은 운동선수의 훈련 프로그램과 비슷하다고 말할 수 있다. 혹은 악기 연주를 예로 든다면, 형성 훈련은 기타를 잘

치기 위해 스케일을 연습하는 것과 유사하다. 스케일을 손에 익히며 다른 연주자들과 자유롭게 즉흥 연주를 할 수 있도록 준비하는 것이다.

때로 이런 훈련이 특별히 어려운 이유는 좋지 않은 방법으로 오랜 시간 훈련하여 나쁜 습관이 형성된 경우다. 혹은 마땅히 개발해야 할 부분을 건성으로 넘어가며 제대로 훈련하지 않은 경우다. 잘못 가르쳐주는 기타 선생님을 만나 잘못된 연주 기술을 배웠을 수도 있다. 연습이 충분하지 않았을 수도 있고, 열정 없이 연습하여 실력이 늘지 않았을 수 있다. 어쨌든 핵심은 분명하다. 우리가 훈련한 것 혹은 제대로 훈련하지 못한 것이 우리의 상태를 형성한다는 것이다.

마지막으로, 공동체는 공동체 조직과 정책으로 그 구성원을 훈련한다. 성품 윤리학자들은 종종 이것을 공동체의 정치학이라고 부른다. 다소 낯설게 들릴 수 있겠지만 성품 윤리학자들이 말하는 정치는 해당 공동체가 행정부에 참가하는 것을 말하지 않는다. 그 대신 그들이 사용하는 정치라는 용어는 모든 공동체가 조직, 기준, 정책, 결정 방식, 새 구성원의 입문 절차, 공동체 생활에 결정적 영향을 주는 다른 사회적 약속을 마련하는 과정을 가리킨다. 이런 의미에서 신자들을 받아들이고, 중요한 결정을 두고 숙의하며, 집단적 모임을 조직하고, 가난한 자들을 돌보는 사역을 위한 교회 구조 형성 모두 교회 정치에 해당한다. 성품 윤리는 한 공동체의 정치를 받아들이고 실천할 때 공동체 구성원들의 성품이 형성됨을 인정한다.[14]

〔표 3.2〕에서 서로 중첩되는 이 네 가지 요소와 화살표

순서는 도덕적 제자도에 대한 더 깊이 있는 통찰을 보여준다. 공동체 구성원들을 형성하기 위해서는 각 요소가 나머지 요소들과 조화를 이루며 기능해야 한다. 사람들이 공동체 생활에 참여한다는 것은 그 공동체의 이야기, 성품, 관습, 정치로 구성된 도덕 형성의 피드백 고리에 참여한다는 것이다. 예를 들어, 한 공동체의 핵심 이야기들은 그들이 생각하는 미덕과 악덕의 인식을 결정하며, 의례적 예식과 참여를 통해 기억되고 기념되어 공동체의 정치를 형성한다. 동시에 자신들의 이야기를 들려주는 공동체의 능력이나 그 공동체의 정치와 훈련에 신실하게 참여하는 능력은 부분적으로는 그들이 성품의 공동체가 되었느냐에 달려 있다.

또 다른 예를 든다면, 공동체의 정치 속에서 특정 역할을 채택할 때 그 역할을 감당하기 위해서는 특정 훈련을 받아들이며 특정한 방식으로 사람들과 관계를 맺어야 한다. 공동체의 정치 내에서 종종 당연시되는 이런 기준들은 "특정한 활동을 돕는 순탄한 길"을 만들어주고 "다른 길로 가지 않도록 차단하는 역할을 한다." 이렇게 되면 시간이 흐르면서 "특정한 인격적 자질을 획득하게 되고 다른 자질들은 회피하게 될 것이다."[15] 공동체 생활은 필연적인 수준까지는 아니더라도 구성원들이 특정 덕목을 획득하거나 우려스러운 부분이지만 유사한 악덕을 얻게 될 가능성이 극히 농후한 토양을 조성한다.

특정 공동체의 이야기, 형성 훈련, 성품, 정치는 상호 의존적이며 서로 영향을 미친다. 도덕적 제자도는 사람들이 공동체 내에서 이런 형성적 피드백 순환 고리에 참여할 때 이루어진다.

　　이 모델은 공동체에서 형성이 이루어지는 방법에 대한 진실을 드러내는 데 중점을 두지만, 기독교적 성품 윤리는 특별히 교회 공동체 내에서 도덕적 제자도가 실행되는 방식을 조명하는 데 중점을 둔다. 여기서 교회 공동체란 지역 기독교 공동체의 공동생활을 가리킨다. 이 공동생활이 이루어지는 경우는 다음과 같다.

1. 매주 모여 하나님을 예배하고 죄를 고백하며, 자신이 가진 자원의 일부를 드리고, 선포되고 가르치는 말씀을 들으며 주의 만찬을 기념하고, 새로운 구성원들에게 세례를 준다.
2. 그런 모임 외에도 자원을 나누고 어린이들을 환대하는 일에 함께 노력하며, 이웃을 사랑하고 섬기며 함께 정의를 추구하는 일 등을 통해 사랑과 봉사의 공통된 삶에 참여한다([표 3.2]).

다른 공동체들과 경쟁하고 협력하는 도덕적 제자도

　　당연하겠지만 [표 3.2]에서 보는 것처럼 완전히 개별적으로 존재하는 공동체는 없다. 교회 공동체는 그들이 속한 다양한 문화적 맥락에서 도덕적 제자도를 추구한다(참고. [표 3.3]). 우리는 교회의 일원이기만 한 것이 아니라 이웃 동네와 직장과 지방 정부와 중앙 정부의 일원이기도 하다. 이런 각각의 공동체나 조직은 고유한 이야기, 성격, 형성적 관행, 정치 체제를 갖

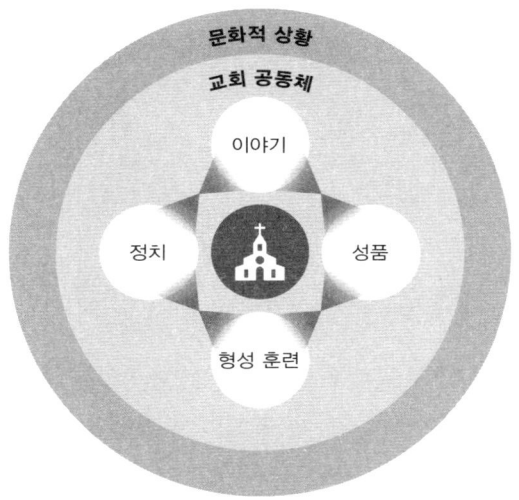

[표 3.3] 상황 속의 도덕적 제자도

추고 있다. 이런 공동체들 역시 우리를 훈련한다.

[표 3.3]에서 교회 공동체에 해당하는 원과 문화적 상황에 해당하는 더 큰 원은 교회 공동체 내에서 우리 제자도의 모든 측면이 더 넓은 문화적 상황에서 일어나는 형성과의 암묵적인 대화에 영향을 받아 발생한다는 것을 상기시킨다. 도덕적 제자도의 역학을 이해하는 데 이것은 어떤 차이를 낳는가?

첫째, 교회 공동체가 도덕적 제자도를 실행하는 방식은 더 넓은 문화적 상황에서 실행되는 도덕적 제자도의 영향을 받으며 또한 영향을 미친다. 기독교 제자도는 다른 모든 문화적 상황과 완벽히 절연된 배타적 공간에서 이루어지지 않는다.[16] 교회와 교회를 둘러싼 더 폭넓은 상황을 구분하는 경계선은 견고한 시멘트 벽이라기보다는 다공성 스펀지에 더 가깝다.[17]

그런 이유로 개인으로서 우리 역시 스펀지처럼 투과성을 지닌다. 우리 성품은 교회 공동체뿐 아니라 좋든 나쁘든 우리를 둘러싼 더 폭넓은 문화의 영향을 크게 받는다.[18] 우리는 다른 문화적 공간에서 습득한 인격으로 교회에서 활동하며, 교회에서 형성된 우리 성품을 교회를 둘러싼 외부 문화에 드러낸다.

둘째, 이것은 현 상태를 인정하는 수준에서 끝나서는 안 된다. 또한 지향해야 할 바가 중요하다. 더 넓은 문화적 상황은 하나님의 선교와 하나님 백성의 선교라는 무대에서 한 부분을 차지한다. 이것이 사실인 이유는 하나님이 현재 교회 외부에 있는 이들에게 복음을 전하도록 우리를 부르시기 때문이고, 모든 피조물에 대한 하나님의 통치를 증거하도록 부름받았기 때문이다. 실제로 그리스도인이 더 넓은 문화적 맥락에 참여하는 일은 교회 자체를 변화시키는 데도 도움이 될 수 있다.

도덕적 제자훈련이 교회 안과 더 넓은 문화적 맥락에서 이루어진다는 사실은 문제가 되기도 하고 기회가 되기도 한다. 이런 역학을 더 깊이 이해하기 위해서는 교회 공동체와 문화적 맥락과의 상호 관계를 확인해볼 필요가 있다([표 3.4]).

한편으로 교회의 도덕적 제자도는 때로 다른 곳에서 수용되는 이야기, 성품의 규정, 형성 훈련을 위한 관행, 정치 제도를 완전히 거부해야 할 때가 있다. 예를 들어, 신약 저자들은 겸손을 미덕으로 추천하면서, 교만이 미덕이고 겸손은 악덕이라는 그리스·로마 문화의 사상을 거부했다.[19]

때로 교회론적 제자도는 문화적 제자도를 수정하여 하나님의 뜻에 맞게 변형하여 적용하도록 우리를 형성할 것이다.

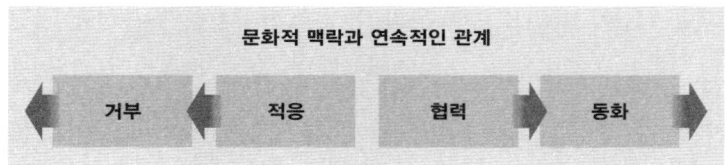

〔표 3.4〕 문화적 맥락과 연속적인 관계

고대 세계의 식사는 그 식사를 하는 사람들의 성품을 형성하는 데 엄청난 힘을 발휘했다. 구약과 신약 모두 하나님의 백성이 식사의 형성력을 이용하는 장면을 묘사하고 있으며, 더 넓은 문화적 환경에서 제시되는 것과 완전히 구분되는 제자도를 추구하고자 문화적 음식 관행을 극적으로 수정하는 모습을 보여준다.

　때로 교회 공동체는 더 넓은 문화와 협력한다. 앞으로 살펴보겠지만, 다니엘은 하나님 백성의 일원으로서 배운 특정한 덕목을 바벨론의 정치 공동체에 전파하기 위해 노력했다. 그러나 때로는 문화의 이야기, 성품에 관한 이야기, 형성 관습, 정치가 교회 공동체의 도덕적 제자도를 채택하고 부패시켜 하나님의 백성을 탈형식적인 제자도로 유인하기도 했다.

　이것은 도덕적 제자도가 교회 공동체뿐 아니라 교회 공동체 밖에서도 이루어짐을 의미하며 제자도는 이런 역동을 성실하게 탐색하는 법을 배워야 한다는 것을 암시한다. 동시에 나는 이런 원의 중심에 교회 공동체를 놓음으로써 다음과 같이 주장하고자 한다.

─예수님의 교회, 그 일원이 된다는 것은 예수님과
 그분의 왕국에 전적으로 충성해야 한다는 뜻이다.
─그런 헌신에 부합한 도덕 형성은 우리가 변화를
 경험하는 주요 장소로 지역 교회에서의 삶을 무엇보다
 강조한다.
─이런 교회 형성은 항상 더 넓은 문화적 맥락에서
 일어나는 형성에 영향을 받는데, 교회가 그 맥락 안에
 존재하고, 교회의 사명 때문에 하나님의 백성은 그
 상황에 창조적으로 관여해야 하기 때문이다.[20]

하나님의 선하신 세상과 그분의 자애로운 통치하에 도덕적 제자도 지도화하기

궁극적으로 기독교적 성품 윤리는 하나님의 선하신 피조 세계와 삼위 하나님의 적극적 통치하에 도덕적 제자도가 최종적으로 실현될 수 있음을 인정한다(참고. [표 3.5]). "그들이 인정하든지 하지 않든, 교회와 문화는 하나님이 선하게 창조하셨고, 영원히 그리스도의 통치를 받으며, 성령이 편만하게 임재하고 계신 실제 세상에만 존재한다."[21]

한편으로 기독교 성품 윤리는 모든 교회 공동체와 인간 문화가 하나님의 통치에 대한 인류의 반역에 가담했다는 사실을 다루어야 한다. 우리는 하나님의 선하신 세상과 결을 같이 하는 방식으로 살기를 거부했다. "모든 사람이 죄를 범하였으매 하나님의 영광에 이르지 못하더니"(롬 3:23). 우리의 모든 이야기, 성품, 형성 훈련, 정치 체제도 예외는 아니다. 실제로 죄

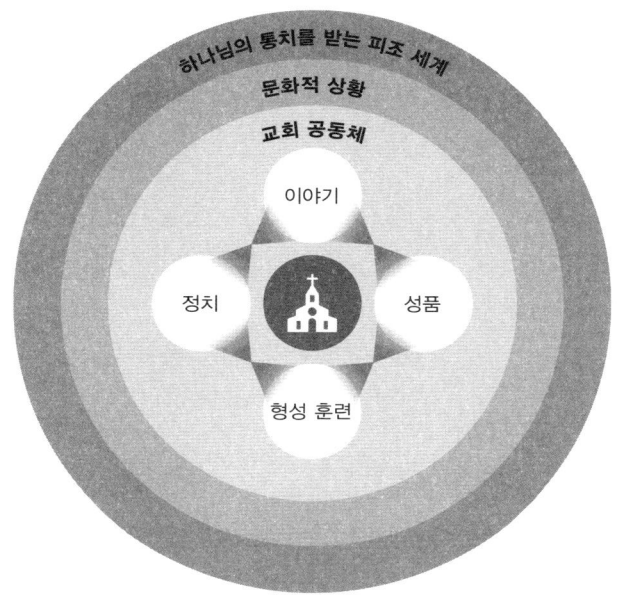

[표 3.5] 하나님의 선하신 피조 세계 속의 도덕적 제자도

때문에 교회의 형성적 제자도는 허약하고 결점투성이이며, 심지어 변질된 상태임이 드러날 때가 많다.

그런데도 "실제 있는 그대로의 세상"이 여전히 "하나님이 창조하시고 붙드시며 화해시키시고 통치하시는 왕으로 보좌에 앉아 계신 세상"이라는 것은 다행스러운 소식이 아닐 수 없다.[22] 교회적 형성의 희망은 하나님의 은혜로 우리가 (불완전하지만) 하나님의 통치를 반영하며, 하나님의 우주와 '결을 같이 하는' 이야기, 성품, 관행, 정치를 실현할 수 있다는 데 있다.

이 말은 은혜에 대해 말하지 않고는 도덕적 제자도를 최종적 혹은 종합적으로 말했다고 할 수 없다는 의미다. 제자로서 우리 삶은 우리의 과업이기 전에 우리에게 주신 하나님의 선물이다. 이제 고인이 된 존 웹스터(John Webster)가 알려주듯이, 우리는 하나님과 그분의 활동에 대해 끊임없이 이야기함으로써 교회가 실천할 수 있는 도덕적 제자도에 관해 이야기할 수 있다.[23] 특별히 도덕적 형성을 열정적으로 추구할 때도, 주님의 강력한 역사가 우리를 두루 보호해주시고, 우리 제자도의 여정에 그분이 직접 손을 내밀어주신다는 것을 깨닫게 된다.

교회에 대한 인식에 은혜가 일으키는 변화

은혜는 도덕적 형성에 대한 우리 인식에 근본적으로 변화를 일으킨다. 예를 들어, 교회 공동체가 도덕적 제자도에 대한 우리 '지도'의 핵심을 차지하는 이유가 무엇인지 설명하는 데 도움이 된다. 교회의 특별한 정체성과 소명은 전적으로 이 특별한 공동체에 부어주신 하나님의 은혜에 근거한다.[24] 교회는 하나님이 "세상의 삶에 개입하심으로 시작된 운동"으로 존재하며, "세상의 삶을 위한 하나님의 선물인 평화를 교회의 삶에 품을" 은사를 받았다. 하나님의 은혜로 교회는 사람들에게 하나님 나라에 관해 말할 뿐만 아니라 "삶으로 그 왕국의 현존"을 드러낸다.[25]

이런 역동은 바울이 교회를 성전이라고 한 데서나(고후 6:16) 세상 왕국 속에서 하나님 나라의 시민처럼 살라고 권면한 데서(빌 1:27) 찾아볼 수 있다. 이런 심상들은 교회가 앞으로 올 세상의 원형임을 암시한다.[26] 바울은 하나님의 백성이 교회 안에서 예수님에 대한 충성을 받아들일 때 그들의 공동체가 세상에서 하나님의 나라를 만날 수 있을 정도로 복음을 실현한다고 믿었다.[27] 그런 회중은 "일종의 선금 역할을 하며, 정의와 기쁨과 평화가 한낱 꿈이 아니라 미래의 현실임을 보증한다."[28]

이 모든 것이 은혜다! 하나님의 백성이 장차 임할 부활을 입은 새 피조 세계를 세상에 조금이라도 맛보여줄 수 있는 이유는 오직 하나님이 자기 백성을 예수의 몸과 연합하게 해주시기 때문이다.[29] 또한 하나님이 그렇게 하시기에 그분의 백성은 교회 공동체에 참여함으로써 "성령이 어디서 어떤 방법으로 피조물을 해방하시는지 추적하는" 법을 배우게 된다.[30]

은혜는 우리가 성품에 대해 생각하는 방식에 변화를 일으킨다

기독교적인 도덕적 제자도가 우리의 과업이기 이전에 하나님의 선물이라는 사실은 덕성에 대한 우리 사고방식을 근본적으로 재구성하게 해준다. 예를 들어, 덕목에 대한 아리스토텔레스의 이야기와 예수님의 복음에 비추어 그 이야기에 변화를 주고자 했던 토마스 아퀴나스의 차이를 생각해보라. 아리스토텔레스와 아퀴나스 두 사람 모두 덕성은 특정한 선을 알고 바라며 효과적으로 성취하도록 해주는 습관이라고 믿었다. 우리의 행동이 우리 존재를 형성한다는 사실을 모두 인정한다. 그러나 아리스토텔레스는 어떤 사람들에게 덕성을 갖추게 하는 것은 선한 가르침과 연습만으로 충분하다고 생각했지만, 아퀴나스는 이 생각에 동의하지 않는다. 참되고 완전한 덕성은 항상 하나님의 선물이다. 성령의 내주하시는 사역으로 하나님이 우리 마음에 새겨주셔야만 고결한 사랑의 법을 삶으로 구현할 수 있다.

그러나 이것으로 도덕적 형성에 대한 전체 논의가 일단락될 수 있는가? 하나님이 변화된 성품이라는 선물을 주신다면, 그 선물에 대한 자연스러운 반응으로 자동으로 정의롭고 의로운 삶을 살게 되리라 기대할 수 있지 않겠는가? 하지만 절대 그렇지 않다! 아퀴나스는 하나님이 은혜로 우리에게 주시는 미덕에는 우리의 적극적인 노력도 필요하다고 주장한다. 이런 미덕을 실천할 때 그것은 우리 마음에 더 깊이 뿌리내릴 수 있다. 더욱이, 제자도는 예수님을 떠난 삶으로 얻게 된 잘못된 습관을 뿌리 뽑도록 하나님이 우리에게 주신 성품을 발휘할 것을 요구한다. 이 모든 것을 통해 아퀴나스는 우리가 변화된 삶을 선물로 받은 동시에 변화된 삶을 소명으로 추구해야 한다는 성경의 이중적 주장에 충실한 덕성 형성의 모델을 제시하고자 노력한다.

덕성에 대한 이런 신학적 논의는 아퀴나스나 로마 가톨릭 신학자들에게만 국한된 것이 아니다. 내가 속한 개혁주의 전통에서 칼뱅의 윤리 신학은 "그리스도인으로 살아가는 평생 성결의 꾸준한 성장이라는 목표를 추구하며 (선행을) 변화의 한 수단으로 여긴다는 면에서 아퀴나스와 상당한 일치를 보인다."[31] 웨스트민스터 신앙 고백의 저자들은 성화를 "성도에게 거룩한 습관을 불어넣는 성령의 역사"라고 믿었다. 그래서 "성화"를 이루려면 "칭의 이후에 성결을 추구하는 인간의 노력"이 꼭 필요하다고 믿었다.³² 칼뱅과 신앙 고백서 모두 "신성한 율법"을 "성품을 변화시키는 순종의 연습을 이끌어내기" 위한 "요청"이라고 했으며,³³ 이것은 앞으로 살펴볼 레위기와 신명기 연구와 특별히 관련이 있다. 세부 내용은 실질적인 의견 차이가 있겠지만, 아퀴나스와 더 일반적인 기독교 신학 전통의 많은 학자처럼 개혁주의 미덕 윤리학자들은 그리스도인의 덕성은 하나님이 주신 선물로, 도덕적 형성을 위한 과업을 달성하도록 우리 노력을 끌어내고, 또 노력할 수 있게 해준다고 이해한다.³⁴

성품 윤리 모델의 평가

성품 윤리를 기반으로 하는 이 도덕적 제자도 모델이 정의에 대한 성경의 요청을 하나님의 백성이 듣도록 도울 수 있는가? 이 모델은 우리가 부름받은 정의로운 제자도라는 성경 중심의 삶과 부합하는가? 나는 이런 일련의 질문에 대한 답이 '그렇다'라고 믿는다. 정의에 대한 성경의 가르침을 계속 살펴보면서, 여기에 제시된 도덕적 제자도의 모델에 관해 말함으로써 그 주장을 입증해보고자 한다.³⁵

    이것이 어떤 식으로 이루어질지 우리는 이미 확인하는 작업을 시작했다. 우리는 정의로운 왕이 통치하고 하나님의 형상을 닮은 인간들이 협력하는 정의로운 왕국의 설립을 통해 '정의가 승리하는' 하나님의 이야기(마 12:20)인 성경을 살펴보는 것으로 이 여정을 시작했다. 우리 공동체의 도덕적 제자도 형성에 확고한 영향을 미치는 것은 바로 이런 거대한 내러티브다. 더욱이 그 이야기를 들을 경우, 정의를 무시하는 식의 성경 이야기를 받아들인 미국의 수많은 백인 교회와는 정반대 입장에 설 수밖에 없다. 우리는 성경의 정의에 관한 이야기가 오늘날 우리가 몸담고 사는 엉망으로 망가진 실제 세상 속에서 정의로운 제자도를 추구하도록 하나님의 백성을 형성하는 이야기와 훈련, 성품의 규정, 공동체적 정치 체제 속에 어떤 식으로 침투하고 확산하는지 반복해서 확인해볼 것이다.

반대 입장을 예상하고 인정하며 고심하여 다루기

이 책은 무엇보다 중요한 하나의 덕목이자 공동체 내에서 신실하게 권한을 행사하는 전인적 성품으로서 정의를 인식하는 성품 윤리를 기반으로 한다. 그러나 하나의 덕목으로서 정의에 초점을 맞추는 것은 여러 약점을 안고 있다. 미덕으로 접근하는 방식은 권리에 대한 논의로 보완되어야 한다는 월터스토프의 지적은 옳다. 그렇지 않을 경우, 한 덕목으로서 정의를 바라보는 것은 불의로 피해를 당했던 당사자들의 도덕적 현실에 필요한 적절한 관심을 외면하고 정의로워지려는 '우리' 필요를 과장할 위험성이 있다.[36]

  이보다 훨씬 중요한 문제는 나를 비롯해 많은 미국 기독교 교회와 관습에서 부끄럽게도 구조적 차원의 불의를 평가하는 데 미온적이었다는 오명을 얻은 것이다. 우리는 개인의 회심에 초점을 맞추어 그의 변화된 삶을 통해 결과적으로 모든 사회 문제가 해결되리라고 믿는 경향을 보였다.[37] 이런 점을 감안하면 하나의 덕목으로 정의에 집중하는 내 방식은 성경이 요구하는 정의에 대한 제도적이고 구조적인 개혁을 소홀히 할 위험성이 있다.

    이런 위험을 피하고자 성경은 인간적 덕목인 동시에 제도와 사회 구조의 특징으로 정의를 강조하고 있음을 분명히 밝힌다. 성경은 욥과 같은 의로운 사람들에 관해 이야기할 뿐 아니라 사회의 정의로운 법(참고. 사 10:1-2)과 시장에서 속이지 않는 저울과 저울추(참고. 잠 11:1)도 강조한다. 재판관과 왕에게 정의를 실현하라고 촉구하는 수많은 성경 본문은 이런 인물들을 광범위한 법률과 정치 기관의 대표자로 언급한다. 율법의 존재 자체는 정의로운 개인뿐만 아니라 정의에 따라 사회가 질서 정연해야 함을 말한다. 실제로 앞으로 살펴보겠지만, 정의라는 미덕은 정의로운 사회 제도와 구조를 요구하는 동시에 그 조직과 제도에 의존한다.[38] 그런 구조는 특별히 하나님의 형상을 지닌 모든 사람이 신실한 권한 행사를 통해 각자의 삶으로 정의를 실행할 가능성을 제공함으로써 인간 번영에 기여할 여지를 만든다.

    성경은 훨씬 더 심층적 차원에서 정의와 공의를 사랑하시는 하나님이 세상을 창조하시고 유지하신다고 주장한다. 신실한 권력 행사로 이해할 수 있는 정의는 하나님 성품의 핵심을 차지하며, 하나님 세계의 내부 구조에 아로새겨져 있다. 성경적 정의는 이런 모든 역동을 아우른다. 내가 하나의 미덕으

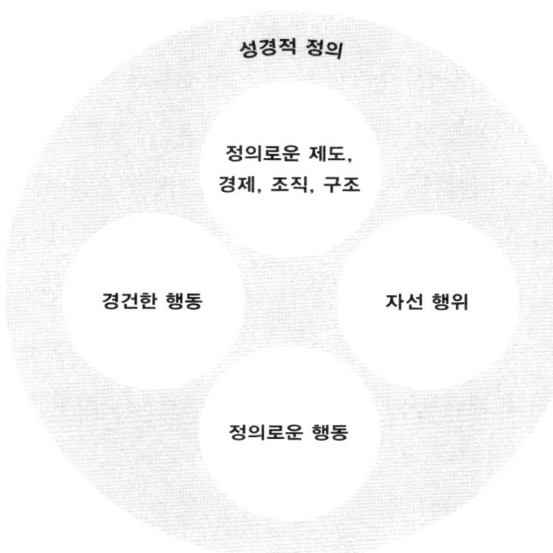

〔표 3.6〕 하나님의 세상 구조에 아로새겨진 정의

로서 정의를 부각한다고 해서 미덕의 구조적 혹은 우주적 측면에 집중하는 논의를 거부하려는 것은 아니다.

그렇다면 하나의 미덕으로서 정의에 초점을 맞추는 이유는 무엇인가? 당연하겠지만 이에 대한 첫 번째 답변은 성경에서 정의를 개인과 집단이 스스로 주체성을 발휘하여 실현하고자 노력하는 덕목으로 말할 때가 자주 있다는 단순한 이유 때문이다. 아무리 남용된다고 해도 의롭고 정의로운 삶을 살고자 하는 고결한 성향이라는 정의의 개념은 성경 깊숙이 스며들어 있다.

그러나 하나의 덕목으로서 정의에 초점을 맞추는 것은 궁극적으로 일종의 전략적인 이유 때문이다. 미국의 많은 교회는 적어도 이론상으로는 정의에 대한 성경적 관심에 눈을 떴다. 하지만 우리를 정의로워지게 해주는 제자훈련에는 시간을 거의 투자하지 않는다. 이 책은 이러한 격차를 해소하는 데 초점을 맞추었다. 이 책에서는 공동체에서 신실하게 권력을 행사하고자 하는 습관화된 성향으로 이해하는 덕목으로서의 정의에 초점을 맞추겠지만, 그렇더라도 삼위 하나님이 체제와 구조 그리고 실제로 하나님의 정의로운 길을 증언하는 새로운 피조 세계를 통해 '정의를 승리로 이끄는' 방식에 관해서도 숙고할 것이다.

미덕 윤리에 의존해 도덕적 제자도의 모델을 소개하는 것에 대해 신학적인 우려를 제기할 사람들도 있을 것이다. 어떤 비평가들은 미덕 윤리가 행위의 의에 치우치며, 아리스토텔레스에게 과도하게 의존하고, 기독교적 성품 개발의 논의를 너무 안정적이고 진보적인 입장에서 접근하게 한다고 주장한다. 다시 말해, 성품 윤리가 인간의 주체성, 즉 인간의 행위를 지나치게 강조하는 것처럼 보인다고 비판하는 것이다. 또 어떤 이들은 이런 접근이 성경 자체를 완전히 무시하는 것이라고 주장한다.[39] 성품 윤리로는 형성의 실패를 제대로 설명하지 못하며, 심지어 그런 실패를 조장할 수 있다고 비판한다. 내가 성품 윤리에 관심을 두게 된 것은 원래 경제적, 인종적 불의와 관련해 하나님의 정의를 실현하지 못한 실패를 이해하고 그것에 대응하고자 하는 열망이 컸기 때문이었다. 그러나 윌리 제임스 제닝스(Willie James Jennings)는 도덕성 형성의 전통적 모델이 식민지 시대뿐 아니라 오늘날까지 인종적, 경제적 억압에 기여하고 있다고 강력하게 주장한다. 적어도 덕성 윤리의 일부 방식은 불의하고 악하며 변질된 제자도의 문제를 오히려 영속화하는 데 실제로 기여한 것으로 보인다.

앞으로 이런 비판을 더 심도 있게 살펴볼 것이다. 이 책에서 우리에게 필요하고, 또한 내가 제시하고 싶은 바는 성품 윤리가 제공하는 통찰을 토대로 한 도덕적 제자도 모델이다. 또한 비판론자들이 제기한 중요한 이 사실을 외면하지도 않을 것이다. 소기의 결과를 거두었는지 검증하는 잣대는 정의로운 제자도에 대한 성경 자체의 요청을 이해하는 데 도움이 되었는지로 결정될 것이다.

앞으로 할 이야기

도덕 형성, 윤리, 신학의 본질에 대한 상당히 전문적인 이 연구에서 우리가 결국 지향하려는 바가 무엇인지를 잊지 않는 것이 중요하다. 이 장 초반에 소개한 용감한 시위자들은 정의를 실천하고자 한다면, 실제로 훈련이 필요하다는 사실을 알았다. 그들은 가슴과 생각과 몸으로 정의를 실천하며, 공동체에서 그들이 가진 권한을 성실히 행사하도록 훈련받았다. 마찬가지로 도덕 형성의 역학을 이해하고자 하는 우리 목표는 정의를 승리로 이끄시는 공의로우신 왕과의 관계를 통해 우리도 어떻게 하면 성경에서 하나님의 초청을 받고 정의로워질 수 있는지 끊임없이 질문하는 것이다.

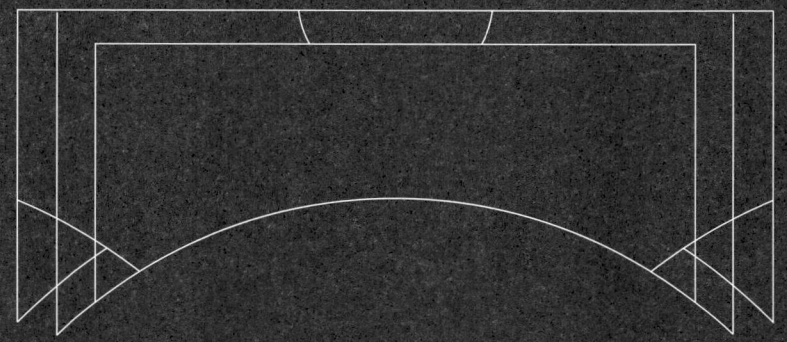

2부

**정의로운
제자 되기**

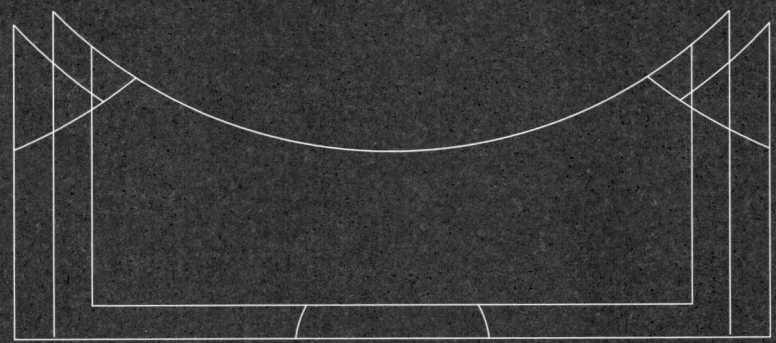

4장

축제로 형성되는 정의로운 성품: 신명기

민권 운동이 가열차게 진행되었던 시기의 시위자들은 백인 그리스도인들이 당대의 인종적 경제적 불평등에 대해 각성하도록 도전했다. 이런 민권 운동은 상당한 성공을 거두었다. 그런데도 그리스도인들은 여전히 인종에 따른 경제적 불평등이 가득한 세상에 살고 있다. 2021년 '아프리카계 미국인 가구의 중위 가구 소득'은 백인 가구 소득의 60퍼센트가 채 되지 않지만,[1] 흑인 가구가 소유한 순 자산은 백인 가구의 10분의 1 수준에 불과했다.[2] 건강, 교육, 주거 등에서도 경제 불평등에 대한 유사한 지표를 확인할 수 있다.[3]

하지만 이에 못지않게 중요하게 살펴봐야 할 현실은 아마 그에 따른 사회의 인종적이고 경제적인 분리로 보인다. 소득에 따른 거주지 분리가 30년 동안 계속 심화되었고,[4] 많은 대도시 지역은 여전히 인종에 따라 분리되어 있는 실정이다. 전국 학교들은 지속적인 인종 분리와 심화된 소득 분리 현상을 직접 목격했다.[5] 직장 내에서 이루어진 인종 분리는 "'70년대' 보다 오늘날이 더 심각하며"[6] 경제적 분리와 관련해서는 "고임금 근로자는 서로 함께 일할 가능성이 점점 더 커졌지만, 저임금 근로자들은 서로 다른 회사와 직장에 모여 있다."[7] 공적 생활의 거의 모든 영역에서 심지어 50년 전보다 "오늘날이 부유한 미국인과 가난한 미국인이 서로 알고 같은 사회적 공간을 공유할 가능성이 더 낮아졌다."[8]

교회들은 대체로 이런 추세를 그대로 따르거나 더 심한 경우도 있다. 계층별로 분열되어 있을 때가 적지 않으며,[9] 인종 관련 문제에서는 더욱 심각하다. "종교 회중은 그들이 거주하는 지역보다 10배, 전국의 학교보다 20배 다양성이 떨어진다."[10]

예수님은 제자들에게 "가난한 자들은 항상 너희와 함께 있거니와"(마 26:11)라는 유명한 말씀을 하셨다. 하지만 우리가 살펴본 자료들은 최소한 중상류층 미국 그리스도인의 경우, 가정이나 직장이나 교회에서 유의미할 수준에서 가난한 자들이 더는 우리와 함께 있지 않음을 보여준다.[11] 이런 현상이 정의로운 제자도를 추구하라는 하나님의 요청에 응해야 하는 이들에게 어떤 영향을 미치고 있는가?

가난한 자들이 우리와 항상 함께 있다는 예수님의 말씀은 신명기 15장 11절을 인용하신 것이다. 일부 그리스도인은 이 구절을 경제적 빈곤에 무관심해도 된다는 핑계로 삼지만, 신명기는 가난한 자들을 향한 하나님의 마음을 놀랍게 묘사하고 있다. 신명기를 연구하면 계급이 분리된 현대 사회가 하나님의 정의에 대한 비전을 어떻게 방해하는지 살펴볼 수 있고, 이렇게 계급이 분리된 세상에서 정의로운 제자도는 어떤 모습일지 상상해볼 수 있다.

정의로운 제자도와 신명기

신명기는 하나님의 선교에 이스라엘이 참여할 한 가지 방식이 여호와의 공의롭고 정의로운 법에 순종하는 것이라고 주장한다. 성경 전반에서 강조하는 정의의 이야기를 감안하면, 우리 역시 이런 예상을 할 수 있을 것이다. 이스라엘은 하나님의 선하신 법에 신실하게 순종함으로 하나님의 성품을 드러내며 그분의 뜻에 동참하는 반문화적 공동체가 될 것이다.

그리고 세상은 이것을 놓치지 않고 주목할 것이다! 신명기 4장 6-8절은 열방이 이스라엘의 유명한 울타리 너머를 바라보며 "이 큰 나라 사람은 과연 지혜와 지식이 있는 백성이로다…이 율법과 같이 그 규례와 법도가 공의로운 큰 나라가 어디 있느냐"라고 선언하는 모습을 상상한다. 하나님의 백성은 그분의 정의와 공의를 실현함으로써 세상을 위한 하나님의 축복의 통로가 된다.

이런 배경에서 십일조, 빚 탕감, 채무 노예에 관한 대한 신명기 규례는 고대 세계를 통틀어 가장 급진적인 사회 경제법을 제공한다(신 14:28-15:18). 이러한 율법은 전체 신명기가 그리는 신앙 공동체의 정의로운 정치의 중요한 부분을 형성한다.

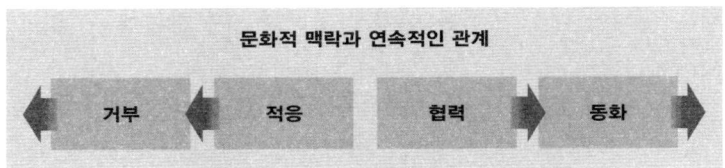

〔표 4.1〕 문화적 맥락과 연속적인 관계

앞 장에서 살펴보았듯이, 한 공동체의 정치는 도덕적 제자도를 촉진하며, 이는 특별히 공동체의 정치적 관행이 더 넓은 문화의 정치를 거부하고 조정하며 협력하거나 동화될 때 더욱 그러하다(〔표 4.1〕 참고).

신명기 율법의 폭발성은 이스라엘 인근 국가들의 정치·경제적 대안들과 비교할 때 더욱 명확하게 드러난다. 십일조에 관한 규례를 예로 들어보자. 이스라엘 주변 국가들의 경우 십일조는 왕이나 신전에 사용할 목적으로 거둔 세금이었다. 반대로 신명기 14장 28-29절에 따르면, 이스라엘은 각 백성이 사는 성문에서 3년마다 십일조를 거두라고 지시한다. 이런 십일조는 고아, 과부, 이민자를 위한 긴급 식량 지원에 사용되었다.[12] 이런 "3년마다 내는 십일조"는 인류 역사상 "사회 복지를 목적으로 제정된 최초의 구제 세금"에 해당한다.[13]

바로 이어지는 빚 탕감에 관한 규정 역시 인상적이다.[14] 7년마다 '여호와의 해방'(Yahweh's release)이 선포된다. 이 안식년에 "그의 이웃에게나 그 형제"에게 돈을 꾸어준 사람은 누구든지(신 15:2) 그 빚을 탕감해주어야 했다. 다른 문화들은 왕의 칙령을 통해 채무 탕감을 시행했지만 이런 일은 산발적으로 시행되었고 인간 통치자의 변덕스러운 기분에 좌우되었다.[15] 여호와의 선포를 통해 채무 변제를 정례화함으로써 신명기는 항구적 '개혁'으로 나아간다.[16] 그러한 개혁으로 채무에 짓눌린 가구들이 '영원한 하층 계급'으로 전락하지 않도록 예방하고자 했다.[17]

마찬가지로, 신명기 15장 12-18절에는 동족 이스라엘 백성이 가난해서 빚을 갚지 못해 자신이나 가족이 대신 팔려갈 경우 이 채무 노예는 7년 후에 자유롭게 해주어야 한다는 선언이 나온다. 채무 노예가 풀려날 때가 되면 고용되었던 집의 양 무리나 타작마당이나 포도주 틀에 있던 것을 후히 주어 내보내야 했다. 이것은 적어도 그동안 무보수로 일한 수고에 대한 부분적인 보상이었다. 또한 노예 신분에서 벗어난 채무 노예가 다시 가난의 굴레에 빠져 노예의 삶으로 전락하지 않게 하는 율법이 있었다.[18] 안식년에 관한 규례와 관련해서 이 법은 빚의 악순환을 끊고 이스라엘 가정에 빈곤이 대물림되지 않도록 막는 데 그 목적이 있었다.[19]

이런 규례들은 공동체의
사회·경제 구조에 대해 무엇을 말해주는가?

경제와 관련한 이런 규정들은 어떤 종류의 사회·경제적 구조를 구상하고 있는가? 구약의 이스라엘은 강력한 통치자와 고도로 계급화된 사회로 된 군주국과 제국들에 둘러싸여 있었다. 이스라엘은 결국 그들과 같은 체제를 추구했다. 그런 정치 경제 체제는 관료, 직업 군인, 사제가 사회 피라미드의 상층부를 차지하고, 가장 밑바닥에는 소작농이 자리했다. 물론 소작농은 날로 증가하는 비식량 생산자(non-food-producers)들에게 식량을 공급해주어야 했다.

그러나 신명기 14장 27절-15장 18절의 경제법(economic laws)에 따라 조성되는 사회는 '마을 경제'(village economy)와 더 유사한 것 같다.[20] 마을 기반 경제에서는 여러 대가족 가구로 구성된 작은 마을이 협력하여 공동체의 거의 모든 필수적인 정치·경제 기능을 수행했다.[21]

지금까지 살펴본 규례들은 그런 마을 경제가 직면한 두 가지 주요한 사회 경제적 위협을 다룬다. 한편으로 채무와 채무 노역에 관한 신명기 15장 1-18절의 제한 규정은 각 가구의 경제적 생존력을 보호하여 취약 가구들이 사회·경제적으로 무너지는 일이 없도록 보장한다. 실제로 이런 규례들은 가구들이 빚에서 영원히 벗어나지 못하거나 그 가족 구성원이 다른 이들에게 영구적으로 흡수되지 않도록 방지하여, 마을 내 가구들이 상대적 평등을 유지할 수 있게 했다.[22] 또 다른 한편으로 이런 가구들 사이에서 소외될 가능성이 매우 큰 공동체 구성원, 즉 고아, 과부, 도움이 필요한 소외자와 레위인은 3년마다 거두는 십일조로 긴급 식량을 지원받을 수 있었다.

이런 경제와 관련된 규정을 보면, 하나님이 "땅에는 언제든지 가난한 자가 그치지 아니하겠으므로"(신 15:11)라는 신명기 말씀을 주신 것이 그분의 백성이 가난에 관심을 둘 필요가 없다는 뜻으로 주신 것이 아님을 분명히 알 수 있다.[23] 무엇보다 불과 7절 앞에서 여호와는 이스라엘 백성에게 "너희 중에 가난한 자가 없으리라"(신 15:4)고 말씀하셨다. 지금까지 살펴본 사회·경제적 배경에 비추어 4절과 11절 사이의 긴장을 이해하는 한 가지 방법은 자연재해나 불의, 인간의 실수로 일시적인 가난은 늘 있겠지만, 이스라엘 백성이 하나님의 정의로운 교훈대로 순종한다면 이스라엘에 고착화한 빈곤 계층은 있을 수 없다고 해석하는 것이다. 실제로 이스라엘의 일시적 빈곤층은 모두를 위한 영구적 빈곤 퇴치를 목표로 한 법을 통해 공동체에서 '함께' 지낼 수 있게 될 것이다. 이런 법들은 하나님의 정의에 대한 비전에 따라 이스라엘의 구조와 시스템을 형성하기 위해 노력한다.

너무 좋은 법이라 오히려 믿기가 어려운가?

그러나 모든 사람이 이런 생각에 동의하지는 않는다. 나이트(Knight)는 이런 신명기 법에 "위반 시의 강제 조항이나 대비책이 전혀 존재하지 않는다"[24]라고 지적한다. 웨스트브룩(Westbrook)은 3년 간격으로 채무를 탕감하도록 요구한 법은 고통당하는 가구의 신용 원천을 고갈시킬 뿐이며, 채권자가 채무 상환을 보장받을 수 없다면 무엇보다 이웃에게 아예 돈을 빌려주려 하지 않을 것이라고 우려했다.[25] 그런 법은 이상주의적 수사이거나 득보다 해가 더 많은 법이다.

하지만 이런 우려의 목소리를 처음으로 낸 사람들은 비판적인 학자들이 아니었다. 본문 자체에서 이런 의문을 제기한다. 신명기 15장 7-8절은 이런 법 때문에 발생할 수 있는 신용 부족 문제를 다루면서, 마을에 가난한 사람이 있으면 "그 가난한 형제에게 네 마음을 완악하게 하지 말며 네 손을 움켜쥐지 말고"²⁶ 대신 "반드시 네 손을 그에게 펴서 그에게 필요한 대로 쓸 것을 넉넉히 꾸어주라"고 선언한다. 신명기 15장 9절은 유사한 경고를 한다. "삼가 너는 마음에 악한 생각을 품지 말라 곧 이르기를 일곱째 해 면제년이 가까이 왔다 하고 네 궁핍한 형제를 악한 눈으로 바라보[지 않도록 스스로 조심하라]."

공동체 내의 각 가구를 직접적으로 언급한 이와 같은 본문들은 하나님의 백성이 하나님의 정의로운 경제적 법에 순종하려면 반드시 정의의 미덕을 추구해야 한다고 명시한다. 신명기에서 '마음'은 한 개인의 생각, 의도, 감정의 중심을 가리킨다.²⁷ "마음을 완악하게 하지 말라"는 표현은 이웃에게 취해야 할 도덕적 태도의 중요성 그리고 그런 태도를 취하도록 노력해야 할 필요를 보여준다. 이런 관용과 정의에 관한 법이 실제로 작동하려면 이스라엘 백성이 의롭고 관용적인 마음을 적극적으로 추구해야 한다. 단순히 정의를 아는 선에서 머무르는 게 아니라 실제로 정의로운 사람이 되어야 했다.

신명기의 율법이 집행할 수 없다거나 득보다 실이 많다고 불평하는 비평가들에 대한 신명기의 대답은 간단하다. 절대 법만으로는 충분하지 않다는 것이다. 정의로운 법은 정의로운 사람들로 구성된 정의로운 공동체 형성에 달려 있다.²⁸

그러나 그런 정의로운 공동체와 개인들은 어떻게 만들어지는가? 사람들이 정의의 미덕을 얻고 가꾸어가는 방법은 무엇인가? 이런 문제를 다루기 위해 신명기는 제자도에 대한 놀라운 비전을 제시한다. 앞에서 살펴보았던, 계층이 분리된 상황에서 정의로워진다는 것이 무엇을 의미하는지 다시 상상하도록 영감을 주는 비전이다. 그러나 미리 말해두지만, 신명기의 대답은 매우 놀랍다. 신명기에게 정의로운 제자도는 축제, 즉 절기에서 시작된다.

축제에서 하나님을 경외하는 정의로운 백성 되기

지금까지 살펴본 경제적 규례들의 바로 앞에 나오는 내용을 살펴보면 다음과 같다.

> 너는 마땅히 매년 토지 소산의 십일조를 드릴 것이며 네 하나님 여호와 앞 곧 여호와께서 그의 이름을 두시려고 택하신 곳에서 네 곡식과 포도주와 기름의 십일조를 먹으며 또 네 소와 양의 처음 난 것을 먹고 네 하나님 여호와 경외하기를 항상 배울 것이니라 그러나 네 하나님 여호와께서 자기의 이름을 두시려고 택하신 곳이 네게서 너무 멀고 행로가 어려워서 네 하나님 여호와께서 그 풍부히 주신 것을 가지고 갈 수 없거든 그것을 돈으로 바꾸어 그 돈을 싸 가지고 네 하나님 여호와께서 택하신 곳으로 가서 네 마음에 원하는 모든 것을 그 돈으로 사되 소나 양이나 포도주나 독주 등 네 마음에 원하는 모든 것을 구하고 거기 네 하나님 여호와 앞에서 너와 네 권속이 함께 먹고 즐거워할 것이며(신 14:22-26).

본문은 이스라엘의 가정들이 십일조와 가축의 처음 난 것을 성소에 바치고, 주님 앞에서 함께 그 제물을 먹고 즐기라고 명령한다. 이 축제의 명확한 목표는 항상 '여호와 경외하기를 배우는' 것이다(신 14:23). 그러나 이런 설명은 의문을 해소하기보다 오히려 더 많은 의문을 불러일으킨다. 먹음으로써 어떻게 특정 감정을 배울 수 있는가?

축제에서 이루어지는 학습은 행함으로 배우는 것, 더 정확히 말하면 먹음으로 배우는 것이다.[29] 신명기 14장 22-27절은 가르침이나 읽기나 교훈에 관해 어떤 언급도 하지 않는다. 그 대신 이 본문은 식사의 반복적이고 신체적인 성격을 강조한다.[30] 도덕 형성 지도의 언어로 표현하자면 십일조 축제는 하나의 형성 훈련에 해당한다.

절기를 통해 형성되는 것은 바로 '여호와를 경외하는 것'이다. 학자들은 종종 그런 두려움이 문자 그대로의 두려운 감정을 가리키거나 아니면 언약적 복종 행위를 가리킨다고 주장한다.[31] 이런 구분을 받아들이는 학자들이 직면한 한 가지 문제는 신명기에서처럼 두 종류의 두려움이 같은 책에서 어떻게 나타나는지를 설명하는 것이다.[32] 예를 들어, 신명기 5장 24-33절에 나오는 '여호와를 경외하는 것'은 말 그대로 하나님과의 만남에서 나오는 두려움이다. 하지만 신명기의 다른 곳에서 '여호와를 경외하는 것'에 대한 언어를 언약 순종의 언어와 직접적으로 평행을 이루도록 배치한다(참고. 신 6:13, 10:20, 13:4).

여호와 경외를 정서적 차원과 행동적 차원을 모두 아우르는 덕목이나 성향으로 보아야 한다고 주장하는 이들도 있다.³³ 라세이터(Lasater)는 고대 세계에서 하나님에 대한 두려움이나 왕에 대한 두려움은 모두 상급자에 대한 적절한 자세나 태도에 관한 문제라고 주장한다.³⁴ 그런 부분에는 적절한 행동뿐 아니라 적절한 감정이 모두 포함된다. 마찬가지로 브라운(Brown)은 잠언에서 여호와를 두려워함은 여호와 앞에서 "경외의 자세와 미덕의 실천"을 말하는 것이라고 주장한다.³⁵ 마음의 이런 덕성은 "하나님과 관련해" 자신의 위치를 깨달을 때 생긴다.³⁶

신명기에서 여호와에 대한 두려움은 덕스러운 성품으로 가장 잘 이해되며, 하나님이 언약을 맺으신 사람에게 요구하시는 고결한 성품을 압축적으로 표현한 것이라고 할 수 있다.³⁷ "이것은 왜 일부 구절에서 두려움의 감정을 강조하고, 또 어떤 구절에서는 적극적이고 언약적인 경외의 순종을 강조하는지 그 이유를 설명한다. 행동과 감정은 모두 중요하다. 왜냐하면 여호와를 향한 고결한 성품을 갖춘다는 것은 그분과의 관계에서 바르게 소망하고, 생각하며, 느끼고, 행동하는 것이기 때문이다."³⁸

여호와에 대한 두려움을 하나의 덕목으로 보는 것이 최선의 이해라면 축제, 즉 절기는 여호와를 두려워하는 이들에게 그 덕목을 함양하게 해주는 형성적 훈련의 장이 된다. 절기에서 어떻게 주님을 경외하는 덕목을 기를 수 있는가? 그리고 어떻게 그런 경외함이 신명기 14장 28절-15장 18절에 명시된 3년마다 드리는 십일조, 채무 탕감, 노예 해방과 같은 정의로운 정치에 관한 백성의 생각을 형성할 수 있는가?

신명기 식사 형성의 메커니즘

첫째, 공동체는 십일조 절기에 여호와를 백성 가운데 함께하시는 관대한 왕이라는 인식을 형성한다. 신명기에 성전이나 궁전을 위한 세금을 공동체 차원의 축제에 필요한 식량 예산으로 사용하라고 나온다. 고대 세계의 모든 시민은 권력자가 십일조를 중앙 성소에 바치라고 요구할 것을 예상했겠지만(신 14:22), 이 십일조가 공동체 전체의 축제를 위한 자금으로 환급되리라고는 예상하지 못했을 것이다!(신 14:23)[39]

둘째, 여호와의 혁신적 십일조의 형성력은 그해 세금이 그렇게 과중하지 않을 것이라는 사실에서 그치지 않는다. 이 절기는 신적 왕의 풍성한 관대함을 문자 그대로 맛보고, 보며, 냄새 맡도록 하나님의 백성을 초청한다. 그래서 이 본문이 축제의 풍성함을 강조하고(가구당 전체 농작물 수확량의 10퍼센트와 모든 가축의 처음 난 것), 곡식, 새 포도주, 올리브 기름, 소, 양, 포도주, '독주'와 두 번이나 반복된 "네 마음에 원하는 모든 것"(신 14:26)이라는 표현처럼 군침이 저절로 돌 정도로 풍성한 잔치 음식을 묘사하는 이유가 여기에 있다.

셋째, 이 풍성한 축제에 대한 묘사는 고대 세계에서 십일조와 같은 절기가 기득권이 자신들의 권력을 공고히 하고 사회 위계질서를 강화하는 데 사용했던 도구였다는 사실에 비추어 읽어야 한다. 왕의 축제는 통치자의 권력을 과시하고, 참석자들의 충성을 끌어내며, 심지어 공물을 거두는 용도로 활용되었다.[40] 이스라엘의 주변 세계에서 성대한 축제가 정의라는 덕목을 기르는 기회로 활용되었다는 것은 상상할 수 없는 일이었을 것이다. 오히려 그것은 불의를 부추기는 수단이 될 수 있었다. 그러나 신명기의 절기는 신성한 왕을 만날 수 있도록 이스라엘을 초대하여, 백성에게 왕의 권리인 세금을 아낌없이 돌려주고 왕실 규모의 축제를 즐길 수 있게 해주었다.

이런 왕의 축제는 인간 왕이나 제사장이나 신흥 엘리트 집단이 절대 개입할 수 없었다. 오직 여호와가 홀로 그 즐거운 축제를 주재하셨으며, 모든 손님이 원하는 음식을 마음껏 먹을 수 있도록 초대되었다. 이 식사는 음식을 먹는 사람들은 여호와를 백성 가운데 임재하시는 너그러운 왕으로 인식하게 됨으로써 여호와에 대한 경외심을 키울 수 있었다.

넷째, 이런 축제에서 동족 이스라엘 사람들에 대한 특정한 덕성을 키울 수 있었다. 고대 근동 축제에서는 착석하는 자리와 착용한 복장, 입장 순서, 할당받은 음식의 양으로 복잡한 계급 내의 사회적 지위를 드러내고 연대감을 형성할 수 있었다.[41] 십일조 절기에는 그러한 행위에 대한 언급이 없다. 그 대신 본문은 단순히 절기를 가정별로 기념해야 한다고 명시하고 있을 뿐이다. 중심지에서 열리는 신성한 축제로, 마을의 삶을 특징짓는 가구 간의 비교적 평등한 관계를 강화했을 것이다.

더욱이 고대 세계의 가정에는 레위인과 고용된 일꾼, 채무 노예, 자립이 어려운 나그네 등 '가상의 친족'으로 누군가의 집에 의탁하게 된 사람도 모두 포함된다. 이런 그룹은 신명기 절기에 명시적으로 가정에 포함되었다(참고. 신 12:7-12, 16:11, 14, 26:11). 그러므로 가정별 절기를 강조하는 것은 도덕적으로 중요한 의미가 있다. "하나님은 절기 축제 계획에 관한 세세한 내용에는 얽매이지 않으시지만, 거기에 포함되어야 할 손님 명단에 깊은 관심을 보이신다."[42] 여호와가 자기 백성을 초청하시는 풍요로운 축제는 누구나 환영받고 먹을 수 있는 잔치였다.

여호와의 식탁에서 정의로운 관용의 정신은 공동체적 일체감에서 비롯된다. 서로 포도주 잔을 나누고 함께 음식을 즐기면서 유대감을 강화하고, 새로운 유대감이 형성되기도 한다.[43] "이런 이유로 고아, 과부, 레위인, 채무 노예, 도움이 필요한 나그네는 잔치에서 음식과 음료, 가끔의 휴식보다 훨씬 더 많은 것을 받았다. 이런 잔치는 소외된 취약층을 친족으로 받아들이는 시간이었다."[44] 이것이 사실인 이유는 "함께 먹으려면 친족이어야 하거나 친족이 되어야 했기 때문이다."[45]

실제로, 궁극적으로 잔치를 연 분은 여호와시지만, 가정은 그 잔치에 필요한 비용을 조달하는 직접적인 주체였다. 다시 말해, 가정 단위의 축제는 그 잔치를 즐기는 가정들의 집단적 노동의 결과였다.[46] 이런 역학 관계는 이런 유의 축제에 얼마나 많은 작업이 필요한지만 봐도 한층 더 명확해진다. 씨를 뿌리고 거두고 저장하며 절기에 필요한 음식을 준비하는 일은 수개월 전에 시작되었을 것이다. 본문에서 계속 언급되는 알코올 음료를 고려하면 준비 기간이 1년 이상으로 늘어난다! 이처럼 십일조를 기금으로 한 축제는 한 차원에서는 신적 왕이 주최하는 식사였지만, 다른 차원에서는 이스라엘 백성 전체가 참여하는 뷔페 같은 공동 식사, 즉 가정과 마을 전체가 기여하는 식사였다.[47]

요컨대, 축제를 통해 여호와를 경외하는 법을 배운다는

것은 관대하고 현존하는 왕이신 여호와에 대한 덕스러운 성품, 약자에 대한 관대한 상호성, 연대의 덕스러운 성품을 습득하는 과정이었다. 놀랍게도 이스라엘 백성이 절기에서 배우는 정의로운 두려움은 철저히 기쁨과 관련이 있었다. 여호와 하나님을 경외하는 정의로운 제자훈련 프로그램에는 공동체의 가장 성대하고 호화로운 축제에 모든 사람을 초대하는 내용이 포함되어 있었다. "거기 네 하나님 여호와 앞에서 너와 네 권속이 함께 먹고 즐거워할 것이며"(신 14:26).

절기에서 정의가 형성되기 시작하지만 거기서 끝나지 않는다

신명기는 앞에서 살펴본 3년제 십일조, 채무 탕감, 노예 해방의 규례가 바로 이 절기라는 형식적 관습에 달려 있음을 시사한다. 다시 말해, 절기를 통해 여호와를 경외하는 법을 배우는 것이 개인과 공동체 정의의 덕목을 개발하는 하나의 과정에 해당하며, 이 과정을 통해 백성은 신명기 14장 28절-15장 18절의 정의 규례를 따르도록 도전받았을 것이다. 이는 네 가지 측면에서 살펴볼 수 있다.

첫째, 함께 절기를 지키며 약자에 대한 관대한 환대와 연대의 미덕을 익히면, 이스라엘 백성은 3년제 십일조가 요구하는 더 큰 희생을 감당하기가 더 쉬워졌을 것이다. 나중에 누리기 위해서 먼저 희생하고 포기해야 하기에 생계형 농부들은 절기 때문에 일종의 금식을 해야 했다.[48] 그러나 이스라엘 백성은 축제를 즐기기 위해서가 아니라 약자들을 위한 사회 안전망

기금을 마련하기 위해 3년째 금식하는 해에도 이와 같은 자기희생이 필요했다. 어려운 사람들의 식사 지원을 위해 거액의 기부금을 내고자 근사한 성탄절 저녁 식사와 값비싼 선물 교환을 생략하는 가족을 떠올리면, 이런 관습이 어떤 의미인지 쉽게 짐작할 수 있을 것이다. 그러나 이런 내용은 모두가 일 년 내내 굶지 않고 끼니를 이을 수 있게 하려고 공동체의 추수 절기를 포기하는 취약한 농부들의 현실과 비교하면 빛이 바랜다. 이 연례 절기로 하나님의 가족이 된 이스라엘 백성은 새로운 친족으로 받아들인 이들이 매일 끼니를 이을 수 있도록 자기를 희생하는 덕목을 훈련하고 가꾸었다.

둘째, 채무 탕감과 노예 해방에 관한 규율은 채권자가 채무자를 공동체 내에서 동등한 시민으로 보아야 가능하다. '동족 이스라엘'을 규정하는 데 '형제'라는 단어를 사용한 신명기 법전의 29가지 용례 중 첫 7개 용례가 신명기 15장 1-18절에 집중된 이유를 이것으로 설명할 수 있다.[49] 그런 표현은 "청중들이 이웃을 '친족 관계로 연결된' 가족 구성원으로 보도록 촉구했다."[50]

그러나 형편이 어려운 잠재적 채무자들을 공동체 내에서 동등한 지위를 가진 형제와 이웃으로 대하도록 배우는 장은 축제, 즉 절기였다. 마을 단위로 중앙 성소까지 장거리 여행을 해야 하므로 가장들 간의 연대 의식은 순례 축제를 통해 더 공고해졌을 것이다. 이런 과정에서 누구든 '형제'나 '이웃'은 처지가 곤궁한 다른 '형제'나 '이웃'에게 필요한 것을 아끼지 않고 빌려주며, 서로 손을 내밀 수 있었을 것이다. 더욱이 가정별로 참가하는 절기는 면제를 기다리는 채무 노예들도 동참했을 것이며, 그렇게 해서 채권자와 노예 신세가 된 노동자 간에 연대 의식과 관대한 마음이 형성되었을 것이다.

셋째, 장거리 여행을 위해 마을에서 십일조 예물을 팔고 중앙 성소에 도착한 후 절기에 필요한 예물과 제물을 구매해야 했기 때문에 십일조 절기는 음식과 돈과 관련해 이스라엘 특유의 성품이 형성되는 계기로 작용했다. 신명기 14장 28절-15장 18절의 규례는 이스라엘 백성이 이와 같은 물질에 대한 덕을 쌓는 데 달려 있었다. 한편으로 3년제 십일조는 수확한 곡식의 10분의 1을 온전히 바치도록 요구한다. 또 다른 한편으로 채무 탕감에 대한 규례는 공동체 구성원들이 아끼지 않고 손을 '활짝' 벌려 빌려주려는 의미가 있어야 하며, 신명기 23장 19-20절은 식량과 돈 모두를 빌려줄 수 있었음을 분명히 밝히고 있다. 절기 중 자신의 집에서 노역하는 채무 노예와 나누었던 것과 같은 농작물을 그가 해방될 때도 제공해야 했다(신 15:13-14).

이런 첫 세 가지 핵심을 요약해보면, 신명기 14장 28절-15장 18절은 이스라엘 백성이 관대함과 연대 의식이라는 경제적 미덕을 훈련해야 한다는 것이 그 전제이며, 백성은 여호와 앞에서 온 공동체와 더불어 풍성하고 흥겨운 축제를 누리면서 그런 덕목을 훈련했다고 말할 수 있다. 이 잔치를 통해 공동체 안에서 신실하게 권력을 행사하는 훈련을 함으로써 정의를 실천할 수 있는 역량을 갖추게 된다.

이상한 해결책이라고 생각하는가? 절기를 통한 도덕 형성이 신명기 14장 28절-15장 18절의 경제 규례에도 확대 적용되는 네 번째 방식을 소개하기 전에 신명기가 경제적 정의를 강조하는 도덕 형성 훈련으로서 풍성한 절기를 묘사한 부분이 참으로 놀랍다는 점을 인정해야 한다. 신명기 곳곳에서 방탕하게 먹고 마시는 것과 경제적 풍요로움을 매우 위험하게 본다는 점을 감안하면 특별히 더욱 놀랍다. 예를 들어, 신명기 8장 1-20절은 약속의 땅에 대해 생생하게 묘사하다가 그들이 배불리 먹을 때 경제적 풍요로움으로 우상 숭배와 "내 능력과 내 손의 힘으로 내가 이 재물을 얻었다"(신 8:11, 14, 17)는 자만으로 치달을 위험을 경계하라는 경고로 매끄럽게 연결된다.[51]

이런 자의식 과잉의 우상 숭배적 태도는 가난한 이웃을 억누르고 무시하는 것과 관련 있다. 경제적 악습에서 '자신을 지키라'는 표현은 채무 탕감 시행일이 가까워질 때 형제의 필요를 무시하려는 악한 마음을 품지 않도록 스스로 지키라는 권면에서 반복적으로 나온다(신 15:9). 신명기는 부유한 이스라엘 사람이 궁핍한 형제에게 '손을 활짝 펼 수 있게' 해줄 바로 그 경제적 풍요로움 때문에 오히려 궁핍에 시달리는 형제를 외면하고 싶은 유혹을 받을 수 있음을 인정한다. 번영은 무분별한 경제적 탐욕과 그 탐욕의 질주로 가난한 이웃을 무시하거나 노골적으로 억압할 수 있는 만성적 위험을 내재하고 있다.

충격적인 것은 경제적 풍요로 생길 위험에 대한 신명기의 해결책이 금식이 아니라 축제라는 점이다. 신명기는 자진해서 자신의 권한을 내려놓는 방식으로 잘못된 경제적 욕망을 억압하지 않고 하나님과 소외된 이웃들과 함께 즐거워하도록 권면하고 경제적 욕망을 재조정하도록 시도한다.

하나님을 의존하는 법을 배운다. 넷째, 마지막으로 해마다 절기는 하나님의 백성이 언제나 함께하시며 너그러우신 왕으로서 순종하는 자들에게 아낌없이 베푸시는 여호와를 신뢰하게 해주는 시간이다. 하나님을 신뢰해야 할 필요는 3년제 십일조를 충실히 이행할 경우 하는 일마다 축복해주시겠다는 여호와의 약속(신 14:29)과 채무 탕감이라는 희생적 규례를 받아들일 경우 여러 나라에 꾸어주는 사람이 되게 해주시겠다는 약속(신 15:6, 10)에 내포되어 있다.

하나님이 함께하실 뿐 아니라 그분께 순종할 때 풍성하게 채워주신다는 믿음이 특별히 중요한 이유는, 이 본문에서 말하는 '가진 자들'이 가처분 소득이 많은 부유한 개인이 아니라 10년에 3년 꼴로 흉작을 겪는 기후에서 생계를 유지하는 농부이기 때문이다.[52] 신명기는 종종 다양한 불의의 희생자가 되는 취약한 농부에게 가난한 사람들을 대신하여 자신이 가진 힘을 행사하여 정의를 실현하라고 요구한다. 그들이 이런 규례에 복종하는 일은 실제적 위험을 수반했을 것이며, 순종하는 백성에게 풍성하게 보상해줄 왕이 그 사실을 모르고 그들이 취약하며 관대하다는 사실도 모른다면, 그들이 정의를 행사하는 것은 절대 현명한 선택이 아니었을 것이다.

신명기 14장 22절-15장 18절은 공정한 법을 특징으로 하되 정의로운 백성으로 이루어진 공동체를 만드는 데 중점을 둔다. 공동체는 절기를 통해 백성과 함께하시는 관대한 왕이신 분을 향한 습관화된 덕목을 기쁨으로 훈련하며, 약자들에게 인색하지 않은 너그러운 연대의 정신으로 여호와를 경외하는 법을 배워야 했다. 정치 체제로나 공동체의 절기로나 불의를 부추길 수 있는 세상에서 이스라엘의 절기들은 하나님의 백성이 정의로울 수 있도록 훈련하는 핵심적 장이었다.

오늘날 정의를 위한 절기나 축제에는 무엇이 있는가?

신명기 14장 22절-15장 18절을 오늘날 우리에게 주시는 하나님의 말씀으로 듣는다는 것은 무슨 의미인가? 이런 본문이 이 장 서두에서 살펴본 경제적 불의와 차별에 직면한 공동체가 정의로운 제자도를 추구하도록 우리에게 어떤 통찰을 주는가?

첫째, 신명기는 긴급 식량 원조와 채무 탕감의 규례들을 절기와 결부시킴으로써 경제적 정의에 정의로운 성품 형성이 필수라는 점을 보여준다. 환대, 관용, 연대 의식, 예배의 공동체적 실천의 장으로서 절기는 이 정의로운 성품을 기르는 데 중요한 역할을 한다. 이것은 현대의 경제 분리가 경제적 정의를 추구하는 데 근본적인 걸림돌로 작용하는 측면을 부각한다. 중산층의 공간에 가난한 사람들이 '더는 우리와 함께 있지 않는다'면 최소한 신명기에서 생각하는 진정한 정의는 실현할 수 없을 것이다. 함께 있지 않은 사람들과는 축제를 즐길 수 없기에, 축제, 즉 절기는 정의로운 제도의 토대가 될 정의의 덕목을 길러준다.

두 번째 핵심은 첫 번째 주장과 정반대로, 고결한 성품을 형성하는 것만으로는 충분하지 않다는 것이다. 일부 미국 그리스도인은 이런 문제들이 제도가 아닌 마음의 차원에서 다루어야 할 '마음의 문제'라고 주장하며 인종과 계층과 관련한 제도적 변혁의 요구에 반응한다.53 그러나 하나님은 정의로운 성품과 정의로운 제도를 동시에 추구하도록 우리를 부르신다. 실제로 정의로운 제도는 정의로운 제자도의 실현 가능성을 더 높여준다. 신명기에서 채무 탕감과 마을 약자들에 대한 돌봄은 모든 사람이 공동체의 식탁에 함께 앉을 가능성을 더 높이기 위한 일이었다. 우리 세계에서 구조적 차원의 경제적 불의는 인종과 계급을 넘어선 대인 관계, 더 나아가 신명기에서 말하는 축제에서 형성되는 연대의 가능성을 훨씬 낮춘다.54

그렇다면 신명기의 절기 정신에 고무된 교회 공동체들이 교회 안팎에서 구조와 도덕성 측면에서 경제적 분리와 관련하여 정의를 추구하는 모습은 어떤 모습일까?

재배치를 통해 축제와 같은 형성을 실천하기

윌리 제임스 제닝스는 초대 교회가 서로 재물을 통용한 방식이 내가 지금까지 축제에 관해 설명한 내용과 유사하다고 서술한다. 그는 "여기서 돈은 통상적으로 돈을 사용해 창출한 것, 즉 사람들 사이의 거리와 경계를 무너뜨리는 용도로 사용될 것이다"라고 썼다. 신명기 절기처럼 초대 교회의 재물과 자산은 믿음의 공동체에서 이전에 서로 원수 관계였던 이들을 하나로 연합하게 하는 기적과 같은 사역에 하나님의 도구로 사용되었다.55 오늘날 성경의 요청에 부응한다면 어떤 식이어야 할지 상상력을 발휘해 숙고한 제닝스는 그리스도인들에게 "부동산의 경계를 넘어, 매입하지 말아야 할 곳을 사거나 살 수 없을 것 같은 곳에 살고, 함께할 수 없을 것 같은 사람들과 함께 살며, 우리와 이질적인 사람들과 정체성을 같이하라고"[56] 요청한다.

현대 그리스도인 중에 존 퍼킨스(John Perkins) 박사처럼 이 성경적 비전을 구체적으로 실현하는 데 기여한 사람은 없을 것이다. 퍼킨스는 평생 구조 변혁을 위해 싸웠고, 인종 차별적 기업들에 맞서 파업을 주도하다가 고문을 당하기도 했다. 하지만 그는 지역 사회 차원에서 일하면서 자신이 도와준 청년들이 기술, 교육, 기회를 얻었지만, 그 재능을 자신들이 성장한 빈곤한 공동체에서 탈출하기 위한 기회로 사용한다는 사실을 깨달았다. 이런 '두뇌 유출'의 결과로 개인은 부유해졌지만 지역 사회는 더 가난해졌으며, 특히 이러한 '상류층과 하류층'의 역학 관계는 경제적 격차가 더 벌어지는 데 기여했다.

퍼킨스는 제도적 불의에 항거하는 데서 나아가 재배치의 원리를 실천하고 설파하기 시작했다. 재배치 원리는 빈곤 지역에 살던 기존 주민이 그 지역에 남거나 떠났던 주민들이 다시 돌아오도록 초대하는 것이다. 또한 기독교적 연대 행동으로 중산층 그리스도인에게 빈곤한 지역에 살기를 선택하도록 권유한다. 수십 년이 지난 지금도 퍼킨스가 설립한 기독교 지역사회개발협회(CCDA, Christian Community Development Association)는 간행물, 연례 모임, 전국 네트워크를 통해 이러한 의도적인 이웃 사랑을 장려하고 있다.

재배치 활동은 신명기의 절기 활동과 유사하게 작동

한다. 퍼킨스는 재배치를 통해 "'그들이, 그들을, 그들의 것'에서 '우리가, 우리를, 우리의 것'으로 변화가 일어난다"[57]라고 썼다. 이런 활동은 관용적 연대를 위한 더 높은 차원의 실천(meta-practice)이다. 우리 중에 재배치 운동을 위해 노력했던 이들은 이런 활동이 인종과 계층에 따라 나뉘는 이웃을 연대, 상호성, 관용, 신뢰를 위해 형성하는 다양한 다른 실천으로 이어진다는 사실을 발견했다.[58] 계층을 뛰어넘는 우정이 빈곤 아동의 소득 잠재력을 증가시킨다는 최근 연구에 따르면, 퍼킨스와 신명기의 예측대로 정의가 계층을 넘어 사람들을 하나로 모으는 공동체를 추구하도록 요구한다는 것을 보여준다.[59]

그러나 신명기처럼 미국 사회에서 경제적 성공은 종종 우상 숭배적인 자기 집착으로 변질되는 경우가 적지 않다. "내 힘과 능력으로 교외의 외부인 출입 제한 주택가에 집을 살 수 있었지. 좋아하는 양조장 바로 옆에 있는 최신식 아파트를 살 수 있었어." 경제 분리의 가장 주요한 요인은 소득 불평등 심화이기 때문에 그런 왜곡된 경제적 욕망은 주거로 인해 '가진 자'와 '못 가진 자'의 분리를 더욱 심화한다.[60] 이사야 5장 8절에서처럼 우리의 경제적 욕망은 풍요로운 교외든지 아니면 부당하게 젠트리피케이션이 일어난 도시든, 결국 빈곤 지역과 완전히 분리되어 그 땅을 독식하게 될 때까지 '가옥에 가옥을 잇도록' 우리를 몰아갈 때가 너무나 많다.

이렇게 경제 계층이 나뉜 공간에서는 완전히 잘못된 방식으로 '제자화'될 위험성이 크다. 잘사는 지역의 가정들은 "경제 계층이 혼합된 지역에 사는 부자들보다 자기 재산을 기부하는 액수가 훨씬 적다."⁶¹ 이렇게 분리된 삶은 이웃의 필요를 외면하는 분리된 마음으로 이어진다. 불의한 구조는 그 구조를 지탱하는 불의에 무관심해지는 악덕을 낳는 것이다.⁶²

십일조 절기는 하나님과 약자들과 풍성하고 즐겁게 축제를 즐김으로써 이스라엘 백성이 하나님과 이웃 중심으로 개인의 경제적 욕망을 형성하게 하여, 이런 문제를 해결하고자 했다. 신명기에서 배부르도록 먹는다는 표현은 보통 풍요로 백성이 나태하고 태만해질 위험성을 말할 때 나온다. 그러나 신명기 14장 29절에서 3년제 십일조의 목표는 약자들을 '배불리 먹이는 것'이었다. 신명기는 경제적 풍요를 추구하고 경험하는 유일하고 안전한 방법이 모두가 함께 풍성하게 먹고자 노력하는 공동체적 상황일 때라고 주장한다.

재배치 원칙은 이와 유사하게 작동하여 소외된 지역 사회의 다양한 구성원을 아낌없는 축하와 기쁨으로 한데 모으는 역할을 한다. 이 과정에서 이주자들은 자신의 기쁨, 번영, 즐거움이 이웃 전체의 기쁨, 번영, 즐거움, 특히 가장 취약한 주민의 기쁨, 번영, 즐거움과 연결되어 있다는 것을 알게 된다.

재배치 훈련과 옹호의 정치학

이스라엘의 절기를 통해 공동체가 3년제 십일조와 채무 탕감을 실행했듯이, 도덕적으로 형성된 재배치 관행은 사람들이 구조적 변화를 추구하도록 영향을 미친다. 어려움을 겪고 있는 지역으로 거주지를 옮기는 운동에 참여한 사람들은 젠트리피케이션을 통해서든 투자 회수를 통해서든 주택 사업, 민영 기업, 부동산, 도시 계획 등에서 경제적 분리와 착취가 거의 필연적으로 발생할 수밖에 없는 구조적 힘이 작용하고 있음을 발견하게 된다. 이런 시스템이 작동하는 풍토에서 우리는 자연스럽게 더 분열되는 심각한 상황으로 떠밀려갈 수밖에 없다.

트랜(Tran)은 인종 차별과 경제적 착취의 관계를 명확히 설명한다. 노골적인 백인 우월주의로 생긴 경제적 조건[노예제, 짐 크로법(1876년부터 1965년까지 공공장소에서 흑인과 백인의 분리와 차별을 규정해놓은 법) 등]이 백인 우월주의에 대한 우리 사회의 노골적인 지지가 사라진 뒤에도 여전히 남아 있다고 주장한다. 대부분 사람은 더는 그런 백인 우월주의를 찬성하지 않지만, 우리가 사는 경제 세계에는 그런 관습이 여전히 강하게 남아 있다. 우리는 트랜이 인종 차별의 '2차 시장'(aftermarkets)이라고 부르는 상황에서 생활하고 일하고 있다. 이런 2차 시장은 인종 차별에 노골적으로 찬성하지 않는 사람이 노골적인 인종 차별적 정책으로 만들어진 조건에서 이득을 얻을 기회를 만들어주고 있다. 그런 세상에서 우리는 "그 유산을 바로잡고 고치려고 노력하거나, 자의든 타의든 그 기회를 활용할 수 있다."[63]

남부 멤피스 지역에서 퍼킨스의 재배치 원리를 실천하는 가운데 겪은 나의 개인적 경험을 토대로 '2차 시장'에 관해 생각해보려고 한다. 예를 들어, 1910년에는 "여러 인종이 뒤섞여 사는 안정적인 지역"이 1953년에 이르러 인종적으로 분리되고 경제적으로 빈곤한 공동체가 되기까지 지방 정부와 민간 부문의 조직적인 시도가 있었다.[64] 크럼프(Crump) 시장은 연방 정부의 '빈민가 철거용' 재원을 조달해 '안정적인 중산층 흑인 지역'을 밀어버리고 '900세대 규모의 공공 주택 단지'를 조성했다. 그 당시 은행들은 특별 경계 지역을 설정해 그 지역에 거주할 것으로 보이는 기존 주택 보유자들에 대한 FHA 보증 담보 대출을 제도적으로 봉쇄했다.

    그러나 이런 노골적인 인종 차별적 착취는 또한 인종 차별적 '2차 시장'의 조성으로 이어졌다. 흑인은 백인처럼 합법적인 주택 대출을 할 자격 요건을 얻지 못했기 때문에 주택을 구매하기 위해서는 대출이 가능한 다른 곳을 찾아야 했다. 이런 문제를 해결하기 위해 약탈적 대출 관행이 등장했고 지금도 그 관행은 성행하고 있다. 2012년 웰스 파고(Wells Fargo)는 "멤피스의 소수 인종 거주 지역을 겨냥해 약탈적 대출을 할 목적으로 4억 3,250만 달러(약 5,900억 원)를 조성했다."[65]

    그러나 트랜은 단순히 담배 연기 자욱한 밀실에서 음험한 은행가들이 남부 멤피스의 백인 우월주의 '2차 시장'에서 이윤을 빨아먹을 방법을 궁리하는 모습을 장면을 상상해서는 안 된다고 지적한다. 백인 우월주의는 남부 멤피스의 자산 가치의 하락을 낳았다. 질로우 부동산 회사에 따르면, 2013년과 2019년 사이에 이 지역의 평균 주택 가치는 대략 28,000에서 40,000달러(3,800만-5,400만 원) 수준에서 형성되었다. 자산 가치가 지나치게 낮은 상황에서 신규 주택을 건설하거나 심지어 기존 주택을 수리하는 데 투자한다는 것은 경제적으로 별다른 실효성이 없었다. 우리 지역의 흑인 가구들은 주택 소유를 통한 안정성을 얻을 모든 실제적 기회를 다시 한번 부정당하고 있다.

그러나 이 인종 차별적 '2차 시장'에서 결과적으로 재산을 축적할 수 있는 이가 누구인지 알고 있는가? 저소득층을 대상으로 한 부동산 임대를 통해 불로 소득을 노리는 투자자들이다. 이런 투자 행태는 전국적으로 증가하는 추세이며, 특히 투자가 이루어지는 곳은 멤피스가 대표적이다.[66] 부담 가능 주택, 즉 저렴한 주택과 관련해 많은 난제가 있고 소수의 일부 투자자가 수요가 많은 질 좋으며 저렴한 주택을 제공하기는 하지만 착취를 일삼는 이들도 있다. 경제적 빈곤 지역에서 불로 소득을 찾는 투자자들은 끝없는 기회를 얻고 있으며, 수리와 유지 보수를 미룰 온갖 이유가 있다. 어차피 세입자는 주거 조건이 열악해도 기꺼이 돈을 치를 텐데, 투자자들이 자산의 경제 가치를 높일 유인 효과가 없는 상태에서 굳이 주거 생활 개선에 투자할 이유가 있겠는가? 시장 논리는 임차인이 저평가된 자산을 통해 자산에 대한 투자를 최대한 하지 않으면서 세입자에게서 최대한 이윤을 얻도록 부추긴다. 하지만 또한 경제에 극적인 변화가 생기고 주택 가격이 어마어마하게 치솟으면, 두려운 젠트리피케이션 과정이 진행되어 역사적으로 중요한 우리 공동체의 이웃이 내쫓기고 자산 소유자들은 거대한 부를 얻게 될 것이다.[67]

세뮤얼스(Semuels)는 조지아에서 기관 투자자들이 소유한 주택에서 사는 세입자들의 암울한 사연을 들려준다. 세뮤얼스는 한 관리 회사에 대해 서술하면서 이렇게 적고 있다. "언젠가 현장 관리자에게서 세입자에게 보증금을 돌려주지 않을 모든 방안을 회사 차원에서 강구하라는 지시가 내려왔다는 말을 들었다. '그것은 소위 회사 차원의 공식 정책이 아니었으므로 그 지시를 적시한 문서는 절대 발견되지 않을 것이다. 현장 프로젝트 관리자들에게 구두로 하달된 내용이었던 것이다.'[68]

세입자들은 집주인들에 맞서 시정을 요구해야 하는 힘든 싸움을 해야 한다. 그렇게 하려면 시간과 비용이 많이 들고 복잡한 소송 과정이 기다리고 있기 때문이다. 소송을 한다고 해도 그들에게 불리하게 작용하는 수많은 규정과 법을 보게 될 수도 있다. 나는 난방 시설이 전혀 없고 전기 스위치는 두 개밖에 작동하지 않는 집에 세 들어 사는 이웃이 집주인과 소송을 하도록 도왔던 적이 있다. 우리는 패소했다.

역시 이것은 '그들'의 문제가 아니다. '우리' 문제다. 나는 어떤 개인들이 참여하는지 모를 거대한 기관 투자자들이 소유한 빈민가 주택을 본 적이 있고, 흑인과 백인으로 이루어진 지역의 중상층 사람들이 소유한 빈민가 주택을 본 적이 있다. 나 역시 우리 지역에서 주택 소유자로서 세입자보다 나의 경제적 욕망을 우선할 수많은 기회가 있었다. 임대 주택에 대한 월스트리트의 투자액을 감안하면, 부지불식간에 조성된 2차 시장으로 이윤을 얻는 이들이 적지 않을 것이며, 주택을 구매하는 모든 사람은 이러한 역사와 2차 시장 결과에 묶여 있는 주택 시장에 참여하고 있는 셈이다.

무엇보다도, 주택 매각으로 부동산 가치가 매우 낮아진 상황에서 민간 부문이 주택 소유나 양질의 임대 기회를 제공하기는 실제적으로 어려운 일이다. 노골적인 인종 차별을 통해 조성된 우리 이웃의 경제적 여건은 시장이 저렴한 주택과 자가 소유를 통해 부를 쌓을 기회를 제공하기가 매우 어려운 경제 환경을 조성하고, 외부인이 이러한 어려움을 이용해 이익을 얻기는 훨씬 더 쉽다.

그러면 2차 시장 상황에서 재배치는 어떻게 이루어져야 하는가? 이 모든 일은 대부분 우리에게 표면 아래 있는 문제이지만 재배치 운동 실천가들은 재배치 과정 자체에서 이런 역동을 발견한다. 십일조 절기에서와 마찬가지로, 재배치는 그들의 번영과 기쁨을 2차 시장과 그로 인해 고통받는 이웃과 결속된 것으로 보게 한다. 그러나 이런 재배치는 또한 재배치로 이동한 이들이 그런 2차 시장 속에서 하나님의 경륜을 받아들일 때 어떤 변화가 일어날지 상상하도록 이끈다.

　　재배치를 실천한 이들은 빈민들을 위한 입법 활동을 옹호하고, 다양한 소득 계층이 공존하는 지역 조성에 기여할 민간 기관의 설립을 주도했다. 그들은 주택 소유의 기회를 확대하고, 더 쾌적하고 저렴한 임대 주택 조성을 위해 투쟁해왔다. 때로 그들은 비영리 목적으로 이런 시도를 했고, 때로는 이웃을 위해 저렴한 비용으로 재산을 증식할 기회를 주면서, 적당한 수익을 창출하는 사업을 조성하기도 했다.[69] 어떤 경우든, 십일조 절기가 3년제 십일조와 채무 탕감 제도로 확산되었듯이, 재배치 원리와 관련된 미덕 형성 훈련은 개인과 공동체가 더 공정한 제도 마련으로 분리가 완화되고 더 풍요로운 지역을 조성하도록 이끌었다.

　　이 모든 것을 통해 십일조 절기와 재배치 모두 더 넓은 문화에서 시행되는 기존의 정치·경제적 관행을 타도하는 동시에 그들과 협력할 것을 요구한다. 이스라엘은 절기가 사회적 계층화를 해결하기보다 오히려 부추기는 데 이용될 때가 적지 않았음을 알았을 것이다. 그들은 불의에 철저히 편승하여 정의를 추구한다는 절기의 목적을 완전히 상실하는 방향으로 결정을 내릴 수도 있었을 것이다. 하지만 그들은 기존의 절기 관행을 개혁하고 재조정하여 절기의 긍정적 기능을 살리는 동시에 절기의 억압적 경향을 타파하고자 노력했다.

재배치 역시 마찬가지로 행동가들이 특별히 미국의 부동산, 은행, 교육, 기업형 시스템의 사회·경제적 관행에 참여하는 동시에 전복하는 것을 가능하게 한다. 경제적, 인종적으로 분리된 공동체 고착화 작업에 너무나 빈번하게 이용된 이 모든 도구는 사랑의 공동체를 위해 함께 노력하는 도구로 사용될 수 있다.[70]

물론 이것은 위험이 따른다. 이런 활동에 참여하는 동시에 전복하는 방법을 제대로 확인하기 위해서는 지혜가 필요하다(이 주제에 대해서는 뒤에서 다룰 것이다). 이는 특별히 재조정으로 투자 회수를 통한 경제적 분리가 젠트리피케이션을 통한 경제 분리로 단순히 대체될 경우가 때로 있기 때문이다. 망가지고 무너진 세상에서 이것은 또한 회개의 자세를 요구하며, 최선의 노력을 다해도 미흡할 때가 언제인지 확인하고자 하는 적극성을 요구한다.[71] 그러나 신명기적 시각과 재배치 원리에서 볼 때 정의를 추구하기 위해서는 이런 위험을 기꺼이 감수해야 한다.

절기의 재배치

퍼킨스의 재배치 운동은 신명기의 십일조 절기와 유사한 기능을 한다. 그러나 재배치 참가자들은 누구나 알겠지만, 공동체 내의 연대를 강화하고 정의를 추구하는 일에 관한 한 거의 항상 음식이 관련되기 때문에 재배치 운동은 훨씬 더 깊은 반향을 일으킨다. 내 친구 말런 포스터(Marlon Foster)는 목사이며 비영리 기관 설립자이자 자신이 자란 남부 멤피스 공동체에 정착하여 퍼킨스의 재배치 원칙을 직접 실천한 장본인으로서, 자신이 개척한 교회에서 음식이 핵심 역할을 한다는 사실을 깨달았다. 교인들은 예배드리기 전에 항상 공동체 아침 식사 모임을 가지며, 종종 노숙자와 극빈층을 초청해 함께 식사한다. 성만찬 예식을 마친 후에는 각자 음식을 장만해 와서 누구나 참석할 수 있는 모임을 즐기기도 한다.

모든 사람이 다 재배치로 부름받는 것은 아니다. 하지만 신명기의 축제에 대한 비전에 따라 모든 사람이 경제적으로 가난하고 소외된 사람들과 더 밀접하게 교류할 방법을 찾을 수 있다. 우리는 특별히 일하고 놀며 예배하고 자녀를 교육하는 방식과 공간에 변화를 줌으로써 다른 사회적 공간에서 이루어지는 인종적, 경제적 차별에 저항할 수 있다. 가난한 지역 공동체에 자리한 교회나 기관과 활발한 파트너십을 맺을 수도 있다. 우리를 빈번히 분리하고 가르는 선들을 넘어 하나님의 백성과 축제를 즐길 방법을 찾아볼 수 있다.

신명기에서처럼 오늘날도 마찬가지다. 공정한 구조를 만

드는 것과 정의로운 성품을 기르는 것은 동전의 양면과 같다. 희소식은 그런 정의로운 제자도로 가는 길이 기쁨으로 포장되어 있다는 것이다. 우리는 하나님 앞에서 그리고 우리의 모든 이웃과 더불어 공동체적 축제와 연대 의식을 실천함으로써 하나님을 경외하는 법을 배우며 이를 통해 정의로운 제자가 될 수 있다. 그런 정의로운 제자도를 추구하는 공동체들은 믿음의 공동체와 더 나아가 공동체 밖에서 정의로운 정치를 추구하는 고된 작업에 필연적으로 참여하게 된다. 그들은 정의로 가는 길에서 축제를 열게 될 것이다.

망가진 덕성과 그것의 회복

이미 살펴보았듯이, 신명기 14장 28절-15장 18절은 일련의 규례와 법을 소개한다.

1. 가구들이 상대적으로 평등한 관계를 유지하도록 계획된 법.
2. 가구들 사이에서 소외될 가능성이 큰 공동체 구성원들의 필요를 채우도록 계획된 법.

이런 제도가 유지되기 위해서는 공동체가 절기를 통해 관용과 연대의 덕목을 길러야 한다.
그러나 현대 독자들은 이에 관해 여전히 의문이 생길 수 있다. 이스라엘 주변의 군주제 나라들보다 더 평등한 사회를 목표로 한 이스라엘의 이상적인 마을 경제는 (상대적으로) 부유한 이들의 선의에 훨씬 더 의존한다. 휴스턴(Houston)이 "자애로운 위계"(benevolent hierarchy)라고 명명한, 암묵적인 의존에서 벗어나기가 어렵다.[72] 이런 덕목과 훈련으로 계층에 얽매이지 않고 단순히 자선하는 수준에서 벗어나 진정한 연대를 지속할 성품을 공동체가 갖추도록 할 수 있는가? 그런 덕목으로 공동체가 지속적으로 경제 제도 전반을 개선할 수 있도록 할 수 있는가? 아니면, 그 제도에 안주하도록 부추기는가?

이런 의문이 계속 이어지는 가운데, 나는 정의와 공의로 옷 입은 욥의 이야기를 잠깐 다시 살펴보고자 한다. 앞에서 나는 욥이 정의를 구체적으로 실행했지만, 현대 독자들은 사회 하층 계급을 위한 그의 온정적 행동에서 사회적으로 계층화된 공동체의 존재에 대한 문제의식이 그다지 보이지 않는다고 지적했다.

실제로 욥기 29-31장을 보면, 욥은 미덕을 실천하며 존경받는 사회 영역의 중심부에 교묘하게 자리를 잡는다.[73] 욥은 장막에서 마을 성문으로 가서 지혜와 물질적 지원을 베풀고 마을 사람들의 존경과 칭송을 받았다.[74] 욥은 자신을 주변 사람들에게 가장 중요한 핵심 인물이라고 보았을 것이다.[75] 그래서 그는 "동료들의 존경을 즐기며 궁핍한 이들의 감사에 함박웃음을 숨기지 않는다."[76] 그러나 우려스러운 점은 소외된 자들이 그를 칭송하거나 도움을 구할 때를 제외하면 대체로 침묵을 지키고 있었다는 것이다.[77]

욥기 24장에서 욥은 가난한 사람들을 황무지로 내몰린 야생 짐승처럼 묘사한다. 이런 비교는 가난한 사람을 연민의 대상으로만 설정한다. 욥기 30장 29절에서 그는 이제 자신이 이렇게 황무지로 내몰린 약자 신세가 되었다고 자기 처지를 한탄한다. 그는 사회에서 추방된 자들과 하나가 되었으며 이제 야생 짐승들을 형제와 벗으로 삼아 광야에 거주하고 있다.[78] 물론 욥은 '지난 시절'(29:2)을 그리워하며 "다시 예전처럼 사회의 중심으로 복귀하기"를 바란다.[79] 이 모든 한탄의 이면에는 중심부와 주변부가 명확하게 정해진, 안정적이고 잘 정돈되었으며 예견할 수 있는 세상으로서 피조 세계에 대한 욥의 확실한 인식이 자리하고 있다. 욥의 미덕에 대한 이해, 특히 정의의 미덕에 대한 인식은 그런 세계에서 잘 통용된다.

미덕, 권력, 안정적 세계, 명예 추구 사이의 관련성에 대한 욥의 생각은 미덕 전통의 가장 문제가 많은 측면과 상통하는 면이 있다. '영혼의 위대함'이라는 미덕에 대한 아리스토텔레스의 설명을 생각해보라. 아리스토텔레스에게 '영혼이 위대한' 사람은 그럴 자격이 있기에 훌륭한 명예를 주장한다. 실제로 영혼이 위대한 사람이 그러한 명예를 얻으면 다음과 같은 일이 일어난다.

> 그는 자신에게 속한 것을 마땅히 받는다고 생각하거나 자신이 받는 대우가 아직 미흡해서 더 받아야 한다고 생각할 것이다. 명예처럼 완벽한 미덕에 어울리는 것은 없으며, 또한 사람들이 그에게 바칠 더 위대한 선물은

없기에, 그는 사람들의 찬사를 마지못해 받아들일 것이다.[80]

이 '위대한 영혼의 사람'은 다른 사람들의 가치를 정확하게 평가했기 때문에 "그들을 경멸해도 정당화된다."[81] 위대한 영혼의 사람은 "혜택 베풀기를 좋아하지만" "혜택을 받는 것은 수치스러워한다. 전자는 우월하다는 표시이고 후자는 열등하다는 표시이기 때문이다."[82]

제닝스는 "자기 충족적인 사람"의 이런 생각을 "기독교적 형성에서 가장 심각한 유혹"이라고 말한다.[83] 실제로 그는 그런 도덕 형성의 기독교적 방식이 식민주의 프로젝트에 사악하게 동원되었다고 주장한다.[84] 도덕 형성은 모든 인간을 "자기 충족적 백인 남성성"의 이미지로 형성하려는 시도였다.[85] "백인의 자기 충족적 남성성"을 습득한 사람들은 스승이 된다. 즉, "언제나 가장 중요한 선생"[86]이 되고, 완벽하고 영구적인 교사, 조언자, 그런 남성성을 제대로 습득하지 못한 모든 사람을 평가하는 사람이 된다. 이런 "자기 충족적 백인 남성성"의 이미지로 형성된 현대인(제닝스는 피부색이나 성별이 그렇게 형성되고자 하는 개인의 욕망을 막을 수 없다고 지적한다)은 아리스토텔레스가 말하는 위대한 영혼의 사람처럼 돼버렸다. 그들은 다른 사람을 경멸할 자격이 있다.

적어도 일부 고대식 시각과 현대적 시각의 미덕 전통에 대한 엄중한 비판이 아닐 수 없다. 그렇다면 욥은 비난을 받아야 하는가?

중심부의 욥

욥이 가난한 사람들을 부정적으로 바라보았다는 자체만으로 욥을 비난해서는 안 된다고 생각한다.[87] 그러나 그의 도덕 세계를 보면, 그가 자신을 일방적으로 선물을 주는 사람으로 중심부에 놓고, 가난한 사람들은 그의 은혜를 받기만 하는 사람으로 주변부에 두었다는 점이 분명하다. 재배치를 실천하려는 많은 사람이 항상 베풀기만 하고 받지는 않는 자신을 중심에 두려는 이 심각한 문제적 시각에 곧잘 빠져든다. 정의에 관심이 있는 현대 독자들이 이런 욥기의 도덕적 시각에 의문을 제기하는 것은 당연하다.

놀라운 점은 욥기 자체에서 바로 이런 문제를 지적한다는 것이다. 실제로 욥기 1장 1절은 욥을 덕성이 탁월한 의인으로 묘사하지만, 욥기서 전체를 보면 욥의 정의에는 더 많은 변화가 필요하다는 것을 인정하고 있다.

광야 속의 욥

욥의 변화는 폭풍우 가운데서 욥에게 하신 여호와 하나님의 말씀으로 대부분 진행된다. 욥은 하나님의 말씀을 좇아 땅의 견고한 기초에서부터 위험한 바다의 깊은 퇴적층(욥 38:1-17)까지, 사람이 거주하기에 적합하지 않지만, 하나님이 물을 대주시는 황폐한 황무지에서부터 계절에 따라 하늘을 가로지르는 천상의 별자리에 이르기까지(욥 38:25-33) 일종의 우주 여행을 한다. 이 여행의 결과 욥은 중심부에서 내려와, 예측할 수 있고 질서 정연한 장소로서 의인들이 명확한 중심부를 차지하고 덜 중요한 사람들이 분명하게 정의된 주변부에 자리한다는 우주에 대한 그의 시각이 완전히 해체된다.[88] 이 신성한 여행으로 그의 시선은 이전에 알았던 정교하게 조성된 위계질서, 덕성 형성, 실천의 유일한 맥락을 제공한다고 생각했던 계층의 한계를 넘어 확장된다.

  야생의 황무지에 깃들어 사는 생물도 욥 자신이 살던 세상과 그 안에서 살아가는 방식을 완전히 다른 시각으로 바라보게 해주었다. 종종 고대 세계에서 왕권이나 독립성을 상징하는 사자는 먹이를 얻기 위해 여호와께 의존하는 존재가 된다(욥 38:39-40).[89] 욥은 야생 나귀를 자기 땅이 없는 가난한 사람들에 대한 동정심을 불러일으키는 상징으로 보았다. 그러나 여호와는 욥의 관심을 그 야생 나귀로 이끄시며, 이 아름다운 짐승이 "성읍에서 지껄이는 소리"나 "나귀 치는 사람이 지르는 소리"에 구속되지 않고 황무지에서 진정한 거처를 마음껏 찾도록 두신 분이 바로 하나님 자신임을 알려주신다(욥 39:5-8).[90] 욥은 그 나귀를 측은하게만 보았을 뿐이지만, 여호와 하나님은 거칠 것 없는 자유를 누리는 그 짐승에 감탄하신다.[91]

  실제로, 비즐리(Vesely)는 세상이 욥을 중심으로 돌지 않음을 보여주기 위해 특별히 이 짐승들이 동원되었다고 주장한다. 욥은 마치 왕처럼 지시를 내리고 명령을 내렸지만(욥 29:21-25) 저 먼 광야에서 인간의 명령을 전혀 받지 않고 창공을 나는 독수리(욥 39:27), 인간이 정한 법에 전혀 개의치 않는 나귀들(욥 39:5-8)을 만난다. 또한 욥은 우주 차원의 신화적 생물인 베헤못과 리워야단을 본다. 이들은 이전에 욥이 살던 성의 성

민들과 달리(욥 29:7-10) 욥에게 '자기 자리'를 내주지 않을 것이다.⁹²

이 모든 것을 종합하면, 욥은 자신이 알던 세상의 "변두리 너머"를 여행하면서 이 미덕의 전형적인 가부장적 인물은 "인간이 종종 황폐하고 활기도 없으며 아무 가치가 없다고 여기는 곳"으로 시선을 이동하게 된다.⁹³ 그는 아무런 쓸모가 없다고 생각한 곳이 경이로 가득한 세계임을 발견한다.⁹⁴ 욥은 구티에레스(Gutierrez)가 지적한 대로 "세상은 하나님의 조건 없는 호의를 발판 삼아 돌아가며 그 위에는 선명한 인장이 새겨져 있다"는 것을 깨닫는다.⁹⁵

성경이나 고대 근동에서 피조 세계를 묘사하는 것은 동시에 문화를 설명하는 것이었음을 기억해야 한다. 고대인들은 창조된 우주와 사회 사이가 '끊어짐 없는 연결 관계'라고 가정했다.⁹⁶ 여호와 하나님은 욥의 자연관을 철저히 무너뜨리실 때 남을 도울 힘이 있는 고결한 시혜자는 중심에 두고, 힘이 없고 가난해서 도움이 필요한 사람은 주변부에 두며, 쓸모없는 추방자는 먼 황무지에 두는 욥의 내면에 자리한 사회·도덕 지도에 도전하고 계신다. 우주 여행을 하는 동안 욥의 덕성은 여호와가 만드신 야생 세계의 가장자리에서 완전히 부서지고 말았다.

광야에서 돌아온 욥

그러나 이야기는 그것으로 끝나지 않는다. 욥기는 궁극적 내부자가 '외부자'가 되어 '변화된 내부자'로 돌아오는 여정이다.⁹⁷ 이 여행에서 하나님은 욥이 이전에 갖추었던 의로운 성품을 거부하신 것이 아니라 보완하여 변화시키신 것이다. 하나님은 '의로운 욥'을 거룩하게 하셔서 하나님이 기뻐하시는 사랑과 공의 안으로 그를 더 나아가게 하신다. 비즐리가 이 점을 잘 요약하고 있다.

> 하나님이 우주적 차원에서 선보이시는 외딴곳에서 짐승들을 접한 욥은 세상에 대한 새로운 이해를 반영하는 몇 가지 덕목을 기를 준비가 된다. 즉, 다른 생명체를 대할 때의 겸허함과 경이감으로 모든 피조물의 개별적 가치와 신비를 인정하고, 자신과 다른 이들의 목소리와 의견을 개방적이고 수용적인 태도로 받아들일 수 있게 될 것이다. 특별히 '번성하다'는 각각의 개념을 존중해야 한다. 공동체 내의 지위나 위치에 상관없이 세계를 함께 공유하는 이들을 존중하고 높이는 마음도 가꾸어야 한다. 더 나아가 우주의 모든 거주민과의 연대 의식과 상호 의존성도 배워야 한다. 인간이든 인간이 아니든 그렇게 해야 하며, 자신의 안녕이 다른 이들의 안녕과 긴밀히 연관돼 있다는 깨달음이 그 바탕에 있어야 한다.[98]

공동체로 재입성한 욥기 후반부에서 우리는 욥의 삶에서 정의의 덕성이 재탄생하는 모습을 본다. 우리는 욥이 잃은 모든 것을 여호와가 두 배나 늘려주셨다는 내용은 금방 주목하면서 이 과정이 그의 형제자매와 "이전에 알던 이들"의 위로와 격려와 재정적 지원을 받는 내용(욥 42:11)으로 시작하고 있음은 종종 간과한다. 완전히 회복하기까지 시간이 걸릴 수밖에 없었겠지만, 11절을 하나님이 욥의 재산을 회복시키시겠다는 첫 신호로 이해한다면,[99] 욥의 공동체는 욥의 인생에서 악의 문제를 해결할 필수적인 부분이라고 말할 수 있다. 실제로 여호와 하나님은 고난당한 욥을 회복시키시는 한 가지 방법으로 공동체의 돌봄을 사용하셨다.[100] 신명기의 십일조 절기에 대한 논의에서 기대하듯이, 일방적 수혜자에서 주고받는 자로서 욥의 변화는 식사를 통해 일어난다. "그의 집에서 그와 함께 음식을 먹고"(욥 42:11).

"이전에 알던 이들이 다"라는 불길한 이 표현을 글자 그대로 진지하게 받아들이면, 모든 사람이 친구 욥을 도우려고 선물을 가져와 함께한 이 식사 자리에 욥이 29-31장에서 친척처럼 대했노라고 자신 있게 선언한 고아, 과부, 소외된 자, 가난한 자도 몇 명은 참석했으리라 예상할 수 있다. 욥은 이전에는 이런 약자들을 그에게 의존하는 친족으로 보았지만, 이제는 욥 자신도 실질적으로 의탁하고 도움받는 친족이다. 욥에게 일어난 변화의 한 측면이겠지만, 이 식사는 아낌없이 음식을 공급하는 족장의 무료 급식소가 아니라 욥의 자립을 도울 목적으로 열린 잔치에 각자 음식을 가져오는 포트럭에 가까웠다.[101]

신명기 14장 22-27절은 하나님과 모든 공동체 사람이 축제를 즐기며 여호와 하나님을 경외하는 법을 배워야 한다고 주장한다. 성경에서 여호와 경외의 중요 패러다임 중 하나인 욥기는, 잔치에서 다른 사람들과 상호 의존해야 함을 배우고, 궁극적으로는 하나님께 의존해야 한다는 사실을 배울 때 경외심이 가장 잘 형성된다는 사실을 상기시킨다. 실제로 욥은 아리스토텔레스라면 절대 인정하지 않았을 성향, 즉 '인정된 의존성'이라는 미덕을 배우기 시작했다.[102] 하나님은 "계산 없이 주기와 은혜롭게 받기"를 모두 배우는 데 필요한 교육을 욥에게 제공하셨다.[103]

정의를 새롭게 이해하다?

이런 교훈들로 정의에 대한 욥의 이해와 행동에 변화가 일어났다는 증거가 있는가? 그렇다. 실제로 증거가 있다. 탁월한 저서 『욥에 관하여』(On Job)에서 구티에레스는 욥이 고난을 경험함으로 세상의 가난한 사람들이 겪는 고난을 새롭게 이해하고, 연대와 투쟁에 동참하게 되었다고 주장한다.[104] 이를 뒷받침하기 위해 나는 욥기 끝부분에서 욥의 정의로운 성품이 적어도 두 가지 방식으로 새롭게 거듭났으며, 이제 그가 속한 세계의 사회·정치적 맥락을 초월하고 있음을 보여주려고 한다. 욥은 새롭고 반문화적인 방식으로 신실하게 권력을 행사하는 법을 배웠고, 더 심오한 차원에서 정의라는 덕목을 체득했다.

첫째, 욥은 딸들에게 아들과 똑같이 유산을 물려준다.[105] 이것은 "이스라엘의 법적 전통에서 유례가 없는 결정이었고, 고대 근동에서 특별한 일이었다."[106] 그러므로 욥기의 말미에서 욥은 다시 족장의 지위를 회복하지만, 이제 전혀 가부장적이지 않은 방법으로 권한을 행사할 수 있게 되었다.[107]

둘째, 욥기 42장 12절은 욥의 모든 재산이 정확히 두 배로 늘어났다고 이야기한다. 다만 한 가지 예외는 종에 대한 언급이 전혀 없다는 점이다. 토마스(Thomas)는 종에 대한 언급이 없는 것을 욥이 "사회적 위계와 내재적 불의에 관해 중요한 교훈을 깨달았다는 것을 보여준다"며 "모든 것(심지어 리워야단까지)이 하나님의 소유인 세상에서 누구도 어떤 다른 것을 소유할 수 없음을 깨달았다"고 설득력 있게 주장한다.[108]

욥의 성품은 변화되었다. 욥은 하나님과 만나기 전에 상상했던 질서 정연하고 위계적인 세계 속에서, 정의와 공의로 고대 세계의 노예와 주인이 인간적으로 평등하다는 강력한 진술을 할 수 있었다(욥 31:15).[109] 그러나 자신의 권력을 이용해 노예제 자체를 다루는 데까지 나아가지는 못했다. 다만 하나님의 말씀을 들은 후 욥의 인생에서 구현된 정의는 진일보하여 그의 집에서 노예제 자체를 완전히 없애는 것으로 나타났다.

분명히 욥은 사회적 위계질서와 불균등한 권력 분배가 존재하는 세상을 계속 살아가야 했을 것이다. 그는 재물을 다시 회복하는 과정에서 다양한 사회 계층의 사람들과 상호 교류했을 것이다. 그러나 욥기의 결말 부분에서 정의의 미덕은 그 상태에 만족하지 않으며, 사회적으로 억압받는 자들과 창조적 연대를 추구하고 그 압제를 공고히 하는 구조의 변혁을 시도할 수밖에 없음을 보여준다. 동시에 여호와를 두려워하는 사람들은 정의로운 행동을 실천하는 삶을 살 뿐만 아니라 하나님과 가장 의존하지 않을 것 같은 타인에 대한 의존성을 인정하는 덕목을 기르는 법을 배운다.

하나님과 씨름한 뒤 새 이름을 받고 다리를 절며 새날을 맞았던 야곱처럼, 욥도 여호와 하나님과 만난 뒤 아무런 타격 없이 일상으로 돌아오지는 못했다. 오늘날 고결한 성품의 형성에 필요한 모델이 바로 이것이다. 아리스토텔레스의 위대한 인간이 구현하는 자신만만하며 과시적이며 독립적인 정의나 제닝스의 '자기 충족적 백인 남성성'이 구현한 통제적인 지배력이 아니라 신명기의 절기와 욥의 외상 후 식탁 교제에 구현된 겸허하고 경외심에 찬 공동체의 정의가 바로 그것이다.

겸손하고 경외심에 찬 공동체적 정의는 제닝스가 묘사하고 퍼킨스가 재배치를 통해 장려하는 참여에 필요한 정의임이 분명하다. 그렇지 않으면 다른 사람들이 포기한 곳에 살기로 선택함으로써 정의를 위해 애쓰는 그리스도인들은 "우리가 우선이며, 우리는 배워야 하는 사람이기보다 항상 가르치는 사람이다"라는 생각의 올무에 너무나 쉽게 빠질 수 있다.[110] 활동가인 에드 로링(Ed Loring)이 표현한 대로, 이것은 "정의도 중요하지만, 식사는 반드시 해야 하기" 때문이다. 주님을 경외하는 마음으로 축제를 즐기고, 공동체 안에서 서로 주고받을 수 있는 품성을 기르는 방식으로 식사하는 법을 배우지 않는 한, 우리는 정의를 승리로 이끄는 일에 하나님과 함께하지 못할 것이기 때문이다.

5장

정의를 향한 노래: 시편

2018년 특별한 성경 하나가 전국적으로 뉴스가 되었다.[1] 1807년에 발간된 이른바 노예 성경은 킹제임스 번역본 성경을 많은 부분 편집한 것으로, 카리브해 노예들에게 제공된 성경이었다. 노예 성경의 기원이 어디인지 확실히 알려진 바는 없지만, 노예제와 관련해 부정적인 본문은 완전히 빼고 편집된 것으로 보인다.

그 편집자들이 내린 많은 결정이 별로 놀랍지도 않다. 그들은 여호와가 노예로 살던 이스라엘을 해방하신 출애굽기 내용을 생략했고, 그리스도 안에서 "유대인이나 헬라인이나 종이나 자유인이나 남자나 여자나 다 그리스도 예수 안에서 하나이니라"(갈 3:28)는 바울의 선언도 삭제했다. 하지만 이해할 수 없는 부분은 시편 전체를 들어내자는 결정이었다.[2]

노예제를 찬성하는 그리스도인들이 시편을 위험하다고 본 이유는 무엇인가? 우리에게 친숙하고 많은 사랑을 받는 시편은 적어도 표면적으로 보기에는 그렇게 위협적으로 보이지 않는다. '늘 함께하는 도움'이 되시며 양을 잘 돌보시는 하나님에 대한 친숙한 비유가 우리의 마음을 끌어당긴다. 이 말씀들이 위로를 주는가? 그렇다. 그러면 이 말씀은 혁명적인 내용인가? 물론 그렇지 않다.³

　　이런 직관과 달리, 노예 성경의 편집자들이 시편을 두려워할 만한 두 가지 이유가 있었다고 생각한다. 첫째, 시편을 주의 깊게 읽은 독자라면, 시편이 억압당하는 자들을 해방하려는 여호와의 정의에 얼마나 깊은 관심이 있는지 금방 알아차릴 것이다. 둘째, 시편은 노래와 기도가 담겨 있기에 정의에 대한 의식을 길러줄 독특한 힘을 내포하고 있다.

시편의 독특한 역할

시편이 정의로운 제자도에 어떤 독특한 공헌을 했는지 이해하기 위해 시편 자체의 성격을 살펴볼 필요가 있다. 시편 본문들은 정확히 무엇을 말하며 어떤 역할을 하는가? 일부 학자는 과거에 인간이 하나님께 무엇을 기도드리고 찬송했는지 시편이 보여주는 측면을 강조한다. 시편을 통해 우리는 과거의 성도들이 주님께 쏟아부었던 찬양의 기도와 고통스러운 탄식을 "귀 기울여 들을 수 있다." 무엇보다 자기 백성에게 주시는 하나님의 말씀으로 시편을 이해해야 한다고 주장하는 이들도 있다.⁴ 개별 시편은 원래 의심할 여지 없이 하나님께 올리는 인간의 말로 구성되어 있지만, 전체로서 시편은 하나님께 드리는 이런 인간의 말이 사실상 인간에게 주시는 하나님의 말씀이 되도록 의도적으로 구성되었다는 것이다.[5]

시편의 진정한 힘은 이 두 시각을 하나로 종합해서 볼 때만 알 수 있다. 모든 성경은 신적 저자와 인간 저자가 있기 때문에 하나님의 말씀은 항상 인간의 말을 포함한다. 하지만 시편의 독특한 점은 하나님이 주신 인간의 말이 기도와 노래로 주님과 교제하도록 도와줄 대본이 된다는 점이다.[6] 다시 말과 찬양으로 하나님께 돌려드림으로만 받을 수 있는 하나님의 말씀을 우리에게 선사한다. 실제로 시편에서 우리는 우리 '모국어'로 언어 수업을 하시기 위해 우리가 쓰는 인간의 언어를 배우고 계시는 하나님을 보게 된다. 이런 언어 수업은 그분 안에서 살기 위해 필요한 언어를 우리가 유창하게 말할 수 있도록 돕는 데 그 목적이 있다.[7]

성경의 많은 부분은 우리와 여호와의 언약적 관계에 대한 이야기를 들려준다. 시편에서 하나님은 마치 우리와 한자리에 앉으셔서 "이제 우리 관계에서 너는 나와 관계 맺는 법을 배워야 한다. 그래서 이 관계에 필요한 언어를 배우는 데 도움이 되는 책을 주겠다. 너와 같은 사람들과 나 같은 신이 있는 이런 세상에서, 네가 내 가정의 자녀이자 내 왕국의 시민으로 나와 함께 살아가기 위해 필요한 언어가 바로 이것이다"라고 말씀하시는 것 같다.

이런 시편의 대본은 우리가 정의가 무엇인지 아는 것을 넘어 하나님의 의로운 백성이 되게 하는 데 특별한 역할을 한다.[8] 시편은 하나님의 백성에게 공동체 속에서 신실하게 권력을 행사하는 의로운 성품을 향해 나아가도록 도덕적 제자도를 추구할 중요한 도구를 제공한다. 시편이 특별히 기여하는 세 측면을 살펴보도록 하자.

1. 시편은 의로우신 왕을 찬양하고, 왕의 정의로운 통치를 기릴 대본이다

시편의 가장 오래된 제목은 단순히 찬양(Praises)이었다. 그러나 이 시편 본문들이 하나님의 어떤 부분을 찬양하도록 이끄는지 물어보면 여호와의 공의로운 법이 첫자리를 차지한다. "그는 공의와 정의를 사랑하심이여 세상에는 여호와의 인자하심이 충만하도다"(시 33:5).

시편은 여호와 하나님의 본성 중 필수적인 속성으로 정의를 노래하기 때문에 여호와가 세상에서 하시는 일의 핵심이 정의의 실현임을 또한 찬양한다. 전체 시편의 결론부에 해당하는 '찬양의 크레셴도' 다섯 편 중에서 시편 146편은 아래의 속성을 지닌 창조주로 여호와를 찬양한다.

> 억눌린 사람들을 위해 정의로 심판하시며 주린
> 자들에게 먹을 것을 주시는 이시로다 여호와께서는
> 갇힌 자들에게 자유를 주시는도다 여호와께서 맹인들의
> 눈을 여시며 여호와께서 비굴한 자들을 일으키시며
> 여호와께서 의인들을 사랑하시며 여호와께서
> 나그네들을 보호하시며 고아와 과부를 붙드시고

악인들의 길은 굽게 하시는도다(시 146:7-9).

여호와 하나님의 정의로운 성품과 행동에 대한 이 시편의 찬양은 시편의 '신학적 핵심'인 여호와가 왕이시라는 선언과 연결되어 있다(시 146:10).⁹ 그러나 물론 왕권의 선언은 나쁜 소식일 수도 있었는데, 이스라엘은 폭군에 관해 잘 알고 있었기 때문이다. 그런데 여호와의 왕 되심이 복음이자 좋은 소식인 이유는 이 신적 왕이 세상이 갈망하는 정의와 공의를 "왕국의 기본 토대"로 삼으셨기 때문이다.¹⁰ 시편은 반복해서 정의로운 왕이신 하나님께 기도와 찬양을 드리며, 하나님은 그 정의로 인해 큰 찬양을 받으신다.

2. 시편은 불의에 항거하고 분노하며 하나님께 탄원할 대본이다

우리는 하나님을 예배하는 주요 근거의 하나로 정의를 꼽지는 않지만, 신앙의 언어를 배울 때 찬양이라는 관용구에는 꽤 익숙하다. 그러나 성경의 시편에서는 많은 사람이 매우 불편해하는 또 다른 관용어, 즉 하나님에 대한 항의, 탄식, 분노의 탄원이 자주 등장한다. 놀랍게도 하나님은 자기 백성과 대화할 수 있도록 혀를 훈련하고자 하실 때, 그분에게 소리치며 항의하는 데 필요한 대본을 주신다. 이런 대본에서 하나님께 항변하도록 요구하는 주제가 무엇인지 살펴보면, 불의가 그 목록의 맨 위를 차지한다.¹¹

그래서 시편 기자는 시편 9편 9절에서 여호와는 "환난 때의 요새"이시라고 믿음으로 기도하면서도 시편 10편 1절에서 아래와 같이 항변한다.

> 여호와여 어찌하여 멀리 서시며
> 어찌하여 환난 때에 숨으시나이까.

시편 기자는 증거로 이 분노의 항변을 뒷받침한다.

> 악한 자가 교만하여 가련한 자를 심히 압박하오니
> 그들이 자기가 베푼 꾀에 빠지게 하소서(시 10:2).

압제에 분노한 시편 기자는 하나님이 얼굴을 숨기며 모른 척하신다고 항변할 뿐 아니라 악한 자들의 불의를 비판한다. 그들은 이윤을 탐하는 탐욕으로 질주하며(시 10:3) 저주와 기만과 압제와 불의가 가득한 입으로 말한다. 또 어둠 속에 숨어 가난한 사람들을 집어삼킨다(시 10:8-10). 일부 시편의 가난에 관한 구절을 엄격히 영적인 것으로 해석할 수도 있고, 시편의 가난에 관한 표현에는 분명히 영적인 역동성이 담겨 있는 것도 사실이다.[12] 하지만 시편 10편은 분명히 구체적인 사회 경제적 압제를 고발하고 있다.[13] 여기에는 문자 그대로의 폭력도 포함되지만, 탐욕과 혀의 범죄에 대한 언급으로 보아, 시편 기자가 들판, 시장, 법정에서 이웃을 짓밟고 자기 욕망을 좇는 권력자들의 더 미묘하면서 사악한 방법에 분노하고 있음을 알 수 있다.[14]

시편 기자의 항변이 격렬한 이유는 악인들이 마치 "하나님이 없[는]"(시 10:4) 것처럼 행동하기 때문이며, 당장 보기에 그들이 옳은 것처럼 보이기 때문이다.

> 그의 길은 언제든지 견고하고 주의 심판은 높아서
> 그에게 미치지 못하오니 그는 그의 모든 대적들을
> 멸시하며(시 10:5).

"모든 가치가 전복되어 있습니다!"라고 시편 기자는 부르짖는다. "악인들은 벌을 받기는커녕 오히려 번성합니다. 하나님 당신이 이 땅을 정의롭게 심판하지 않으시니 당신의 정의는 땅에 떨어지고 '그림의 떡'이 되었습니다. 주여, 당신은 악인들을 심판하기로 약속하셨습니다. 그러나 악인들은 자기의 모든 적을 멸시합니다."

참으로 강력한 항변이다. 시편은 여호와를 정의로우신 왕으로 찬양하기 때문에, 당연히 시편 기자나 악인 모두 공의로운 심판이 이루어지지 않으면 하나님이 안 계시다고 믿을 수밖에 없다.[15] 악인은 하나님이 부재하신 것 같은 이런 상황을 부당한 이득을 얻을 기회로 사용할 것이다.[16] 시편 기자는 하나님이 다시 나타나실 때까지 외치는 것으로 그분의 부재에 대응한다.

하나님에 대한 이런 항변은 믿음이 부족하다는 표시라기보다 오히려 변함없고 깊은 신실함의 행동이다.[17] 시편 10편에서 우리는 불의한 세상에서 의로운 하나님과 진정한 관계를 경험하게 되는 압제당하는 자들의 외침[18]을 만난다.[19] 이런 항변하는 시편을 주신 분이 바로 하나님이심을 기억하면, 이런 관계가 하나님이 원하시는 것일 뿐만 아니라 그런 관계에 들어가는 법을 배우도록 돕는 대본으로 이런 항변하는 시편을 주셨다는 것을 발견하게 된다.

정말 믿기 어려운 일이다. 나 역시 사랑하는 사람들과 서로 솔직하게 대면하며 도전할 수 있는 관계를 맺으려고 노력한다. 그러나 그들이 나에게 가졌을 법한 원망과 불평을 대략 정리해서 보여주며, "보세요. 우리 관계가 늘 쉽지만은 않으리라고 생각해요. 무언가 문제가 있다는 생각이 들 때 먼저 내게 항변하고 비판해도 될 몇 가지 내용을 정리해보았어요"라고 말한 적은 한 번도 없었다. 그러나 하나님은 시편에서 정확히 그 일을 하셨다.[20]

불의에 대한 이런 격정적 항변은 시편 곳곳에서 볼 수 있다. 시편 10편의 항변은 대적들의 악한 행위에 초점을 맞추지만, 시편 44편은 하나님의 행동에 항의하고 있다!

> 주께서 우리를 잡아먹힐 양처럼 그들에게 넘겨주시고 여러 민족 중에 우리를 흩으셨나이다 주께서 주의 백성을 헐값으로 파심이여 그들을 판 값으로 이익을 얻지 못하셨나이다(시 44:11-12〔12-13〕).

시편 기자는 주의 백성이 죄를 지을 때 여호와가 심판하실 권리를 인정하지만, 현재 상황에서는 그들이 무죄하다고 항변한다(시 44:17-18[18-19]). 그래서 시편 기자는 전체 성경에서 가장 인상적인 도움을 요청한다.

> 주여 깨소서 어찌하여 주무시나이까
> 일어나시고 우리를 영원히 버리지 마소서
> 어찌하여 주의 얼굴을 가리시고
> 우리의 고난과 압제를 잊으시나이까
> 우리 영혼은 진토 속에 파묻히고
> 우리 몸은 땅에 붙었나이다
> 일어나 우리를 도우소서 주의 인자하심으로 말미암아
> 우리를 구원하소서(시 44:23-26[22-25]).

"졸지도 아니하시고 주무시지도 아니하시[는]"(시 121:4) 하나님이 실제로는 운전 중에 졸고 계셔서 흔들어 깨어야 한다는 주장은 충격적이다. 분명히 하나님은 우리와 같은 세상에서 우리처럼 하나님을 믿는 사람들이 때때로 세상에서 마주치는 불의뿐만 아니라 하나님 안에서 마주치는 불의에 대해서도 분노해야 한다는 것을 알고 계신다. 시편과 성경 전체에서 하나님 안에 실제로 그런 불의가 있음을 인정하지 않지만, 항의의 시편으로 기도하고 찬송하는 것은 바로 이런 부분에 대해 하나님을 압박하도록 요구한다.

하지만 이 시편들은 그렇지 않다! 기도하는 현대 그리스도인들은 시편 기자들이 불의에 관해 여호와께 항의하는 것을 보고 놀라움을 금치 못한다.[21] 우리는 불의를 행하는 자들을 강력하게 심판해달라고 하나님께 빈번히 요청하는 시편 기자의 모습에 놀란다. 시편 58편은 대적들을 녹아서 점액질처럼 소멸하는 달팽이같이 없애달라고 여호와께 요청한다(시 58:8[9]). 어머니의 모태에서 우리를 빚으신 여호와의 기이한 일을 노래하는 아름다운 시편 139편을 마지막까지 노래하다 보면 악인들을 도말해달라고 하나님께 요청하는 찬양을 덩달아 부르는 우리를 볼 것이다(시 139:19). 성경 전체에서 단연코 혼란스러운 본문 중 하나인 시편 137편은 이렇게 선언한다.

> 멸망할 딸 바벨론아 네가 우리에게 행한 대로 네게 갚는 자가 복이 있으리로다
> 네 어린 것들을 바위에 메어치는 자는 복이 있으리로다(시 137:8-9).

도대체 이런 극악한 짓을 하도록 부추기는 찬양을 어떻게 부르라는 말인가?

먼저 두 가지 사실을 지적할 필요가 있다. 먼저, 이 저주 시편들은 일상적이고 평범한 갈등 관계에 봉착한 사람들이 퍼붓는 저주가 아니다.[22] 이 시편들은 최소한의 정의 기준이 안정적으로 작동하는 공동체에 사는 시민들이 한 말도 아니다. 전쟁에서 자신을 정당화해줄 신을 찾는 강력한 백성이 피에 굶주려 한 말도 아니다.

오히려 이 시편들은 끔찍한 폭력으로 고통당하며 대적들이 가하는 "치명적 위협을 정당화할 어떤 짓도" 한 적이 없는

사람들,²³ 사회에서 외면당하는 약자의 처지에서 아무런 선택권이 없는 이들²⁴의 입에서 터져 나온 고통스러운 절규다. 바벨론의 후손을 절멸해달라는 시편 137편 탄원의 잔혹성을 비판하기 전에 자녀가 바벨론이라는 강대국의 손에 잔인하게 살해당하는 장면을 지켜본 사람들이 부르는 노래라는 사실을 고려해야 한다(참고. 시 137:1-8).²⁵ 그들은 대적에게 그런 승리를 거둘 수 있는 백성이 아니라 적의 손에 잔인한 패배를 당한 자들로, 대적들을 처절히 짓밟으리라는 승리의 염원을 담아 찬양을 부르고 있다.

둘째, "저주 시편들에 공통적으로 나타나는 한 가지는 정의에 대한 요청이다."²⁶ 시편 94편에서 시편 기자는 "율례를 빙자하고 재난을 꾸미는"(시 94:20) 지배자들이 득실거리는 세상에서 기도한다. 법을 만드는 자들과 법원의 "결정과 숙의 내용"이 "순전히 권력의 지렛대를 지배하는 악인들의 도구가 되고 말았던 것이다."²⁷ 이런 상황에서 시편 기자는 "복수하시는 보복의 하나님"²⁸으로서 "빛을 비춰달라고" 간청한다. 그분만이 포악한 압제를 종식하시고, 폭력을 자행한 압제자에게 보복해 주실 수 있기 때문이다(시 94:1-2). 개혁표준역 성경(RSV)에서 시편 94편 1절을 번역한 것처럼, 시편 기자는 우리가 '복수'²⁹라고 하면 흔히 떠올리는 비합리적이고 피비린내 나는 복수를 바라지 않는다. 시편 기자가 요구하는 것은 정당한 복수다. 그가 보복하시는 하나님(시 94:1)께 호소하는 이유는 그분이 "세계를 심판하시는" 분으로서 악인들에게 그들이 저지른 대로 돌려주시는 분이기 때문이다(시 94:2).³⁰

이런 격렬한 감정은 저주 시편의 좀 더 일반적인 특징에 해당한다.[31] 시편 기자가 정의를 요구하기 때문에 저주 시편들은 하나님을 향한 간청을 토라의 율법 전통에 부합한다고 생각하는 범위로 제한하는 경향을 보인다.[32] 범죄에 부합하는 처벌이라는 원리 때문에 시편 기자가 요청하는 개입의 범위가 제한되기는 하지만, 이 시편들의 더 넓은 관심은 단순히 "모든 정당한 수단을 통해" 여호와가 정의를 실현하셔서 폭력 사태를 종식하는 데 있었다.[33]

그런 정당한 수단은 종종 무력을 포함하겠지만, 그렇다고 시편 기자가 항상 대적들의 절멸을 간구했다는 말은 아니다. 그들은 보통 대적들의 무장을 해제해달라고 여호와께 간구한다. 시편 기자들은 "꺾인 팔(시 10:15), 잘린 혀(시 55:9), 꺾인 이와 어금니, 꺾인 화살(시 58:6-7)과 같은 은유적 표현"을 사용해 기도하며 "대적의 공격 수단을 짓밟아주시고, 폭력을 행사하는 도구가 무용지물이 되게 해달라고 하나님께 탄원한다."[34]

실제로 진저(Zenger)는 시편 137편 9절에 나오는, 바벨론의 어린 것들을 바위에 내쳐줄 자에 대한 축원이 바벨론의 모든 아이가 살해당하는 것을 보고 싶은 마음을 반영한 것이 아니라고 주장한다. 오히려 이 시편은 하나님의 백성을 학살한 "왕가, 즉 왕조의 왕가"가 망하기를 갈망하는 '정치 시편'에 해당한다.[35] 바벨론이라는 초강대국이 자행하는 폭력을 막기 위해 하나님이 무슨 일이든 해주시기를 바라는 마음을 표현한 것이다. 매우 충격적으로 표현하기는 했으나, 핵심은 영아 살해가 아닌 정권 교체였다.

더 나아가, 시편 기자는 악인에 대한 여호와의 강력하고 정의로운 개입이 그들 자신을 위한 것일 수도 있음을 분명히 밝힌다! 여호와가 대적을 완전히 멸망시키시는 것만이 유일한 정의로운 결과인 것처럼 보이는 수사학 속에서 시편 83편은 갑자기 그리고 놀랍게도 이렇게 선언한다.

> 그들로 수치를 당하여 영원히 놀라게 하시며
> 낭패와 멸망을 당하게 하사
> 여호와라 이름하신 주만 온 세계의 지존자로
> 알게 하소서(시 83:17-18[17]).

실제로 나는 이런 저주 시편 대본이 그 시편을 노래로 부르고 기도로 드리는 사람들을 변화시켜, 그들이 세상에 정의로운 제자도를 구현하게 되는 데 그 집필 목적이 있다고 생각한다. 이런 변화의 가능성은 네 가지 부분에서 확인할 수 있다.

불의에 대한 분노를 하나님과의 관계에 투영하는 법을 배운다. 첫째, 저주 시편은 "우리 자신의 분노를 하나님과 우리 관계의 맥락에 투영하도록" 대본을 제공한다.[36] 이것은 심각한 불의를 경험한 사람들에게 하나님이 주시는 가장 값진 선물일지도 모른다. 진저가 지적하듯이, 이런 시편은 "말씀드리는 대상이 우리 아버지이자 어머니 되신 하나님이시므로 기도를 통해 말 그대로 모든 것을 다 말할 수 있다는 기본적인 성경적 확신을 진지하게 수용하고 있다."[37] 실제로, 시편은 이런 확신을 단순히 표현하는 데서 그치지 않는다. 고통당하는 자들에게 그 분노를 표현하는 법을 연습하도록 대본을 제공한다. 그런 언어 수업은 대적에 대한 우리 분노를 억누르지 않고 그 대신 주께 표현할 수 있도록 이끌어준다.

심리학의 최신 연구 결과만 보더라도 이것이 얼마나 중요한지 알 수 있다. 스트론은 억압의 트라우마가 심리적 고통뿐 아니라 신체적 고통으로까지 이어진다는 사실을 경험적 연구를 통해 밝혔다.[38] 이와 같은 맥락에서 "경험적 연구에 따르면, 감정 표출이 트라우마를 극복하는 데 핵심 역할을 한다는 사실이 증명되었고," 피해자의 정신 건강과 면역 체계에 "직접적이고 긍정적인 영향"을 미친다는 사실이 드러났다.[39] 시편의 이 과정은 바로 그 치유적 감정 표출을 할 수 있게 해준다.

우리 분노를 하나님께 내려놓는 법을 배운다. 둘째, 이 시편은 또한 대적에 대한 분노와 더 나아가 대적을 주님의 손에 맡기도록 유도한다.[40] 이것으로 시편 기자가 저주 시편에서 앞으로 나아가 대적에게 보복하라고 제안하지 않는 이유를 알 수 있다. 시편 기자는 복수심을 표현하되 그 복수를 하나님께 맡기라고 가르친다.[41]

이것은 때로 시편 기자가 하나님께 부적절한 요청을 할 수도 있음을 의미한다.[42] 우리는 대적을 달팽이처럼 녹여달라고 기도할 수 있다. 하지만 보통 하나님은 그런 요청을 들어주지 않으신다.[43] 저주 시편으로 기도드릴 때 우리는 분노의 감정에 직면하고, 그것을 내어드림으로써 정의의 감각을 기르게 된다.

사랑의 행위로서 저주 기도를 드린다. 셋째, 참으로 놀랍게도 이런 저주 시편들은 사랑을 실천하도록 우리를 이끈다. 무엇보다 하나님과 하나님 나라에 대한 사랑의 마음을 길러준다. 시편 기자들은 다른 것이 아닌 하나님의 이름을 위해 공정한 심판을 해달라고 요청한다.[44] 동시에 "필요한 모든 정당한 수단을 동원해" 건져달라고 요청함으로써 시편은 압제당하는 이웃을 사랑할 대본이 된다.[45] 모든 사람에게 불의는 나쁜 것이며 하나님의 공의로운 심판은 압제자들이 회개하도록 이끌기 위한 것이므로(참고. 사 19:22), 저주 시편으로 드리는 기도는 덕을 사랑하는 행동이 될 수 있다.

이런 시편을 노래하는 것은 심지어 자기를 사랑하는 행동일 수도 있다. '혹시 하나님의 백성 중에 나나 우리에 대해 하나님께 이런 저주 기도를 드리고 싶을 사람이 있는 것은 아닐까?'라는 끔찍한 질문과 대면하게 되는 것이다.[46] 그런 상황에서도 이 대본은 회개나 여호와의 강력한 심판이 우리 머리에 임하게 해달라고 기꺼이 구하도록 우리를 이끈다! 그러므로 억압받는 이웃과 억압의 세상에서 억울함을 호소하는 시편 기도는 하나님이 그들과 함께 그리고 그들을 대신하여 정의를 구하시는 일을 위해 우리를 변화시키는 한 가지 방법이 될 수 있다.[47]

저주 시편은 찬양을 다시 회복할 길을 마련해준다. 넷째, 이 시편들은 찬양의 길을 회복시켜 우리를 변화되게 한다.[48] 여호와가 세상의 불의에도 왜 얼굴을 숨기시는지 분노하며 이유를 알려달라고 요구하는 시편 10편은 하나님을 신뢰하며 찬양하는 언어로 다시 돌아가게 해준다.

> 여호와께서는 영원무궁하도록 왕이시니 이방 나라들이 주의 땅에서 멸망하였나이다(시 10:16).

여호와의 정의를 찬양하는 백성의 여정은, 그분의 명백한 부재로 그분의 정의에 의문을 던지는 시대에 하나님께 분노하는 백성의 항의를 중심으로 전개된다. 이러한 대본을 하나님이 공동 집필하셨음을 확인하면, 주님이 우리 세상에서 우리처럼 하나님을 믿는 사람들이 그러한 항의를 실천해야 한다는 것을 알고 계심을 깨달을 수 있고, 이를 통해 우리가 다시 찬양의 길을 찾을 수 있다는 것도 깨달을 수 있다.

3. 시편은 정의 구현에 매진하게 해주는 대본이다

마지막으로 시편은 정의에 헌신할 대본이 된다. 공동체에서 신실하게 권력을 행사할 대본인 것이다. 이런 대본대로 찬양하고 기도할 때 우리는 헌신의 언어를 연습하게 된다.[49] 이는 부분적으로 정의로운 삶을 아름다운 삶으로 기리는 시편을 통해 이루어진다. 시편 106편 3절로 찬양할 때 우리는 이렇게 선언하게 된다.

> 정의를 지키는 자들과
> 항상 공의를 행하는 자는 복이 있도다.

이런 노래는 우리 마음이 정의를 갈망하도록 자극하는 일종의 독백과 같은 역할을 한다.

정의와 공의를 행하도록 도와달라고 하나님께 호소할 대본을 제공하는 시편도 있다(참고. 시 139:23-24). 다소 놀랍지만, 우리가 여호와의 정의와 공의를 쫓는지 보시고 우리를 시험하거나 심지어 심판해달라고 요청하는 시편도 있다(참고. 시 7:8[9]). 하나님은 현대의 재판관이 피고에게 "저를 따라 하십시오. 나는 오직 진실만을, 오직 진실만을 증언하겠다고 전능하신 하나님께 맹세합니다"라고 말하는 것과 유사한 용도로 이런 대본을 주신다. 이것을 따라 하는 결과는 엄중하다.[50]

공동체에서 정의의 노래를 부를 때 어떤 일이 일어나는가?

시편으로 기도하고 찬양하면 우리 안에 정의의 덕성이 자라난다. 정의로운 왕을 찬양하고 불의에 대해 하나님께 항변하고 분노하며 호소할 때, 정의를 실현하는 일에 헌신할 때, 우리는 공동체에서 더 신실하게 권력을 행사하는 백성이 된다. 그러나 이런 변화로 이끄는 시편이 공적 예배로 모인 공동체에서 기도와 찬양으로 사용될 때 더욱 강력해진다. 시편은 개별적인 나뿐 아니라 함께 모인 우리에게도 언어의 교훈을 제공한다.

'우리'에 누가 포함되는지 살펴보면 이해하기가 쉽다. 고대 이스라엘은 역사의 모든 단계에서 몸살을 앓았다. 아모스와 이사야는 이스라엘의 압제자들에게 분노하며, 그들의 압제가 이스라엘의 종교 생활에서 더 여실히 드러난다고 비판했다.[51] 시편 기자는 이전에 함께 하나님을 예배했던 사람들에게 배신

당한 일을 하나님께 큰 소리로 불러 아뢴다.⁵² 하나님의 백성이 함께 모여 시편을 부를 때 적어도 어느 정도는 무고하게 고통당하는 자들과 그 고통을 가한 압제자들, 그 사이에 선 모든 사람이 말 그대로 같은 시편으로 찬양을 불렀을 것이다! 이런 상호 관계가 시편의 변화시키는 힘에 대한 우리 이해에 어떤 영향을 미치는가?

함께 의로운 왕을 찬양한다

첫째, 구원하시는 정의를 베푸시는 하나님을 찬양하는 대본은 압제당하는 자들이 입을 열어 주님이 자기 백성을 구원하신다는 복된 소식을 선언하도록 초청한다. 특별히 우리 세상을 지배할 때가 너무나 많은 압제의 세력에서 건져주신다는 복음이다. 고통당하는 당사자가 아닌 경우 하나님의 정의를 찬양하는 일은 공동체 내의 다른 이들을 대변하여 그분의 일하심을 찬양하는 것으로 나타날 수 있다. 이렇게 하나님을 찬양하는 자는 주변부로 내몰려 소외당한 사람들의 존귀함에 관심을 기울이게 하는 역할을 할 수 있다. 그러나 압제자를 강력하게 제압하시는 하나님을 찬양하더라도 우리가 그 압제에 가담하고 있다면 사실상 우리에게 하나님의 강력한 심판이 내려지도록 요청하는 셈이 된다!⁵³

함께 하나님께 항변하고 분노하며 호소한다

믿음의 백성 중에서 압제당하는 자들은 불의에 대해 하나님께 항변하고 분노하며 탄원하는 시편 속의 '나'나 '우리'와 매우 자연스럽게 일체감을 이루는 나나 우리를 대표한다. 압제로 신음하는 중에 그런 시편으로 기도하는 것은 인간의 불의가 불러일으키는 정당한 분노와 고통의 감정에 힘을 얻고 목소리를 내게 된다. 그런 대본은 가난한 이들에게 복음을 선포한다. 이는 특별히 여호와가 "필요한 모든 정당한 수단을 동원해" 불의를 제압해주시길 바라는 가난한 사람들의 소망을 그 대본들이 옹호해주기 때문이다.

실제로, 이런 대본들을 통해, 인간의 불의가 세상을 통치하시는 하나님에 대한 심각한 모독이며 따라서 다소 부적절한 내용이더라도 고통당하는 사람들이 하나님께 항변하도록 허용해야(아니 더 나아가 항변하도록 준비시켜야) 한다는 사실을 여호와가 알고 계심을 확인할 수 있다. 엘렌 데이비스(Ellen Davis)가 주장하듯이, 이런 대본은 이것이 가장 필요한 기도자들에게 다음과 같은 것을 제공한다.

> 신실한 자들을 위한 수정 헌법 [권리]. 이 시편들은 하나님 앞에서 완벽한 언론의 자유를 보장해준다. 그리고 (세속의 헌법으로 절대 할 수 없는) [압제당하는 자들에게] 자유를 행사하는 방법에 대해 세세한 모델을 제공하되, 심지어 위험 수위인 반역 직전까지도 그 자유를 행사하도록 보장해준다.[54]

동시에 저주 시편은 보복을 하나님께 맡기기 때문에, 가차 없이 증오할 권리가 있는 사람들에게 분노를 처리하고 심판에 대한 욕망을 주님께 맡길 수 있는 방법을 제시한다. 이 역시 압제당하는 이들에게 복된 소식이다. 마틴 루터 킹이 선언했던 대로다.

> 그동안 너무나 많은 증오를 보았습니다. 남부 보안관들의 얼굴에서 너무나 끔찍한 증오를 보았습니다. 너무나 많은 백인우월주자와 많은 백인 시의회 의원의 얼굴에서 미워하고 싶은 증오를 보았습니다. 그런 모습을 볼 때마다 증오가 그들의 얼굴과 인격에 미치는 무서운 영향력을 확인하고, 미움은 감당하기에 너무 무거운 짐이라고 스스로 되뇌이곤 합니다. 그래서 나는 사랑하기로 결정했습니다.[55]

이상하게 보일 수도 있지만, 저주 시편들은 복수심이라는 끝없는 감정의 고통스러운 악순환에서 압제당하는 자들이 벗어나도록 변화의 길을 마련해준다. 어찌할 수 없을 정도로 격렬한 감정을 하나님 앞에 토설하고, 그 감정을 그분의 면전에 던져 그분이 해결해주시도록 맡김으로써, 하나님의 백성 가운데 희생자들은 찬양과 치유의 길을 열어주는 말을 할 수 있게 되는 것이다.

그러나 압제자들이 예배드리러 와서 찬송가를 펴고 자신의 번영을 공동체의 안녕보다 앞세우는 이들의 '팔을 꺾어주시도록' 하나님께 간청할 때 이 대본은 완전히 다른 기능을 발휘한다! 그 압제자가 회개하고 악한 길에서 돌이키기로 결단하지 않으면, 그 대본은 여호와의 공정한 손이 곧 그들을 심판 하시리라는 사실을 찬양하도록 이끌어간다. 억압받는 자를 구원하지 못하는 왕이나(시 72, 82편) 법원에서 뇌물을 받는 재판관이나 이자를 받고 돈을 꾸어주며 이웃을 착취하는 농부(시 15:5)에게 그런 노래는 실제로 매우 위협적이었을 것이다.

더 나아가, 이 시편들은 압제자들에게 그들이 짓밟은 희생자가 외치는 고통의 절규를 듣게 하고 암송하게 하여, 희생자에게 공감할 기회가 되었을 것이다. 불의를 저지르는 자들은 자기 행동이 실제적 대가를 치를 수 있음을 제대로 깨닫지 못하고 '아주 가까운 곳에서' 그런 짓을 할 때가 종종 있다. 불의에 대한 우리의 무관심을 흔들어 깨우고자 작성하는 문서가 생기기도 훨씬 전에 하나님은 이미 시편이라는 노래를 주셔서 고통당하는 자들의 부르짖음을 듣게 하셨다. 실제로 하나님은 백성이 고난당하는 자들의 입에서 직접 터져 나오는 절규를 들을 수 있게 하셨다.

압제자들은 백성에게 저지른 짓에 대한 심판 선고(압제당하는 이들이 성소 반대편에서 목청을 높여 부르는 내용)를 암송하게 됨으로써, 간접적으로 심판에서 벗어날 방법을 깨닫게 되었을 것이다. 일종의 '감옥 간접 체험'에 해당하는 찬양인 이 시편에는 너무 늦기 전에 회개하라는 암묵적이고 긴급한 요청이 담겨 있다(시 2:11-12). 불의에 가담했던 기도자는 이런 대본으로 회개에 이르거나 자신이 받게 될 심판을 노랫가락으로 부르고 있음을 깨달을 수 있다.

그러면 이 책의 대부분 독자처럼 가해자와 희생자 중간

에 서 있는 사람들은 어떻게 해야 하는가? 이 항변의 시편들은 어느 한쪽으로 입장을 정하라고 요구한다. 승자의 처지에 있는 권력자가 아니라 패자의 처지에 서 있는 자들과 연대하도록 강력하게 요구한다. "우는 자들과 함께 울고" "서로 짐을 지며" 고통당하는 이웃을 자기 자신처럼 사랑하라는 대본을 준다.[56] 시편에서 불의로 고통당하는 '나', 즉 화자의 입장을 받아들일 때 고통당하는 이들과 연대하며 그들의 위해 기도하게 된다.[57] 하나님은 이런 대본들을 통해 고통당하지 않는 우리에게 "너희 형제자매들이 저 밖에서 죽어가고 있다"라고 말씀하신다. 이 말씀을 사용하여 그들과 함께 그들의 고통에 대해 그분께 소리치라고 말씀하신다.[58]

함께 정의를 실행하는 일에 헌신한다

셋째, 시편은 공동체 속에서 우리가 어떤 권력을 가졌건 그 권력을 신실하게 행사하는 일에 매진하도록 대본을 줌으로 압제당하는 자들, 압제자들 그리고 그 중간에 있는 모든 사람이 정의를 실현하는 일에 헌신하도록 이끈다. 시편 37편 16절은 고난당하는 이들이 기도를 통해 힘을 얻고 그들이 악으로 특징지워진 '풍요로움'을 목표로 하는 삶이 아니라 '더 나은' 의로운 삶에 매진하도록 격려한다. "정의를 지키는 자들과 항상 공의를 행하는 자는 복이 있도다"(시 106:3)라고 노래하는 압제자들은 자신들이 놓치고 있는 선한 삶을 스스로 찬양하며 또한 듣게 된다. 그러나 시편 73편 기자처럼, 부유한 자들과 악인들이 제대로 사고하고 있을지 의아해하며 중간에 서 있는 모든 사람은 이런 시편 본문을 통해 여호와가 원하시는 정의에 다시 투신할 명문화된 기회를 발견하게 된다.

시편보다 가난한 사람들을 위한 소위 우선적 선택을 더 명확하게 강조하는 책은 찾아보기 어렵다. 악에 대항하는 정의로운 왕으로서 여호와를 찬양하는 공동체로 초청받고, 압제를 심판하기를 지체하시는 여호와께 분노를 표출하는 기도 대본을 받으며, 여호와의 정의를 실천하는 노래를 부르도록 초대받는다는 것은 공동체의 공적 기도와 노래에 따라 가난한 자의 편에 서든지 아니면 노래 부르기를 멈추라고 강요받는 셈이다. 그런 선택은 자신이 영향력을 발휘할 수 있는 모든 곳에서 "신실한 권력 행사"를 위해 노력함으로써 정의를 실현하겠다는 진지한 헌신이 수반된다. "정의가 공적으로 드러난 사랑"이라면,[59] 시편은 바로 "남을 사랑할 수 있게 하는 찬양"을 알려준다.[60]

그러니 노예 성경의 편집자들이 시편을 두려워했다는 것이 별로 놀랍지 않다! 우리는 미국 남부에서 흑인 그리스도인들을 뒷줄과 발코니에 몰아넣고, 하나님이 주인 편이라고 교리 교육을 했으며, 강단에서 복종하라는 순종의 메시지를 전했다는 이야기를 너무 잘 알고 있다. 그러나 의도적으로 분리 정책을 시행한 그런 교회들이 흑인과 백인이 함께 불러야 하는 찬송가를 받는다고 상상해보라. 모든 사람이 그 찬송가를 펴고, 자신들을 고향에서 먼 이국으로 끌고 와 노예로 삼은 정부와 사람들을 가루로 만들어달라고 하나님께 탄원하는 찬송을 부를 때 백인 그리스도인이 받을 충격을 상상해보라. "억눌린 사람들을 위해 정의로 심판하시며…갇힌 자들에게 자유를 주시는"(시 146:7) 정의로운 왕이신 하나님을 찬양하는 시편을 불러야 할 때를 생각해보라. 백인 노예주들이 뒤편에서 들려오는 "하나님이여 주께서 반드시 악인을 죽이시리이다"(시 139:19)라는 찬양 가사를 듣는다고 상상해보라. 그리고 흑인 노예들이 그들을 억누르는 주인의 면전에서 이와 같은 찬송을 부른다고 생각해보라! 선지자들은 정의를 위해 예배로 우리가 형성되는 데 실패할 수 있음을 분명히 경고하지만, 시편의 노래를 진지하게 받아들이고 진정으로 부른다면 그것은 백성에게 거의 혁명에 가까운 대본이 될 것이며, 시편의 그러한 집필 의도는 의심할 여지가 없다.

그러나 우리는 예수님과 함께 정의의 노래를 부를 수 있는가?

하지만 그런 노래와 찬양이 예수님의 삶과 죽음, 부활 이후에 기도하고 찬양하는 사람에게도 해당하는지 의문이 생길 수도 있다. 많은 사람이 예수님이 자비와 은혜를 강조하시고자 정의를 소홀히 하신다고 믿는다. 하지만 신약에서 정의를 강조하기를 원하는 사람조차 저주의 시편이 불편할 수 있다. 하나님께 자신의 대적을 달팽이처럼 녹여버려 달라고 기도하면서 원수를 사랑하라는 예수님의 명령을 어떻게 따를 수 있겠는가?

그러나 신약을 보면 어떤 다른 구약 성경보다 시편을 많이 인용한다는 사실을 알 수 있다. 실제로 신약의 기도에 대한 가르침과 사례는 초대 교회가 '시편'을 유창하게 사용했음을 보여준다. 많은 사례 중 두 가지만 살펴보도록 하자.

끈질긴 과부와 함께 정의를 위해 기도하기

우리는 오만하게 자랑하는 바리새인의 기도를 자비를 구하는 세리의 겸손한 간구와 나란히 비교한 예수님의 비유를 알고 또 좋아한다(눅 18:9-14). 하지만 예수님이 제자들에게 "항상 기도하고 낙심하지 말[라]"고 가르치시는, 이 비유 바로 앞에 나오는 비유(눅 18:1-8)는 종종 소홀히 한다. 이것은 예수님을 따르는 제자들에게 하나님께 대신 정의를 실현해달라고 간청하여 시편의 발자취를 따르라고 하는 분명한 요청이다.

이 비유에서 '불의한 재판관'은 사회적 약자인 과부의 간청을 받는다. "내 원수에 대한 나의 원한(*ekdikeō*, 에크디케오)을 풀어 주소서." 동사 에크디케오(*ekdikeō*)는 강력한 개입을 요청한 것으로 봐야 한다. 이 동사 형태는 칠십인역에서 시편 94편 1절을 '하나님의 보복'이라는 제목으로 번역할 때 사용된 단어이기도 하다.[61] 그러므로 과부는 재판관에게 일어나서 자신을 대신해 자기 원수에게 법정에서 정의를 행해달라고 간청하는 것이다.[62]

예수님은 하나님이 자기 백성의 기도에 어떻게 응답하시는지 말씀하시려고 이 비유를 사용하셨다. 악한 재판관이라도 억눌린 자들의 지치지 않는 끈질긴 간청에 결국 정의를 시행하는데 "하물며 하나님께서 그 밤낮 부르짖는 택하신 자들의 원한을 풀어 주지 아니하시겠느냐 그들에게 오래 참으시겠느냐 내가 너희에게 이르노니 속히 그 원한을 풀어 주시리라"(눅

18:7-8).

예수님은 제자들이 "낙심하지 않고" "밤낮으로" 정의의 보복을 해주시도록 하나님께 간청하라고 명확히 요청하고 계신다. 전체적인 가르침의 맥락에서 인자가 오실 때 믿음을 보겠느냐는 "예수님의 마지막 질문"은 "성도의 원수에 대한 하나님의 정의를 구하는 기도들이 인자가 바라는 믿음의 증거임을 알려준다…예수님은 제자들이 신적 정의를 바라고 구하기를 기대하신다."[63] 시편의 정의에 대한 기도들을 이보다 더 강력히 인정하실 수 있는지 상상하기가 쉽지 않다.

떠나간 자들의 정의를 구하는 기도

신약에서 시편과 같은 기도의 가장 위대한 예는 요한계시록 6장 9-11절에서 확인할 수 있을 것이다. 이 본문에서 요한은 "하나님의 말씀과 그들이 가진 증거로 말미암아 죽임을 당한 영혼들"(계 6:9)이 하늘 보좌의 제단 아래에 있는 것을 본다. 이 순교자들은 세상의 고통에서 해방되어 살아 계신 하나님의 면전에서 부활을 기다리고 있다. 그러나 그들은 또한 충격적인 기도를 드린다. "거룩하고 참되신 대주재여 땅에 거하는 자들을 심판하여 우리 피를 갚아 주지(에크디케오) 아니하시기를 어느 때까지 하시려 하나이까"(10절).[64]

하늘의 응답은 구약의 불쾌한 기도 대신 신약의 기도법을 배워야 한다고 말하는 것이 아니라, 하나님이 그들의 기도에 응답하실 때까지 조금만 더 기다려달라고 말하는 것이다. 계시록에서 에크디케오가 쓰인 유일한 경우는 19장에서 볼 수 있다. 성도들이 하나님께 '바벨론'에게 정의로운 심판을 행사하시며 정치·경제적으로 압제를 저지른 통치 세력에 의해 죽임 당한 자들의 피를 신원해주신 데 대해 시편식 할렐루야를 부르는 내용이다(계 19:2, 참고. 계 18:1-19:3).

그러나 원수를 사랑하고 보복은 주께 맡기라는 말씀은 어떻게 이해해야 하는가?

예수님과 초대 교회 모두 시편의 정의에 관한 노래를 채택하고 사용했다.[65] 그러나 이것이 우리 원수를 사랑하고 그들을 위해 기도하라는 신약의 가르침과 어떻게 부합하는가? 그리스도인들은 폭력을 피하고 피 흘림의 복수를 하나님께 맡겨야 한다는 신약의 거듭된 주장과는 어떻게 부합하는가?

첫째, 이웃을 자기 몸과 같이 사랑하라는 명령은 레위기 19장 18절에서 기원한 것으로, 이웃에 대한 복수를 직접적으로 금지하는 구절이다. 구약의 율법은 우리를 미워하는 원수의 안녕을 증진하고자 적극적이고 희생적으로 노력할 것을 요구하고 잠언 역시 이것을 권장한다.[66] 이런 원수 사랑의 윤리는 구약에 기원을 두고 있으며, 대적에 관해 정의를 실현해달라고 하나님께 간청하는 시편 기자의 기도와 충돌하지 않는다.

마찬가지로 예수님은 우리에게 원수를 사랑하고 억압받는 과부처럼 하나님이 우리의 적들에게 공의를 베풀어주시도록 기도하라고 가르치신다.[67] 시편과 신약 모두 하나님의 백성에게 복수를 내맡기도록 요청하지만, 이것은 하나님이 언젠가 몸소 정의로 심판하실 것이라는 약속이 그 바탕에 있기 때문이다. 보복이 나빠서 하나님께 복수를 내맡기라고 하는 것이 아니다. 보복은 하나님의 몫이기 때문이다. 미로슬라브 볼프 (Miroslav Volf)가 말한 것처럼 "인간의 비폭력은 하나님의 심판 거부에 해당한다"[68]는 믿음을 갖기 위해서는 "교외에 있는 조용한 집이 필요하다"는 말처럼, 우리는 하나님 자신이 영원히 심판하실 것이기에 강제적 보복을 거부한다. 끔찍한 폭력을 마주할 때 신자들은 반드시 하나님이 보복을 해주시리라 믿기에 인간적 보복을 포기할 수 있다. 주님은 "복수는 나의 것"이라고 말씀하신다.

이것은 그리스도 사건에 진정으로 새로운 것이 없다는 것을 의미하는가? 절대 그렇지 않다! 구약에서 우리는 백성에게 그들을 미워하는 이들을 포함해 이웃을 사랑하라고 부르시는 하나님의 음성을 듣는다. 예수님 안에서는 하나님이 직접 우리를 비롯해 원수들을 사랑하심으로 전혀 예기치 못하고 상상할 수조차 없는 죽음으로 나아가시는 모습을 본다.

> 그리스도께서도 단번에 죄를 위하여 죽으사 의인으로서 불의한 자를 대신하셨으니 이는 우리를 하나님 앞으로 인도하려 하심이라 육체로는 죽임을 당하시고 영으로는 살리심을 받으셨으니(벧전 3:18).

예수 안에서 우리는 모든 인류가 회개하기를 원하시는 하나님의 간절한 갈망과 함께 억눌린 자들을 위해 정의를 시행하시려는 그분의 일념을 본다. 악한 길에서 돌이키길 거부하는 자들에 대한 예수님의 심판 선언은 억눌린 자들이 예수님을 의지함으로 그 고통에서 해방될 수 있음을 분명히 밝힌다. 죽음 앞에서 용서하라고 권면하신 그분의 모습은 폭력적인 악인들이 악한 길에서 돌이켜 "아들에게 입 맞추며" 살 기회가 아직 있음을 알려준다(시 2:12). 실제로 시편과 전체 성경의 논리를 따르면, 압제자들이 회개로 이를 한 가지 방법은 공정한 심판의 경고와 심지어 심판을 직접 경험하는 것임을 알 수 있다.[69]

그리스도인들 역시 전체 성경 이야기에서 시편 기자들과는 다른 위치에 서 있다.[70] 그리스도인들은 하나님이 폭력을 즉각 중단해주시도록 기도할 수 있고 또 그렇게 해야 하지만, 하나님의 종말론적 심판을 기다리는 교회는 우리 대적들이 회개하고 회심하는 방법으로 하나님이 그 일을 해주시도록 기도하는 데 '우선순위'를 두어야 한다.[71] 그러나 신약 성경이 강조하는 초자연적인 적들, 즉 죄, 죽음, 마귀는 우리가 '권세와 정사'와의 싸움에서 초자연적인 악에 맞서 저주 시편으로 기도하도록 우리를 초청한다.[72] 심지어 초자연적 악이 우리 삶의 구체적인 인간적, 사회적 세력들과 공모하는 것을 계속 주시하면서도 말이다.

더 중요한 것은, 예수님이 정의를 위해 기도하시며 원수를 사랑하시는 모습을 우리가 보고 배우는 데서 나아가 성령의 능력으로 우리 역시 예수님과 연합해야 한다는 점이다. 그러므로 우리는 예수님과 함께 정의를 구하는 시편의 노래를 불러야 한다. 예수님과 함께 정의를 구하며 기도할 때 우리는 모든 정당한 수단을 통해 불의를 종식해달라고 하나님께 항변하는 시편 대본을 사용할 수 있다. 그러나 예수님과 함께 정의를 위해 기도할 때 우리 자신과 우리의 가장 위험한 원수들까지 모두 회개와 회복에 이르게 하는 것이 포함되도록 간구해야 한다.

오늘날 예수님과 함께 정의의 노래 부르기

시편을 노래하고 기도하는 것은 하나님의 백성이 정의의 일을 감당하도록 훈련하는 성경의 핵심 전략 중 하나다. 그러나 노예 성경의 편집자들이 시편을 잘라내었듯이, 현대 서구 교인 역시 찬송과 기도에서 정의를 외면하고 제외하는 경우가 적지 않으며, 그에 관한 증거가 많다.

특별히 불의에 관해 하나님께 항변하고 분노하며 탄원할 수 있는 시편의 경우 더욱 그렇다.[73] 라승찬은 이렇게 지적한다.

> 전체 시편의 40퍼센트가 탄식 시편이지만, 이런 탄식 시편은 장로교 찬송가의 19퍼센트와 침례교 찬송가의 13퍼센트에 불과하다. 국제기독교저작권단체(CCLI, Christian Copyright Licensing International)는 지역 교회들에 현대의 예배 찬송 모음을 사용하도록 허락하고, 지역 교회에서 가장 자주 부르는 찬송가를 추적해보았다. CCLI가 확인한 2012년 8월 현재,

교회에서 가장 많이 부르는 찬양 100곡을 보면 탄식 시편은 다섯 곡에 불과하다는 사실을 알 수 있다.[74]

이 문제는 우리가 부르는 찬송에만 한정되지 않는다. 스트론은 전 세계에서 매주 읽는 성경 본문을 수록한 성서 정과(Revised Common Lectionary)에서 시편의 3분의 1 이상이 빠져 있음을 보여준다.[75] 수록된 99편의 시편 중 43개는 발췌 수준이라는 점 역시 동일하게 문제가 된다.[76] 가장 많이 제외된 내용은 어떤 것인가? 시편 기자가 자신을 위해 강제로 개입해달라고 하나님께 탄원하고 항변하며 부르짖는 내용이다.[77]

2021년 9월 나는 CCLI의 상위 25개 찬양곡을 시편과 비교해보았다.[78] 그 가사를 보면 현대의 회중은 찬양으로 정의를 구한 시편 기자들의 뒤를 제대로 따르고 있지 않음을 알 수 있다. 예를 들면 다음과 같다.

1. 상위 25개 곡에서 정의가 언급된 경우는 단 한 번이다. 하지만 시편을 보면 정의에 해당하는 히브리어의 하나인 미쉬파트가 33개 시편에서 65번이나 등장한다.
2. 상위 25개 곡에서 '가난한 사람'이나 '가난'은 단 한 번도 등장하지 않는다. 하지만 시편은 거의 모든 지면에서 다양한 표현으로 가난한 사람을 언급한다.
3. 과부와 억눌린 자들이 시편에 꾸준하게 등장하지만, 상위 25개 곡에서는 전혀 등장하지 않는다.

4. 시편에서 '대적'은 세 번째로 많이 등장하는 인간 부류다. 하지만 상위 25개 곡에서는 거의 등장하지 않는다. 등장하더라도 단순히 영적인 의미의 대적이다.

5. 가장 심각한 경우는 상위 25개 곡에서 하나님께 질문하는 내용이 단 하나도 보이지 않는다는 것이다. 상위 25개 곡은 하나님께 아무런 질문도 하지 않는다. 시편을 들쑤셔보면 억압받는 자들이 하나님께 행동해달라고 간청하는 외침이 피처럼 줄줄 흘러나온다. 그러나 상위 25개 곡에서는 그런 언어가 완전히 배제되어 있다.

실제로, 상위 25개 곡이 사회적, 경제적 불의에 대해 분명하게 목소리를 내고 있다는 증거는 거의 없다. "마음에 상처를 입고 낙심하고 있는가?"[79]라는 가사는 영적, 사회적 고통을 동시에 호소하는 시편의 통전적 성격(holistic nature)을 거부하고, 영적 또는 정서적 변화만을 찬양하는 가사를 선호하는 경향을 압축적으로 보여준다.

 나는 이 찬양집에 담긴 많은 찬송을 즐겨 부른다. 하지만 이런 찬양에 전적으로 의지해 하나님께 아뢰는 법을 가르친다면, 그분이 요청하시는 대로 하나님의 정의를 찬양하지 못하고, 하나님이 가르치신 대로 불의에 항의하고 분노하며 탄원하지도 못하며, 하나님이 우리에게 요구하는 방식으로 예배에서 정의를 위해 헌신하지도 못할 것이다. 성경처럼 찬양하지 않는 예배로는 하나님이 가르치시는 대로 하나님과 관계를 누리지도 못하고, 제자도의 중요한 변화의 길에서 단절될 것이다. 더욱이 그런 예배는 가난한 사람들에게 제공하는 '수정 헌법 제1조의 권리'를 부정하는 것이다. 한편 시편처럼 찬양하기를 거부함으로써 가난하지도 않고 억압당하지도 않는 우리는 그들과 함께 슬퍼하고 항의하는 법을 배우기를 거부한다. 성경 찬송가집의 거의 모든 지면에 등장하는 불의에 분노하는 모습에 주목하기는커녕 가난하고 억눌린 자들이 지나치게 분노에 차 있다고 불평한다. 정의로운 제자도는 부분적으로 우리가 예배하는 방식에 따라 흥하든지 망한다. 그렇다면 오늘 우리는 어떻게 정의를 향한 우리의 길을 찬양할 수 있을까?

시편으로 기도하라

아마 가장 쉽게 할 수 있는 첫 단계는 그리스도인들이 매일 기도 중에 시편을 사용하는 것이다. 꾸준하게 시편을 읽을 때 정의의 기도를 드리는 법을 나도 모르게 배우게 된다. 실제로, 종종 우리 상황과는 상관없어 보이는 내용으로 기도하는 우리를 보게 된다. 이렇게 해서 우리는 "오늘 이 기도가 필요한 사람은 누구입니까?"라고 질문할 놀라운 기회를 얻는다. 다른 누군가를 위해 정의를 구하는 성경의 기도를 드리며, 압제당하는 우리 형제자매들과 함께 그들의 탄식에 동참하고 그들을 대신해 하나님께 그들이 당하는 불의를 항변하게 된다.

시편으로 찬양하라

또 다른 확실한 길은 교회와 각 성도가 전체 예배에서 노래할 수 있는 시편의 대본을 되찾는 것이다. 이를 위해서는 부분적으로 교인들이 부를 수 있는 시편의 편곡을 찾아내야 할 것이다. 물론 시편을 부르는 것도 한 가지 방법이지만, 하나님의 공의로우심을 찬양하고 불의에 탄식하고 정의를 행하기로 결단하는 내용의 찬송가나 현대적으로 편곡된 곡을 찾아내는 것도 좋은 방법이다. 영적인 것에 치중하여 정의를 강조하는 시편 내용은 차단하기 쉬우므로 특정 편곡이 실제로 정의를 강조하는 시편 내용을 제대로 반영하는지 평가하는 것이 중요하다.

시편과 유사한 내용을 담은 찬양을 부른다 (그리고 쓰라!)

또 다른 가능성은 시편에 나오는 정의에 관한 이야기를 우리가 부르는 시편 이외의 찬송가와 노래를 '검증하는 것'으로 사용하는 것이다. 결국 시편을 노래하는 몇몇 가수는 거기에서 영감을 받아 새로운 노래를 작곡할 수도 있을 것이다. 이는 좋은 소식이다! 문제는 우리가 만든 찬양집이 시편의 성경이 제공하는 찬양 내용을 적절하게 반영하는가이다. 우리가 부르고 지은 노래들이 하나님의 공의를 찬양하고, 세상의 불의에 항거하며, 정의를 위해 섬기도록 결단하게 만드는지 반드시 점검해봐야 한다.

정의를 구하는 노래와 사회적 위치

하지만 이것은 단순히 찬양 작곡자에게만 해당하는 내용이 아니다. 예를 들어, CCLI의 상위 25개 곡은 단순한 노래 모음이 아니라 많은 교회가 즐겨 부르는 찬양을 선정한 것이다. 다시 말해서, 우리가 원하는 노래들을 모은 것이고 적어도 정의에 관한 노래와 관련해 시편과 근본적인 차이를 보인다. 이것은 아마 많은 미국 교회에서 부유한 미국인들의 경험을 찬양의 중심으로 삼았으나 시편에서는 가난한 자들의 노래가 더 크게 들리기 때문일 것이다.

많은 교회에서 지배적 위치에 있는 중산층은 자신들과는 무관하다는 이유로 정의에 관한 찬양을 그다지 좋아하지 않는다. 우리 중산층은 영적, 정서적, 심리적 치유에 초점을 맞춘 노래, 즉 시편에서 필수적이지만 배타적인 관심사와는 거리가 먼 노래를 좋아하는데, 그것이 바로 우리의 필요이기 때문이다. 시편이 '우리 같은 사람들'의 관심사로 축소되거나 왜곡되지 않는 기도와 노래의 삶에 대한 필수적인 지침이 되는 이유는 바로 이러한 역동성 때문이다.

이것은 우리가 시편과 같은 기도와 찬양을 회복하는 데 성공하는 것이 부분적으로는 이전 장의 축제에 관한 논의에서 살펴본 사회적 위치에 대한 질문을 해결하는 데 달려 있다는 것을 의미한다. 식탁에 누가 있는지 그리고 성도석의 양쪽에 누가 앉는지에 따라 하나님의 백성이 시편 기자들과 함께 정의를 향한 우리의 길을 기도하며 가는 데 어느 정도까지 동참할 수 있을지가 결정된다.

시편을 가르치라

마지막으로, 목회자와 교사, 부모, 신학 교수 그리고 제자도와 관련된 모든 사람이 시편을 가르쳐야 한다. 시편 기자가 가르치듯이 우리가 하나님께 말씀드리고 아뢰야 한다는 것을 그리스도인들이 종종 노골적으로 부정한다는 점을 감안하면("하나님께 항변하고 질문한다는 것은 말도 안 되는 일이야!"), 시편을 회복하는 일은 엄청난 교육적 과제에 해당한다. 더욱이, 우리는 정의를 구하는 찬양을 부를 훈련이 되어 있지 않으며, 중산층 회중은 불의에 대한 시편 기자들의 분노를 이해할 준비가 되어 있지 않다. 또 분노의 시편을 오용할 경우 위험할 수 있으므로, 시편, 특별히 저주 시편에 관해 집중적 가르침과 설교가 필요하다.

정의를 향한 우리의 길을 노래하다

우리 중 많은 사람에게 이것은 우리가 찬송을 부르고 기도하는 방식의 혁명을 일으킬 것이며, 그 혁명은 화려한 조명이나 연기를 내뿜는 기계나 신학적 유행에 좌우되지 않는다. 그것은 하나님이 삶에서 사용하도록 우리에게 주신 대본으로 일어날 것이다. 내가 제안한 부분을 행동으로 옮기는 것은 어마어마한 일이다. 그러나 그 수고를 기꺼이 감당한다면 하나님이 좋아하시고 세상이 간절히 구하는 정의를 향한 길을 위한 우리의 노래를 부르게 될 것이다.

이 장을 집필하는 동안 러시아가 정당한 이유 없이 우크라이나를 도발하고 전쟁을 일으켰다. 이것은 곧 나의 현실적 문제가 되었다. 나는 십대 시절 우크라이나를 두 번 방문한 적이 있었기에, 우크라이나 목사님과 꾸준히 이메일을 주고받고 있었다. 우크라이나에서 벌어지는 폭력과 살상 소식은 처참할 정도로 끔찍하고 충격적이었다. 어느 날 아침, 주일학교에서 가르치려고 준비하다가 그 목사님에게서 우크라이나를 위해 기도해달라는 메일을 받았다. 러시아 대통령 푸틴의 죽음을 위해 기도해달라는 구체적인 내용도 포함되어 있었다.

그래서 그날 아침 주일학교에서 우리는 저주의 시편들을 읽었다. 정당하고 필요한 모든 수단을 동원하여 불의를 종식해달라고 하나님께 호소하도록 시편이 우리를 어떻게 초청하는지 이야기했다. 특별히 악인들의 이를 부러뜨리며, 그들을 무장 해제시키고, 그들의 살상력을 없애달라고 하나님께 요청하는 시편을 중점적으로 살펴보았다. 그런 다음 우리는 이렇게 기도했다.

며칠 후 목사님에게서 또 메일을 받았다. 그 내용은 이러했다.

> 친구들이여!
> 어제 저는 주님께 우리를 지지해주신다는 증거를
> 달라고 기도했습니다. 그리고 그 증거를 받았습니다.
> 저는 도무지 입을 다물고 있을 수가 없습니다.
> 지난밤 친구 목사님 ○○○의 집에 로켓 한 발이

떨어졌는데 폭발하지 않았습니다. 로켓은 지붕을 뚫고 2층에서 세 부분으로 분리되었습니다. 폭발할 수 있는 발사체는 그 목사님과 교회 집사님들과 형제들이 있던 1층에 떨어졌습니다. 그곳에 무려 여섯 명이나 있었습니다.
이 미사일의 위력이 너무 커서, 인근 거리의 절반이 파괴될 수도 있을 정도였습니다…
그러나 우리의 위대하신 주님은 여섯 형제의 목숨뿐 아니라 그 거리에 사는 많은 주민의 목숨도 구해주셨습니다. 저는 하나님의 영광을 드러내신 주님을 찬양합니다.

이 우크라이나 목사님이 내게 보여주었듯이, 오늘날 정의로운 제자들은 "활을 꺾고 창을 끊으[시는]"(시 46:9) 하나님을 예배할 것이다. 이 사실을 믿고 세상의 끔찍한 불의를 심각하게 고민할 때 시편을 집어 들고 목청 높여 정의를 구하는 노래들을 부를 것이다.

6장

지혜 없는 정의, 정의 없는 지혜: 잠언

미국의 빈곤 문제를 논의하는 학자와 시민은 모두 근로 빈곤층의 어려움을 강조한다. 그 이유는 쉽게 확인할 수 있다. 2018년 최소한 27주를 노동하고도 여전히 빈곤선 이하의 생활을 하는 성인 인구가 700만 명이었다.[1] 이들 중 330만 명은 풀타임 노동자였다. 2019년 전체 미국 노동자의 44퍼센트가 '저임금' 노동자였다.[2] 이들 중 거의 3분의 1이 빈곤선의 150퍼센트 미만, 즉 '3인 가족 기준' 약 3만 달러(4,100만 원) 미만의 소득을 올리는 가정에 거주했다.[3]

최저 임금 15달러를 위한 투쟁(Advocacy by Fight for $15), 가난한 사람들의 캠페인(the Poor People's Campaign) 등은 이런 현실이 전국민적인 중요 관심사로 부상하는 데 일조했다.[4] 이런 활동가들은 정의에 관한 도덕적 언어를 사용해 노동자들이 "가족을 부양하고" 노동의 존엄성을 반영하는 수준의 임금을 받아야 한다고 주장한다.[5] 이런 정책은 1,000만-3,200만 명에 해당하는 미국인의 임금 상승을 이끌어낼 수 있다.

그러나 이런 노력을 반대하는 많은 사람은 최저 임금의 급격한 증가가 의도치 않은 심각한 결과를 낳을 것이라고 주장한다.[6] 여기에는 실직과 특별히 저임금 노동자들에게 타격을 줄 물가 상승이 포함된다.[7] 이런 반응은 '근로 빈곤층에 대해 무관심해야 한다'고 주장하는 것이 아니다. 다만 "근로 빈곤층에 대한 관심 때문에 오히려 실직으로 이어질 정책들이 채택되지 않도록 매우 신중해야 한다"[8]라고 주장한다. 이런 주장은 종종 지혜라는 도덕적 언어를 끌어들여 정의라는 도덕적 언어에 대응한다.[9]

이 논쟁은 사회·경제 윤리에 대한 논쟁의 이면에 종종 숨어 있던 질문을 수면 위로 끌어올린다. 바로 '정의와 지혜의 관계는 무엇인가?'라는 질문이다. 지나친 단순화일 수도 있겠지만 경제 윤리에 대한 논쟁은 때로 일명 '정의 진영'과 '지혜 진영'이라는 양 진영 간에 벌어지는 싸움처럼 느껴진다. 서로 다른 도덕적 수사를 사용하기 때문에 두 진영은 협조하고 타협하기가 불가능까지는 아니더라도 매우 어려운 실정이다.[10]

한편으로, 때로 '정의 진영'은 단순히 정의로운 경제를 제대로 규명하면 정의의 요구가 다 충족되는 것처럼 말하지만, 우리가 몸담고 사는 복잡하고 망가진 세상에서 어떻게 그런 정의로운 목표를 향해 합리적으로 전진할 수 있는지에 대한 질문에는 관심을 덜 기울인다. 그러나 '지혜 진영'은 때로 더 정의로운 경제 요구에 관해 '세상이 돌아가는 방식'을 지적하며 유토

피아를 위한 노력이 의도치 않은 엄청난 부정적 결과를 초래할 것이라고 주장한다.

지혜와 정의의 이런 이분법은 우리의 선배 신학자들, 특히 내가 정의로운 제자도를 이해하는 데 필수라고 주장하는 성품 윤리에 관심이 있었던 이들에게는 황당하게 들릴 것이다. 미덕을 강조하는 신학자들은 종종 정의와 지혜가 마치 동전의 양면처럼 특별한 상관성이 있음을 확인해준다.[11] 실제로 두 미덕의 관계에 대한 한 가지 핵심 주장을 이렇게 요약할 수도 있다. '지혜 없는 정의는 무기력하고, 정의가 없는 지혜는 약탈적이다.'

신명기 절기와 시편의 정의를 구하는 노래들은 공동체에서 신실하게 권력을 행사함으로써 정의를 행사하는 사람이 되는 데 도움이 되는 실천 방법을 제시한다. 그러나 성경의 도덕적 가르침은 또한 정의로운 제자도를 목표로 한다. 이를 확인하고자 잠언에서 정의와 지혜의 덕목에 관해 말한 내용을 살펴보고, 이 성품 윤리 중심의 잠언 읽기가 의로운 제자들이 오늘날 근로 빈곤층의 곤경에 어떻게 반응하도록 이끄는지 살펴볼 것이다.

잠언은 정의와 어떤 관련이 있는가?

잠언은 정의에 관한 지침을 탐색하기에는 어울리지 않는 책으로 보일 수도 있다. 실제로 잠언은 경제 정의라는 대의에 적대적인 책이라는 오해를 받았다.¹² 내가 남부 멤피스에서 처음 사역을 시작했을 때 만났던 한 간사는 일과를 시작하기 전에 꼭 잠언을 한 장씩 읽었다. 부지런히 일하면 번성하고, 게으르면 가난해진다는 잠언의 내용은 주변 사람들에게 쉴 새 없이 휘둘러대는 '스스로 쟁취하라'는 유의 지혜와 너무 유사하게 들렸다. 흑인 인구가 압도적으로 많은 지역이고, 대부분 흑인을 경제적으로 착취하여 부를 쌓아 올린 도시에서 그런 잠언의 말씀을 듣고 있노라면 분노가 치밀었다. 솔직히 말해, 억눌린 자들을 위한 정의에 관한 지침을 찾을 때 잠언은 거의 참고하지 않는 책이었다.

그러나 미덕 윤리와 오랫동안 씨름한 끝에 다시 잠언을 연구하면서 잠언을 바라보는 시각을 달리해야겠다는 확신이 들었다. 그렇게 했을 때 가장 먼저 발견한 점은 잠언이라는 책 자체에서 핵심 관심사가 정의라는 것을 드러낸다는 사실이었다. 특히 잠언서의 구조 자체에 이 점이 명확하게 드러난다. 실제로, 잠언은 여호와를 경외하는 것이 지혜의 시작과 마지막이라고 말한다. 또한 잠언의 구조를 보면 잠언의 시작과 마지막에 정의에 대한 내용이 배치되어 있다.

잠언의 서문은 잠언을 주제별로 소개한다(잠 1:1-7).¹³ 이 서문에 잠언이 청중에게 제공하는 지혜로운 삶을 설명하는 다양한 표현이 집약적으로 등장한다. 서문에서 핵심적으로 강조하는 내용을 확인해보면, '공의, 정의(미쉬파트), 공평'이라는 세 가지 미덕을 볼 수 있다(잠 1:3). 적어도 구조적으로 정의는 여호와가 요구하시는 전인적 성품의 중심에 자리하고 있고, 잠언에서는 이것을 "여호와를 경외하는 것"이라고 표현한다.

지혜와 정의와 "여호와를 경외함"에 밀접한 관계가 있음을 아는 것이 매우 중요하다. 3장에서 보았듯이, "여호와를 경외함"은 하나님을 향한 전인격적 지향성, 즉 하나님이 요구하시고 그분과 동행하는 삶에서 흘러나오는 포괄적인 성품을 포함하는 지향성을 의미한다. 잠언은 정의와 지혜와 같은 미덕이 하나님에게서 나오며 그분의 세상에서 그분과 동행하는 삶을 살도록 우리를 준비시킨다는 것을 인정한다.

정의는 또한 잠언의 마지막을 장식한다. 르무엘 왕의 어머니의 신탁과 '용감한 여성'을 칭송하는 노래는 모두 정의를 우선한다. 잠언의 구조는 거기서 강조하는 유능하고 성공적이며 현명한 삶의 목표가 정의를 이해하고 실행하는 데 있음을 암시한다. 그리고 실제로 지혜와 정의는 서로 연결되어 있다. 여호와가 짝지어주신 것을 사람이 나눠서는 안 된다!

잠언에서 말하는 하나의 미덕으로서 정의

나는 성품 윤리가 그리스도인의 삶에서 미덕의 역할에 관심을 집중함으로써 성경이 요구하는 정의로운 제자도를 이해하고 받아들이는 데 도움이 된다고 주장해왔다. 성품 윤리는 이런 덕목들을 그 덕목과 관련된 구체적인 선을 알고, 기뻐하며, 성공적으로 추구하려는 습관적 성향으로 이해한다. 이런 관점에서 잠언이 유익한 이유는 정의를 강조할 뿐 아니라 이런 미덕에 대한 이해와 깊은 공감을 불러일으키는 방식으로 정의를 이야기하기 때문이다. 대체로 잠언은 정의를 미덕, 즉 정의로운 것을 알고, 갈망하고, 기뻐하고, 성공적으로 추구하는 습관적인 성향으로 보고 있다.

잠언에서 사람을 도덕적 속성('지혜 있는 자'와 '어리석은 자', '의인'과 '악인')에 따라 끊임없이 분류하는 방식에서도 이를 확인할 수 있다. 이것은 잠언이 인간의 성품을 특정 행동, 생각, 감정에 대한 습관적 기질을 포함하는 것으로 본다는 의미다.¹⁴ 잠언에서 정의는 하나님이 자기 백성에게 원하시는 행동, 생각, 감정이라는 습관의 핵심이다.

한편 잠언은 '의인들'(*tsaddiq*, 차디크)을 끊임없이 언급한다. 구약 전체와 구체적으로 잠언에서 '의로움'(*tsedeq*, 체데크)과 '공의'(미쉬파트)라는 용어는 실제로 중첩되는 부분이 있다. 잠언의 서문에서 시작해 번역가들이 '공의'('*tsdk*'가 어근인)로 표현한 구절들도 마찬가지다.¹⁵ 실제로 잠언은 공의를 '의로운' 인물이 갖추어야 할 필수 자질이라고 확인한다.¹⁶ 의인의 '생각'이나 '계획'은 '정직하다'(미쉬파트, 잠 12:5). 의인은 "가난한 자의 사정[*din*(딘), 권리]"을 알아준다(잠 29:7).¹⁷ 실제로 "정의를 행하는 것"은 의인에게는 기쁨이다(잠 21:15).

잠언은 또한 악인이나 정의롭지 않은 이들의 악한 기질을 설명하며 정의의 미덕을 가르친다. "의인의 생각은 정직하여도[의로워도] 악인의 도모는 속임이니라"(잠 12:5). 정의를 행하는 것은 의인에게는 기쁨이 되지만, "죄인에게는 패망"(잠 21:15)이다. '악한 사람들'은 정의를 전혀 이해하지 못한다. 그러나 여호와를 구하는 자들은 정의를 이해할 뿐 아니라 그 밖의 모든 것을 이해한다(잠 28:5).

성품 윤리와 연관 지어 잠언을 읽으면 의로워지기 위해서는 의를 이해하고 갈망하며 기뻐하고 성공적으로 추구하고자 하는 고결한 기질이 필요하다는 것을 이해하게 된다. 그러나 이것은 이 책 전체를 이끌어온 질문을 제기한다. '어떻게 우리는 정의로워질 수 있을까?'

잠언에서 정의를 위한 지혜 얻기

잠언에서 분명한 점이 있다면, 이 책이 가르침을 중요하게 생각한다는 것이다. 잠언은 거의 모든 페이지, 모든 구절에서 이 책이 강조하는 성품을 얻는 방법에 대한 교육적 지침을 제공한다. 그러므로 잠언의 가르침을 우리 삶에서 정의의 미덕을 얻기 위한 필수적인 한 방법으로 본다고 해서 놀랄 필요가 없다.[18]

특별히 우리 안에 정의에 대한 갈망을 일깨우는 방식으로 우리 욕망을 변화시키고자 하는 가르침을 잠언이 어느 정도까지 제공하는지는 분명하지 않을 수도 있다.[19] 잠언의 관점에서 보면, 의인은 정의를 행할 때 기쁘고 불의를 행할 때 혐오스럽고 두렵다는 것을 배웠기에 그에게 정의를 행하는 것은 기쁨이다.

불의를 혐오하고 두려워하도록 배우기

실제로, 잠언에서 아버지가 아들에게 전하는 첫 교훈은 경제적 불의를 혐오하고 두려워하도록 가르치는 것이었다(잠 1:8-19). 그 가르침은 무고한 자를 숨어서 넘어뜨리고 재물을 빼앗자고 꼬드기는 악인의 유혹을 거부하라는 경고로 시작한다(잠 1:10-13). 아버지는 훈육하는 동안 이 죄인들의 꾀는 말을 흉내 내며 그들의 행동이 도덕적으로 얼마나 끔찍한지, 또 그들의 유혹이 얼마나 강력한지를 드러낸다.[20]

> 우리와 함께 가자 우리가 가만히 엎드렸다가
> 사람의 피를 흘리자
> 우리가 온갖 보화를 얻으며 빼앗은 것으로
> 우리 집을 채우리니(잠 1:11, 13).

이런 악인들의 유혹은 아들의 성공에 대한 깊은 갈망과 근원적 소속감의 욕구를 겨냥한다. 아버지가 뒷부분에서 음란한 여인의 유혹에 아들을 노출시키는 방식으로 그가 성적인 정절을 지킬 수 있게 준비시키듯이, 여기서는 일확천금, 보화, 동지애의 진정한 매력에 아들을 노출시킨다.[21]

그러나 아버지의 교훈은 악인들이 던지는 유혹의 위력을 인정하면서도, 그들의 유혹에 굴복하는 것이 얼마나 두려운 일인지 알려주기 위해 이 악당들이 스스로 목숨을 끊기 위해 매복해 있는 모습을 생생하게 묘사한다(잠 1:17-18). 아들이 아버지의 간절한 훈계를 받아들인다면 이런 악인들의 솔깃한 유혹을 인식하게 될 뿐만 아니라 유혹을 받아들이는 것에 대해 본능적인 두려움도 갖게 될 것이다. 다시 말해, 가르침의 목적은 아들이 그 위험을 머리로 이해할 뿐 아니라 실제로 느끼게 하는 데 있었다.[22]

도덕 선생으로서 아버지의 노련한 교육법이 두드러지는 이 첫 훈계는 더 광범위한 훈육 방식의 한 가지 예일 뿐이다. 잠언의 훈계는 "마음, 신체, 감정 그리고 욕망"을 "도덕적 추론의 상상적 모드"로 유도한다.[23] 이렇게 유도하는 한 가지 방식은 "대안적 상황과 인물과 행동"을 생생하게 묘사하여 배우는 사람이 그것을 상상하게 만드는 것이다. 그는 그 상상을 통해 그 과정과 큰 위험이 따르는 선택을 했을 때 나올 수 있는 결과를 경험하게 된다.[24] 잠언 1장 8-19절에서 아버지는 아들에게 유사 경험에 해당하는 상상 기법으로 지혜를 얻을 기회를 제공한다. 그래서 아들은 실제로 그런 일을 당하여 고통스럽게 그 지혜를 얻지 않아도 된다.

그러나 이 아버지의 가르침에는 훨씬 더 전복적인 무언가가 담겨 있다. 표면적으로, 그의 훈계는 가장 폭력적이고 노골적인 경제적 불의를 비난하는 것처럼 보인다. 아버지는 아들에게 거리를 배회하며 무고한 자의 피를 노리는 악인에 대해 경고한다. 많은 학자가 잠언 이 부분의 배경일 가능성이 크다고 확인해주는 이야기의 맥락에서 사실 이런 유혹은 젊은 청년이 느끼기에 그리 강력한 것이 아닐 수도 있다.[25]

사실 아버지의 결론을 요약하면, 이 첫 훈계가 일종의 비유에 가깝다는 것을 알 수 있다. 그리고 예수님이 말씀하신 많은 비유처럼 이 비유도 청중에게 덫을 놓는다. 뒷골목의 악인만 목숨을 위험에 빠뜨리는 유일한 사람이 아니다. "이익을 탐하는 모든 자의 길은 다 이러하여 자기의 생명을 잃게 하느니라"(잠 1:19).

부당한 이익은 그것을 탐하는 자를 죽음으로 몰고 간다는 첫 훈계의 메시지는 무엇보다 악인들의 노골적이고 과도한 폭력에만 적용되지 않는다. 다른 형태의 '부당한 이득'(*batsa*, 바트사)과 특별히 사회적 강자만 접근할 수 있는 경제적 불의에도 적용된다.[26] 잠언은 두 가지 경우의 부당한 이득에 관해 말한다.

> 이익을 탐하는 자는 자기 집을 해롭게 하나
> 뇌물을 싫어하는 자는 살게 되느니라(잠 15:27).

> 가난한 백성을 압제하는 악한 관원은 부르짖는 사자와
> 주린 곰 같으니라
> 무지한 치리자는 포학을 크게 행하거니와 탐욕을
> 미워하는 자는 장수하리라(잠 28:15-16).

잠언을 주제로 한 첫 번째 강의에서 나는 잠언 1장 8-19절을 갱단이 우리 지역에 사는 청년들을 모집하는 방식에 연결하여 설명한 적이 있다. 나는 갱단의 폭력 문제를 실제로 경험하고 있는 일단의 목회자와 사역하고 있었고, 이 성경 본문이 우리 상황과 너무나 유사하다는 생각에 기대가 컸다. 그

러나 학생 중 한 명인 안드레 매닝(Andre Manning)은 부패한 은행, 기업, 부동산 업자, 정치인 그 외 여러 '화이트칼라' 집단도 이 본문에 해당하는 대상일 수 있음을 강력하게 지적했다. 당시 나는 그런 그의 의견에 동의했지만, 잠언이 겨냥하는 방향과는 다르다고 생각했다.

몇 년 후 나는 이 베테랑 도시 청년 사역자가 그 본문의 핵심을 정확히 잘 파악했다는 사실을 깨달았다. 잠언 1장 8-19절에서 암시하는 청중이 실제로 부유한 집의 아들이거나 악인의 무자비한 불의에 마땅히 공포를 느낄 만한 사람이라면, 이 훈계의 마지막 줄에는 비유의 덫이 숨어 있는 셈이다. 왕이 과도한 세금을 거두어들이거나 재판관이 '뇌물'을 받는 것은 사회적으로 더 용인될 수 있다. 정의로운 지혜는 이러한 경제적 관행이 갱들의 뒷골목 폭력만큼이나 악하고 치명적이라고 가르친다. 실제로 사회적으로 더 용인될 수 있는 부당한 이득에 눈먼 독자들에게 이 비유는 자신의 행동을 본능적으로 비난하도록 유도한다. 이를 통해 독자들은 불의를 혐오하고 두려워하는 법, 특히 자기 삶에서 불의를 발견했을 때 이를 두려워하는 법을 배우는 등 정의의 미덕을 기르는 데 필수적인 정서적 교육을 받을 수 있다.

정의를 사랑하고 바라도록 배우기

잠언은 또한 우리 마음으로 정의를 사랑하고 갈망하도록 이끄는 가르침이 필요하다는 점을 보여준다. 이는 정의, 공평, 지혜를 추구함으로써 형통한 삶을 살 수 있다는 잠언의 가르침으로 설명할 수 있다.

> 의인의 집에는 많은 보물이 있어도
> 악인의 소득은 고통이 되느니라(잠 15:6).

이 잠언은 불의한 이득에 대한 아버지의 훈계를 반복하되, 그 반대의 내용도 추가한다. 의인은 참된 보물을 얻을 수 있다는 것이다. 잠언은 관찰자의 관점에서 쓰인 것처럼 보이지만, 그 앞에는 여호와가 악인과 선인을 모두 감찰하고 계신다는 말이 나온다(잠 15:3). 그리고 잠언 15장 6절 뒤에 짝을 이루는 구절이 나온다.

> 악인의 제사는 여호와께서 미워하셔도
> 정직한 자의 기도는 그가 기뻐하시느니라
> 악인의 길은 여호와께서 미워하셔도
> 공의를 따라가는 자는 그가 사랑하시느니라(잠 15:8-9).

종합해보면, 청중은 물질적 번영과 주님과의 사랑의 관계로 이어지는 정당한 경제적 실천을 원하게 된다.

물론 불의한 경제 관행으로 최소한의 단기적인 보상을 얻지 못한다면, 이것이 매력적으로 느껴지지 않을 것이다. 이런 이유로 많은 '더 나으니라' 잠언은 인생에는 재물보다 더 가치 있는 것이 있으며, 그중에는 정의가 있다고 가르친다.

> 적은 소득이 공의를 겸하면
> 많은 소득이 불의를 겸한 것보다 나으니라(잠 16:8).

재물이 순수하게 긍정적일 경우에는 오직 "정의와 공의와 지혜에 종속될 때"뿐이다.[27] 그러므로 정의로운 지혜가 요구하는 것은 선과 더 나은 것의 차이를 인식하는 것이다.

청중에게 정의를 구하도록 호소하는 잠언의 기조는 궁극적으로는 잠언의 숨이 막히도록 경이로운 창조 신학에 토대를 두었다. 잠언의 관점에서 의로운 삶이 아름다운 이유는 다음과 같다.

> 여호와께서는 지혜로 땅에 터를 놓으셨으며
> 명철로 하늘을 견고히 세우셨고(잠 3:19).

하나님의 정의로운 방법이 "창조 세계의 직조물에 아로새겨져 있다."[28] 그 정의로운 길을 수용하는 것은 하나님과 함께하는 삶, 즉 하나님의 성품을 반영하며 그분이 지으신 우주와 '결을 함께하는' 삶의 즐거운 여정에 참여한다는 것이다.

정의를 구하도록 호소하는 잠언의 시도는 강력하다. 그러나 의로운 행동과 물질적 번영을 연관 짓는 것 때문에 잠언은 많은 비판을 받는다. 가난한 사람들은 잘못된 결정을 내렸기에 가난하며 부자가 부유한 이유는 올바른 결정을 내렸기 때문이라고 가정하는 것은, 추측하건대 경제적 정의에 부정적으로 작용하기 때문에 잠시 이 문제를 다룰 필요가 있다. 물질적 성공을 의로운 행동과 연결함으로써 의롭게 살도록 도전하는 잠언의 가르침을 우리는 어떻게 이해해야 하는가?

첫째, 잠언은 모든 선한 행동이 재물을 안겨준다거나 모든 재물이 선한 행동 때문에 얻은 것이라고 가르치지 않는다. 모든 악한 행동이 부를 가져온다거나 모든 부가 선한 행동에서 비롯된다고도 가르치지 않는다.[29] 면밀하게 살펴보면, 잠언은 도덕적으로 복잡한 세상을 묘사한다.[30] 그 복잡한 세상은 궁극적으로 하나님이 선하게 창조하신 세계이므로 잠언은 의와 공의가 경제적 번영을 비롯해 오직 좋은 결과만을 낳는다고 주장한다.[31] 그러나 잠언은 경제학자들이 말하듯이 "모든 다른 조건이 같을 경우" 이런 역동이 작동하는 것으로 묘사한다.[32] 그리고 잠언은 모든 조건이 다 동등하지 않을 때가 많다는 점을 잘 알고 있다.

둘째, 물질적 풍요를 의롭고 정의로운 삶의 (가능한!) 보상이라고 한 잠언의 표현은 정의를 갈망하고 행하도록 청중의 인성을 형성하는 총체적 교육 프로그램에 도움이 된다. "재물은 바람직한 것의 강력한 상징이다."[33] 따라서 잠언은 이 상징을 이용해 우매한 자들이 의와 정의와 평등이라는 지혜로운 삶을 갈망하도록 설득하고 호소한다. 지혜로운 자는 부귀를 얻는다는 잠언 속 아버지의 교훈은 '이방 여인'을 피하고 젊을 때 취한 아내를 기뻐하는 사람의 만족스러운 성생활에 대한 묘사(잠 5:1-23)와 유사한 역할을 한다.[34]

셋째, 잠언이 발전한 사회에 '부와 빈곤의 극단'이 없었다는 점을 고려할 때, 부의 상대적 선은 현대 서구 독자들이 흔

히 상상하는 과도한 풍요가 아니라 '넉넉한 풍족함'[35] 정도로 이해해야 한다.[36]

그러나 정의와 지혜는 어떤 관계가 있는가?

잠언은 미덕으로서 정의에 대한 시각뿐 아니라 그것을 얻도록 도와줄 교육까지 제공한다. 그러나 이른바 이 지혜서가 정의와 지혜의 관계에 대해서는 무엇이라고 말하는가?[37] 나는 정의와 지혜가 상호 의존적 덕목이라고 주장하는 성품 윤리학자들의 주장을 토대로 잠언이 두 가지 방식으로 정의로운 지혜의 필요성을 설명한다고 생각한다. 종합하면, 정의 없는 지혜는 약탈적이고, 지혜 없는 정의는 무력하다는 것을 알 수 있다. 이 두 가지의 상관관계에 주목하면, 잠언의 훈계가 이 장 서두에서 언급한 근로 빈곤층의 곤경에 우리가 어떻게 대응하도록 준비할 수 있는지 이해하는 데 도움이 된다.

지혜로워 보이지만 실상 그렇지 않은 경제 관행을 정의로운 지혜로 식별할 수 있다

잠언은 경제 정의를 위해, 단기간에 효과가 있기 때문에 현명해 보이지만 실제로는 불의하기에 거부해야 하는 활동을 잘 구분해야 한다고 주장한다. 잠언이 사용하는 바로 그 언어가 이러한 상관성을 우리에게 경고한다. 잠언이 도덕적 훈계의 주요 목표로 제시하는 '신중함'(*mezimmah*, 메짐마)은 악인의 교묘한 계략으로도 이해할 수 있다.[38] 지혜로운 삶을 위해 일종의 실제적 지혜가 필요하다면, 그것이 여호와의 의롭고 공정한 길을 향하지 않을 경우 바로 이 같은 지혜는 완전히 다른 성격의 것으로 변질될 것이다.

뇌물을 다루는 잠언의 방식에서 더 복잡한 한 가지 사례를 볼 수 있다. 언뜻 보기에 잠언은 이 문제에 관해 당황스러울 정도로 다양한 시각을 보여준다.[39] 잠언 15장 27절은 '뇌물'(*mattanah*, 마타나)을 사랑하는 자와 부당한 이득을 탐하는 자들을 연관 짓는다. 그러나 또한 잠언에는 뇌물을 훨씬 더 긍정적인 시각으로 보는 내용도 나온다.

> 뇌물(*shokhad*)은 그 임자가 보기에 보석 같은즉
> 그가 어디로 향하든지 형통하게 하느니라(잠 17:8).

> 너그러운 사람에게는 은혜를 구하는 자가 많고
> 선물(*mattan*) 주기를 좋아하는 자에게는 사람마다
> 친구가 되느니라(잠 19:6).

이런 잠언을 보면, 뇌물이 마치 현명한 처세술인 것처럼 말하는 것 같다! 이런 뚜렷한 모순을 어떻게 이해해야 하는가? 적어도 네 가지 방식이 있다.

  1. 잠언 그 자체로 모순될 수 있다. 분명히 그럴 수도 있지만, 잠언의 최종 편집자들이 왜 완전히 모순되는

관점으로 글을 썼는지는 설명하기 어렵다.⁴⁰

2. 뇌물에 대한 외견상의 긍정적 평가는 그 사실에 대한 도덕적 판단을 전혀 하지 않고 현실에서 일어나는 일을 단순히 관찰한 내용일 수 있다.⁴¹ 잠언은 현실을 있는 그대로 관찰한 내용을 상당 부분 기술한다. 그러나 샌도벌(Sandoval)은 잠언에서 현실을 관찰한 부분과 정의에 관한 내용을 함께 읽을 때 잠언의 현자들이 기술한 내용을 도덕적으로 해석하는 데 도움이 된다고 주장한다.⁴² '객관적 현실'을 관찰한 것으로 보이는 잠언은 실제로 일어나고 있지만 사실 일어나서는 안 되는 일을 기술한 것일 수도 있다.⁴³

3. 고대 세계의 다른 언어권과 문화권에서처럼 동일한 히브리어 단어들이 합법적인 선물을 가리킬 수도 있고,⁴⁴ 뇌물이라는 정의를 굽게 하는 널리 지탄받는 행위를 가리키는 단어로 사용될 수도 있다.⁴⁵ 뇌물에 대해 서로 모순되는 시각을 제시하는 것처럼 보이는 본문들이 실상은 완전히 다른 경제 행위를 언급했을 수도 있다.⁴⁶ 이런 해석은 외관상으로 유사한 행위임에도 현명한 선물과 불의한 뇌물을 구분하는 데 의로운 지혜가 필요한 이유를 강조할 것이다.

4. 잠언은 두 번째와 세 번째 해석에 근거하여 지혜를 구하는 독자들에게 뇌물은 때때로 효과가 있지만, 그래도 부당한 것으로 거부해야 하는 관행으로 살펴보도록 권유할 수 있다. 이런 해석은 더 넓은

맥락에서 뇌물을 권장하는 것처럼 보이는 개별 잠언을 더 면밀하게 살펴봐야 가능하다.[47]

예를 들어, 잠언 17장 8절을 보면, 뇌물은 그것을 주는 자가 보기에는 마법의 돌인 것처럼 여겨지지만, 17장을 끝까지 읽는 독자들은 곧 잠언 전체에서 가장 노골적으로 뇌물을 반대하는 문장을 만나게 된다.

> 악인은 사람의 품에서 뇌물을 받고 재판(mishpat, 미쉬파트)을 굽게 하느니라(잠 17:23).

잠언 17장 23절은 정의를 근거로 바로 몇 절 앞에서 지혜로운 행동처럼 묘사한 이런 행위를 전면적으로 거부하고 있다.

이 두 본문 사이에 위치한 잠언 17장 15절은 악인을 의롭다고 하는 자나 의인을 비난하는 자를 여호와가 미워하신다고 표현하며, 가능한 한 가장 강력한 어조로 뇌물과 자주 연관된 행동을 비판한다. 이런 경고는 26절에서도 반복된다. 그러므로 잠언 17장 8절의 뇌물을 옹호하는 듯한 입장은 같은 17장에서 가장 강력한 용어로 세 번이나 반박당하는 것으로 볼 수 있다.

이런 일견 모순된 입장을 보고, 잠언 17장 8절을 다시 읽어보면 새로운 통찰이 생긴다. 뇌물의 마법은 "뇌물을 주는 사람의 눈에만" 보인다. 그러나 뇌물을 주는 자의 자의적 판단을 우리가 신뢰할 수 있는가?[48] 잠언을 주의 깊게 읽는 독자라면, 잠언에서 "사실상 항상"이라는 문구가 '부정적인 의미'를 담고 있음을 발견한다.[49] 이 잠언은 어리석은 자, 게으른 자, 부자가 자기 눈에는 모두 '옳고 순수하며 지혜로운' 것처럼 보이는 잘못된 자기 인식을 묘사한다.[50] 잠언 17장 8절의 바로 앞에 있는 말씀이 '오만한 입술을 강력히 비난한다'는 것을 확인하면, 뇌물이 그것을 바치는 자에게 효과가 있는 것처럼 보인다는 잠언의 언급은 그런 행위를 매우 불의하다고 도덕적으로 평가하는 내용임을 알 수 있다. 아마 그런 뇌물이 "사회적으로 용인된다고 해도" 그 판단은 마찬가지일 것이다.[51] 적어도 뇌물을 옹호하는 듯한 다른 몇 구절에서도 유사한 판단이 작동하고 있다.

개인적으로 앞의 2, 3, 4번의 해석을 종합하여 받아들이는 것이 뇌물에 대한 잠언의 전체 내용을 이해하는 가장 적절한 방식이라고 생각한다. 그러나 그런 결론이 잠언 전체에서 정의로운 지혜를 연구하는 데 어떻게 기여하는지 주목하라! 뇌물에 관한 본문을 제시하는 것 자체가 우리가 정의로운 지혜를 얻도록 돕는 전략의 중요한 부분이다. 본문은 뇌물의 현실과 효과를 지극히 상식적이고 독립적으로 묘사했다. 그런 다음 이런 상식적인 내용을 도덕적 해설과 추가적인 복잡성을 더하는 다른 내용으로 둘러싸고 있다. 이런 명백한 모순을 이해하려면 겉으로 보기에 일반적인 뇌물 수수 관행에서 작동하는 더 깊은 역학 관계를 연구해야 하며, 실제로 악한 '뇌물 수수 행위'와 그렇지 않은 유사한 관행을 구별해야 할 수도 있다.

다시 말해, 이 본문은 잠언의 초기 독자들에게 '평소와 다름없는 일'이었을지도 모르는 일반적인 경제 관행의 도덕적 역학 관계를 조사하고, 이해해야 한다고 요구한다. 그러나 현대를 사는 우리가 이 본문을 올바로 해석한다는 것은, 혼란스러운 현실 세계 속에서 일어나는 복잡한 사례를 검토하고 평가하여, 현명하고 정의로운 길을 분별하는 실천적 지혜를 연구해야 한다는 뜻이다.

정의가 결여된 지혜라는 시각에서 볼 때 뇌물을 단순히 '세상이 돌아가는 방식'으로 볼 수도 있다. 그러나 잠언은 망가진 세상이 돌아가는 방식과 타협하는 것이 '병든 지혜'임을 인정한다.[52] 실제로 '세상이 돌아가는 방식'처럼 보이는 것이 사실은 착각일 수도 있다! 여호와가 땅의 터로 삼으신 지혜(잠 3:19)는 제사보다 더 사랑하시는 정의(잠 21:3), 우주의 직조물 속에 새겨져 있는 정의이기 때문이다. 잠언이 우리에게 소개하는 의로운 지혜는 "단순히 눈에 비치는 것이 아닌 실제 그대로의 세상"에서 살라는 요청이다.[53] 잠언의 실제적 지혜로, 뇌물 수수처럼 효과 있고 현명해 보이지만, 불의하기에 어리석은 것으로 배척해야 하는 관행을 식별할 수 있다. 정의가 없는 지혜는 약탈적인 어리석음이 된다.

정의로운 지혜는 경제 정의를 실현할 수 있는 경제적 지혜의 덕목을 길러준다

잠언에서 정의와 지혜의 관계를 살펴볼 수 있는 또 다른 방법은 성실함과 검소함 같은 덕목을 강조한 데서 찾을 수 있다. 잠언에 따르면, 이런 덕목들로 경제적 정의를 실현할 수 있다. 정의로 세상에서 그 일을 이루기 위해서는 그러한 지혜가 필요하다. 이것은 잠언이 현명함과 성실함의 미덕을 강조하고 게으름을 신랄하게 비판하는 이유를 부분적으로나마 설명해 준다.

물론, 일부 학자는 성실함과 게으름에 대한 잠언의 태도를 자본주의의 속물적인 시각의 증거라고 주장한다. 플레인(Pleins)이 보기에 현자들이 가난한 사람들을 '멸시받는 게으른 집단'으로 표현한 것은 특별히 그렇게 그들을 규정함으로써 부자들의 불의를 고착화하는 데 자신들이 일조한다는 사실을 숨길 수 있기 때문이다.[54] 또 다른 학자는 이렇게 주장한다. "스스로 한 번도 가난이라는 어려운 문제의 피해자가 돼본 적이 없고, 그 결과 한 번도 그런 문제를 겪어보지 못한 사람들이 가난을 이런 식으로 평가한다."[55]

잠언의 이런 언급이 가난한 자들을 공격하는 무기처럼 휘둘러졌다는 사실은 의심할 여지가 없다. 개인적인 경험으로 볼 때, 경제적으로 빈곤한 사람들은 들숨에 제도적인 불의를 비판하고, 날숨에 길 아래에 있는 게으른 이웃을 비판할 수 있다. 동네의 한 친구가 다른 이웃을 게으르다고 비난한다고 해서 우리 공동체의 가난이 오직 게으름 탓이라는 의미로 그런 말을 하는 것은 아니라고 생각한다. 그렇다면 잠언에는 왜 그런 기준을 강요하려고 하는가?[56]

구약 시대에는 대부분 사람이 비에 의존하는 소규모 농사로 자급자족하며 생존했다. 비가 너무 일찍 내리거나 늦게 내리면 재앙이 닥친다.[57] 식량 부족은 흔한 일이었다.[58] 그런 환경에서 생존하려던 농부들은 근면함을 필수 덕목으로 여기고,

게으름을 치명적인 악덕으로 보는 데 매우 익숙했다.[59]

잠언의 청중도 그런 악덕을 개인주의적으로 이해하지 않았을 것이다.[60] 잠언 18장 9절의 이면에는 어느 한 개인의 게으름이 전체 공동체에 부정적 영향을 미칠 수 있다는 생각이 자리하고 있다.

자기의 일을 게을리하는 자는 패가하는 자의 형제니라.

잠언은 이곳 말고도 파멸의 언어를 사용해 간음으로 자기 삶을 파괴하는 사람들(잠 6:32), 말로 이웃을 해치는 사람들(잠 11:9), 도둑질로 부모를 망하게 하는 사람들(잠 28:24)에 관해 말한다. 고대 이스라엘처럼 공동체적이고 경제적으로 위태로운 상황에서 게으름은 심각한 악덕이었다.

잠언이 의로운 지혜와 연관 짓는 성실함은 단순히 가난을 피하고자 개인에게 필요한 실제적 지혜가 아니었다. 온 집안(취약한 가구를 포함해)이 궁핍하지 않게 살고, 더 나아가 고통당하는 자들과 나눌 여유를 갖기 위해서 필요한 실제적 지혜였다. 이처럼 경제적 정의에는 경제적 지혜가 필요했다.[61]

"용감한 여인"을 기리는 시[62]는 잠언에서 정의로운 지혜의 이런 측면을 가장 생생하게 묘사한다. 잠언 31장은 한 어머니가 왕들을 위해 지혜로운 정의에 관한 조언을 들려주는 것으로 시작한다. 이 장에서 지혜는 농업에 종사하는 부지런한 여장부로 표현되었는데, 이런 여성이 꾸리는 가정에서 지혜롭고 의로운 삶의 모습이 어떨지 묘사하는 것으로 잠언 31장은

마무리된다.[63]

　　지혜의 여인(잠 8:11)처럼 이 여성은 결혼하는 현명한 아들에게 보석보다 훨씬 더 가치 있는 존재다. 실제로 이 용감한 여인은 현명한 아들에게 본받을 만한 모델이 된다. 그녀는 처음에 불의하게 얻은 전리품을 이 아들에게 바친 범죄자들(잠 1:13)보다 훨씬 더 능숙하고 믿음직스럽게 필요한 양식을 나누어준다.[64] 이 시에서는 그녀의 경제적 능력과 농사 실력을 한껏 칭송한다. 더욱이 이 용감한 여인은 여호와의 의로운 길을 가르치는 유능한 선생이기도 하다. "입을 열어 지혜를 베풀며 그의 혀로 인애의 법[문자적으로, 헤세드의 토라]을 말하며"(잠 31:26).

　　이 여인은 살림을 지혜롭게 하여 남편과 자녀를 부양할 뿐만 아니라 그 가정이 감독하는 풍족한 농산물로 생계를 유지하는 모든 사람과 그들의 가정까지도 부양한다(잠 31:15). 실제로, 잠언의 한 현자는 여호와가 '일용할 양식'을 주시기를 기도했지만, 경제적 에너지가 충만한 이 여인은 그녀를 위해 일하는 사람들에 필요한 '양식'까지 공급할 수 있게 했다.[65] 어쩌면 이 여인은 창조적인 경제 활동을 통해 취약한 노동자들을 먹이시는 여호와의 도구로 사용된 것일지도 모른다.

　　시의 중심부에 있는 잠언 31장 19-20절은 이 여인의 고결한 행위의 도덕적 목표를 시적 형식으로 부각하는 정교한 교차 구조를 보여준다.[66]

(A) 손으로 솜뭉치를 들고
　　　(B) 손가락으로 가락을 잡으며
　　　(B') 그는 곤고한 자에게 손을 펴며
　　(A') 궁핍한 자를 위하여 손을 내밀며

　　솜뭉치를 잡은 손이 그 솜뭉치로 얻은 재물로 궁핍한 자들에게 손을 내밀어 돕는다. 가락을 잡았던 손가락을 펴서 가락으로 이룬 노동의 열매를 경제적으로 가난한 사람들과 나눈다. 신명기 15장 8절과 잠언 19장 17절은 하나님의 백성이 가난한 사람들에게 손을 활짝 펴서 권력을 신실하게 행사하는 것이 정의의 미덕임을 시사한다. 잠언 31장 19-20절은 생계형 농부들이 손을 벌릴 때 나눌 수 있도록 권력을 충실히 행사하는 데 필요한 경제적 지혜의 미덕을 매력적으로 묘사하고 있다.

　　용감한 여인에 대한 잠언의 찬사를 어떤 사람은 '부르주아적 환상'이라고 비하하지만, 엘렌 데이비스는 농경 사회라는 맥락에서 이것은 '경제 현상 유지'(economic status quo)에 대한 강력한 시적 도전이라고 정확하게 짚는다.[67] 농가가 군주와 먼 제국 세력에게 끊임없이 공격당하는 정치·경제 상황에서 용감한 여인의 지혜로운 노동은 신명기의 율법이 세우고자 했던 마을 경제를 영속화한다. 이 마무리 시는 데이비스에게 다음과 같은 사실을 보여준다.

　　한 가정의 어머니는 교사로서 가정과 그 구성원들의
　　언약적 정체성을 유지하는 일에 남편과 온전히 함께

> 참여한다…현대의 한 농부 시인의 말을 빌리자면,
> 친절함으로 이루어가는 이 사랑이 살아남기에
> 이 세상은 살아남을 수 있다.⁶⁸

그렇게 친절함으로 일하는 사랑은 경제적 정의와 경제적 지혜의 덕목을 모두 포함하는 정의로운 지혜를 키우는 공동체에 달려 있다. 잠언은 용감한 여성의 삶과 노동에서 보이는 이 정의로운 지혜에 대한 비전을 제시함으로써 지혜에 관한 훈계를 마무리한다.

오늘날의 정의로운 지혜

우리는 최저 임금법에 대한 논쟁이 때로 '정의'와 '지혜' 진영 간의 싸움처럼 전개되는 양상을 살피는 것으로 이 장을 시작했다. 또한 지혜와 정의는 서로 연관된 덕목이라는 성품 윤리의 주장을 토대로 잠언 역시 정의와 지혜를 동전의 양면처럼 서술하고 있는지 확인하는 작업을 했다. 이 과정에서 우리는 다음과 같은 사실을 확인했다.

> 1. 잠언은 정의를 하나의 덕목으로 본다. 즉, 정의를 이해하고 갈망하며 효과적으로 추구하고, 반대로 불의를 혐오하고 두려워하며 피하려는 전인적인 성향으로 본다.

2. 하나님의 백성이 정의로워지도록 돕는 잠언의 도구에는 하나님의 마음을 닮은 정의를 갈망하도록 우리 마음을 형성하는 생생한 가르침이 담겨 있다.
3. 잠언의 도덕적 제자도의 주요 목표의 하나로 정의로운 지혜를 언급할 정도로, 정의는 지혜라는 덕목과 밀접하게 관련되어 있다.
4. 하나님의 백성은, 겉으로는 지혜로워 보이나 실제로 불의한 경제 행위를 정의로운 지혜를 통해 식별하고 거부할 수 있다.
5. 정의로운 지혜가 있으면 경제 정의를 실현할 수 있는 경제적 지혜의 미덕을 소유할 수 있다.[69]

잠언을 성품 윤리와 연결 지어 읽으면, '정의 진영'과 '지혜 진영' 간의 교착 상태처럼 느껴지는 현대의 많은 경제 논쟁에서 앞으로 나아갈 길의 단초를 발견할 수 있다. 잠언은 오늘날 우리 세계에서 정의로운 지혜를 가꿀 수 있도록 하나님의 백성을 도울 수 있다.

실제로 이것은 어떤 식으로 이루어질까? 잠언에 서술된 정의로운 지혜에서 도출한 네 가지 원칙을 제시하고, 이러한 원칙이 실제로 어떤 모습일지 몇 가지 예를 들고 이 장을 마무리하고자 한다.

제1원리:
경제적 지혜의 목표는 경제적 정의다

잠언은 경제적 지혜를 배우는 중요한 한 가지 이유가 경제 정의를 실천하기 위해서라고 가르친다. 권력의 충실한 행사로 이해할 수 있는 정의는 지혜로운 삶의 핵심적 목표다. 경제생활에서 정의는 가족의 재산 증식과 같은 경제적 지혜의 '실제' 목표를 쫓는 동안 위반하지 않도록 유의해야 하는 추상적인 기준이 아니다. 오히려 우리는 근면함, 부지런함, 절약의 미덕을 익히고 실제적인 지혜를 쌓아 정의를 실현하기 위한 우리의 직무를 완수할 수 있다. 경제적 지혜가 무엇보다 중요한 이유는 정의와 자비, 이웃 사랑을 실현할 수 있게 해주기 때문이다.

제2원리:
정의로운 지혜를 배운다는 것은 정의를 사랑하고
불의를 두려워하고 멀리하는 법을 배우는 것이다

잠언은 지혜로 가는 길의 첫 단계 중 하나가 정의를 바라고 불의를 미워하도록 배우는 것이라고 가르친다. 그렇다. 잠언은 독자에게 잠언 전반에 걸쳐 경제적 지혜의 핵심적이고 실제적인 내용을 가르친다. 가령, 물질적, 경제적 풍요로 가는 길이 여기에 포함된다. 하지만 잠언은 지혜에 대한 첫 번째 훈계에서 불의의 유혹에 넘어지지 않도록 경계하고 두려워해야 할 필요성과 여호와가 주시는 정의로운 지혜를 갈망해야 할 필요성에 전략적으로 집중한다. 잠언의 구조 자체를 보면, 정의를 사랑하고 우리를 위협하는 불의를 미워하고 두려워하도록 배워야만, 안전하고 지혜롭게 재물을 얻는 법에 대한 수업을 받을 수 있다.

우리는 이런 첫 두 원리를 진지하게 받아들일 때 기독교의 경제적 제자도가 얼마나 달라질지 확인해봐야 한다. 나 같은 그리스도인들은 성에 관해서는 잠언의 교훈을 진지하게 따르고자 노력한다. 잠언에 나오는 것처럼 우리는 성을 하나님을 경외하는 결혼 생활이라는 맥락에서만 좋은 것으로 보며, 그 맥락 밖에서는 엄청나게 위험하고 파괴적인 것으로 여긴다. 그런데 돈을 버는 문제에 관해서는 좀처럼 잠언의 교훈을 따르지 않으려고 한다.

우리는 근면, 성실함과 자기 수고의 열매를 즐기는 것이 아름답다는 잠언의 가르침을 흔쾌히 받아들인다. 그러나 성처럼 재물 역시 좋은 것이지만 위험할 수 있다는 잠언의 끈질긴 경고는 마치 별개의 가르침처럼 생각한다. 이보다 더 문제인 것은, 재물을 보통 의로운 삶으로 얻은 결실이라고 생각한다는 것이다. 우리는 경제적 불의를 일종의 탈선행위처럼, 대부분 사람은 빠지지 않는 심각하고 명백한 함정인 것처럼 생각한다. 그러나 경제적 불의에 빠진다면 남들은 물론이고 우리 자신도 분명히 알아차릴 수 있다고 생각한다.

반대로 잠언은 정의에 대한 사랑과 열망이 배제된 채 추구하는 경제 권력은 치명적이고 위험하다고 주장한다. 실제로 권력의 충실한 행사, 즉 의와 정의와 공평의 충실한 행사는 지혜로운 삶에서 가장 우선하는 목표다! 이런 도덕적 목표를 무시하고 얻은 재물은 종종 약탈적 어리석음임이 드러난다. 잠언은 교육의 차원에서, 제자들이 정의를 바라며 불의를 싫어하고 두려워하도록 배우는 데 많은 시간과 에너지를 사용함으로써 이 모든 것을 이해해야 한다고 주장하는 것 같다.

그리스도인들이 선행에 관해 이야기할 때마다, 하나님의 백성에게 잠언이 강조하는 근면과 부지런함, 경제적 지혜를 길러주고자 할 때, 잠언 자체의 프로그램은 정의가 경제적 성공의 목표이며, 불의는 갑자기 우리를 넘어뜨리는 기만적 함정이라는 것을 그리스도인들이 깨달을 수 있도록 동일한 (그리고 종종 그보다 앞서서) 에너지를 써야 한다고 제안한다. 잠언의 관점에서 보면, 이 모든 것이 제자들에게 좋은 소식이다! 제자들은 정의를 행하는 것이 기쁨이라고 배웠기 때문이다(잠 21:15).

이런 통찰을 적용하고 싶다면, 생생하고 애정이 담긴 이야기와 기억에 남고 성찰을 불러일으키는 잠언의 가르침에서 몇 가지 교훈을 얻을 수 있다. 우리 시대에는 정의로운 경제 관행이 우리 공동체에서 어떻게 기쁨이 되었는지를 강조하는 이야기를 가르치고 들려줄 수 있다. 하지만 또한 경제적 불의의 충격적인 추악함을 드러냄으로써 잠언의 발자취를 따를 필요가 있다. 이런 불의에는 많은 그리스도인이 '세상이 돌아가는 방식'에서 지혜롭다고 여겨지는 불의도 포함된다.

제3원리: 경제적 지혜는 경제적 정의의 토대다

경제적 지혜의 목표가 정의라는 것이 잠언의 명확한 입장이지만, 잠언은 또한 경제적 지혜는 경제적 정의의 토대가 된다고 가르친다. 잠언의 경제 지혜는 실제로 '그 시스템의 작동 방식'을 고려하되 거기에 사로잡히지 않는 경제적 전문 지식을 행사하는 부지런하고 성실한 노력을 칭찬하고 격려한다. 이런 경제적 지혜는 제대로 방향을 잡을 때 여호와가 요구하시고 기뻐하시는 정의에 꼭 필요하게 된다.

이런 정의로운 지혜를 가꾸기 위해서는 그리스도인들이 잠언이 권하는 근면함을 조성할 정책, 보상 구조, 제자훈련 관행에 관해 생각해봐야 한다. 이러한 경제적 지혜는 경험으로 얻는 배움이 반드시 필요하다. 뇌물에 대한 잠언의 복합적인 가르침에서 보듯이, 지혜는 최선을 길을 모색하는 과정에서 복합적인 현실을 면밀히 검토할 것을 요구한다. 그렇게 하려면 불가피하게 우리는 하나님을 향한 신실함으로 이웃을 대신해 경제적 힘을 행사할 최선의 방법이 무엇인지 토론하고, 반박하며, 신중히 분별해야 한다. 우리는 부분적으로는 경험과 토론을 통해 지혜를 얻으므로, 문제가 되는 경제 행위에 직접 연관된 사람들과 이런 식의 논쟁을 해보고, 반박하며, 특정 경제 행위를 면밀히 검토하는 것이 도움이 될 수 있다.

앞의 두 원리가 내가 자란 정치적으로 보수적인 기독교와 관련된 '지혜 진영'에 가장 어려운 점이었다면, 이 세 번째 원리는 성인기에 많은 시간을 보냈던 '정의 진영'에서 도전적인 부분이었다. 우리는 특별히 임금 인상의 형태로 가난한 사람들을 위한 정의가 더 강력히 시행되어야 한다는 주장에 확고히 동의한다. 그러나 실제로 시장에 깊이 관여해온 그리스도인들을 이런 대화에 참여시키는 경우는 거의 없으며, 대부분 가난한 사람들을 위한 임금 인상 문제를 다룰 때 우리에게 부족한 여러 형태의 경제적 지혜가 필요할 수도 있다는 점을 신중하게 고려하지 않는다.

이 말이 믿기지 않는가? 그럼 사회적 기업이나 사업체를 세우려고 애쓰는 많은 비영리 기관의 예를 살펴보라. 그들이 세우려는 사업체는 시장성 있는 기술을 보유하지 못했고, 기타 여러 장애가 있어서 고용되지 못한 이들을 통상적 임금보다 더 우대하는 금액을 주고 고용하려는 사업체다. 나는 이런 운동에 깊은 애정이 있고, 그 일을 잘 감당해온 비영리 기관에서 일한 적이 있으며, 다른 사람들에게도 이런 운동을 권장했다.[70] 그러나 누구나 알듯이, 많은 사회적 기업이 적정 수준의 임금을 지급하고 자립할 수 있는 충분한 수익을 창출하는 데 어려움을 겪고 있다. 성공한 사회적 기업이라면 시장의 오랜 경험을 통해 비영리 단체에 필요한 경제적 지혜를 가르쳐준 사람들을 찾았거나, 적절한 경제적 지혜를 스스로 체득할 정도로 오래 존속한 경우다.

그러나 나와 같은 '정의 진영' 사람들은 종종 현재 경제 상황에서 기업을 시작하고 성장시키기 위해 어떤 경제적 지혜가 필요한지 확인하는 일에 마땅히 필요한 노력의 가치를 제대로 인정하지 않는다. 혹은 노동자에게 정당한 대우를 해주는 동시에 업무 능력을 키울 수 있는 고용 형태가 무엇인지 확인하려는 노력의 필요성을 제대로 인정하지 않는다. 그런 지혜가 없을 때 우리는 종종 경제적 정의를 향해 나아갈 힘이 없다는 것을 깨닫는다.

제4원리:
정의로운 지혜로 지혜와
어리석음의 차이를 구분할 수 있다

정의로운 지혜는 광범위하게 유포되어 있거나 효과적이어서 지혜로워 보이는 행위들을 평가하고, 더 나아가 실제로 불의한 어리석음이 확인되는 행위들을 거부한다. 뇌물에 대한 우리의 논의는 현장 속에서 작동하는 이런 원리의 예를 보여줄 뿐 아니라 이 원리가 앞의 세 원리에 어떻게 의존하는지 확인해준다.

본문에서 불의한 이익으로 스스로 파멸을 자초하는 강도에 대한 서술은 뇌물이 극히 치명적이고 불의한 행위일 수 있음을 알려준다(잠 15:27). 그러나 잠언이 뇌물 수수에 관해 복잡하게 다루는 이유는 아마도 이것이 복잡하고 널리 퍼져 있는 현상이었기 때문일 것이다. 실제로 잠언의 가르침이 매우 복잡한 것은 독자들이 어떤 경제적 교류가 현명한 경제적 선물 또는 적절한 보상으로 간주될 수 있는지 분별하는 법을 배우도록 돕기 위해 고안된 것일 수 있다.[71] 또 외관상 유사해 보이는 경제 교류지만 정의를 왜곡하는 악인들의 행위는 무엇인지(참고. 잠 17:23) 분별하는 법을 배우기 위해서였을 수도 있다. 뇌물 수수에 대해 현명한 판단을 내리기 위해서는 제자들은 자신이 불의에 가담할 수도 있음을 경계하며 경건한 두려움을 가져야 했다. 또한 어떤 행위가 불의하고 어떤 행위가 의로운지 점검하고 이해해야 했다.

이런 원리는 법을 어기지 않으면 죄가 없다는 우리 생각에 이의를 제기한다. 잠언은 단기간에 부를 얻을 수 있는 많은 일은 효과가 있더라도 거부하도록 독자들의 경각심을 일깨워 준다. "적은 소득이 공의를 겸하면 많은 소득이 불의를 겸한 것보다 나으니라"(잠 16:8). 더 나아가 현인들은 여호와가 직접 경제를 감독하신다는 사실을 인식하고 있기 때문에 여호와가 미워하시는 거짓되고 세속적인 경제 지혜에 자신도 모르게 미혹되지 않도록 노력해야 한다고 경고한다.

동시에 잠언은 지혜와 우매함을 구별하는 데 노력이 필요하다고 말한다. 새롭게 사업을 시작하고 직원들을 위한 최고의 보상 계획을 짜보았거나 부하 직원과 직장 내 문제를 해결하려고 시도해본 사람이라면 알겠지만, 정의로운 지혜가 어떤 것인지 확인하는 일은 절대 쉽지 않다. "그냥 정당한 월급만 주면 되지 않습니까?"라고 말하기는 쉬울지 모른다. 하지만 직원들의 월급을 인상하는 일은 정의로운 지혜가 무엇인지 알고, 그 지혜를 적용하는 법이 무엇인지 알아내려는, 경험에서 우러나오는 지혜가 필요하다.

정의로운 지혜의 적용

정의로운 지혜에 대한 이런 원리는 빈곤 근로자의 어려움에 대처하는 데 어떤 지침을 제공하는가?

**우리의 영향력이 미치는 직장에서
임금 인상을 위한 정의로운 지혜 발휘하기**

첫째, 많은 그리스도인이 직장에서 상당한 영향을 미치고 있으며, 빈곤 근로자의 임금 인상을 위해 노력함으로써 그 직장에서 정의로운 지혜를 행사할 수 있다. 이렇게 할 수 있는 사람에는 보상과 관련해 이미 의사 결정 과정에 참여하고 있는 경영진도 포함된다.

내 인생의 큰 특권 중 하나는 바로 그런 일을 하는 기독교인 사업가 운동에 참여 중인 많은 사람을 만난 것이다. 멤피스에서 업계 표준으로 자리 잡기도 전에 내 친구 매트 터휸(Matt Terhune)은 배관 시공 회사 모든 직원의 초임을 15달러로 인상하기로 했다. 매트는 이렇게 말했다. "저에게 그 문제는 정의의 문제였습니다. 저는 물질적으로 가난한 직원을 둔 친구들에게 임금 문제를 계속 상의했고, 그러던 어느 날 여기(멤피스)에서 민권 운동에 참여했던 한 직원의 말을 들었습니다. 그는 '하루를 힘들게 일하면 식탁에 음식을 차릴 수 있을 정도는 되어야 한다고 생각합니다'라고 말했습니다. 그 후 저는 결단을 내렸습니다."

내 친구 웨스 가드너(Wes Gardner)는 지역 비영리 기관과 협약을 맺은 뒤 십대 미혼모를 고용하기로 했고, 이를 계기로 신입 사원에게 주는 초임의 수준을 재고하기에 이르렀다. "그 일로 사업을 바라보는 제 생각이 완전히 달라졌습니다"라고 웨스는 말했다. "이제 직원들에게 주는 월급을 제가 얻는 이윤처럼 생각하게 되었습니다. '우리가 얼마나 많은 돈을 벌었는지 보세요'라는 식으로 생각합니다."

"우리가 얼마나 많은 돈을 벌었는지 보라"는 표현은 정의로운 지혜에 상응하는 거대한 패러다임의 변화를 반영한다. 정의로운 지혜로 웨스와 그의 팀은 계속 회사를 성장시키는 일에 힘쓰는 동시에, 사업의 모든 측면에 영향을 미치는 복합적인 기업 환경과 법적 환경 속에서 수많은 고용 문제를 다루어야 했다. 임금 인상은 단순히 마술 지팡이를 휘두르는 문제가 아니었다. 웨스와 그의 팀이 경제적 권력의 올바른 사용을 회사의 중요 존재 목적으로 인정했기 때문에 거둘 수 있었던 성과였다.

성공적인 소프트웨어 회사로, 샌프란시스코의 리디머 커뮤니티 교회와 관련된 그리스도인들이 주축이 되어 세운 데이스프링 파트너(Dayspring Partners)사의 예를 들어보겠다. 데이스프링 창업자들은 3 대 1의 보상 비율을 회사 철칙으로 삼아 "회사의 최고 경영자를 포함해 어떤 직원도 회사 내 청소부 직원을 비롯한 다른 직원보다 3배 이상의 연봉을 받는 사람이 없도록 정했다."[72] 그런 결정을 내린 데는 정의로운 관용적 지혜가 필요했다. "인재를 유인하고 예산의 균형을 유지하도록 관리하는 동시에 3 대 1 비율의 원칙을 고수하는 차원에서 직원들에게 통상적 시장 임금 이상으로 보상할 수 있도록 경영진의 임금을 삭감할 수밖에 없었다."[73]

이런 사례는 기업의 존재 목적에 대한 인식의 광범위한 변화를 보여준다. 기업의 가장 중요한 존재 목적은 주주 이익의 극대화라는 것이 일반적인 인식이었다. 실제로 이는 기업 관련 법률에 명시돼 있으며, 주주들은 회사의 결정이 이익 극대화의 측면에서 정당하지 않을 경우 경영진을 고소할 수 있다. 이는 부를 수단적 선이 아닌 궁극적 선으로 만들기 때문에, 잠언과 성품 윤리 모두 회사법이라는 범위 내에서 주주 이익 극대화를 의사 결정의 유일한 판단 기준으로 삼는 것을 비판할 것이다.[74]

홀 푸드(Whole Food) 창업자인 존 매키(John Mackey)와 라젠드라 시소디어(Rajendra Sisodia) 교수는 주주 이윤 극대화 대신 주주 가치 극대화를 중요한 목표로 삼으라고 기업들에게 권면한다.[75] 이 주주 패러다임은 기업주는 물론이고 관리자, 직원, 고객, 공급자, 회사들이 자리한 주변 공동체를 모두 아우른다. 이런 틀은 모든 주주를 대신해 경제적 권한을 신실하게 행사하는 것으로 이해되는 정의를 기업적 관심의 핵심으로 삼는다. 그렇다고 기업들은 이익을 거부할 필요가 없다! 주주들을 위한 이윤 극대화를 거부할 뿐이며 이런 극대화 대신 모든 주주를 향한 정의로운 관용의 원칙에 입각한 실천을 중시한다. 그러나 노력, 성실함, 창의성, 관계 지능과 같은 잠언적 덕목을 기를 수 있는 가장 좋은 방법이 무엇인지 찾아보는 일도 적극적으로 해야 한다. 즉, 정의로운 지혜는 회사와 직원의 현명한 역량 개선이 경제적 정의의 실천에 기여할 수 있음을 인정한다.

내 친구 데이브 배럿(Dave Barrett)은 자신이 몸담은 회사인 캐스케이드 엔지니어링(Cascade Engineering)이 어떻게 800명이 넘는 직원이 '회사 복지의 수혜자에서 어엿한 직장인으로' 성공적으로 전환할 수 있도록 지원했는지에 관해 이야기해주었다. 정의로운 지혜를 실천하고자 한 그들의 노력은 사람과 이윤을 아우르는 삼중적 가치를 수용하고, 모든 직원이 가난에 대한 획일적 선입관(잠언이 고착화한다는 너무나 자주 오해를 샀던 그 고정 관념)의 해체가 목표인 훈련에 참여하도록 했다. 이런 정의로운 지혜의 실천으로 직원들은 이 회사에 최선의 기여를 할 수 있었다.

비영리 기관들과 제휴하여 직원들이 회사의 수익 창출에 더 효과적으로 기여하기 위해 필요한 기술을 습득하도록 돕는 회사도 있다. 내 친구 세라 스테클(Sarah Steckel)은 학교에 다니지 않거나 실직 상태에 있는 멤피스 지역의 18세에서 30세까지의 성인 40만 명을 조금이라도 돕기 위해 콜렉티브 블루프린트(Collective Blueprint)를 공동 설립했다. 콜렉티브 블루프린트는 청년들에게 소정의 급여를 주고, 무료 고수익 직업 교육 자격증 과정에 등록하여 수료할 수 있도록 돕고, 직업 기술을 습득하도록 지원한 뒤 제휴를 맺은 기업에 일자리를 연결해주었다. 세라는 뉴욕시가 근로 빈곤층의 임금을 실질적으로 인상할 것을 요구하는 데 앞장섰다. 콜렉티브 블루프린트를 통해 그녀는 회사들이 권리를 박탈당한 노동자들을 고용하고 생활임금을 지급함으로써 이 요청에 응답할 수 있도록 돕기 위해 협력한다.

임금과 관련해 정의로운 지혜를 도모할 수 있는 또 다른 전략은 단순히 모든 고용인과 고용주의 협력 구조를 채택하거나 우리사주(ESOPs, Employee Stock Ownership Programs)의 경우처럼 이윤을 나누는 식으로 모든 노동자가 주인이 되는 구조를 만드는 것이다. 이런 기업 구조는 역사가 길 뿐 아니라 매우 합리적이다. 성경이 권력의 성실한 행사로 정의를 권장하는 동시에 권력의 집중화를 매우 경계한다는 점을 감안하면, 이윤의 공유나 노동자 오너십을 통해 경제적 권력을 모든 노동자와 공유하는 것이 매우 훌륭한 대안으로 보인다.[76]

창업자 밥 무어(Bob Moore)가 자산 규모 1억 달러(1,300억 원) 규모의 회사를 직원들에게 돌려주었을 때 바로 이런 일을 한 것이다.[77] 무어는 자신의 확고한 기독교적 가치 때문에 큰 금액으로 회사를 인수하겠다는 제의를 거절했다. "저는 거의 70년 전에 근면함과 친절함이 성공에 얼마나 필수적인지 배웠습니다"라고 말했다. "작은 기업이 성장할수록 관용을 베풀 기회가 많다는 것을 깨달았습니다. 제가 좋아하는 성경 구절인 마태복음 7장 12절은 남들이 나에게 해주기를 바라는 대로 남들에게 베풀라고 말합니다. 우리는 모두 이런 기준에 따라 살아야 한다고 생각합니다."[78]

또한 연구에 따르면, 직원 오너십과 이익 공유가 정의로운 지혜의 한 형태임이 입증되었다. 협력 경제는 분명 효과가 있다. 직원 오너십을 시행하는 회사의 근로자는 전통적인 회사의 근로자보다 더 많은 임금을 받고, 더 많은 혜택을 누리며, 해고될 가능성이 적다.[79] 더 나아가 협력적 오너십은 근면함, 성실함, 창의력, 관계 지능과 같은 잠언의 미덕을 촉진한다. 연구는 이익 공유를 시행하는 회사의 직원 역량이 더 뛰어나며, 이직률이 낮고, 근로자가 '자기 모니터링과 품질 관리'를 통해 회사 성과에 더 많이 기여하는 것으로 나타났다.[80]

즉, 기업 리더들은 직원들이 주인 의식이 없다고 종종 불평하지만, 연구에 따르면 직원들이 주인 의식을 발휘하도록 회사 오너들이 그 주인 의식을 발휘할 공간을 만들어주어야 한다는 점이 밝혀졌다. 이는 그야말로 정의로운 지혜다!

공공 정책으로 임금 인상 시도하기

투표권과 의사 발언의 자유를 가진 시민으로서 그리스도인들은 정의로운 지혜의 관점으로, 최저 임금과 근로 빈곤층에 대한 현재의 정책 토론에 참여할 기회가 있다.[81] 그런데 그렇게 하는 데 있어 한 가지 도전은 최저 임금 상승이 미칠 잠재적 영향에 관한 길고 격렬한 논쟁이다.

경제학자들은 연방 최저 임금 15달러와 같은 정책이 미칠 수 있는 영향에 관해 계속 논쟁을 벌이고 있다.[82] 어떤 연구는 주류 경제 이론에 편승해 최저 임금 상승은 특히 저학력 노동자의 일자리를 없애거나 근로 시간을 단축하게 만들어, 득보다는 실이 더 많을 것이라고 주장한다.[83] 다른 연구자들은 적어도 입법 기관이 검토한 범위 내에서 최저 임금을 인상하는 것은 고용에 부정적인 영향을 미치지 않는다는 증거를 발견했다.[84] 심지어 저소득층 근로자에게도 거의 부정적인 영향을 미치지 않는다고 주장한다.[85] 어떤 연구자들은 오히려 이것이 고용에 긍정적인 영향을 미친다는 증거를 제시하기도 했다.

또 다른 경제 연구는 경제 분야에 따라 미치는 영향이 크게 달라질 수 있음을 시사한다. 많은 기업(외식업)에 종사하는 저임금 근로자는 최악의 영향을 받을 수 있지만, 상대적으로 작은 기업(소매업)에 종사하는 저임금 근로자는 상당한 혜택을 볼 수 있다는 것이다.[86] 연방 최저 임금 15달러가 미칠 영향에 관한 초당파적 미국 의회 예산처의 보고서에는 저임금 근로자에게 일어날 좋은 영향과 나쁜 영향이 나와 있다.[87] 이 복잡한 논쟁에 비추어 공공 정책에 어떻게 관여해야 하는지 이해하는 데 우리의 지혜로운 정의에 관한 설명이 기여할 수 있는 점은 무엇인가?

첫째, 공동체에서 권력을 제대로 행사하는 것이 정의라면, 지구 역사상 가장 부유한 나라인 미국에서, 즉 대기업 CEO의 평균 연봉이 평사원의 300배가 넘는[88] 나라에서 시민들은 근로 빈곤층의 임금 인상을 위해 경제적, 정치적 힘을 행사할 수 있고, 또 그래야만 한다. 근로 빈곤층의 임금 인상 문제를 정책 의제로 올리는 것이 바로 정의다.

더욱이, 저임금 근로자와 관련한 경제 정책을 펼칠 때 잠언은 어떤 경제든 '평소와 같은 사업'이 실제로는 불의한 일일 수 있다고 엄하게 경고한다. 잠언은 뇌물의 단기적 효과를 인정하면서도 뇌물을 비판한다. 미국인 수백만 명이 100년 전에는 상상할 수도 없는 생활 수준에 도달했을 정도로 미국 경제는 엄청난 생산성을 입증했다. 동시에 1979년부터 2013년까지 저임금 근로자의 임금은 실질적으로 감소했지만, 시장은 706퍼센트 성장하고 CEO의 연봉은 무려 1,007.5퍼센트 증가했다.[89]

더 우려스러운 점은 시장의 성장과 CEO 연봉 증가의 극적인 차이는 "CEO가 더 많은 연봉을 받는 것은 생산성을 향상하거나 수요가 많은 전문 기술을 보유해서가 아니라 임금을 결정할 권한이 있기 때문"이라는 것이다. 그 결과 "임금 불균형이 심화되지 않았더라면, 1979-2017년까지 하위 90퍼센트의 임금 증가율은 거의 두 배에 달했을 것이다."[90]

다시 말해, 우리 제도는 수많은 가난한 노동자의 임금 상승을 억제하는 방식으로 더 많은 돈을 벌 방법을 찾았다는 말이다. 성경적 정의가 권한의 신실한 행사라는 내 주장이 옳다면, 임금 불평등의 극심한 심화를 초래하는 최고 경영자의 "임금을 정할 권한"이라는 표현은 우리에게 충격으로 다가와야 할 것이다. 저임금은 뇌물처럼 단기적으로는 효과가 있는 듯 보이지만, 실제로는 심각한 불공정을 초래할 수 있다.

기독교 제자도는 우리 경제가 겉으로는 효과가 있는 듯하지만 불공정한 임금 관행을 수용해온 방식을 두려워하며, 저임금 노동자를 대신하여 권력을 정의롭게 행사하려는 열망을 키워야 한다. 앞에서 이 모든 것이 요구하는 정의롭고 관대한 지혜를 기꺼이 받아들인 경영진이 있는 기업을 소개했는데, 이렇게 그리스도인들은 저임금 노동자들의 처지를 개선하는 제도와 구조를 더 광범위하게 옹호하기 위해 우리에게 있는 정치적 힘을 사용해야 한다.

동시에 잠언과 다양한 임금 정책의 실제적 영향에 대한 복합적인 경제적 논의는 우리 역시 최선의 임금 인상 방법을 확인하는 지혜가 필요하다는 것을 시사한다. 이를 위해서는 최소한 서로 자기주장만 일방적으로 고집하기보다 문제가 복잡하다는 것을 인정해야 한다. 정의로운 지혜란 그리스도인들이 경제학자, 정책 전문가, 활동가로서 저임금 노동자의 임금 인상이라는 정의로운 결과를 달성하고자 최선의 방법을 찾아내려고 헌신하는 것을 의미한다. 근로 빈곤층이 고통받는 세상에서 정의로운 지혜는 그리스도인들이 정치학, 공동체 조직, 경제학, 비즈니스 분야를 통틀어, 경제 피라미드의 최하층에 위치한 노동자들을 위해 더 정의로운 세상을 추구하는 방법을 배우는 것을 요구한다.[91]

여기에는 다른 정책들과 연계하거나 비교하여 다양한 최저 임금 정책 제안의 상대적 장점과 절충안을 점검하고 토론하는 일이 포함된다. 지역마다 차등을 두는 생활 임금 제도, 직원 교육의 투자, 보편적 기본 소득, 근로 소득 세액 공제 확대, 앞에서 논의한 일종의 직원 오너십의 장려와 보호, 노동 개혁, 노동조합의 역할, 최저 임금 상승으로 타격을 입을 가능성이 큰 이들을 위한 직업 교육 프로그램 투자 등이 여기에 해당한다.

물론, 여전히 그리스도인들이 광장에서 어떤 구체적인 사안을 택해야 하는지는 서로 의견이 다를 수 있으며, 확실한 정책적 주장을 하는 것은 내 전문 영역에서 벗어나는 일이다. 개인적으로 나는 '최저 임금 15달러를 위한 투쟁'과 같은 활동 단체들이 근로 빈곤층의 곤경을 우리 관심사의 중심에 놓는 방식에 대해 대단히 감사하게 생각한다. 나 역시 때때로 그들의 옹호 활동에 직접 참여하기도 했다. 동시에, 경험적 자료의 복합성을 감안할 때 이것이 미칠 부정적 결과를 완화할 다른 조치들을 취하지 않은 한, 15달러 연방 최저 임금이 절대적 선인 것처럼 고집하는 것 역시 우려스러운 일일 수밖에 없다.

이런 완화 조치로는 최저 임금 법안으로 타격을 입을 가능성이 큰 근로자, 특히 빈곤 지역의 청년들을 위한 일자리 마련과 노동 기회 제공을 옹호하는 활동 등이 필요하다.

정의로운 지혜로 가는 길

잠언은 제자들에게 정의로운 우리 왕의 통치하에 그리고 우리가 몸담고 살아가는 망가진 세상에서 정의를 이해하고 바라며 실현하고 행동하는 전인적 태도인 정의로운 지혜의 미덕을 기를 교육 방법을 소개한다. 이런 정의로운 지혜, 즉 타인을 위한 '권력의 신실한 행사'와 필연적으로 연결된 지혜 없이 정의를 위한 우리의 모든 노력은 결국 실패할 수밖에 없으며, 지혜롭게 경제적 이득을 얻으려는 우리 노력은 종종 약탈적으로 변질될 것이다. 희소식은 잠언이 우리에게 정의로운 지혜를 향한 여정을 받아들이라고 초청한다는 것이다. 이 여정은 기쁨으로 나아가는 여정이다(잠 21:15). 무엇보다 하나님이 요구하시는 정의로운 지혜는 우주의 구조 자체에 아로새겨져 있기 때문이다.

7장
제자도라는 선물과 과업: 요한일서

지금까지 우리가 살펴보았던 불의의 실태가 충격적이고 마음이 괴로울지 모른다. 하지만 나의 경우는 그리스도인들이 이런 불의에 일조한 경우가 적지 않다는 사실이 훨씬 더 힘들고 마음이 무겁다. 이런 고통스러운 현실 앞에서 우리는 성경이 초청하는 도덕적 제자도를 미래의 희망으로 여기고 연구하는 데 심혈을 기울였다. 살아 계신 주님은 성경을 통해 우리가 정의로운 사람이 되도록 도울 목적의 도덕 형성 프로그램을 제공하신다. 성경의 이야기, 형성 훈련, 정의로운 성품의 규정, 특정 '정치'나 공동체적 삶의 형태로 초대하는 것을 통해 하나님은 그분의 정의롭고 의로운 백성이 되는 여정에 동참하도록 우리를 부르신다. 하지만 이 여정은 종종 반문화적 여정으로, 세상이 권하는 다른 형태의 제자도에 저항하고 거부할 것을 요구한다. 이런 도덕적 제자도가 신명기의 절기, 시편의 정의의 노래,

잠언의 정의에 대한 가르침에 관한 우리 논의에 어떤 역할을 하는지 살펴보았다.

그러나 많은 그리스도인이 이런 진단을 납득하지 못할 수 있다. 지금 우리가 보고 겪는 이 망가진 세상이 단지 '프로그램대로 따라가지 못해서'라는 말인가? 성경은 죄인들이 절대 '프로그램대로 따라갈 수 없다'는 것을 분명히 밝히고 있지 않은가? 자신의 성품·미덕 윤리에 지나치게 의존하는 바람에 우리가 완전히 엉뚱한 길로 가버린 것은 아닌가?

더 나아가 구약 위주의 논의를 일단락 짓고 신약 위주로 논의를 진행할 경우 지금까지 들려주었던 이야기 중 얼마나 많은 부분을 버려야 할까? 만일 예수님이 가져다주신 것이 '악덕에서 덕으로, 악덕에서 그리스도의 은혜로'의 해방이 아니라면, 덕 윤리에 관해 말할 때, '정의로운 제자도'를 어떻게 설명해야 할까?[1] 인간의 죄성이라는 문제의 심각성과 예수님이 그 문제를 해결하심으로 생긴 변화를 제대로 포착하지 못한 것은 아닌가?

이런 난제에 대답하기 위해 정의로운 제자도에 대한 논의를 요한일서 3장 1-3절에 나오는 요한의 프로그램식 비전을 통해 진행하려고 한다. 이렇게 접근할 때 지금까지 제시한 도덕적 제자도의 비전을 폐기하지 않아도 될 것이며, 오히려 그 비전을 더 넓은 틀에서 조망할 수 있을 것이다. 요한에게 제자도는 우리가 감당해야 할 과업이기 전에 항상 예수님의 선물이었다. 요한은 정의로운 제자도라는 성경적 과업의 근거가 하나님이 은혜로 주시는 선물이라는 점을 알려줌으로써 하나님의 선물과 우리 행동이 예수님의 복음 안에서 하나로 통합됨을 이해하게 한다.² 더 나아가 요한이 던진 성품 윤리에 관해 살펴봄으로써 우리는 제자도의 실패를 극복하고, 오늘날 하나님 사랑의 정의를 구현할 방법을 이해할 수 있다.

선물을 받다:
요한일서 3장 1-2절에 나타난 제자도의 주체, 장소, 시기

요한일서 3장 1-2절에서 요한은 제자도라는 선물을 주심으로 하나님이 어떤 일을 이루셨는지 격정적으로 묘사하고 있다.³ 이 과정에서 그는 도덕 생활의 가장 기본적 질문에 어떻게 대답해야 하는지 새롭게 정의한다.

—제자로서 우리는 누구인가?
—제자로서 우리는 어디에 있는가?
—우리는 언제 제자가 되는가?⁴

우리는 누구인가?

"보라 아버지께서 어떠한 사랑을 우리에게 베푸사 하나님의 자녀라 일컬음을 받게 하셨는가, 우리가 그러하도다"(요일 3:1). 요한은 이렇게 감격을 이기지 못하고 찬양하며 우리가 누구냐는 청중의 정체성에 관한 질문에 한마디로 압축해 대답한다. 우리는 아버지의 자녀다.

하나님의 자녀라는 것은 매우 도덕적인 진실에 해당한다.[5] 요한이 요한일서 2장 29절에서 주장하듯이 하나님께 난 모든 자는 하나님의 두드러진 속성인 '의' 혹은 '공의'(*dikaiosynē*, 디카이오시네)를 실천한다. 그러므로 요한의 윤리적 제자도는 "하나님의 자녀라는 정체성과 그에 따른 행동"이 그 핵심에 자리하고 있다.[6] 그러나 요한은 하나님의 '의로운' 자녀로서 이 정체성은 하나님의 아낌없는 사랑의 결과일 뿐임을 분명히 밝힌다. "우리를 자신의 자녀로 불리게 하신 하나님의 그 놀라운 사랑을 보라"고 요한은 선언한다. 요한이 보기에 우리의 의로운 가족이라는 정체성은 우리를 자기 자녀로 낳으심으로 표현된 하나님의 풍성한 사랑 때문이다(요일 2:29). 이런 값없는 사랑의 결과는 너무나 생생하다. 요한이 즉각 알려주듯이, 하나님의 사랑이 그 실존의 뿌리인 자녀들은 "우리가 그러하도다"(요일 3:1)라고 선언한다. 제자로서 우리 정체성은 하나님이 주신 참 선물이다.

우리는 어디에 있는가?

요한은 제자들에게 그들이 어떤 존재인지 확인해준 뒤 곧바로 그들의 현재 위치를 알려준다. "그러므로 세상이 우리를 알지 못함은 그를 알지 못함이라"(요일 3:1). 그러나 제자들이 그들을 몰라주는 세상에 살고 있다는 요한의 직설적인 언급이 어떤 의미인지는 정확하게 꼭 집어 말하기가 쉽지 않다.[7] 그 이유는 '세상'으로 가장 자주 번역되는 헬라어 코스모스(*kosmos*)를 요한이 적어도 세 가지의 서로 다르지만 연관된 방식으로 사용하기 때문이다.

첫째, 요한복음 서문에서처럼 요한은 태초에 예수님을 통해 창조되고(요 1:1-10), 예수님이 성육신을 통해 자발적으로 물질세계로 들어오심으로 구원받은 하나님의 아름다운 피조 세계를 가리켜 코스모스(*kosmos*)라는 단어를 사용했다(요일 4:2, 9, 14).⁸ 그러나 요한의 편지에서 훨씬 더 강한 의미로 사용되는 두 번째 용도가 있다. 요한은 하나님이 아름답게 지으신 세상이 다 좋기만 한 것은 아니라고 말한다. "우리는 하나님께 속하고 온 세상은 악한 자 안에 처한 것이며"(요일 5:19). 하나님의 아름다운 코스모스는 전쟁터가 되었고, 모든 인류는 그 싸움에 말려들었다.⁹

이 싸움에 말려든 이들은 그저 개인이 아니다. 윙크(Wink)가 코스모스를 '체제'로 번역한 데서 짐작하듯이, 우리는 사탄의 영향을 환원주의적 의미나 단순히 영적인 의미로만 봐서는 안 된다. 요한이 세상이 '악한 자의 권세 아래' 있다고 말할 때(요일 5:19) 사회, 경제, 문화, 정치 제도 역시 사탄의 영향력 아래 있다는 의미로 사용한 것이다.¹⁰ 이 체제들은 훔치고 죽이며 파괴하는 악한 자의 임무 수행에 가담한다(요 10:10). 세상에 대한 이런 시각은 문제가 단순히 개별 죄인들의 조합이 아니라 "세상에 대한 하나님의 통치권에 조직적으로 대항하며" 세상의 합법적 왕이신 예수님을 인정하기를 "인간 권위가 제도적으로 거부하는" 데 있음을 인정한다.¹¹ 요한은 코스모스를 악한 자의 지배 아래 있는 체제로 이해하기 때문에 코스모스에 있는 것들을 갈망하고 사랑하는 것은 하나님의 뜻을 정면으로 거스르는 행위라고 본다(요일 2:16-17). 따라서 코스모스는 믿음으로 승리해야 하는 대상이라고 말할 수 있다(요일 5:4-5).

    요한은 신학자들이 때로 종말론적이라고 서술하는 도덕적 실재에 대한 일종의 신학적 비전을 제공한다.[12] 제자로서 우리가 현재 속한 위치의 이런 종말론적 이해는 제자로서 우리 정체성을 이해하는 데 중요한 함의를 지닌다. 예를 들어, 마틴(Martyn)에 따르면, 우리는 인간을 2인 주인공 드라마(two-agent drama) 속에 사는 사람들로 종종 상상한다.[13] 이런 2인 주인공 드라마에서 세상은 한편으로는 선과 악을 자유롭게 선택할 수 있는 인간과 다른 한편으로는 그렇게 할 수 있는 여지를 주는 '자기 제한적인' 하나님으로 구성된다. 그러나 마틴은 신약의 종말론적 비전은 2인 주인공이 아닌 3인 주인공 드라마라고 주장한다. 그 세 주인공은 하나님, 도덕적으로 무능한 인간 그리고 사탄이나 어두운 초인적 세력이며, 이 어둠의 세력은 인간을 무능하게 만드는 영향력을 행사한다.[14]

    제자들의 정체성과 위치에 대한 요한의 도덕적 비전은 이런 종말론적 비전과 상통하는 면이 있다. 요한이 보기에 우리는 일종의 도덕적으로 중립적인 위치에서 출발하여 어느 한편을 선택하는 것이 아니다. 모든 인간은 항상 이미 "누군가의 소유다."[15] 하나님의 자녀가 아닌 사람들은 모두 사탄의 자식이며, 요한이 "세상으로부터 온 것"이라고 규정한 정체성을 가진다(요일 2:16, 4:5). 하나님 자녀의 경우처럼, 이 세상 가정이 가진 성격은 사탄이라는 부모에게서 물려받은 것이다. 불의하고 부정하며 악한 행동은 "악한 자에게 속하여", 자기 형제를 죽인 가인 같은 사람의 불의하고 부정하며 악한 성품에서 기인한 것이다(요일 3:10-12).[16] 그런 세상의 자녀는 사랑이시며 정의로운 분의 특징인 정의와 사랑을 제대로 실천할 힘이 없다(요일 4:16). 즉, 우리 존재의 이유인 정의로운 제자도를 실천할 수가 없다.

그렇다고 이런 우주적 싸움에 휘말린 인간들이 도덕적으로 말해서 단순히 수동적 희생자라는 말은 아니다. 사탄의 공격으로 고통받는 세상에서 살아가면서 인간은 개별적인 죄악 된 반역 행위를 통해 사탄의 힘에 적극적으로 공모하는 습관을 형성하게 된다.[17] 다시 말해, "적의 사악한 권세라는 허리케인처럼 강력한 세력에 집중 공격을 받는 집에서 살면서 우리는 더 높은 지대로 피하는 것이 아니라 배에 올라타 돛을 올린 후 바람이 가는 방향으로 적극적으로 나아간다."[18] 우리를 굴복시키고자 하는 세력에 발맞추어 기꺼이 걸어가기로 선택하는 것이다.

그러므로 요한이 보기에 코스모스는 아름다운 피조 세계와 인간 거주민들로 이루어져 있다. 이 인간 거주민들은 사탄과 그의 수하인 어둠의 세력들과 거짓 선지자들에게 침범당하고 유린당한 자들이다(요일 4:1, 요이 1:7). 그런 세상에서 사는 인간은 정의로운 제자도를 온전히 수용할 수가 없다.

그러나 이 암울한 현실이 코스모스에 대한 요한의 최종적 발언은 아니다. 요한에게 코스모스는 궁극적이고 절대적인 의미에서 자기 아들을 "코스모스, 즉 세상의 구주"로 보내실 정도로 하나님이 너무나 사랑하신 곳이었다(요일 4:14). 예수 안에서 창조주는 원래 자기 소유였던 것을 다시 받으러 돌아오셨다. 이 일은 "마귀의 일을 멸하[고]"(요일 3:8) 자신을 온 코스모스의 대속물로 내어드려야 하는(요일 2:2) 구조 작전이었다. 성육신하신 주님은 마귀의 자식들을 용서하시고 그들을 새롭게 낳으시며 "그로 말미암아"(요일 4:9) 사는 새 생명을 주심으로 그들을 해방하셨다.

우리가 누구인가라는 질문에 대한 답은 우리의 위치가 어디인가에 대한 질문과 깊이 연관되어 있다. 우리는 잠시 있다 사라질 세상 속에 그대로 머무르며 그 지배를 받든지 아니면, 그 세상에서 벗어나 구주가 되찾고 회복하신 코스모스에서 사랑과 의와 공의의 통치에 참여하기 위해 새롭게 태어나든지 해야 한다.[19]

우리는 언제 제자가 되는가?

제자들의 정체성과 위치에 대한 질문은 이제 세 번째 질문으로 이어진다. 언제 우리는 제자가 되는가? 이번에도 역시 요한일서 3장 1-2절은 프로그램에 따른 대답을 제시한다. "사랑하는 자들아 우리가 지금은 하나님의 자녀라 장래에 어떻게 될지는 아직 나타나지 아니하였으나 그가 나타나시면 우리가 그와 같을 줄을 아는 것은 그의 참모습 그대로 볼 것이기 때문이니"(요일 3:2). 2절 첫 부분은 우리가 지금 하나님의 자녀임을 힘주어 선언하지만, 후반절에서는 이 현세적 그림이 복잡해진다. 우리는 지금 하나님의 자녀이지만 앞으로 어떻게 될지는 아직 모른다는 것이다. 하나님 자녀의 정체성에 대한 전체적 계시는 예수님이 자신의 정체성을 모두 드러내시는 재림과 철저하게 연결되어 있다. "그가 나타나시면 우리가 그와 같을 줄을 아는 것은 그의 참모습 그대로 볼 것이기 때문이[다]"(요일 3:2).[20] 구속받은 인생의 목표는 바로 예수님과 같아지는 것이기 때문에 제자로서 우리 정체성은 고정적이지 않다. 인간의 현재 정체성은 과거의 우리 모습과 미래의 모습에 비추어 보아야 한다.[21]

그러므로 도덕적 실재에 대한 요한의 묘사는 도덕적 시간의 지금/아직 아님의 차이로 결정된다.[22] 그가 빛 가운데 계시듯이(요일 1:6-7) 성도들이 빛 가운데 행하며 의와 공의와 사랑의 삶을 살 수 있고 또 마땅히 그래야 하며(참고. 요일 2:6) 실제로 그런 삶을 살 수 있는 것(요일 2:28-29)은 오직 사탄의 영향력 아래 있는(요일 5:19) 세상의 어둠(참고. 요일 2:8, 17)이 지나가고 성육신으로 밝혀진 참 빛이 이미 비치고 있기 때문이다.

한편 요한일서 3장 2절을 보면 이 '이미'의 차원과 '아직'의 실재, 즉 예수님이 재림하실 때 그리스도인들이 예수님의 형상으로 변화되되, 변화의 수준이 어느 정도일지 상상조차 되지 않는 '아직'의 현실이 긴장 관계 속에 있음을 알 수 있다.[23] 그러므로 제자도는 선물이지만 또한 현재 완벽하게 다 소유한 선물은 아니다. 이 '지금'과 '아직'의 긴장 관계는 제자들이 도덕 생활의 자율성과 통제에 대해 과신하거나 착각하지 않도록 예방해준다. 우리는 이미 하나님의 자녀이지만, 우리의 현재 삶은 예수님이 재림하실 때 마땅히 변해야 하고 또 그렇게 될 것과는 여전히 너무나 거리가 멀다.

과업의 수용: 과도기에 제자로 살기

요한은 정체성과 위치와 시기에 대한 질문에 체계적인 답을 제시한다. 제자들은 하나님의 자녀다. 그들은 악한 자의 권세에서 해방되었고, 이제 하나님이 사랑하시고 다시 회복시키시는 세상에서 살아가고 있다. 예수님이 다시 오시면 이 제자들은 그분을 있는 그대로 보게 될 것이며 그분과 같이 될 것이다. 요한에게 제자가 된다는 것은 예수님의 구원하시고 구속하시며 변화시키시는 사랑에 전적이고 절대적으로 의존하는 사람들의 공동체에 참여하는 것을 말한다. 은혜로 주신 선물, 하나님이 우리에게 주신 의롭고 정의로운 성품을 포함하는 선물인 삶의 방식을 받아들이는 것이다.

요한은 바로 이어 너무나 이해하기 어려운 말을 한다. "주를 향하여 이 소망을 가진 자마다 그의 깨끗하심과 같이 자기를 깨끗하게 하느니라"(요일 3:3).

대체 무슨 말인가?

지금까지 우리가 요한의 논증을 제대로 쫓아왔다면, 이 3절 내용은 우리의 예상과는 완전히 다른 말씀이다. 심지어 이 구절은 거의 이단적인 주장처럼 들린다. 분명히 우리를 정결하게 해주시는 주체는 바로 예수님이다! 우리는 복음을 받아들인 뒤 변화의 사역을 이루어가시는 하나님의 모습을 지켜보기만 하면 된다! 제자는 예수님이 깨끗하신 것처럼 '자신을 깨끗하게 하는' 삶을 살아야 한다는 요한의 주장은 인간 노력의 효력과 인격의 가능성을 과도하게 부각하는 것 같다. 행위에 따른 의와 자기 몰입의 위험성이 문밖에 웅크린 채 기다리고 있는 것 같다.

이런 우려는 실제적인 위험성을 잘 드러낸다. 그러나 요한은 이러한 위험이 있더라도 예수님을 의지하고 그분 안에서 발견하는 성품을 본받아 적극적으로 자신을 정결하게 해야 한다고 촉구한다. 자기를 깨끗하게 해야 한다는 말은 하나님의 자녀가 된 그리스도인이 지위의 변화 때문에 자발적으로 거침없이 선한 일을 하게 되지는 않는다는 의미다. 또 우리를 구원하신 하나님의 사역을 계속 묵상하는 것이 깨끗해지는 유일한 길이 아니라는 의미도 담겨 있다. 오히려 자신을 정결하게 한다는 말은 지속적인 도덕 형성 과정을 의도적으로 추구하는 것이 예수의 재림을 기다리며 죄에서 해방된 하나님의 자녀로 살아가는 것의 핵심임을 암시한다. 다시 말해, 인간의 변화를 위한 하나님의 역사에는 도덕 형성을 위한 우리 자신의 노력이 필요하다는 뜻이다. 요한은 제자들이 받는 변화의 선물을 과도기에 제자로 살아야 한다는 과업을 감당하라는 요청으로 받아들였다.

이런 관계를 신학적으로 어떻게 이해해야 하는가? 존 웹스터(John Webster)가 지적하듯이, 우리를 자유로워지게 하시는 삼위 하나님의 사랑은 "인간이 처한 조건을 바꾸심으로" 우리의 삶을 변화시킨다.[24] 어두운 악마의 영향력으로 가득한 세상 체제에 사로잡힌 '마귀의 자녀'에게 제자도는 참으로 불가능한 일이다.[25] 그러나 하나님의 자녀로 거듭난 사람들에게 제자도는 영광스러운 가능성이자 하나님이 주신 책무가 되었다.

이 영광스러운 가능성은 제자들이 의도적으로 지속적인 제자도의 과정을 추구할 것을 요구한다. 즉, 그리스도 안에서 "이미 우리 것이 된 실존 방식으로 훈련하고 진지하게 붙잡는 일"을 해야 한다는 것이다.²⁶

　이런 식으로 제자도에 접근하면, 제자도를 위한 우리 노력 자체가 삼위 하나님이 우리에게 주시는 선물과 직접적으로 연결되어 있음을 알게 된다. 우리는 포도나무에 단단히 붙어 있어야 열매를 맺을 수 있는 가지에 불과하다(요 15:5). 제자들 안에 역사하는 하나님의 임재와 능력이라는 선물은 자기 백성에게 그분의 성령을 주신 데서 확인할 수 있다(요일 4:13). 요한이 보기에 우리가 제자도의 과업을 수용할 때 우리 행동은 항상 우리 안에서 우리를 통해 일하시는 하나님이 어떻게 행동하시느냐에 달려 있다. 절기를 지키든, 성경에 나오는 정의의 노래를 부르든, 잠언의 교훈을 경청하든, 예수님을 본받든, 그 밖의 정의로운 제자도를 실천하든, 하나님의 은혜가 우리의 앞뒤를 감싸고 있으며, 우리에게 은혜를 베풀고 힘을 주시는 하나님의 임재로 말미암아 우리는 모든 일을 할 수 있다.

요한과 성품 윤리에 관한 대화

요한의 신학적 비전은 아름답다. 하지만 이 비전은 우리의 일상생활에 어떤 변화를 일으킬 수 있는가? 이번에도 역시 성품 윤리에 집중하여 성경을 읽으면 요한이 묘사하는 신학적 실재를 이해하고 실천하는 데 도움이 된다. 예를 들어, 토마스 아퀴나스의 미덕 이론은 정의로운 제자도라는 선물과 과업에 대한 요한의 주장을 이해할 수 있는 도구를 제공한다.[27]

지난 장에서 우리는 성품 윤리의 관점에서 미덕은 하나의 습관이자 성향으로 보며, 이런 미덕은 개인에게 그것과 관련한 선을 알고, 바라며, 추구할 수 있게 하는 힘을 준다는 것을 살펴보았다. 아퀴나스와 같은 신학자들은 기본적으로 아리스토텔레스의 입장을 수용한다. 그러나 사람들이 이런 미덕을 어떻게 습득할 수 있는지 설명할 때 아퀴나스는 놀랍도록 혁신적으로 접근한다. 이 논의가 쓸데없이 전문적으로 비칠 수 있겠지만, 장담컨대 그리스도인의 삶을 이해하는 데 상당한 도움이 될 것이다.

아리스토텔레스는 가르침과 훈련으로 미덕을 얻을 수 있다고 믿었다. 그러나 아퀴나스는 누군가의 도움 없이 가르침이나 훈련만으로 하나님이 요구하시는 덕성을 습득하기란 궁극적으로 절대 불가능하다고 보았다. 아퀴나스는 아우구스티누스의 말을 빌려, 참된 미덕은 "우리가 의롭게 사는 습관으로, 누구도 악용할 수 없고, 우리의 어떠함과 상관없이 하나님이 우리 안에서 역사하시는 습관"이라고 주장한다.[28] 요한과 관련해 아퀴나스는 하나님이 자녀를 입양하시고, 변화된 삶을 살 수 있도록 그들에게 변화된 성품을 주시는 것으로 이해한다.[29] 이런 참되고 완전한 미덕은 아리스토텔레스가 말하는 것처럼 우리 노력으로 '획득하는' 것이 아니라 하나님이 우리 안에 '주입하시는' 것이다.

그러나 흥미로운 지점이 여기 있다. 제자들은 하나님이 주시는 선물로 이런 미덕을 주입받지만, 그렇다고 신자들이 제자의 삶을 사는 데 수동적이라는 말은 아니다. 아퀴나스에게 이런 선물로 받은 고결한 습관은 실제로 삶에서 실천할 때 개인의 성품에 더 단단하게 뿌리내릴 수 있다.[30] 그러나 타락하고 패역한 코스모스에서 살면서 얻은 죄의 기질은 이러한 주입된 미덕을 실천하는 일을 어렵게 만들 수 있다.[31] 그러므로 신자들은 그 미덕을 적극적으로 삶에 구현하며, 그 일에 방해되는 잘못된 습관을 고사시킴으로써 하나님이 주입하신 미덕이 자라나도록 해야 한다. 그러므로 하나님이 자기 백성에게 주신 고결한 성품은 또한 하나의 과업으로 그들에게 부여된다.

아퀴나스는 우리 삶 속에 나타난 하나님의 역사라는 더 큰 이야기로 틀을 재설정하여, 도덕적 성장에 대한 아리스토텔레스의 시각과 다른 입장을 취한다. 요한은 청중이 제자도의 모든 영역에서 하나님의 은혜로우신 사랑에 전적으로 의지해야 함을 분명히 못 박은 후에야 제자들에게 '예수님이 성결하신 것처럼 우리 자신을 성결하게 해야 한다'고 요청함으로써 아퀴나스와 유사한 입장을 보인다(요일 3:1-3). 이제부터 아퀴나스의 덕성 윤리에 관해 깊이 논의하며 정의로운 제자도라는 선물이자 과업에 대해 살펴보고자 한다.

사랑하는 이를 본받는 선물이자 과업

예수님이 성결하신 것처럼 자신을 깨끗하게 해야 한다는 개념은 정의로운 제자도에 대한 요한의 접근 방식에서 모방의 중요성을 암시한다.³² 요한은 바로 4절 뒤에서 제자들에게 예수님이 디카이오스(*dikaios*)하시듯이 디카이오시네(*dikaiosynē*)를 훈련하도록 요청한다. 이런 디카이오스(*dikaios*)로 시작하는 헬라어 단어는 의와 정의를 모두 아우르는 개념을 가리킨다. 이렇게 요한은 청중에게 하나님 자녀의 신분에 걸맞게, 또한 예수님의 정의롭고 의로운 성품을 본받아 의와 정의를 실천하도록 요청한다.

요한일서 3장 10절에서 두 단어가 나란히 사용된 것에서 볼 수 있듯이, 요한이 보기에 정의와 의는 사랑과 밀접한 관련이 있다. 요한일서 3장 16절에서 요한은 제자들에게 예수님이 그들을 위해 자기 목숨을 버리시면서까지 주신 사랑의 선물을 깨닫고, 동시에 그들이 형제자매를 위해 자기 목숨을 버리기까지 그 사랑을 본받으라고 권면한다.

물론 예수님을 본받으라는 요청은 선물이 아니라 어금니를 악다물고 예수님 생애의 놀라운 성과를 그대로 복제하도록 노력하라는 과업처럼 들릴 수도 있다. 그래서 많은 윤리학자와 신학자가 도덕 형성에서 모방의 역할을 회의적인 시각으로 보는 것일지도 모른다.

그러나 요한이 분명히 지적하듯이, 인간을 새롭게 하여 사랑하는 주님을 본받을 수 있게 하는 것은 하나님의 해방적인 사랑이다. 그리스도가 사랑하신 것처럼 사랑하라는 요한의 명령은 바로 제자들이 사망에서 생명으로 옮겨졌다는 사실 그 자체를 근거로 삼는다(요일 3:14). 실제로, 하나님이 사랑이시라는 주장은 우리가 하나님의 사랑을 본받으려면 오직 하나님의 사랑을 경험해야 가능하다는 의미를 함축하고 있다. 그래서 요한은 요한일서 2장 7절에서 처음으로 청중을 사랑하는 자라고 지칭하며 사랑하라는 명령을 소개한다.

그리스도의 의와 공의(디카이오시네)를 본받는 것 역시 같은 패턴을 따른다. 요한은 그런 도덕 형성이 가능한 것은 오직 공의로운 분(디카이오스)이 자기 백성을 모든 불의(*adikia*, 아디키아, 요일 1:9)에서 깨끗하게 해주셨기 때문에 가능하다고 분명히 말한다. 예수님의 의로우심을 우리가 본받으려면 예수님과의 관계라는 선물을 받아야 한다.

역시 미덕 윤리가 이런 관련성을 이해하는 데 도움이 될 수 있다. 아퀴나스에 따르면, 하나님이 자기 백성에게 미덕을 선물로 주실 때 관계를 맺고 싶다는 성향 혹은 '태도'를 선물로 주신 것이라고 한다.[33] 핀센트(Pinsent)는 이 선물을 관계의 맥락에서 하나님께 감동을 받는 나-너 지향성, 즉 2인칭 성향이라고 설명한다.[34] 핀센트를 비롯한 여러 사람은 최근의 사회 인지 연구에 기대어 이런 2인칭 성향에 대한 아퀴나스의 시각을 설명한다. 여기에는 관계적 측면의 모방에 관한 연구도 포함된다. 예를 들어, 이런 연구들은 영아가 태어난 지 채 한 시간이 안 되어 부모의 표정을 모방하기 시작함을 보여준다.[35] 그런 모방은 "우리 뇌 속 깊이 프로그램되어 있는 것"으로 보인다.[36] 실제로 일부 과학자는 개인이 어떤 행동을 하고 있거나 누군가가 행동하는 것을 보고 있거나[37] 표정을 통해 감정을 표현하거나 다른 사람들이 "감정을 표현하는 모습을" 관찰할 때 뇌에서 동일한 방식으로 작동하는, 이른바 거울 뉴런에 관한 증거를 제시한다.³⁸ 이런 연구에 따르면, 면 대 면 모방은 인간이 새로운 기술과 습관을 습득하고, 정서적 공감 능력을 개발하며, 모방 대상과 유사한 성격 특성을 습득하는 주요 방법 중 하나라는 점을 보여준다.³⁹

또한 예수님을 본받으려는 우리 노력이 그분과의 관계라는 선물로 인해 어떻게 가능해지는지 이해하는 데 필요한 유비를 제공한다. 모방으로 우리는 "내가 행동하지만, 또한 타인에 의해 행동하게 된다."⁴⁰ 우리가 예수님을 본받을 때 2인칭 행동을 통해 제자도의 과업을 적극적으로 수용하게 된다. 그러나 이런 과업은 오직 예수님과의 2인칭 관계라는 선행하는 지속적 선물 때문에 가능할 수 있다.

요한은 제자가 예수님을 본받는 행동이 관계적 성격이 강함을 강조한다. 요한일서 3장 1절에서 요한은 아버지가 얼마나 놀라운 사랑을 우리에게 베풀어주셨는지를 보라고 청중에게 요청한다. 때로 번역 과정에서 생략되는 이 헬라어 동사의 명령형은 거의 항상 실제 광경을 보는 것을 가리킨다.⁴¹ 그러므로 그리스도의 모범으로 구체화된 하나님의 사랑을 보며, 또한 왕으로 재림하실 때 그리스도가 최종으로 변화되신 모습을 보라는 요한의 요청은 청중이 그리스도를 집중해서 바라보며, 그런 바라봄을 통해 생긴 사랑하는 분을 본받고 싶은 마음을 받아들이게 하는 데 목적이 있다. 그렇다면 예수님이 성결하신 것처럼 우리 자신을 정화하는 한 가지 방법은 우리 시선을 그분께 고정하고, 우리 눈으로 확인한 그분의 깨끗함을 본받고자 새롭게 주체성을 행사하는 것이다.

예수님을 바라보는 우리 시야가 현재는 불완전하다는 사실, 즉 그분의 모습 그대로를 아직 다 보지 못한다는 사실은 매우 중요하다.[42] 이런 현실 앞에서 우리는 깊은 겸허함 가운데 오직 예수님만 의지하며 예수님을 본받고자 노력하게 된다. 또 우리 자신의 노력으로 성장이 일어나더라도 그것도 하나님의 선물임을 인정하게 된다. 예수님을 본받을 때 그 노력은 우리가 하는 것이지만 사실 우리를 움직이게 하는 것은 주님과 우리의 관계다. 그렇게 예수님을 본받는 노력을 할 때 "(우리를 위한) 예수님의 사랑은 사랑의 모델이 될 뿐만 아니라 (우리가) 사랑할 수 있게 하는 힘이 된다."[43] 요한이 요청하는 모방은 "'개인의 자유로운 선택'으로 누군가의 모범을 따르려는 경우보다 훨씬 더 심오하며 자기 참여적이다."[44] 제자들은 예수님을 본받을 때 "바로 하나님의 생명 그 자체에 참여하게 된다."[45]

그런데도 예수님을 본받기 위해서는 우리는 반드시 적극적인 노력을 해야 한다. 예수님이 깨끗하신 것처럼 우리 자신을 깨끗하게 하는 일은 절대 쉽지 않다. 아퀴나스는 우리 안에 남아 있는 나쁜 습관과 악한 도덕적 기질 때문에 변화된 성품에 맞게 예수님을 본받고자 하는 노력이 매우 고통스러울 수 있음을 경고한다. 미덕 윤리는 성화의 여정에서 이런 악한 성향을 적극적으로 죽이고, 매일 일상에서 우리에게 이미 주어진 미덕이 힘을 얻도록 분발해야 함을 인정한다. 이와 마찬가지로, 요한은 예수님을 본받기 위해서는 사탄의 어두운 영향에 매여 살 때 다 청산되지 않은 습관과 성향을 적극적으로 죽이고, 사람들과의 관계 속에서 하나님이 주신 사랑의 선물을 적극적으로 행사해야 한다고 명확히 지적한다. 중요한 점은 정의 지향적 제자도를 이해하도록 돕고자 요한은 제자들이 그리스도 안에서 가난한 형제자매들에게 예수님처럼 행동하라고 명령함으로써 이 과정을 구체화하고 있다는 것이다.

죽이고 살림. 요한일서 2장 12-14절에서 요한은 제자들이 이미 "아버지를 알았[고]" 죄를 용서받았으며, 심지어 "흉악한 자를 이기었[다]"고 선언한다. 예수님의 제자들은 거듭남이라는 놀라운 선물을 받았다. 이제 그들은 하나님의 자녀이며, 예수님의 성령을 받았으므로 더 가르쳐줄 사람이 필요 없다(요일 2:27).

그런데도 할 일은 남아 있다! 요한일서 2장 15절에서 요한은 제자도라는 선물을 받은 사람들도 여전히 사라져가는 코스모스에서의 옛 생활과 관련된 습관, 무질서한 욕망에서 여전히 벗어나지 못할 위험이 있다고 격정적 어조로 선언한다.

> 이 세상(코스모스)이나 세상(코스모스)에 있는
> 것들을 사랑하지 말라 누구든지 세상(코스모스)을
> 사랑하면 아버지의 사랑이 그 안에 있지 아니하니
> 이는 세상(코스모스)에 있는 모든 것이 육신의 정욕과
> 안목의 정욕과 이생[46]의 자랑이니 다 아버지께로부터
> 온 것이 아니요 세상(코스모스)으로부터 온 것이라 이
> 세상(코스모스)도, 그 정욕도 지나가되 오직 하나님의
> 뜻을 행하는 자는 영원히 거하느니라(요일 2:15-17).

제자도의 선물을 받은 사람들이 이제 감당할 일은 무질서하고 '세속적인' 욕망을 죽임으로 제자도의 사역을 감당하는 것이다.

우리 역시 이렇게 특정한 무질서한 욕망이 너무나 익숙하다! 학자들이 요한의 '미니 악덕 목록'이 청중에게는 특히 부유한 회중 구성원들의 탐욕스럽고 성적인 타락으로 얼룩진 생활 방식을 가리키는 것으로 이해했을 것으로 믿는 이유가 여기에 있다.[47] "이생의 자랑"(소유에 대한 자랑)이라는 표현은 공동체의 이 부유한 교인들이 욕망을 쫓으며 어렵게 달성한 높은 지위를 자랑스러워했음을 암시하는 것일 수도 있다.[48]

요한이 보기에 그런 습관과 성향은 마귀와 관련 있는 불의한 악덕이며, 예수님의 희생적 사랑을 제자들이 본받는 데 방해가 된다. 극심한 가난과 사회적 취약성에 노출된 세상에서[49] 권력과 지위에 세속적으로 집착하면 가난한 자들이 쉽게 증오의 대상이 될 수 있었을 것이다. 이런 모습은 "악한 자에게 속하여 그 아우를 죽[인]"(요일 3:12) 가인과 다름없는 모습이다.

예수님의 희생적 사랑을 본받으려면 이런 중독적이고 사악한 욕망을 죽여야 한다. 요한은 편지 전체에서 제자의 희생적 사랑의 유일한 구체적인 예로 제시하는 가난한 이들과 경제적 자원을 나누는 자기희생적 모방에 관해서는 특히 그러하다는 점을 분명히 하고 있다.

> 그가 우리를 위하여 목숨을 버리셨으니 우리가 이로써 사랑을 알고 우리도 형제들을 위하여 목숨을 버리는

것이 마땅하니라 누가 이 세상의 재물을 가지고 형제의 궁핍함을 보고도 도와줄 마음을 닫으면 하나님의 사랑이 어찌 그 속에 거하겠느냐 자녀들아 우리가 말과 혀로만 사랑하지 말고 행함과 진실함으로 하자(요일 3:16-18).

이렇게 요한은 예수님이 십자가에서 보여주신 사랑을 본받되, 그 사랑을 공동체 내의 사회·경제적 현실이라는 상황에 맞게 창조적으로 적용하여 실천하라고 요청한다. 그들은 자신들을 위해 죽으신 예수님을 본받으라고 부름받았기에 믿음의 공동체 내에서 대가를 치르는 경제적 자기희생을 실천하고 훈련해야 한다.

그런 덕성의 모방은 또한 특정한 종류의 보고 공감하는 노력이 필요하다는 점에 유의하라. 미덕과 악덕에는 우리의 도덕적 비전, 욕구, 애정이 포함된다. 요한은 많은 시간과 에너지를 투자해 키워온 욕망과 애정, 즉 출세 지향적인 사리사욕을 추구하는 데 몰두하는 습관화된 욕망, 애착, 가난하고 억압받은 이들을 의도적으로 외면하는 악한 마음을 죽이라는 것이다.

그렇기 때문에 요한은 어려움에 있는 형제자매를 보는 순간, 그리고 그리스도 안에서 형제자매의 고통에 공감하여 희생적인 관대함으로 두 손을 활짝 벌리지 않도록 적극적으로 '마음을 닫고', 애정을 단절하고, 우리의 감정적 삶을 지키려는 유혹에 대해 우리의 관심을 훌륭하게 끌어당긴다. 실제로 요한은 우리 애정의 역할뿐 아니라 애정과 관련한 능동적 선택에

관해서 주의를 환기한다. 형제자매에게서 우리의 감정적 삶을 닫으면 안 되는 것이다.[50]

분명한 의미는 제자들이 사랑의 정서를 적극적으로 고무하여 경제적 자기희생의 구체적 행동을 통해 형제를 사랑함으로 예수님을 본받아야 한다는 것이다. 제자들은 "행함과 진실함으로"(요일 3:18) 사랑하기 위해 다른 종류의 보고 느끼는 것을 받아들여야 한다. 우리는 그리스도가 대신 죽으신 하나님의 다른 궁핍한 자녀를 보려고 노력하고, 고통당하는 이들을 위한 사랑의 마음이 일어나도록 적극적으로 힘써야 한다. 예수를 본받고자 한다면 아버지의 자녀로서 우리가 받은 새 눈과 마음을 활짝 열어야 한다. 그래야 서로를 위해, 특별히 가난한 형제자매들을 위해 우리 목숨을 버릴 수 있다.

공동체라는 선물과 과업. 성품 윤리라는 주제에 초점을 맞춰 요한 서신을 읽으면, 예수님을 본받는 일이 우리 힘으로만 할 수 있는 일이 아님을 깨닫는다. 패배했지만 여전히 활동 중인 사탄과의 계속된 싸움에서 "시시각각 우리를 잠식하는 코스모스에 대한 해독제"[51]는 그리스도 안에서 실현 중인 코스모스의 예고편인 공동체다. 다시 말해, 공동체는 적대적 "세상" 속에 "(각자의) 사회화를 던져버리고" 그 대신 믿음의 공동체에서 성령으로 재사회화를 경험하는 곳이다.[52] 요한이 보기에 이런 일은 요한일서 2장 15-17절의 탐욕과 연관된 악덕을 버리고 대신 예수를 본받는 데 필수적인 공동체적 나눔에 참여할 때 일어날 수 있다(참고. 요일 3:17).

도덕 형성은 실제로 팀 스포츠이며 부분적으로는 공동

체의 집단적 모방 훈련으로 이루어진다. 이런 식으로 함께 예수님을 본받을 때 그리스도 안에서 우리에게 주어진 찬란한 현실을 기꺼이 살아가게 된다.[53] 그런 모방의 결과는 자아도취형 자기 집착이 아닌 예수의 능력으로 사탄의 지배력이 무력화된 세상 체제 속에서 하나님의 정의, 사랑, 해방의 능력을 증언하는 공동체를 형성하는 것이다. 심지어 공동체는 예수의 삶과 죽음과 부활로 열린 공간에서 그분의 사랑을 본받음으로 사탄의 일을 멸하는 일에 참여하며(요일 3:8), 악한 자를 이겼다고 선언하는 역할도 할 수 있다(요일 2:13).[54] 그런 공동체는 어떤 의미에서 그 자체로 "복음"이 될 것이며, 세상에 "부활이자 생명이신 분과의 교제로 지금 시작되는 종말론적 삶의 대안"을 제시하게 될 것이다.[55]

이런 역동은 "하나님을 본 사람이 없[다]"는 요한의 담대한 선언에서 드러난다(요일 4:12). 이런 선언은 요한복음 서문의 마지막 절 전반부를 정확히 그대로 반복한다. "본래 하나님을 본 사람이 없으되 아버지 품속에 있는 독생하신 하나님이 나타내셨느니라"(요 1:18).

요한일서 4장 12절의 전제 역시 동일하다. 하지만 결론은 상이하다. "만일 우리가 서로 사랑하면 하나님이 우리 안에 거하시고 그의 사랑이 우리 안에 온전히 이루어지느니라"(*en hēmin teteleiōmenē estin*). 대부분의 영어 번역본은 인용된 헬라어 구절을 "그의 사랑이 우리 안에서 완성되느니라"(RSV)거나 "그의 사랑이 우리 안에서 완전해지느니라"(NIV)고 번역하지만, 렌스버거(Rensberger)는 이 구절을 "그분의 사랑은 우리 안에서 완성되었습니다"라고 번역한다.*56* 이런 번역은 하나님의 사랑이 믿음의 공동체 안에서 완성된다는 의미를 담고 있다. 요한복음의 서두는 하나님을 가시적으로 드러내는 분으로서 성육신하신 아들에게 주목하기 위해 하나님의 비가시성을 강조한다. 요한의 서신은 성육신하신 아들을 본받아 하나님의 사랑을 실천하는 공동체를 삼위 하나님의 사랑을 가시화하는 실제 장소로 파악한다.

블라운트(Blount)가 지적하듯이, 요한의 사랑 윤리는 "적극적 저항의 윤리다…그것은 공동체의 사랑이 그 공동체를 차별화하여 세상 속에 존재하고 살아가는 전통적인 방식에 대한 실행과 인식 가능한 대안이 되는 가시적 공동체의 조성을 옹호한다."*57* 실제로 코넬 웨스트(Cornel West)가 말한 정의 개념을 풀어 설명하면, 요한에게 "정의는 믿음의 공동체라는 공개적 자리에서 드러난 사랑"을 말한다.*58*

그런 공동체적 사랑은 또한 원수를 위한 그리스도의 자기희생적 사랑에 대한 반응이자 그 사랑의 모방이므로 본질적으로 선교적이다.*59* 세상을 위한 하나님의 사랑 때문에 아버지는 인간의 몸을 입고 구원의 사랑이라는 임무를 수행하도록 그 아들을 보내셔야 했다. 세상에서 그 신적 사랑을 공동체가 구현함으로써 삼위 하나님의 지속적 구속 임무에 참여하게 된다. 실제로 그 사랑은 "아버지께서 나를 보내신 것같이 나도 너희를 보내노라"(요 20:21)는 부활하신 주님의 명령을 받드는 중요한 방법 가운데 하나다.

오늘날 정의로운 제자도에 대한 요한의 비전 수용하기

요한일서 3장 1-3절에서 요한이 제자도에 관해 프로그램식으로 서술한 것이 현대 교회의 정의로운 제자도 실패 문제를 어떻게 조명하는가? 요한의 설명이 인간 곤경의 심각성과 예수님이 그 문제를 해결하심으로 일으키신 변화의 차이를 어떻게 드러내는가?

첫째, 세상이 하나님의 아름다운 피조 세계이지만 현재 악한 자에게 유린당하는 곳이라는 요한의 시각은 신학적으로 볼 때, 불의가 왜 그렇게 다루기 힘든 문제인지를 이해할 통찰을 제공한다. 단순히 인간이 개별적으로 인간의 힘을 오용할 기회에 유혹을 받기 때문이 아니다. 그것은 인간 개개인과 우리가 하나님의 형상을 지닌 자로서 소명의 일환으로 함께 만들어가는 문화, 구조, 제도 모두를 "훔치고 죽이고 멸하려고" 노리는 적대적인 대적이 있기 때문이다. "사탄은 광범위한 차원의 작업을 하고 있다. 개개인을 노예로 삼을 뿐 아니라 권세와 제도를 포함해 온 인류를 종으로 삼고 있다."[60]

인간이 적대적 세력의 예속적 영향력 아래 있다는 이 시각은 절대 요한만 가졌던 것이 아니다. 악한 자에 대한 요한의 설명은 죄와 사망을 인격체처럼, 적대적 권세를 휘두르며 인류를 예속화하는 세력으로 표현한 바울의 방식과 상당 부분 중첩된다. 예를 들어, 바울은 죄를 개인적인 범죄 행위(죄들, sins) 뿐 아니라 대문자 S로 표현되는 죄(Sin)로 이야기했다. 즉, 우리 죽을 몸을 '지배'하려 들며, 우리 인생을 지배하는 원수이자 감독관으로서 죄를 말한 것이다(참고. 롬 6:12-14).

더 나아가 코스모스에 대한 요한의 설명에 인간 문화와 제도와 구조와 체제가 악한 자의 파괴적 영향 아래 있다는 개념이 포함되듯이, "통치자들과 권세"라는 바울의 언급 역시 영적 세력들과 선하게 창조되었으나 죄로 인해 심각하게 왜곡된 생명 파괴적인 인간 제도를 모두 포함하는 것으로 보인다. 바울과 요한 두 사람이 보기에 불의가 그토록 팽배하고 강력한 이유는 부분적으로 불의에 대한 우리 싸움이 단순히 "혈과 육"에 대한 싸움이 아니라(엡 6:12) 사탄적 반삼위일체, 즉 죄와 사망과 마귀에 대한 싸움이기 때문이다.

타락하게 만드는 그들의 영향력은 인간 생활의 모든 영역에 영향을 미친다. 더 심각한 문제는 또 있다. 요한은 악한 자의 적대적 영향력 아래 있는 이 세상에서 살아갈 때 우리 인격이 그 영향에 지배될 수 있다고 강력히 경고한다. 악한 자의 영향력 아래 있는 세상에서 살아갈 때 불의를 지향하는 변질된 제자도의 기준에 쉽게 동조하게 된다.

둘째, 요한이 제자도가 직면한 문제를 더 깊이 이해하도록 우리를 이끈다면, 그것은 오직 세상의 구주로서 예수님이 하신 일의 깊이와 넓이가 어떠한지 우리 이해를 확장할 목적에서 그렇게 할 뿐이다. 요한이 어둠의 세계에 대한 진실을 알려주는 이유는 형언하기 어려운 하나님 구원의 아름다움과 영광스러움에 우리가 감동하도록 하기 위해서다. 우리 구주의 구조 작전은 그 범위가 우주적이다. 예수님은 그 코스모스를 사랑하시며, 그 코스모스를 구원해주신다. 예수님은 육신이 되신 말씀이며 만물을 창조하신 분이고, 재림하실 때 모든 피조물을 되찾으실 정의로운 왕이시다. 그 피조물에는 인간 문화와 체제도 포함된다. 하지만 인간의 문화와 체제는 철저히 망가졌기에 오히려 인간의 고통과 불의에 일조할 때가 너무나 많다. 이 문화와 체제 역시 회복될 것이다. 예수님은 만물을 새롭게 하실 것이다. 이 역시 할렐루야를 부를 곳이다!

우리 제자도는 이 동일한 우주 구출 작전에 철저히 의존한다. 예수님은 마귀를 이기셨고 또한 악한 자에게 우리 스스로 노예가 됨으로 저질렀던 죄를 해결하시고자 자신을 희생제물로 드리셨다. 하나님의 백성은 자신들의 죄에 대해 완전히 대속함을 받는다. 동시에 예수님은 우리를 자유롭게 하셔서 제자도의 사역을 하게 하신다. '우리의 존재 조건을 변화시키시고' 정의로운 사랑의 제자도를 실천하는 삶을 살 수 있게 해주신다. 이제 우리는 하나님의 자녀다. 우리는 마귀가 지배하는 세상에서 빠져나와 하나님 사랑과 정의의 영역으로 재배치된다. 우리에게는 예수님이 재림하실 때 그분의 형상으로 완전히 변화되리라는 확실한 소망이 있다.

요한은 이 세상에서 활약하는 불의의 세력을 더 깊이 이해하도록 도와주지만, 그것은 하나님이 예수님의 삶과 죽음과 부활을 통해 세상과 자기 백성의 마음에 부어주신 사랑과 정의의 무한히 큰 능력을 드러내기 위한 것이다. 요한이 우리에게 불의의 힘을 이해하는 데 필요한 자료를 제공한다면, 또한 백성을 통해 세상에 드러난 하나님의 정의로운 힘을 찾아야 할 이유를 제시한 것이다.

그렇다면 왜 우리는 계속 넘어지는가? 한편으로 예수님이 재림하신 후에야 하나님이 약속하신 대로 우리가 온전히 변화되리라는 요한의 지적을 볼 때 예수님이 오지 않으시면, 우리 마음과 교회와 세상 속의 불의를 절대 완전히 극복할 수 없음을 알 수 있다. 그러나 한편으로 요한은 하나님의 백성이 종종 제자도의 사역을 제대로 감당하지 못한다는 사실과, 하나님이 자녀인 그들에게 주신 의와 공의와 사랑을 스스로 적용하지 않는다는 사실을 분명히 밝힌다.

그리스도인은 하나님의 가족으로서 타고난 권리인 미덕을 받았다. 그러나 우리는 또한 예수님을 본받아 우리 자신을 깨끗하게 하는 제자도의 여정에 초대받았다. 우리는 하나님이 우리에게 주신 사랑과 정의로 성장하고, 우리 삶에서 악한 자의 지배의 잔재인 불의하고 악한 성향에 맞서 싸우도록 부름받았다. 그러나 우리는 "육신의 정욕과 안목의 정욕과 이생의 자랑"에 집착하며 어려운 형제자매에 대한 사랑을 적극적으로 외면할 때가 너무나 많다.

요한의 비전은 특별히 성품 윤리에 집중할 때 이 책에서 살피는 인종적·경제적 불의를 더 깊이 이해하는 데 도움이 된다. 예를 들어, 우리 경제 시스템은 아름다운 코스모스의 일부지만 지금 악한 자의 영향력 아래 있다. 이것은 스타인벡의 소설 『분노의 포도』(*The Grapes of Wrath*)에서 은행에 농장을 저당 잡힌 가난한 소작농들이 은행가들과 나눈 대화에서 잘 드러난다.

"미안합니다. 우리가 그러는 게 아니잖아요. 괴물이

시킨 겁니다. 은행은 사람하고 달라요."

"그렇지만 은행도 사람들이 만든 거잖아요."

"아니 틀렸어요. 틀렸다고요. 은행은 사람하고 달라요. 사실 은행에서 일하는 사람들도 모두 은행이 하는 일을 싫어하지만, 은행은 상관 안 합니다. 은행은 사람보다 더 강해요. 괴물이라고요. 사람이 은행을 만들었지만 통제하지는 못해요."[61]

이 대화는 경제의 구조적 역기능이 단순히 개별적 역기능적 경제 활동의 총합을 넘어선다는 우리가 자주 느끼는 의식을 포착하고 있다. 실제로 "더 강력한 무언가"가 있다.[62] 요한과 바울은 이 "더 강력한 무언가"에 하나님과 그분의 선한 세계에 반역하는 초자연적 원수들의 활동이 존재함을 깨달을 수 있게 해준다.[63]

마찬가지로, 최근 신학자들은 권세와 정사와 코스모스에 관한 이런 이해가 우리 사회에서 해결하기 어려운 인종 차별 문제와 백인 우월주의 문제를 이해하는 데 도움이 된다고 주장한다.[64] 채느콰 워커반스(Chanequa Walker-Barnes)는 "악의 세력은 모든 사람과 모든 것을 동화시킬 수 있다. 모든 개인과 공동체 문화, 사회 구조, 정책, 관행도 마찬가지다"라고 말했다.[65] 이런 판단을 토대로 그녀는 문화적이고 역사적이며 제도적이고 개인적인 문제가 모두 얽힌 복합적인 문제인 백인 우월주의를 "정사와 권세의 명확한 증거"라고 주장한다.[66]

그렇다면 미국의 경우, 흑인을 대상으로 자행한 오랜 불의의 역사, 현재 우리가 몸담은 일련의 중첩된 제도와 구조를 낳은 불의의 오랜 역사는 실제로 사탄적 요소가 내포되어 있다고 볼 수 있다. 그러나 이런 구조 속에서 살아갈 때 우리는 그 구조의 결정적인 영향을 받는다. 에디 글라우드(Eddie Glaude)가 지적하듯이, 미국인들은 인종과 관련한 수많은 관습을 습득하며, 그 관습에 따라 "백인이 다른 인종보다 더 중요하다는 믿음을 실제 삶으로 보여준다." 그리고 우리가 이런 관습을 습득하는 경로는 다음과 같다.

> 노골적인 인종 차별 방식이 아니라 세세한 일상생활 속에서 이런 관습을 습득하게 된다. 가령, 우리가 다니는 학교의 질적 차이를 경험할 때나 경찰과 대치하며 그들이 차별적인 태도를 보일 때, 직장 출퇴근 시 이동 방식이 다를 때, 생활 수준이 다른 이웃을 볼 때, 텔레비전과 뉴스 기사로 얻는 인종에 관한 단서와 신호의 무차별적 세례를 일상에서 경험할 때 이런 관습을 자연스럽게 습득하게 된다.[67]

그러나 아퀴나스의 방식대로 요한이 쓴 책을 읽으면, 망가진 경제 제도나 사악한 인종 차별 문화의 맥락에서 우리는 단순한 참여자가 아니며, 무고하지도 않음을 깨닫는다. 우리의 경제생활과 관련해 4장에서 살펴보았듯이, 주택 시장의 인종적·경제적 분리를 부추기는 구조적 차별 정책을 다시 생각해 보라. 이런 세력은 그런 분리와 맥을 같이하는 결정을 하도록

"평탄한 길"을 만들어냄으로 우리가 그런 경제적 분리에 쉽게 동조하도록 만든다.[68] 가령, 우리 주택 시장은 "가장 최적의" 지역에서 사는 것을 중요한 우선순위로 삼는 사람들에게 최고의 학군 접근성과 금융 자산 가치의 빠른 상승이라는 보상을 약속한다. 동일한 주택 시장이 주택 가치의 상승 여력은 전혀 없고, 학교 환경마저 종종 매우 열악한 저임금 지역 공동체의 주택을 구매하는 이들에게 심각한 불이익을 안긴다.[69] 그러나 이런 세력은 우리를 압박할지언정 행동을 강제하지는 않는다. 주택 시장의 구조 속에서 마주치는 세력들을 기꺼이 편의적으로 활용하거나 혹은 저항하기로 우리가 선택하는 것이다.[70]

혹은 오늘날 우리 사회에 존재하는 무의식적 혹은 암묵적 인종 차별에 대한 최근의 사회·과학 연구와 관련해서 요한의 신학적 비전은 무엇이라고 진단할지 생각해보라. 그런 연구들은 다양한 영역에서 흑인에 대한 구조적 불의가 존재함을 보여준다.[71] 비슷한 경력이라도 이력서 상단에 적힌 이름이 제멀(Jemal)이 아니라 브렌던(Brendan)이라면 고용주에게서 회신을 받고 면접을 볼 가능성이 두 배 이상 높아진다. 통계적으로 같은 환자 병력을 받았을 때 의사들은 백인 환자에 비해 흑인 환자에게 유익한 심장 수술을 추천할 가능성이 상당히 낮았다. 한 연구는 경찰이 비디오 게임 방식의 시뮬레이션에서 상대방이 무장한 위험인물인지 아니면 무고한 방관자인지 결정해야 할 때 인종적 편견이 작동함을 보여주었다. 같은 연구에서 일반 시민은 훨씬 더 심각한 반응을 보였다.[72] 워커반스는 미에 대한 우리 시각이 백인이 선호하는 체형과 피부색과 유형에 얼마나 깊은 영향을 받는지 설명한 후 아래와 같이 말한다.

> 여러 문헌에 따르면, 몸매가 매력적인 사람은 교사들에게 훨씬 지적인 사람이라는 인식을 받으며, 동급생 가운데서도 더 인기가 많고, 고용 가능성도 더 크며 월급을 더 많이 받을 뿐 아니라 긍정적인 업무 평가를 받고 더 쉽게 승진하며, 형사 재판을 받아도 중형을 받을 가능성이 더 낮아진다고 한다.[73]

이 모든 연구는 흑인이 인종 편견으로 고통당하는 여러 상황을 확인해준다. 그러나 이 모든 불의를 납득할 정도로 백인 극우 집단의 수가 그렇게 많지는 않다. 일부 사회 과학자는 끈질기게 영향을 미치는 노골적인 인종 차별적 시각과 정책의 심각성에 주목하며, 이런 인종적 불평등을 고착화하는 많은 행위가 사실상 무의식적 차원에서 이루어지고 있다고 주장한다. 이런 현상을 종종 "무언의" 혹은 "무의식적" 편견이라고 한다.[74] 의식적인 인종 차별적 고정 관념을 다루고자 상당히 열심히 노력했는데도, 인종 차별적 이데올로기와 인종 차별을 통해 역사적으로 형성된 제도와 구조로 우리 무의식은 왜곡되고 뒤틀려져 왔다. 그리고 때로, 특별히 신속한 결정을 내려야 할 때 무의식적 인종 차별이 우리의 의식적 신념을 압도한다.

사회 과학자들은 인종 차별적인 악한 구조가 무의식의 차원에서 어떻게 인종 차별적 결정과 행동을 하도록 인간에게 영향을 미쳤는지 이해하도록 도와준다. 요한은 더 어둡고 깊은 심연의 현실을 보도록 도와준다. 인종적 불의와 경제적 불의라는 전염병은 개인뿐 아니라 구조를 부패하게 만드는 사탄의 사악한 힘의 일부라는 것이다. 예수님이 그런 사탄의 힘을 쳐서 무너뜨리셨지만, 그 힘은 제자들의 무질서한 욕망을 여전히 오염하고 있다. 예수님을 따르는 사람들은 이런 무질서한 욕망을 훈련해야 하는 과업을 외면하려 할 때가 너무나 많다. 하지만 이 문제를 다루어야 예수님이 깨끗하신 것처럼 스스로 정결하게 할 수 있다(요일 3:3). 그리스도인들이 이 일을 제대로 하지 못하면 우리는 죄와 사망과 마귀의 전초 기지에서 진행되는 전투에서 패배하게 될 뿐 아니라 결국 대적인 사탄의 세력과 협력하며 그에 기생해 살게 될 것이다.[75]

그러나 요한은 우리에게 한 가지 복된 소식을 전한다. 예수님이 이 협력적 관계를 회개하고 의로운 제자도의 여정을 받아들이는 데 필요한 모든 것을 우리에게 주셨다는 것이다. 그 여정은 예수님이 실제로 마귀의 일을 폐하고, 인간의 삶을 해방하며, 자기 백성을 그분의 영광스러운 형상으로 변화시키고자 오셨다는 놀라운 사실에 근거하고 있다.

요한의 비전에 비추어 정의로운 제자도라는 선물을 받아들이고 그 과업을 수용하면 어떤 일이 일어나는가? 요한은 도덕적 제자도를 추구하는 힘은 하나님의 과거, 현재, 미래 사역에 토대를 두고 있음을 확인해줌으로써 이 책에서 정의로운 제자도에 대해 지금까지 설명한 모든 내용의 틀을 재설정한다. 그리스도인들이 경제적으로 가난한 이들과 함께 나누며 재배치를 실천하고, 기도로 가난한 자들의 정의를 대변하며, 정의로운 지혜의 덕성을 추구하고, 예수님의 희생적 사랑을 본받고자 노력할 때, 우리는 하나님의 자녀로서, 다시 말해 악한 자의 적대적 영향에서 구원받고 하나님의 의로운 백성이 되어가는 여정을 감당할 힘을 공급받은 신분으로 그 일을 감당하게 된다. 우리의 모든 노력은 예수 안에서 하나님이 과거, 현재, 미래에 주실 은혜에서 흘러나오며 그 은혜에 근거한다. 우리는 단순히 은혜로 하나님이 그분의 자녀 된 우리에게 이미 주신 성품으로 자라갈 뿐이다.

그러나 더 구체적으로는 우리가 경제적·인종적 제도가 철저히 왜곡된 코스모스에서 궁핍한 형제자매에 대한 왜곡된 시선과 마음을 가질 위험성을 경고하는 요한일서 3장 17절의 말씀으로 돌아가야 한다고 생각한다. "누가 이 세상의 재물을 가지고 형제의 궁핍함을 보고도 도와줄 마음을 닫으면 하나님의 사랑이 어찌 그 속에 거하겠느냐." 말하기는 쉽지만 "행함과 진실함으로"(요일 3:18) 적용하기에는 너무나 어렵다. 무엇보다 부유한 백인이 흑인이나 황인 혹은 가난한 형제자매의 고통을 맞닥뜨릴 때 이런 사회에서는 오히려 반대로 행하기가 너무나 쉽다! 그동안 생긴 편견으로 오히려 현 상태를 방어하고자 끊임없이 시도하거나 형제의 고통에 관심을 가지라고 요구하는 이들의 진정성을 의심하며 '도와주려는 마음을 닫기'가 얼마나 쉬운지 모른다.

흑인 미국인과 나와 같은 백인 복음주의 그리스도인이 세상을 바라보는 시각이 심각할 정도로 이렇게 차이 난다면, 이런 방식이 이 차이를 설명하는 데 최소한 부분적으로라도 도움이 될 수 있으리라고 보는가?[76] 아래 문화 고등 연구소(Institute for Advanced Studies in Culture)의 연구 결과를 살펴보라.

— 전체 미국 흑인의 90퍼센트가 "건국의 아버지들이 소수 인종과 여성을 부정적으로 대하고 백인 남성에게 중요한 역할을 맡긴 인종 차별주의와 성차별주의 문화관을 지닌 사람들"이라는 데 동의한다. 백인 복음주의자의 77퍼센트는 이에 동의하지 않는다.[77]
— 흑인의 86퍼센트가 미국의 미래에 인종 차별이 "매우 심각한 위협"이라고 인식하지만, 백인 개신교도의 약 3분의 1만이 여기에 동의한다.[78] 불평등과 가난이 "매우 혹은 극히 심각한" 위협인지에 묻는 질문에서도 거의 동일한 반응을 보였다.
— 흑인의 91퍼센트가 치안 유지 활동과 법 집행에 인종 차별적 불의가 존재한다는 데 동의했지만, 백인 복음주의자의 83퍼센트는 이런 주장을 거부한다.[79]

결정적으로, 이런 문제를 바라보는 백인 복음주의자의 시각이 다른 대부분의 미국인뿐 아니라 다른 흑인 복음주의자나 황인 복음주의자와 매우 다르다는 것이다. 다시 말해, 이러한 서로 다른 세계관 때문에 인종에 따라 신앙으로 뭉쳐 있던 복음주의자들이 분열하고 있다.[80]

신념에 따라 복음주의자로서 내가 일원으로 참여하는

운동을 비난하고 싶은 마음은 추호도 없다. 인종 차별이 우리 사회에서 맡은 역할을 서술하는 일은 중요하며, 절대 중단해서는 안 된다.[81] 그러나 이런 통계의 이면에는 흑인과 황인 형제자매들의 고통스러운 원망을 확인할 수 있다. 우리는 상처받고 있고 고통당하고 있으며 우리 사회의 구조와 체계는 붕괴되어 있다. 그리고 이런 각각의 통계 이면에서 많은 백인 복음주의자가 보이는 반응도 읽을 수 있다. 그 정도로 심각하지는 않으니 그만 불평하라고, 시스템은 기본적으로 건재하다고 말하는 것이다. 백인 그리스도인들이 궁핍한 형제자매를 보고 그들의 말을 듣고도 완강하게 마음을 닫는 한 가지 사례는 바로 이것으로 확인할 수 있지 않겠는가? 이것이 사실이라면 요한의 무서운 경고, 즉 "하나님의 사랑이 어떻게 우리 안에 거하겠는가?"라는 말씀을 귀 기울여 들어야 하지 않겠는가?

요한은 궁핍한 형제를 향해 사랑으로 마음을 열고 다가가는 것이 우리가 부름받은 정의로운 제자도에 참여하는 한 가지 방법임을 분명히 밝히고 있다. 고통당하는 형제에게 마음을 열면, 세상에서 예수님의 사역을 통해 힘을 얻은 그분의 자기희생적인 사랑을 본받는 삶을 감당할 수 있다. 제자도의 기쁨은 예수님이 우리를 창조하신 목적에 맞는 삶을 살 수 있게 하셨다는 사실을 발견하는 것이다. 권력의 신실한 행사인 정의가 하나님이 허락하셨고 힘을 공급하시는 삶의 핵심을 차지하기 때문에 요한은 정의로운 제자도의 선물을 받아들이고, 오늘날 정의로운 제자도의 과업을 감당하도록 우리를 초청한다.

그런 노력의 하나로, 우리는 '전투적 화해의 사랑'이 특징인 민권 운동의 그 분파에서 다시 한번 영감과 도전을 받을 수 있다. 마틴 루터 킹 주니어, 로자 파크스, 제임스 로슨, 그리고 어느 종려 주일 제2장로교회 계단에서 무릎을 꿇었던 그 시위자 중 많은 사람에게 민권 운동은 "이미 완성된 신적 사건, 즉 십자가에서 서명하고 날인된 구원의 약속과 그 약속의 역사적 성취, 즉 '우리 세계'의 거리로 밀고 들어오는 신적 사건의 싸움"을 대표하는 것이었다.[82] 요한처럼 그들은 주후(AD)와 주전(BC)으로 역사를 가른 십자가의 '대서사시' 때문에 궁극적으로 우주의 도덕적 실재가 "정의의 편에 있다"고 이해했다. 이런 이해 때문에 이 비폭력 저항자들은 직접 행동으로 과정에서 "고난당하되 보복하지 않을" 수 있었다.[83]

요한처럼 그들은 예수 안에서 세상을 변화시키시는 하나님의 행동으로 정의 지향적 제자도의 삶을 위한 길이 열렸음을 인정했다. 요한처럼 그들은 예수님을 본받는 것이 그 정의로운 제자도의 중요한 핵심임을 알았다. 원수 사랑의 신학과 비폭력 저항의 실용적 전략은 종종 "예수님의 뒤를 따르는 행위"이자 예수님을 본받는 행위로 이해되었다.[84] 그런 본받음은 도덕적 제자도에 의존한 제자도의 실천 그 자체였고, 화해하는 사랑의 전사가 되는 과정의 일부였다. 2019년 제임스 로슨이 주장한 대로[85] "인종 차별과 성차별과 군국주의와 플랜테이션 자본주의"를 극복해야 하는 사명은 이런 악을 우리 자신의 마음에서 몰아내는 것으로 시작된다.[86] 이러한 부르심은 특히 예수님의 삶에 나타난 정의를 본받아 우리 정의를 실천함으로써 그분이 정결하시듯 우리도 정결해야 한다는 요한의 요청을 강력하게 상기시킨다.

마틴 루터 킹은 마지막 대중 연설에서 청중에게 선한 사마리아인 이야기를 본으로 삼아 '일종의 위험한 이타성'을 받아들이라고 도전했다. 킹은 미화 노동자들의 파업에 함께한다면 그들에게 무슨 일이 생길지 질문하는 대신 "미화 노동자들을 돕는 일을 멈추지 않는다면, 그들에게 무슨 일이 생길 것인가?"라는 질문을 던져야 한다고 도전했다.[87]

킹은 이에 도전하기 위해 자기 목숨까지 걸어야 한다는 사실을 알았다. 그는 바로 그다음 날 살해당했다. 그러나 그는 대중 연설을 마무리하며 이렇게 선언했다. "나는 아무것도 염려하지 않습니다. 어떤 사람도 두렵지 않습니다. 내 눈은 주님이 다시 오시는 영광을 보았습니다!"[88] 킹은 세상 가운데 서서, 예수님의 죽음과 부활로 변화되고, 하나님의 최종 승리를 고대하며 하나님이 주신 힘으로 자기 몸을 내주신 예수님을 본받아, 실제로 흑인 교회에서 제자훈련을 받고 행동으로 하나님의 정의와 사랑의 힘을 증언했다. 어쩌면 오늘도 요한일서는 하나님의 영광과 이웃의 유익을 위해 정의로운 제자가 되려고 노력하는 제자들에게 그의 발자취를 따라가도록 안내하고 있을지 모른다.

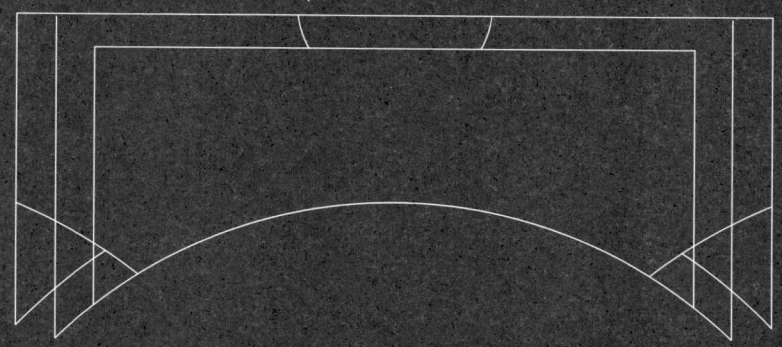

3부
정의로운 백성 되기

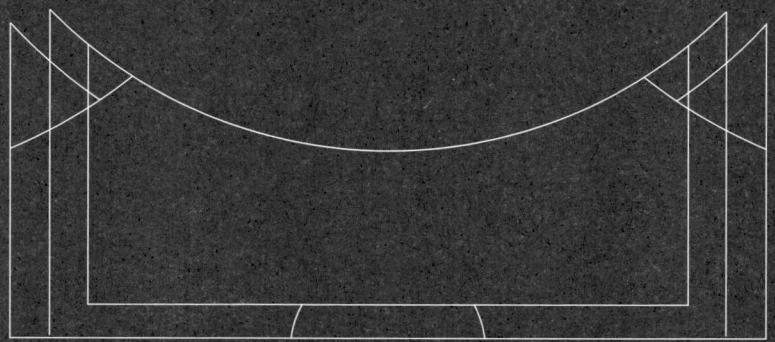

8장

희년의 원리로 세워지는 정의의 공동체: 레위기

1969년 5월, 제임스 포먼(James Forman)은 배상의 정당성을 교회가 받아들여야 한다고 역설했다. 리버사이드 교회 강대상을 점거하고 흑인 선언문(Black Manifesto)을 큰 목소리로 읽은 포먼은 백인 교인들이 과거부터 현재까지 흑인들을 착취하여 거대한 부를 얻었다고 주장했다.[1] 미국의 인종 차별에 일조했으므로 백인 회중은 자신들의 죄를 인정하고 5억 달러(약 6,955억 원)의 배상금을 치를 것을 요구했다.[2] 흑인 선언문은 이 배상금으로 흑인 농부들이 토지를 보유하고 소유하도록 도우며,[3] 훈련 센터와 미디어와 출판 회사를 만들고 "협력 사업체들의 설립을 위해 더 많은 자본금을 조성할 목적의" 기금을 마련하는 일을 포함해 여러 프로젝트를 진행해야 한다고 설명했다.[4] 그렇게 해서 이런 배상금은 경제적 불평등뿐 아니라 포먼이 미국에서 횡행하는 억압적 권력 불균형이라고 본 문제를 해결하는 데 사용되어야 했다.

포먼이 미국에서 흑인들을 위한 배상 문제를 옹호한 최초의 사람은 아니었다. 그런 옹호 활동은 적어도 해방된 노예에게 "40에이커(약 49,000평)의 토지와 노새 한 마리"를 주겠다고 약속한 연방 정부의 약속 불이행 사건으로 거슬러 올라간다.[5] 이런 약속 불이행 때문에 남북 전쟁이 끝난 뒤

> 새롭게 해방된 노예 400만 명은 먹을 빵도, 경작할 땅도, 머리를 가릴 쉴 곳도 없었다…(그들은) 아름다운 수사로 표현된 추상적 자유를 받았다. 그러나 농업 경제에서 (그들은) 자유를 구체화할 땅은 한 평도 받지 못했다.[6]

백인들의 흑인 재산 강탈은 19세기에도 끝나지 않았다. 그러므로 어떤 면에서 흑인 선언문은 노예제의 참상과 그 여파에 대한 보상을 요구하는 미국 흑인들의 긴 역사에서 가장 최신판에 해당하는 것일 뿐이다.[7] 그런데도 교회 배상에 대한 선언문의 요구는 교회가 "전 세계 유색 인종 착취를 방조하고 교사한 데" 일조한 책임을 지고 배상해야 한다고 주장한다는 면에서 특별한 면이 있었다.[8]

이 선언문을 승인한 흑인 그리스도인들은 이런 측면을 강조했다.[9] 전국 흑인 교인 협의회(National Council of Black Churchmen)는 이 선언문을 승인하는 문서에 이렇게 썼다. "백인 교회들과 교회당은 의심할 여지 없이 국가의 인종 차별적

구조를 도덕적으로 공고히 하는 역할을 했고, 그들 중 압도적 다수가 오늘날도 여전히 그 역할을 계속하고 있다."[10] 게이로드 윌모어(Gayraud Wilmore)는 이렇게 적었다. "백인 종교 단체는 특별히 잘못을 저지른 책임이 있다는 사실에서 벗어날 수 없다. 그것이 흑인 선언문이 전하고자 하는 메시지다."[11] 실제로 윌모어는 불의를 인정해야 한다는 선언문의 요구를 기독교의 회개 교리의 측면에서 해석했다.[12]

다시 말해, 선언문을 지지한 흑인 그리스도인들은 백인 교회들이 배상금을 치러야 할 합당한 이유가 있다는 포면의 주장에 동의했다. 한편으로 백인 교회가 흑인 억압에 독특한 역할을 해왔기 때문이다. 또 다른 한편으로는, 윌모어가 주장하듯이 백인 그리스도인들은 배상을 해야 할 특별히 신학적인 이유가 있었다.

교회들은 이 선언문의 요구를 대체로 무시하거나 거부했지만,[13] 배상에 대한 지속적인 옹호 활동은 오늘날 그리스도인들에게 한 가지 질문을 정식으로 제기한다. 교회들은 흑인 미국인에 대한 배상을 지지해야 할 특별한 이유가 있는가? 그렇다면 정의로운 제자도와 관련해 이것은 어떤 의미를 지니는가?

이 책 2부에서 우리는 정의로운 성품을 획득하는 것을 목표로 하는 실천 행동과 교육 방법을 살펴보았다. 3부에서는 공동체의 정치학이 어떻게 정의로운 제자도를 촉진하는지 살펴볼 것이다. 3부에서 정치의 언어를 사용할 때 그리스도인들이 지역, 국가 정치에 참여하는 방식을 말하는 것이 아니라 믿음의 공동체가 공동체 생활을 조직하고 체계화하는 방식을 언급하는 것이다. 다시 말해서, 성경에서 하나님의 백성에게 요청하는 공동체 구조는 어떤 것인가? 그리고 이런 구조가 모든 사람이 삶에서 정의의 일을 하도록 어떻게 영향을 미치는가? 이 장과 다음 장에서는 교회가 배상해야 할 특별한 이유가 있다는 주장에 비추어, 하나님의 사람들의 공동체적 정치를 살펴볼 것이다.

그리스도인들이 배상 요구를 받아들여야 할 타당한 이유가 있는가?

대부분 사람은 누군가에게서 무엇인가를 빼앗았으면 반드시 돌려주어야 한다는 것을 인정한다. 그러나 그리스도인들은 이 개념을 받아들여야 할 더 타당한 이유가 있다. '도둑질하지 말라'는 명령이 십계명에 명시돼 있고, 신약에서도 반복해서 나오기 때문이다.[14] 토라는 훔친 것을 원래 주인에게 되돌려주라고 명령한다. 설령 이 일로 채무 노예가 되더라도 감수해야 할 일이라고 말한다(출 22:1-3).

레위기 6장 1-7절[5:20-26]은 무엇인가를 훔친 사람들이 배상해야 할 절차를 간략히 소개한다. 먼저 잘못한 것을 인정하고 훔친 것을 되돌려주되 5분의 1을 더해서 돌려주며 '속건제'를 바치고 최종적으로 하나님 앞에서 속죄와 용서를 경험하는 것으로 이 절차를 마무리한다.[15] 더 다른 말을 하고 싶을 수도 있지만 성경이 말하는 바는 분명하다. '훔친 것이 있으면

되돌려주어야 한다.'¹⁶

이 본문은 우리에게 두 가지로 나뉘는 매우 혼란스러운 현실을 마주하게 한다.

1. 백인 미국 그리스도인들과 교회는 노예 무역을 통해 흑인들의 육신을 훔치고 짐 크로우 법이 시행된 뒤로는 흑인들의 토지를 훔침으로 야비하고 노골적이고 반복적으로 하나님의 명령을 어겼다. 1855년 "복음 사역자들과 개신교 교회 교인들은 전부 합쳐 전체 시장 가치가 80억 달러(약 11조 원)에 이르는 노예 660,563명을 소유했다."¹⁷ 개별 그리스도인만 이런 심각한 절도를 저지른 것이 아니었다. 교회와 신학교도 노예를 소유한 경우가 적지 않았다.¹⁸ 짐 크로우 시대의 그리스도인들은 흑인의 토지를 훔치는 일에 적극적으로 가담했다. 무엇보다 끔찍한 것은 백인 미국인들이 절도하지 말라는 명령을 어기는 데서 나아가 '살인하지 말라'는 또 다른 계명을 빈번히 어겼다는 것이다. "흑인 살해 행위의 역사는 흑인이 토지를 도둑맞은 역사다."¹⁹
2. 이런 절도죄를 저지른 백인 미국 그리스도인과 교회는 훔친 것을 되돌려주려는 그 어떤 진지한 노력도 기울인 적이 거의 없었다. 대부분 레위기에서 규정한 과정을 위반한 그들은 훔친 죄를 고백하고 배상하는 어떤 일도 하지 않고 죽었다.

그러나 많은 그리스도인에게 여기서부터 배상을 옹호하는 문제가 복잡해진다. 성경에서 도둑질했을 경우 훔친 것을 돌려주되 이자를 붙여서 돌려주도록 가르친다는 데 모두 동의한다. 그러나 대부분의 미국 백인 그리스도인은 후세대가 땅과 노동을 절도당한 이들의 후손에게 배상함으로써 도둑맞은 것을 복구해주거나 손해를 회복해주어야 한다는 개념을 완강하게 거부한다.

이런 배경에 비추어, 세대에 걸쳐 회복과 배상의 문제를 다루고자 했던 성경적인 한 제도에 관해 살펴봄으로써 교회 차원의 배상을 옹호하는 흑인 선언문의 내용을 살펴보려고 한다. 레위기 25장에 나오는 희년이 바로 그것이다.[20] 희년의 풍성하고 심오한 의미를 제대로 다루기 위해 우리는 먼저 레위기라는 더 넓은 문맥에 비추어 희년의 의미를 이해할 필요가 있다.

레위기의 희년과 거룩의 정치학

레위기는 거룩하신 자가 친히 택한 백성 "중에 행하며" 그들의 하나님이 되는 모습을 고대하고 상상한다(레 26:12).[21] 이런 표현은 아마 하나님이 "에덴동산에서 (최초의) 부부와 동행하신 일"을 암시할 가능성이 크다.[22] 그럴 경우, 레위기는 약속의 땅에서 여호와와 함께하는 이스라엘의 삶이 에덴동산의 부분적 복원이자 인류와 함께 거하시겠다는 하나님의 원래 의도의 재현으로 보았다고 할 수 있다.

자기 백성 가운데 거하기를 원하시는 하나님의 이 "거룩"(qadosh, 카도쉬)은 기본적으로 여호와 그분의 생명과 존재, 그분의 압도적 성결과 선하심, 우리를 매혹하는 동시에 위협적으로 압도하는 그분의 불가해한 타자성을 부각한다.[23] 레위기가 직면한 두드러진 문제는 그렇게 거룩하신 하나님이 어떻게 죄인 된 인간을 멸절시키시거나 그들의 죄를 견디다 못해 외면하지 않으시고, 그들 가운데 거하실 수 있느냐는 것이다.[24] 성경은 그 해결책으로 하나님의 백성이 거룩해져야 한다고 말한다.

> 나는 여호와 너희의 하나님이라 내가 거룩하니 너희도 몸을 구별하여 거룩하게 하고(hitqaddishtem)…내가 거룩하니(qadosh) 너희도 거룩할지어다(qedoshim)(레 11:44-45).

레위기는 독자들에게 "이스라엘이 그들 가운데 함께하시는 하나님의 급진적 거룩을 감당하고 환대할 수 있는 공동체로서 자신들을 세울 방법"에 대한 종합적 비전을 삶의 방식으로 제시한다.[25] 이스라엘은 삶의 모든 측면을 하나님께 내어드리며 그분의 행위에 맞추어 행동하고 여호와의 거룩하심으로 거룩해질 수 있도록 맡길 때만 그런 환대를 할 수 있게 될 것이다.

이런 배경에 비추어 볼 때 희년은 이른바 거룩의 정치에서 핵심적인 부분을 규정한다.[26] 하나님의 거룩한 현존이 "그 땅과 백성 속에서 가시화되게 하는" 핵심적인 정치적 실천을 규정하는 것이다.[27] 이런 정치 제도는 토라의 전반적인 사회적·

경제적·신학적 비전에 철저히 근거하고 있다. 이스라엘을 가나안 땅으로 인도하실 때 여호와는 가구별로 그 땅을 분배하도록 요구하셨다(참고. 민 33:54). 이스라엘의 농업 경제에서 이런 기본적인 사회·경제적 자산들을 공평하게 분배하심으로 여호와는 각 가구가 "자기 포도나무 아래와 자기 무화과나무 아래에 앉을"(미 4:4) 수 있게 하셨다. 고대 왕들은 종종 지역 공동체의 토지를 전부 혹은 대부분 다 소유했지만, 이스라엘에서는 모든 가정이 각자 사회·경제적 지위와 할당된 몫을 주장할 수 있었다.

그 이유는 무엇인가? 처음부터 하나님은 모든 인류를 왕 같은 제사장 가문의 일원이라는 사명으로 부르셨기 때문이다. 이스라엘을 향한 여호와의 의도는 약속의 땅에서 그들의 삶을 통해 세계와 모든 인류에 대한 하나님의 뜻을 이루어 나가는 것이었다. 약속의 땅을 공정하게 분배함으로써 여호와는 모든 가구가 그곳에서 자기 몫을 갖게 하셨고, 그들이 하나님의 형상을 닮은 자로서 정체성에 걸맞게 책임 있는 관리 권한을 행사함으로써 정의를 실현하게 하셨다.

이런 배경에 비추어 레위기 25장 8-55절은 이런 생활 방식을 유지하는 데 필수적인 사회·경제적 정책을 개략적으로 서술한다. 이것은 이스라엘이 거룩한 하나님과 함께 살아가는 거룩한 백성이 되게 하기 위한 것이었다. 이스라엘이 땅과 공동체 내에서 어떻게 신실하게 권한을 행사할 것인지에 대한 중요한 측면을 명확히 함으로써 희년은 이스라엘에서 '의와 공의'의 전형을 상징한다.[28]

레위기 25장 8-13절은 희년을 이스라엘의 거룩한 달력에서 50년째 해라고 소개한다. 일곱째 달 열째 날, 이스라엘 백성은 전국에 나팔을 불고 '자유'(*deror*, 데로르)를 선포함으로 50년째 해를 '거룩하게' 해야 했다. 이전 50년 동안 토지를 잃었던 모든 가족은 가나안 땅에서 자기 몫으로 할당된 조상의 '기업'(*akhuzzah*, 아쿠자)으로 돌아가게 될 것이다(레 25:10). 희년은 안식년으로서 모든 조직적인 농사 활동을 중단해야 했다. 모든 이스라엘은 밭에서 저절로 자란 곡식을 거두어 식량으로 삼을 것이다(레 25:12).

25장의 뒷부분에서 "'만일 네 형제가 가난하여'라는 구절을 네 번이나 반복한 것"은 희년 규례로 빈민에 대한 정의와 자비를 시행하게 되었음을 강조한다.[29] 본문 말씀은 조상의 땅을 다시 돌려받는 희년 정치가 이스라엘의 전체 경제에서 어떤 기능을 하는지, 기존의 다른 경제 안전망과 더불어 어떤 역할을 담당했는지 개괄하여 보여준다. 예를 들어, 레위기 25장 14-16절은 희년으로 조상의 땅을 영구적으로 매매하는 것이 원천 차단된다는 사실을 분명히 한다. 그러나 이스라엘 백성은 서로 땅을 빌려주며 일정 기간 거둔 수확물을 매매할 수 있었다. 반면에 레위기 25장 24-55절은 또 다른 경제 안전망인 친족을 통한 땅과 사람들을 무르는 제도가 희년과 희년 사이에 시행되는 방식을 설명한다.

이 무름 과정(redemption process)을 설명하기 위해 본문은 빈곤 상태로 전락하는 3단계를 경험하는 공동체의 한 구성원에 대해 설명한다. 첫 단계로 그들은 상속받은 토지의 일부

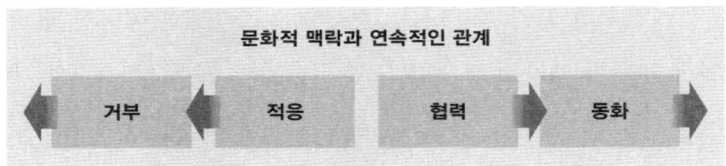

〔표 8.1〕 문화적 맥락과 연속적인 관계

를 매매한다. 두 번째 단계로 그들은 토지에 관한 권리를 모두 상실한다. 그리고 마지막으로 세 번째 단계에서는 채무 노예로 자신과 가족을 판다.³⁰ 본문은 이런 빈곤의 각 단계와 관련해 작동해야 하는 적용 가능한 경제 지원 시스템에 관한 지침을 제공한다. 또한 이런 지원 시스템과 희년이 어떻게 통합되어야 하는지에 대한 지침도 제공한다.

정의의 공동체를 형성하는 이런 희년 정치의 영향력은 이스라엘이 이미 알고 있었을 경제적 관행을 레위기가 채택한 다음, 실제적이고 정치적이며 강력한 방식으로 조정한 사실에서 더욱 분명하게 확인할 수 있다(참고. 〔표 8.1〕).³¹ 이런 역동을 자세히 살펴보면 희년의 사회적이고 신학적인 비전이 실제로 얼마나 반문화적인지 엿볼 수 있다.

고대 왕들의 채무 면제령의 희년식 적용

고대 근동에서는 수천 년 동안 왕들이 칙령을 발표해 빚을 면제해주고 노예들을 해방하며 사람들이 잃은 땅으로 귀환할 수 있게 하는 관습이 있었다.³² 이런 칙령을 통해 새로 등극한 왕이 백성의 환심을 사서 경쟁자들을 제압할 정치적 권력을 얻을 수 있었다.³³ 때로 그들은 또한 종교적 목적으로 노역을 면제해주기도 했다. 때로 신전 체제에서 복무할 수 있도록 이전 주인에게서 노예들을 해방한 것이다.³⁴

이런 칙령들은 한시적이었고 매매가 완료된 토지나 이미 연장된 대출은 그런 칙령이 선포되더라도 면제 대상이 될 수 없음을 계약서에 명시할 수 있었다.³⁵ 이런 이유로 이러한 법은 왕령 사이에 운영되는 기본 경제 시스템에 영향을 주지 않으면서 가끔 경제를 재정비하고 구제하는 역할을 했다.

이와 대조적으로 희년은 백성 가운데 거하시는 신적 왕이신 여호와가 선포하고 제정하셨다.³⁶ 여호와는 희년을 제도적으로 관례화하고,³⁷ 예외 가능성을 명시적으로 배제하며,³⁸ 희년이 토지와 관련한 모든 거래의 기본이 되게 하라고 요구하셨다(레 25:15-16).

고대 근동의 구속 관행의 희년식 적용

둘째, 레위기 25장은 토지 구속(land redemption) 관행을 희년에 통합하여 그 관행에 중대한 변화를 준다. 고대 세계에서 광범위하게 실행되고 레위기 25장 24-28절에서 확증한 구속 권한은 한 가족이 잃었던 땅을 가까운 친족이 회복해줌으로써 그 종족이나 지파가 아닌 외부인이 그 토지를 소유하지 못하도록 보장했다. 그러나 희년은 무름을 받은 땅이 궁극적으로 원래의 가정에 돌아가도록 보장한다. 희년이 아니라면 속전의 권리는 해당 지파의 일부 가문이 영구적인 권력과 부를 소유한 계급이 되고자 손쉬운 수단으로 악용했을 것이다. 종족 내에 모든 땅을 구매할 일차적 권리를 소유함으로 혜택을 누릴 수 있었기 때문이다.[39] 하지만 희년은 어떤 개별 가구도 상속받은 농지의 권리를 영구적으로 박탈당하는 일이 없도록 보장했다.

고대 근동의 빚과 부채 노예제의 희년식 거부

마지막으로, 고대 근동에서는 높은 이자 때문에 채무자들이 빚을 상환할 수 없는 경우가 적지 않았다. 실제로 돈을 빌려줘서 얻는 한 가지 중요한 경제적 이점은 채무자가 불가피하게 빚을 갚지 못할 경우 채권자가 그 담보물을 소유할 수 있다는 점이었다.[40] 그런 담보물에는 부채 노예를 통한 채무자(혹은 채무자의 가족)의 노동이 포함되었다.

이런 관행에 희년을 적용한다는 것은 본질적으로 그 관행을 거부한다는 의미다. 한 가정이 땅의 일부를 저당 잡혀 여전히 그 땅을 되찾을 여력이 없다면, 이스라엘 동족이 그 가족에게 무이자로 돈이나 식량을 빌려주어야 했다(레 25:35-38). 더 급진적인 부분은 이 빚을 갚을 수 없으면 채무를 갚지 못한 가정이 실제로 채권자의 집에 들어가서 살지만, 채무 노예가 아니라 '고용된 일꾼'이나 '동거인'처럼 살게 했다는 점이다.[41] 그들을 가혹하게 대우하거나 노예 시장에 팔 수 없었다.[42] 그 대신 유급 고용인 대우를 해주어야 했다.[43]

이것으로 이스라엘의 채무 노예제는 사실상 폐지되었고, 빈궁한 자들을 위한 '고용 목적의 노동'이 되도록 제도의 성격이 바뀌었다.[44] 물론, 희년 규정 역시 50년째 해에 전 가정이 해방되어 조상의 기업으로 다시 돌아갈 것을 요구했고, 이것은 이스라엘의 농업 경제의 경제적 번영으로 가는 최고의 길이 되었다.

희년의 사회·경제적 비전

레위기 25장은 놀라울 정도로 혁신적인 사회·경제적인 신학적 비전을 제시한다. 토라는 전반적으로 모든 가정이 약속의 땅에서 각자의 몫을 할당받는 경제를 추구한다. 가정들은 이렇게 할당받은 땅을 이용해 스스로 부양하고 이웃을 돌보게 될 것이다. 희년의 정치학은 어떤 가정도 가족의 토지를 영구히 상실하지 않도록 보장하는 것이 목표다. 이것이 레위기 거룩함의 정치에서 외부로 표현된 정의의 모습이다. 특히 이스라엘은 이런 방식으로 스스로를 정리함으로써 모든 인류가 여호와의 선한 세상을 함께 다스리는 왕의 역할을 하게 하려는 원래 목적을 반영할 수 있었다.

    희년이 사고팔고 거래하며 물질적 풍요를 추구하는 행위를 비롯한 농업 경제의 일반적 기능을 무효화한 것이 아님을 아는 것도 중요하다.[45] 이 규례는 어떤 사람들에게는 일시적 빈곤을, 다른 사람들에게는 경제 성장을 차단하지 않을 것이다. 희년은 종종 제안되듯이, 경제적 노력에 대한 보상도 없애지 않는다. 또 가난한 이웃의 땅을 되찾은 친족은 희년이 될 때까지 그 땅의 혜택을 누리게 된다.[46] 그러나 50년이라는 기간을 고려할 때, 토지를 잃은 많은 가구의 가장은 자녀가 조상의 땅을 되찾기 전에 사망했을 것이다.

희년으로 막으려던 것은 빈곤이 세대에 걸쳐 영구적으로 세습되는 것이었다. 또 어떤 가족이 세대에 걸쳐 영구적인 부자가 되려고 시도할 수 있는 과정을 원천적으로 차단할 수 있었다.[47] 중요한 점은 어떤 이유로든 빈곤층으로 전락한 가정이 희년이라는 제도를 통해 "공동체 내에서 존경받고 힘을 행사하며 존엄을 누리는 위치를 회복할 길"이 열렸다는 것이다.[48] 어떤 가정도 토지를 영구적으로 상실하지 못하게 보장함으로써 희년법은 경제적 자산의 상대적이고 평등한 분배를 기초로, 정의롭고 급진적이며 반문화적 경제를 구현할 수 있게 했다.

그러나 희년은 또한 특정 사회, 즉 경제적 평등을 목표로 하는 경제 규정을 통해 이스라엘 가정들의 사회적 영향력을 보호하는 사회를 목표로 한다. 토지와 노동력의 무한한 확보는 마을 경제에서 강력한 부족 지도자의 출현으로, 궁극적으로 왕정으로 가는 길의 중요한 징검다리가 될 수 있었다. 선지자 사무엘이 이스라엘에게 경고했듯이(삼상 8:11-18), 왕정 체제가 세워지려면 군주제의 기반이 되는 하층 노예 계급이 있어야 한다. 희년은 정확히 이 점을 공격한다. 희년 제도는 특정 집단이 다른 모든 집단을 지배하는 경제적 권력을 무한정 획득하지 못하게 함으로써 특정 집단이 다른 집단에 대해 사회적 권력을 무한히 행사할 가능성을 차단했다. 희년이 선언하는 자유는 정치적이고 경제적이며 사회적이었다.[49]

이 비전의 신학적 토대는 아무리 강조해도 지나치지 않다. 이스라엘은 신적 왕이신 여호와가 요구하셨기 때문에 희년을 지키는 것이다. 희년의 정치는 이스라엘 가운데 거하시는 거룩하신 분이 시작한 거룩한 정치의 한 측면이다. 따라서 이스라엘 백성은 희년을 선포할 때 그들의 신적 왕의 경제 정책을 시행함으로써 "오십 년째 해를 거룩하게 [한다]"(레 25:10). 그런 정책은 이스라엘이 온 인류 공동체와 모든 피조 세계를 향한 하나님의 의로운 뜻을 세상에 선보일 기회가 되었을 것이다.

레위기 25장은 이 확실한 정치적 관례의 신학적 본질에 반복적으로 관심을 기울인다. 안식년은 여호와의 것이다(레 25:2, 4). 여호와는 그 땅의 소유주이시므로 희년을 선포하실 권리가 있다(레 25:23). 어떤 이스라엘 가정도 땅의 소유권이 없다. 모두 참되신 왕의 땅을 일구는 '소작농'이나 '임시 거류자'일 뿐이다. 마찬가지로 이스라엘 백성 중 누구도 노예가 될 수 없다. 여호와가 이스라엘 백성을 해방하심으로 그들을 자기 소유로 삼으셨기 때문이다. "그들은 내가 애굽 땅에서 인도하여 낸 내 종들이니 종으로 팔지 말 것이라"(레 25:42).

고대 세계에서는 신들이 왕에게 땅을 하사했다고 믿었다.[50] 시민들은 종종 땅에서 거둔 수확물에 대한 권리를 가졌으며, 왕이 땅의 공식적인 권리를 가졌고 그런 식으로 "생산 수단을 통제했다."[51] 이와 대조적으로, 이스라엘에서는 신적 왕이 모든 인간 통치자를 건너뛰고 이스라엘 가정을 각기 자신의 소작농이자 종으로 소유하셨다. 그러므로 땅에 대한 전체적인 인간 통제와 자율성은 축소되었다. 그러나 다소 역설적이지만,[52] 이런 법이 인간의 중앙 집권적인 권력을 인정하지 않기 때문에 각 가정의 권한과 책임이 더 중요해졌다. 어떤 인간도 자기 땅에 대해 최종적 자율성이나 절대 권력을 갖지 않기 때문에 모든 가정의 세대주는 양도할 수 없는 약속의 땅을 소유함으로써 공동체에서 훨씬 더 큰 상대적 권력을 얻었다.[53]

흑인 선언문과 레위기 25장의 유사성

이 시점에서 교회 차원의 배상을 요구하는 흑인 선언문과 희년 정치의 몇 가지 중요한 접점을 확인할 수 있다. 이런 접점들은 단순히 학문적 차원에서만 흥미로운 것이 아니다. 희년은 현대적 신앙 공동체들이 오늘날 배상 옹호론에 반응하는 방식에 영향을 미칠 수 있음을 보여준다.

분명히 말하지만, 이런 접점이 있다고 해서 이스라엘의 신정적 농경 제도가 21세기 미국 교회를 위한 규범적 청사진을 제공한다고 주장하려는 것은 아니다! 희년은 정치적 청사진을 제시한다기보다 하나님의 마음을 반영하는 도덕적 나침반을 제공한다고 할 수 있다.[54] 희년이 오늘날 교회에 어떻게 적용될지를 결정하려면 정확히 토라의 경제적 교훈이 교회의 현재 관행에 어떤 영향을 미치는지 고려해야 한다. 그러나 이 여정의 첫 단계는 희년의 사회·경제적 비전과 흑인 선언문의 사회·경제적 비전 간의 깊은 유사성을 확인하는 데서 출발한다.

흑인 선언문을 보면, 흑인 공동체가 경제적 지위와 사회적 권력을 모두 확보할 수 있도록 경제적 자산을 받는 것이 정의라고 말한다. 레위기 25장의 규례는 권력의 불균형에 대한 그런 우려를 직접적으로 언급한다. 희년식 정의에 따르면, 물려받은 조상의 땅을 잃은 이들이 그 땅으로 돌아감으로써 상실한 경제·사회적 권력을 회복해야 한다. 더 나아가, 레위기 25장은 또한 희년식 정치의 권위를 왕의 손에 맡기지 않고 여호와 하나님의 손에 직접 위탁함으로 토지 분배, 신용, 채무의 관행을 자기 권력을 축적하는 데 악용할 정치 엘리트 집단의 등장을 방지한다.

또한 승인 과정 측면에서 보더라도 흑인 선언문과 희년은 깊은 연관성이 있다.[55] 선언문은 백인 교회의 온정적 감수성에 호소하는 일반적인 방식에 따라 배상을 요구하지 않는다. 선언문은 백인들이 확인할 방법으로 흑인들의 부를 강탈했다는 구체적인 주장에 근거하여 배상을 요구한다. 희년 역시 이런 종류의 구체적인 인정에 의존한다. 실제로 희년의 정치는 궁극적으로 한 가정의 소유인 토지가 타인의 손에 넘어간 시기를 이스라엘 공동체가 확인할 수 있다는 사실에 의존한다. "어떤 토지가 누구의 소유인지 (확인하고) (되돌려주는) 것"이라는 브루그만(Brueggemann)의 정의 개념은 환원주의적이지만, 그런 구체적 반환이 정의 실행의 그리고 희년의 핵심이라는 그의 지적은 의심할 여지 없이 옳다.[56]

희년은 회개를 요구하는가?

그러나 승인 과정의 문제와 관련해 그 선언문과 희년의 중요한 차이를 알아야 한다고 주장하는 사람들이 있었다. 선언문은 백인 교회들이 흑인 공동체의 재산을 훔쳐서 자기들의 소유로 삼았다고 주장한다. 이와 대조적으로, 희년은 곤궁한 가정이 형편상 토지를 안정적인 가정에 소유권을 이전해준다고 불법이라고 주장하지 않는다. 실제로 곤궁한 가정이 땅을 저당 잡히고 돈을 빌리거나 심지어 채권자의 집에 고용 일꾼으로 들어가는 것 역시 이스라엘의 사회 안전망의 중요한 한 부분으로 기능했다.

다시 말해서, 레위기 25장은 어떤 집에서 다른 집에 토지를 넘겼을 때 그 집이 다른 집을 짓밟고 수탈한 증거라기보다 그 집을 기꺼이 도와줄 의사가 있었던 욥과 같은 의로운 인물의 선의일 수도 있다고 주장하는 것이다. 그렇다면 희년이 되어 다시 그 토지를 원래의 주인에게 되돌려주는 것은 자기 죄를 인정해서가 아님을 알 수 있다. 이런 관점에서 희년이 회개와 연관된 절기가 아니라는 사실은 교회적 배상의 희년식 옹호를 반대하는 강력한 논증으로 사용될 수 있다.

중요한 핵심은 이것이다. 희년에는 토지를 상실한 경위가 어떠하든 그 토지를 다시 원주인에게 되돌려주어야 했다. 희년의 모든 거래는 사회·경제적 불균형을 해소하기 위한 것이지만, 부당하게 빼앗긴 것을 회복한다는 의미에서 보상의 행위가 아닌 경우도 많았을 것이다. 토지를 되돌려준다고 모든 경우가 가진 자의 횡포를 바로잡는다는 의미는 분명히 아닐 것이다. 그러나 나는 희년에 회개와 배상의 의미가 담겨 있다고 생각한다.

첫째, 희년 중간기에 사람들에게 서로 "속이지"(oppress) 말라고(레 25:14, 17) 본문이 반복해서 경고한다는 것은, 자선적이라고 여겨지는 경제 거래도 부패할 수 있음을 명시한 것이다. 본문은 부정한 토지 임대료 계산으로 그런 속임이 일어날 수 있다고 말한다(레 25:14, 17). 가난한 이스라엘 동족에게 이자를 받고 빌려주거나(레 25:36-37) 자기 집에 몸을 의탁한 가난한 이스라엘 가정을 고용된 일꾼이 아니라 노예로 대우하는 식이다. 이런 관행을 율법이 금한다는 사실은 실제로 그런 일이 광범위하게 일어났음을 암시한다.[57]

더 나아가, 구약에는 도둑질하지 말라는 명령에도 땅을 강탈하는 경우가 빈번했음을 보여주는 이야기로 가득하다.[58] 특별히 레위기 6장 1-7절[5:20-26]에서 절도죄를 저지른 이들에게 요구되는 배상의 범위를 설명하고 있는 것으로 보아[59] 희년법은 불법으로 빼앗긴 땅을 되돌려주는 데 초점을 맞추지 않는다. 그러나 토지와 관련된 압제와 착취의 긴 역사를 가진 이스라엘 백성은 토지 소유주가 바뀌는 가장 일차적인 방법의 하나가 부정한 수단을 통해서라는 것을 알았을 것이다. 땅을 훔치는 자들이 레위기 6장 1-7절[5:20-26]에서 요구한 배상 규정을 늘 그대로 따르지 않음을 알았을 것이다. 그러므로 레위기 25장의 확정적인 경제적 '리셋' 조치는 최소한 어떤 경우에는 경제적 불의로 빼앗긴 토지 문제를 처리하는 조치로서, 발생 당시 회개하지 않았거나 그렇게 착취한 토지를 되돌려주지 않은 문제를 처리하는 일이라고 그들은 인식했을 것이다.

둘째, 신학적으로 더 중요한 점은 희년이 대속죄일에 선포되기에 그것이 회개와 관련 있음을 분명히 알 수 있다는 것이다. 대속죄일에 대제사장은 지성소에 들어가 언약궤의 속죄소 위에 제물의 피를 뿌렸다. 이런 특별한 제사의 목적은 지성소를 백성의 부정, 죄, 범죄에서 정결하게 하여 여호와가 특별히 임재하시는 장소인 성막이 이스라엘 백성의 부정에도 그들 가운데 있을 수 있게 하기 위해서였다(레 16:16). 또 대속죄일에는 희생 의식을 치렀다. 제사장은 살아 있는 염소의 머리에 안수하고, 공동체 전체의 죄를 고백한 뒤 그 죄를 짊어진 염소를 광야로 보냈다. 이 의식은 공동체의 죄를 씻어내는 상징적 행위였다.[60]

그러나 레위기 1-7장에 이미 일 년 동안 드릴 희생 제사에 관한 지침이 나와 있는데, 연례 절기인 대속죄일에 이 의식을 굳이 치러야 했던 이유는 무엇일까? 본문은 몇 가지 이유를 암시한다. 예를 들어, 레위기 4-5장에 서술된 희생 제사들은 '부지 중에 지은 죄'에 대해 드리는 속죄 제물에 초점을 맞춘다.[61] 부지 중에 지은 죄를 어떻게 해석하든지 이 범주에 모든 죄가 다 포함되지 않는 것은 확실하다! 일 년 동안 공개적이고 의도적으로 지은 죄는 지성소를 오염시켰고, 공동체 내에서 다루어지지 않고 지나갔을 가능성이 크다.[62] 대속죄일은 이스라엘이 하나님과 동행하는 삶을 새롭게 시작할 수 있도록 매년 죄를 정결하게 하는 여호와의 제의적 전략이었다. 이렇게 늘 성결하지 못한 백성은 이 필수 의식을 통해 "하나님의 급진적 거룩을 감당할 수 있었을 것이다."[63] 또한 이 의식에 수반되는 금식으로 모든 이스라엘 백성이 회개와 용서의 제의에 참여했을 것이다.

이는 희년이 대속죄일에 선포되는 이유를 이해하는 데

도움이 된다. 여호와가 자기 백성의 죄를 용서해주시는 날에 그분의 백성은 서로 채무를 탕감해주었다. 동시에 대속죄일에 부지 중에 지은 죄에 대한 속죄 제물을 보완하고 강화하여 전반적인 죄 사함이 이루어졌던 것처럼, 희년은 잘못에 대한 배상, 사회적 복지 규례의 임시 방편적 조치를 보완하고 확대함으로써 경제적 파산과 죄의 일반적인 정결을 가능하게 해주었다.[64] "이렇게 해서 50년째 해에 이전의 모든 잘못을 속죄하고, 새로운 50년을 시작할 수 있었다."[65]

희년과 회개의 세 번째 관련성은 이스라엘 백성이 율법에 순종할 경우 축복을 받고, 거부할 경우 저주를 받는다는 레위기 26장(레 26:1-46)에서도 확인할 수 있다.[66] 불순종의 최종 저주는 포로가 되는 것이다. 레위기 26장 34-35절은 희년의 일부인 안식년을 제대로 지키지 못한 이스라엘의 잘못을 그들이 약속의 땅에서 추방당한 한 가지 이유라고 구체적으로 언급한다.[67]

그러나 이스라엘이 포로 생활을 하더라도 레위기 26장 40-43절은 한 줄기 희망의 빛을 선사한다. 여호와가 자신의 언약과 그들의 땅을 기억하신다는 것이다. 다만 조건이 있다.

> 그들이 나를 거스른 잘못으로 자기의 죄악과 그들의 조상의 죄악을 자복하고 또 그들이 내게 대항하므로…그 할례 받지 아니한 마음이 낮아져서 그들의 죄악의(*ratsah*, 라트사) 형벌을 기쁘게 받으면〔배상하면〕(레 26:40-41).[68]

이스라엘이 여호와의 언약적 율법, 특히 그 법의 약칭으로 사용한 안식년과 희년을 거부한 것에 대한 해결책에는 회개와 배상이 모두 포함된다.

　　더 나아가, 여호와가 그들에게 회개하고 배상하도록 요구하신 것은 그들 자신의 죄와 조상의 죄였다(레 26:40). 시간을 초월하는 집단적, 공동체적 연대 책임이라는 개념을 암시하는 듯한 이러한 표현은, 이스라엘 백성의 실패에 이전 세대의 죄를 회개하고 배상하지 못한 잘못도 포함됨을 의미한다.

　　분명히 이런 개념은 우리 중 많은 사람에게 심각한 문제를 일으키며, 그 개념을 철저히 탐구하는 일은 이 장에서 해야 할 일이 아니다.[69] 그러나 이 장의 취지에 따라 적어도 어떤 상황에서는 이전 세대의 죄를 회복하는 것이 희년의 요구 사항이라는 점을 확실히 지적할 필요가 있다.

　　고대 이스라엘의 남성 가장의 평균 수명은 아마 40세 이하였을 것으로 생각된다.[70] 적어도 '3세대 가구의 경우' 그 집안의 가장이 의사 결정을 할 권위를 가지기 위해서는 성인기를 훌쩍 넘겨야 했을 것이다.[71] 한 집의 가장이 이웃을 속여 땅을 빼앗으면 분명히 다음 희년이 오기 전에 바로 다음 세대가 이 부당하게 얻은 토지를 상속받는 경우가 종종 있었을 것이다. 억압적 경제 관행의 기만성을 감안할 때 심지어 이 부당하게 몰수한 땅의 상속자가 부당하게 얻은 땅의 세세한 사정을 제대로 모르고 있었을 수도 있다. 그런데도 이런 시나리오에서 희년은 정확히 레위기 26장 40절에서 명령하는 바를 실행하라고 한다. 즉, 아버지 세대에서 얻은 땅을 그 땅을 잃은 가정의 후

손에게 되돌려주어 그 자녀가 조상의 죄를 고백하고 배상해야 한다는 것이다.[72]

개인이나 집단의 죄와 회개에 대한 구약의 시각은 복합적이어서 후대 세대가 자신들이 지은 죄를 담당한 것과 같은 방식으로 조상의 죄를 담당해야 한다고 주장하지 않는다. '그들의 죄'와 '조상들의 죄'가 순차적으로 한 문장에 언급되어 있다는 사실은 이 죄가 신학적으로는 연관성이 있지만, 서로 구분되는 범주에 속함을 암시하는 것일 수 있다. 예를 들어, 보다(Boda)는 한 세대가 그 조상의 죄에 대해 일종의 '연대 책임'이 있다고 말한다.[73] 그러므로 희년을 구체적으로 생각해보면, 선대에 땅을 훔친 사람들이 경제적 불의의 원죄를 지었다고 볼 수 있다. 그러나 후세대가 희년을 무시한다면, 그 선조의 죄가 후대까지 이어졌으므로 그들은 도덕적 책임을 져야 한다. 실제로 희년은 토지를 되돌려주지 않고 계속 유지할 경우 그 자체로 부당한 가해 행위가 되는 순간을 식별한다. 레위기의 시각에서 볼 때 조상의 죄를 바로잡지 않으면 그 자신이 죄를 짓는 것과 같다.

또한 희년은 신실하고 현명하며 정의로운 이스라엘 백성에게도 스스로 힘들게 노력해서 얻었던 땅을 그 땅의 원래 소유자인 가족에게 돌려줄 것을 요구했다. 자연재해나 총체적 관리 부실로 토지를 잃은 경우라 해도 마찬가지였다. 따라서 본문은 하나님의 백성이 사회·경제적 회복을 전체 윤리의 핵심으로 삼도록 요구하지만, 희년의 실천이 모든 희년식 거래에서 회개와 배상을 요구하는 흑인 선언문의 요구와 유사한 것은 아니다. 그러나 지금까지 살펴본 증거에 따르면, 전체 희년 제도는 그 요구와 강력한 유사성이 있음을 보여준다. 실제로 희년이 특정 환경에서 조상이 부당하게 취득한 토지를 그 토지를 잃은 세대의 후손에게 돌려주도록 요구한다는 사실은, 집단이나 역사적 죄에 비추어 그 죄를 고백하고 배상해야 마땅하다는 놀라운 예를 제공한다.

    이런 역동은 배상을 반대하는 가장 강력한 논증의 하나, 즉 흑인 노예 가정은 그들을 노예로 삼은 백인 가정에게서 마땅히 배상받아야 하지만, 그렇다고 백인 후손에게 회개나 배상을 요구하는 주장은 온당하지 않다는 논증의 핵심을 뒤흔든다. '자신이 저지르지 않은 죄를 회개할 수는 없다.' 그러므로 논증은 계속될 수밖에 없으며, 회개 없이는 배상 요구도 존재할 수 없는 것이다. 상원 의원 미치 매코널(Mitch McConnell)은 "현재 살아 있는 우리 중 누구도 책임이 없는 150년 전의 일을 배상한다는 것은 좋은 생각이 아니라고 생각한다"[74]라고 말하기도 했다.

    이런 반발에 관해 레위기는 부를 강탈당한 이들의 후손에게 그 부를 되돌려줌으로 미래 세대가 조상의 죄를 회개하고 배상할 책임을 물려받는 것이 당연하다고 주장한다. 실제로 이스라엘이 "그 가운데 거하시는 여호와의 급진적 거룩성을 감당하고자" 한다면, 정확히 그렇게 세대를 뛰어넘는 회복이 필수적이다.[75]

흑인 선언문과 레위기 25장의 차이점

희년과 흑인 선언문은 유사한 부분이 많지만, 또한 몇 가지 중요한 차이점도 있다. 첫째, 정경에 제시된 대로 희년은 이스라엘이 계급이 존재하지 않는 사회이며, 앞으로도 그럴 것이라고 가정한다.[76] 하나님 백성의 각 가정은 약속의 땅에서 비교적 공평하게 땅을 분배받아 경제 활동에 참여하게 될 것이다. 희년은 각 가정이 분배받은 몫의 토지를 유지하게 함으로써 계급 사회의 출현을 방지했다. 이 때문에 레위기는 본문을 읽는 독자가 희년식 거래의 어느 한 편에 서 있을 수 있음을 미묘하게 암시한다. 예를 들어, 레위기 25장 14절은 토지 임대를 규제하는 부분을 소개한다. "네 이웃에게 팔든지 네 이웃의 손에서 사거든"(레 25:14). 이런 식의 언급은 청중이 앞으로 이웃의 땅을 소유하고 다시 돌려주어야 할 입장에 서거나 자기 토지를 이웃에게 잃고 다시 받아야 할 처지에 있을 수 있음을 암시한다.

　이와는 대조적으로, 레위기 15장 외의 성경에서 말하는 정의와 오늘날 우리 시대의 정의 담론에 따르면, 종종 부유하거나 힘 있는 계층을 언급하며 그 계층이 다른 빈곤하고 억압받는 계층을 대신해 행동할 것을 요구한다. 예를 들어, 의회에서 저소득층에게 식료품비를 지원하는 제도인 푸드 스탬프가 논의의 대상이 되면, 그 문제를 논의하는 의원들이 스스로 그런 사회 복지 프로그램이 필요해서 그 논의를 한다고 생각하지 않는다. 대체로 의회의 대표들은 푸드 스탬프가 필요한 계층에 속해 있지 않은 사람들이다.[77]

희년은 계급 없는 사회를 전제하기 때문에 특별히 비극이나 불의로 고통당하는 모든 사람에게 혜택이 될 수 있다는 점에서 모든 사람이 수용할 수 있는 정책을 제시한다.[78] 그러나 흑인 선언문은 미국의 인종 계급 사회를 전제로 그 요구를 표명한다. 포먼(Forman)과 그의 지지자들은 수백 년에 걸친 반희년 정치의 폐허 속에 서 있었고, 그로 인해 특정 집단에 맞서 한 집단을 대변하는 식의 강력한 요구를 할 수 있었다. 희년은 계급이 존재하지 않는 단일 공동체가 이웃으로 사는 사회를 전제하지만, 흑인 선언문은 부당한 인종 계급 체제가 지배하는 사회가 그 바탕에 있다.[79]

둘째, 포먼은 그리스도인들이 흑인을 압제한 죄악을 저지른 당사자이기 때문에 교회의 배상을 요구했다. 이와 대조적으로 희년의 정치는 이스라엘 가정에 경제적 불의가 발생했을 때 회개하고 이를 회복하도록 요구한 것은 분명하지만, 희년의 주된 근거는 거룩하신 분에게 거룩한 소명을 받은 거룩한 백성이라는 공동체적 정체성이다.

이 측면은 가능한 한 분명하게 지적할 필요가 있다. 즉, 희년은 줄곧 신학적인 문제였다. 신학은 폐기하고 경제학만 유지하고자 한다면, 이 희년 제도를 심각하게 왜곡하는 것이다. 희년 경제학은 땅과 사람이 모두 근본적으로 여호와의 소유이며, 이스라엘 백성은 여호와의 땅에 고용된 여호와의 소작농이라는 신학적 주장과 직결된다. 이스라엘 가정의 땅을 부당하게 빼앗는 것은 또한 하나님의 신민으로서 마땅히 그 가정이 감당해야 하는 봉사와 섬김을 부당하게 빼앗는 것이다. 이스라엘을 대하는 여호와의 방식에서 모든 피조물에 대한 그분의 의도를 엿볼 수 있음을 감안하면, 희년의 신학적 핵심은 사회에 대한 하나님의 비전을 더 일반적으로 이야기할 수 있는 잠재력을 감소시키지 않는다. 그러나 이것은 인간 사회와 경제에 대한 성경의 비전이 항상 강력하고 본질적으로 신학적이라는 점을 상기시킨다.

다소 애매하지만 셋째, 레위기는 이스라엘 백성이 희년을 실천할 수 있는 정의로운 공동체가 되도록 도덕 형성의 필요성을 강조한다. 흑인 선언문에 도덕 형성에 대한 희년식 강조가 부족하다는 사실이 반드시 약점이라고 볼 수는 없다. 교회가 연루된 백인 우월주의에 대항할 제자도의 여러 방식을 확인하는 작업은 백인 교회가 할 일이었을 것이기 때문이다. 그러나 이 책의 취지에 맞게 정의로운 제자도에 대한 레위기의 전략을 살펴볼 필요가 있다. 실제로 도덕 형성에 관한 희년의 독특한 전략을 확인하면, 교회가 오늘날 배상의 문제에 어떻게 대응할지 정리하는 데 도움이 될 것이다.

희년의 영향 아래 있는 정의로운 제자도

레위기가 공동체 차원에서 희년을 실행할 수 있도록 제자도 프로그램을 제시하는 두 가지 방식을 확인할 수 있다. 첫째, 이스라엘이 받아들일 수 있었던 것은 부분적으로 죄를 확인하고 고백하며 회개하는 정의로운 태도를 기르는 데 달려 있었다면, 대속죄일의 의식은 이런 덕스러운 태도를 기르는 데 도움이 되었을 것이다.

둘째, 희년은 하나님과 이웃에 의존해야 하는 우리 연약함을 수용하고, 안전과 통제 욕구라는 강렬한 갈망에 맞서는 백성의 형성에 좌우된다. 레위기는 절기 달력을 비롯해 희년의 정치학 속에서 살 때 공동체가 이런 유의 취약한 의존성을 습관적으로 훈련할 수 있음을 암시한다.

예를 들어, 안식년과 희년에 인위적 농사를 금지한 것은 이스라엘 백성 각자가 여호와의 공급하심에 직접 의지하고, 사회·경제적 계급화를 수용하지 말아야 함을 의미한다. 안식년에는 한 가정의 가장부터 갓 온 이민자에 이르기까지 모든 사람이 하나님의 풍요로운 들판에서 이삭을 주워 먹고 사는 취약한 의존자로 살아야 했다.[80] 현대 사회라면 1년 동안 최고 경영자와 임원들을 비롯해 대기업의 모든 직원이 조립 라인에서 함께 일하는 것을 상상해볼 수 있다. 그러나 이삭 줍기는 사람들이 일상적인 경제 활동을 하지 않는 상태에서 하나님의 넉넉한 공급하심을 경험할 기회가 되기 때문에 현대의 상황과 비슷하다고 보기에는 무리가 있다. 다시 말해, 이삭 줍기는 조립 라인을 아예 가동하지 않는 것이다. 또 어떤 면에서 이스라엘의 휴경기는 광야에서 만나를 공급받았던 사건을 재연한 것에 가깝다.[81] 이런 관습을 따르려면 이스라엘의 가장들은 자기 권력과 지위 덕분에 피할 수 있었던 취약한 의존을 실천해야 했다. 그들이 여호와께 의존하는 훈련을 한다면, 희년이 요구하는 관대한 정의를 실천하는 데 도움이 되었을 것이다.

이런 상관성은 또한 희년 기간에 이스라엘 가정이 잃었던 자기 땅으로 돌아가는 경험을 상상해보면 알 수 있다. 이 귀환으로 그들은 다시 회복한 땅의 궁극적 주인이 여호와이심을 인정하고, 그분께 의존하는 마음을 갖게 되었을 것이다. 이 귀환 의식에 참여하는 이스라엘 가정이 어떤 경험을 했을지 상상해보라. 7월 10일 공동체 전체가 대속죄일과 죄를 정결하게 하는 의식에 참여한다. 바로 이날 아마 금식이 마무리될 즈음[82] 나팔 소리가 들리고 희년이 선포된다. 수십 년 동안 다른 사람 집에서 생활하고 일하며 살아야 했던 가족은 예전에 잃어버렸던 땅을 돌려받는다. 형언하기 어려운 기쁨의 순간이었을 것이다. 한 세대 동안 남의 집에서 고용살이하다가 마침내 사회적, 경제적인 힘을 가진 위치로 다시 회복된 것이다.

그러나 그들은 추수가 끝나는 시점, 즉 휴경기가 한창 진행되는 와중에 고향으로 돌아간다.[83] 즉, 그 땅에 대한 '통제권'을 다시 회복하는 순간이 안식년이기 때문에, 그들은 그 통제권을 잠시 내려놓고 조직적인 수확과는 별도로 토지가 제공하는 소출에 의지하여 살아야 한다. 그런 다음 조상의 땅으로 돌아온 지 불과 5일 후에 온 공동체가 일 년 중 가장 즐거운 마지막 절기인 초막절을 지킨다. 이 절기는 일주일 동안 지속되며, 이 기간에 전 공동체가 그 수확물로 절기를 지킨다. 그러나 희년의 휴경기에 치르는 이 절기에 참가자들은 깊은 의존성이 생겼을 것이다. 그들이 절기를 지키며 먹고 마실 수 있었던 것은 여호와가 그 전 몇 년간 풍성하게 채워주신 결과였기 때문이다. 그들은 휴경한 경작지에서 자연스럽게 난 곡식으로 공급받았고, 휴경한 그 밭에서 일 년 내내 여호와가 먹이신 가축의 결과물을 받았다.

더 나아가 이스라엘 백성은 초막에서 생활하며 이 절기를 보냈다. 여호와는 공동체에 이 절기를 주신 이유가 무엇인지 명확하게 설명해주신다. "너희는 이레 동안 초막에 거주하되 이스라엘에서 난 자는 다 초막에 거주할지니 이는 내가 이스라엘 자손을 애굽 땅에서 인도하여 내던 때에 초막에 거주하게 한 줄을 너희 대대로 알게 함이니라"(레 23:42-43). 약속의 땅에서 농경기가 성공적으로 마무리되는 시점에 이스라엘이 그 형통함을 축하하는 열기가 절정에 다다를 때 여호와는 광야에서 하나님의 인도하심을 받으며 땅 없이 살았던 백성으로서 그들의 취약성을 의식적으로 재연함으로, 한 해 농사의 풍년을 기념하도록 요구하신 것이다. 희년에 조상의 땅으로 돌아가는 가족의 경우, 그들이 '자신들의' 땅을 다시 회복하는 순간 절기를 통해 이스라엘의 광야 유랑 생활을 재연함으로써 그 땅을 제의적으로 양도해야 했다.

이스라엘 백성이 탐욕, 통제, 소유, 자기 안전 지향적 야망의 악덕이 아니라 스스로 자인한 의존성과[84] 겸손과 신뢰의 덕목을 획득한다면, 이스라엘은 희년을 실천할 수 있었을 것이다. 이스라엘 백성에게 이런 미덕이 없었다면, 이웃에게서 받았던 땅을 희년이라고 포기하기란 절대 쉽지 않았을 것이다. 레위기는 이 점을 인정하며 신명기처럼 이스라엘의 도덕 생활을 형성할 목적으로 도덕적 형성 제자도 프로그램을 제시한다. 흑인 선언문에 이런 강조가 보이지 않는다는 점은 충분히 이해할 만하다. 하지만 오늘날의 기독교 공동체들이 정의로운 제자도의 희년식 비전을 따라 살기를 바란다면 기독교 윤리는 반드시 이 차이를 해결해야 한다.

희년의 정신에 따라 교회 배상 방법 고민하기

이 장에서 나는 백인 교회가 흑인 미국인들에게 배상해야 한다는 제임스 포먼의 주장을 레위기 25장의 희년과 연관 지어 살펴보았다. 흑인 선언문과 희년 모두 공동체 내의 부와 권력의 심각한 불평등에 관한 우려를 담고 있으며, 둘 다 회개와 회복의 중요성을 인식하고 있다는 것을 살펴보았다. 실제로 흑인 선언문은 세대를 뛰어넘는 회개와 회복의 실천을 구상하고 있으며, 희년은 그것을 실행할 공간을 만들어준다.

더 깊은 차원에서 나는 레위기의 전체 비전에서 희년은 거룩함의 정치에 핵심 역할을 한다고 주장했다. 실제로 희년은 하나님의 백성이 거룩하신 분을 그들 가운데 모시고, 여호와가 거룩하신 것처럼 그들도 거룩해질 수 있는 중요한 훈련의 장이 되었다. 오늘날 기독교 공동체들 역시 주님이 거룩하시므로 거룩하라는 부르심을 받고 있다(벧전 1:16). 거룩하라는 레위기의 초청은 믿음의 공동체가 여호와의 의롭고 정의로운 방식을 실천함으로써 열방을 향한 축복의 통로가 되어 하나님의 선교에 참여한다는 구약적 인식의 일부를 이룬다. 그렇다면 산 위의 동네(마 5:14)로 부름받은 교회 공동체는 더더욱 성경의 희년의 비전에 따라 상상력을 발휘해야 하지 않겠는가? 21세기 그리스도인으로서 희년의 말씀을 어떻게 받아들일지 이해했다면,

교회는 이스라엘의 농업적 경제 규례들을 현대 경제에 어떻게 적용할지 고민해봐야 한다. 우리가 어떤 식으로든 그런 고민을 해야 한다는 점은 분명하다.

    그러나 이 모든 사항에도, 희년의 원리에 따라 교회 배상의 사례를 만드는 데는 적어도 한 가지 피할 수 없는 도전이 있다. 이 어려움을 해결하지 않으면, 희년이 우리 삶에 미칠 수 있는 중요한 의미를 받아들여야 한다고 동의하는 독자들이라도 거부감을 갖게 될 것이다. 우리 세계에 희년을 어떻게 적용할지 질문하기 전에, 희년이 정말 실현된 적이 있는지의 문제를 먼저 다루어야 한다.

9장
성경에서 현대까지 이어지는 희년의 정신

"그러나 희년은 한 번도 실행되지 않았다!"

미국 그리스도인들이 희년에 관해 이야기할 때마다 불가피하게 이런 반응과 마주하게 된다. 브루그만은 "역사성에 관한 문제는 끊임없이 제기되었다. 그리고 내 경험에 비추어 보면, 희년의 역사성에 관한 가르침만큼 의문의 대상이 되는 성경 가르침은 없다."[1] 이 역사성에 관한 난제는 하나님의 백성을 위한 지침으로 희년을 강조하는 데 심각한 장애물의 하나다. 하나님의 백성이 당대에 희년을 실행할 수 없었다면, 우리의 사회 경제생활을 계획할 때 희년의 중요성을 지나치게 반영하는 것은 문제가 될 수 있다는 주장이 자연스럽게 제기된다.

(1) 희년이 한 번도 실행되지 않았다는 주장과 (2) 그렇기에 희년이 현대 교회의 신뢰할 수 있는 지침이 될 수 없음을 의미한다는 이 두 가지 주장은 학문적 논의뿐 아니라 대중적

대화에서도 자주 등장한다.[2] 이런 이유만으로도 이 난제를 다룰 가치가 있지만, 이 신뢰성 문제가 미국에서 수십 년 동안 배상 문제에 악영향을 미쳤기에 더욱 이 문제를 다루어야 할 필요가 있다.[3] 미국이 여러 배상 프로그램에 관여했고,[4] 어떤 경우에는 풀어준 노예에 대한 손실을 보상하고자 노예 소유주에게 배상한 사실이 있는데도,[5] 배상 프로그램은 절대 실현 가능성이 없다는 주장이 현재 진행되는 논의에서 계속해서 더 힘을 얻고 있다. 희년과 배상 문제의 경우, 실제로 실현 가능성이 미지수라는 주장이 실제로 이런 배상을 시도하지 못하도록 발목을 잡고 있다. 그러므로 정의로운 제자도를 실천하기 위해 희년의 비전을 받아들이려면 이 문제를 정식으로 다루어야 한다. 놀랍게도, 그렇게 함으로써 희년이 이 세상에서 정의의 일을 위해 교회 공동체의 정치, 즉 공동체 구조, 관행, 정책을 형성하는 힘을 드러낼 수 있다.

희년은 정말 실행된 적이 있는가?

희년이 실행된 증거가 없다는 널리 인용되는 주장에 대해 우리는 무엇이라고 반박할 수 있을까? 먼저, 두 가지 사항을 짧게 지적한 다음, 다음 단락에서 희년의 역사성과 그에 따른 현대적인 윤리적 실현 가능성을 고찰할 때 우리에게 필요한 결정적인 변화에 대해 다룰 것이다.

    첫째, 이스라엘 백성이 희년을 실행하지 못했다고 해서

현대의 신앙 공동체가 이 본문의 요구를 소홀히 해도 되는 것처럼 해석할 이유가 무엇인지 나로서는 전혀 납득이 되지 않는다. 하나님의 백성은 간음하지 말라는 성경의 명령에 늘 제대로 부응하지 못했지만, 적어도 성경의 권위를 철저히 존중하는 그리스도인 가운데 이것이 7계명을 무시해도 된다는 의미라고 주장하는 경우는 보지 못했다. 거룩해야 한다는 소명에 이스라엘이 부응하지 못했다고 해서 현대 교회가 그런 시도를 거부할 근거가 될 수 없는 것은 너무나 자명하다! 특별히 그런 이스라엘의 실패를 감안하더라도, 신약에 따르면 성령님이 이제 우리 안에 내주하고 계신다!

실제로, 레위기는 이스라엘이 희년을 실행하는 것이 쉽지 않을 수 있음을 인정한다. 이런 미실행의 가능성에 대해 레위기는 실제로 이 명령을 실행하지 못하면 본격적인 심판과 포로 생활을 대가로 치르리라고 경고했다. 서구 그리스도인들이 하나님 백성의 자발적이고 정기적인 경제적 자산 재분배보다 예수 몸의 부활에 대한 역사성을 더 쉽게 믿는다고 한다면, 이것은 성경의 윤리적 요구가 문제가 아니라 우리의 우상 숭배가 더 위험 수위라는 경고일 수 있다.

둘째, 희년이 실행되었다는 증거가 없다는 주장은 그동안 진지한 도전을 받아왔다. 한편으로, 희년의 정확한 실행에 대한 성경 내러티브상의 증거를 찾기 어려운 것은 사실이지만 라이트(Wright)는 "대속죄일에 대한 역사적 기록 역시 전혀 없으며, 내러티브상의 침묵은 거의 아무것도 증명하지 않는다"라고 지적한다.[6]

그러나 이스라엘이 가나안 땅에 들어가기 천 년 전부터 이스라엘 주변의 고대 공동체에서 부채 탕감과 토지 반환을 실천했다는 결정적인 증거가 있다.[7] 이런 칙령의 증거로는 실제 토지 매매 계약서와[8] 이런 칙령의 경제적 영향을 논의하는 편지[9]가 있다. 그러므로 우리는 이런 해방의 선언이 단순히 왕의 정치 선전 도구가 아니라 실제로 시행된 일임을 알 수 있다. 이전의 학자들은 희년이 군주제 이전의 이스라엘에서 시행하기에는 너무 '정교한' 제도라고 주장했지만, 그동안 학자들은 군주제 이전의 이스라엘이 레위기 25장에 묘사된 규정을 정확히 시행할 수 있었음을 결정적으로 입증했다. 실제로 이스라엘 공동체가 성경 시대의 전부는 아니더라도 상당 기간 인근 공동체들이 시행했던 당시의 유사한 관례들을 알고 있었을 것이라는 상당한 증거가 존재한다.

이 모든 증거는 이스라엘이 희년을 시행했을 수도 있음을 암시한다. 그러나 더 중요한 사실이 있다. 그런 자료들은 그들이 실제로 희년을 시행할 수 있었음을 명확히 보여준다는 것이다. 그들은 희년을 레위기 자체가 서술하는 상황 속에서, 즉 광야에서 약속의 땅을 물려받고자 준비하는 상황에서 이스라엘 공동체의 실현 가능한 정치적 행위로 이해했을 것이다.[10] 실제로 포로 생활 이전의 구약 시대에 레위기 25장 내용을 읽은 이스라엘 백성은 누구라도 희년을 실제로 실행할 수 있으며, 그 실행의 실패를 심각한 문제로 인식했을 것이다.

레위기 '법'과 희년식 상상력의 형성

하지만 희년의 역사성과 실행 가능성과 관련해 지적해야 할 더 중요한 핵심은 더 포괄적인 구약 율법에 대한 우리 이해와 관련이 있다. 이것이 마치 수수께끼처럼 보일 수도 있다. 실제로 레위기 25장과 같은 본문이 정의로운 제자도를 실행하도록 현대 그리스도인들을 형성하는 방법을 이해하기 위해서는 전반적인 구약 율법의 이해가 꼭 필요하다.

이스라엘이 희년을 시행했다는 증거가 없다는 주장은 레위기 25장에서 서술한 대로 희년을 정확히 실행한 증거를 찾을 수 없다는 사실에 근거한다. 그러나 구약과 고대 근동법의 본질에 대한 최근 연구는 그런 주장과 관련된 가정에 문제가 있음을 보여준다.[11] 그 이유가 무엇인지 이해하기 위해서 먼저 서구 독자들이 구약의 법전을 일종의 '성문법'과 같은 기능을 하는 것처럼 접근할 때가 종종 있음을 인정할 필요가 있다.[12] 성문법은 우리 시대의 법전에 대한 전형적인 접근 방식이다. 성문법 아래에서는 재판관이 판결을 내려야 할 때 공동체의 법전 안에 있는 특정 법 규정을 언급한다. 판사와 다른 법적 당사자들은 법규를 문자 그대로 따라야 할 의무가 있다.

예를 들어, 동네에서 코카인 판매 혐의로 체포된 한 친구의 재판을 참관한 적이 있다. 피고측 변호인, 판사, 검사 모두 내 친구가 그날 감옥에서 석방될 방법을 찾고 싶어 하는 것처럼 보였다. 그러나 변호사가 판사에게 친구를 풀어줄 구체적 판결을 내려달라고 두 번이나 요청하자 판사는 "테네시주 법에 따라 그렇게 할 수 없다"라고 답했다. 휴정 후 변호사는 약간 표현을 바꾸어 다시 이 요청을 했다. 반응은 동일했다. 마지막으로 법정의 다른 변호사가 동일한 결과를 원하지만, 법적 청원서를 다른 말로 바꿔서 요청했다. 잠시 고민하던 판사는 "알겠습니다. 그것은 가능합니다"라고 말했다. 이것은 성문법 아래서 모든 법적 당사자는 법규에 명시된 규정을 따라야 한다는 것을 보여주는 생생한 예시다.

최근의 연구에 따르면, 고대 법전들이 이런 식으로 작동하지 않았음을 보여준다. 학자들은 고대 왕들이 공표한 수많은 법전을 확인하는 작업을 했고, 고대 재판관들이 내린 실제 판결의 풍부한 증거를 확인했다.[13] 확인 가능한 증거에 비추어 볼 때 이 재판관들은 실제 의사 결정 과정에 법전을 인용하지 않았고, 종종 정확한 법조문과 상관없이 임의대로 판결을 내리기도 했다.[14]

그렇다면 이런 법전의 기능은 무엇인가?[15] 이런 법전은 일종의 '관습법'[16]이거나 심지어 지혜 문헌의 한 형태[17]일 수 있다고 주장하는 학자들이 점점 늘어나고 있다. 법전은 특정 시공간에서 지혜롭고 정의로운 공동체적 정책과 시행에 대한 공동체의 인식을 반영하고 있다는 것이다.[18] 따라서 이런 법전은 후대 세대에 일종의 구속력 없는 선례를 제공한다. 재판관들은 이런 법전을 알았을 가능성이 있고 그 지혜를 지침으로 삼았겠지만, 문자 그대로 혹은 법적으로 그것을 적용할 의무는 없었을 것이다.

법전의 본질에 관한 이러한 통찰은 크리스토퍼 라이트

(Christopher J. H. Wright)가 옹호하는 구약 윤리에 대한 패러다임적 접근 방식의 역사적 근거를 제공한다. 라이트는 기독교 윤리학자들이 고대 세계의 '그곳'에서 어떻게 현재의 '여기'로 건너올 수 있는지 의문을 제기한다.[19] 그곳에서 이곳으로 이동하는 것은 다양한 이유로 그렇게 단순한 문제가 아니다. 한편으로 '그곳'의 경제는 '여기'의 경제와 매우 달랐다. 또 다른 한편으로 교회로서 하나님 백성의 생활에 참여하는 것과 이스라엘의 신정 정치의 한 신민으로서 하나님 백성의 생활에 참여하는 것 역시 상당히 차이가 있었다.

이 문제에 대한 라이트의 대답은 이러하다. 즉, 현대 그리스도인 독자들이 구약의 이스라엘을, 특별히 이스라엘의 법과 제도를 하나의 패러다임으로 이해하고 살펴봐야 한다는 것이다. 다시 말해, "유비를 통해 구체적으로 알려진 실재(패러다임)를, 해결할 문제가 있고 찾아야 할 대답이 있거나 결정해야 할 선택이 있는 다른 더 포괄적 상황에 적용"하도록 "모델이나 양식"으로서 구약의 이스라엘, 특히 이스라엘의 법전과 제도를 고찰하라는 것이다.[20] 레위기 거룩의 정치를 하나의 패러다임으로 이해한다고 해서 모든 시간과 장소에서 희년 제도를 그대로 복제해야 하는 것은 아니다. 희년 제도로 우리의 윤리적 상상력을 발동하고 생각을 바꿈으로써 우리 자신의 교회 정치를 평가하고, 하나님 나라에 더 어울리는 정치를 창의적으로 실행할 수 있게 된다는 의미일 것이다.[21]

그러나 이로 인해 하나님의 백성이 실제로 희년을 실행했는지에 관한 질문에 대답하는 방식도 바뀌어야 한다. 구약 율법의 본질을 근거로, 우리는 이 제도를 엄격하게 그대로 복제하는 대신 이스라엘이 희년을 하나의 패러다임으로 보고 정경의 다른 곳에서 희년의 패러다임적 정치를 창의적으로 응용했다는 증거를 찾는 것으로 연구를 확대해야 한다.[22]

그렇게 하면 레위기의 희년 패러다임이 구약과 신약에 등장하는 수많은 정치와 실제에 영향을 주었음을 발견하게 된다. 그러므로 성경 자체는 희년 패러다임이 어떤 식으로 우리 시대를 비롯해 후대의 시공간에서 창의적이고 상황에 적합한 희년식 활동을 고무시키는지 모델을 보여준다. 이런 역동을 연구하면 흑인 선언문과 성경의 희년의 연관성에 대한 우리 대화가 한층 풍성해질 것이다. 또한 성경의 정치가 현대 신앙 공동체들이 오늘날 교회 배상 옹호론에 반응하도록 도전할 새로운 방식에 대해서도 시야가 새롭게 열릴 것이다.

희년은 인류와 모든 피조물에 대한 하나님의 창조 목적에 뿌리를 두고 있다. 또한 안식일(출 20:8-11, 23:12, 신 5:12-15)과 안식년 제도(출 23:10-11)에 관한 여호와의 구체적인 명령에 근거하고 있다. 이로 인해 우리 연구는 희년 자체가 토라의 큰 패러다임의 한 줄기에 불과함을 빈번히 밝히게 될 것이다. 즉, 나머지 성경 본문은 레위기 25장의 희년과 다수 관련된 토라 본문, 특별히 신명기 15장 1-18절을 근거로 한 것이라는 말이다.[23] 이런 본문들의 상관성과 토지, 채무, 노예 해방 문제에 대한 토라의 성찰이 희년에 가장 집약적으로 반영되어 있음을 감안할 때 나는 이런 본문들이 '희년 정치'를 대표하는 본문이라고 생각한다. 성경에서 이 희년의 정치가 반영된 몇 가지 본문을 살펴보자.

예레미야 34장 8-22절의 희년 정치

예레미야 34장 8-11절은 바벨론의 포위 공격을 받는 동안 히브리 노비를 풀어주기로 시드기야 왕이 예루살렘 성민들과 맺은 언약을 소개한다. 처음에 백성은 이 언약대로 순종했다. 후에 고관들과 백성은 이 노비를 풀어준 일을 후회하고 자유를 얻은 노예들을 다시 종으로 삼았다. 예레미야 34장 12-22절은 이런 퇴행에 대한 여호와의 심판을 소개한다. 하나님은 그들의 행위를 노예제에 대한 율법 규정을 거부한 것으로 해석하시고, 심판의 근거로 삼으신다.

처음에 보면, 이 본문은 신명기 15장이든 레위기 25장이든 희년 정치와는 그렇게 긴밀한 연관성이 있는 본문처럼 보이지 않는다.[24] 예레미야 34장에서 시드기야 왕이 노예 해방을 선언하지만, 신명기와 레위기에서 그 권한은 오직 하나님께만 있었다. 시드기야 왕의 선언은 신명기 15장 1-11절과 레위기 25장 8-55절에서 강조한 주기적 차원이 결여되었을 뿐 아니라 신명기 15장 12-18절의 특징인 채무 노예살이 기간을 제한하는 내용도 결여되어 있다.

그러나 본문을 세밀하게 들여다보면, 시드기야의 행위와 그 행위의 예언적 해석 모두 신명기 15장과 레위기 25장에서 결정적인 영향을 받았음을 확인할 수 있다. 히브리 남녀 노비라는 표현(렘 34:9), 노예를 자유롭게 하고 보냈다는 표현(렘 34:10), "칠 년 되는 해에"(렘 34:14)라는 구절은 신명기 15장과 가장 명백한 언어학적 연관성이 있는 사례 중 세 가지일 뿐이다.[25] 어떤 사람들은 레위기 25장과의 연관성을 거부하거나 무시하지만,[26] '자유(*deror*)를 선포한다'는 표현(렘 34:8, 15, 17)은 이 본문 외에 희년에 대해 명시적으로 말하는 본문(레 25:10, 사 61:1, 겔 46:17)에서만 등장한다.[27] 혹자는 이 '자유'에 대한 언급이 고대 근동의 왕의 칙령에서 직접적으로 빌려온 것이라고 주장한다.[28] 그러나 그런 고대 칙령은 시드기야가 주장한 것처럼 "그의 동족 유다인을 종으로 삼지 못하게 한 것이라"(렘 34:9)는 식의 주장을 절대 하지 않는다. 그렇다면 이런 주장의 출처는 어디인가? 이런 주장을 하는 성경의 유일한 법전 본문은 레위기 25장 39-54절이다.[29] 더 나아가 복무 기간의 만료에 따른 자유가 아니라 전반적인 노예 해방을 선언한 성경의 법전 본문은 희년에 관한 본문이 유일하다.[30]

훨씬 더 중요한 점은 여호와가 직접 해방 언약을 맺기로 한 결정이 노예를 정기적으로 해방하기로 한 이전 언약의 요구와 연속성이 있음을 확인해주신다는 것이다. 그들의 조상은 정기적으로 채무 면제를 시행하여 여호와의 언약을 지키는 일을 거부했지만, 여호와는 "너희는 이제 돌이켜 내 눈앞에 바른 일을 행하여 각기 이웃에게 자유를 선포하되 내 이름으로 일컬음을 받는 집에서 내 앞에서 계약을 맺었거늘"(렘 34:15)이라고 말씀하신다.

이것이 얼마나 놀라운 일인지 간과하고 넘어가서는 안 된다. 여호와는 시드기야의 노예 해방이 토라의 희년 규례를 신실하게 지킨 행동이라고 설명하신다. 물론 시드기야의 행동이 그 희년 규례의 세부 사항과는 명확히 차이가 있는 것 또한 사실이다.[31] 하지만 여호와는 시드기야의 행동을 칭찬하시고 예레미야 34장 14절에서 자신이 직접 언급하신 규정과 완벽하게 일치하지는 않지만, 그 법에 충실하게 행동했다고 인정해주신다. 적어도 여호와가 보시기에 시드기야가 그가 처한 상황과 장소에서 희년 규례를 즉각적으로 실행했던 것은 절대적으로 옳은 행동이었다.[32] 또 한편으로 여호와는 이 언약적 '자유'(deror)를 철저히 지키지 못한 잘못으로 그분 자신의 '자유'(deror)를 선언하겠다고 말씀하신다. 즉, 자기 백성을 '칼과 전염병과 기근'에서 해방하겠다고 선언하신다.

예레미야 34장 8-22절은 토라의 희년 정치가 후대의 특정 공간과 시간에서 하나님 백성의 정치를 형성하는 패러다임으로 작용한 예를 보여준다. 그 공동체는 직접적이고 일대일 복제가 불가능하며 또한 바람직하지도 않은 특정 상황에 신명기 15장과 레위기 25장을 창의적으로 적용했다.[33] 토라로 상상하지 못했던 상황, 즉 적에게 포위당한 왕정 체제라는 상황에서 희년의 삶을 사는 방법을 생각해낸 것이다. 시드기야가 결과적으로 정의를 실행하지 못하고 실패하여 왕에게 의존하는 희년식 정의의 위험성을 언약 공동체에 경고했더라도 이것은 사실이다.[34]

느헤미야 5장 1-13절과 10장 31(32)절의 희년 정치

느헤미야 5장 1-13절은 포로 생활에서 돌아온 후의 또 다른 경제 위기를 이야기한다. 공동체의 성공적인 예루살렘 재건 이야기 중간에 경제적으로 억압받던 유대 가정들의 절규하는 내용이 갑자기 등장한다. 이 절규는 각기 다른 세 집단이 외친 것이다.

1. 가정의 규모 때문에 양식이 절대적으로 모자란 사람들(느 5:2).
2. 흉년에 곡식을 얻기 위해 밭과 포도원과 집을 저당 잡힌 탓에 생계 수단을 잃은 사람들(느 5:3).
3. 바사인들이 부과한 과중한 세금을 내고자 돈을 빌린 후 밭과 포도원을 잃은 사람들.

이 마지막 그룹은 동족 유대인들에게 채무 노예로 아들과 딸을 팔 수밖에 없었다(레 5:4-5).

흉작과 과중한 세금이 당시 위기의 원인이었던 것으로 보인다. 그러나 그들의 직접적인 고통은 많은 부분 채무 때문이었다. 특별히 사람들이 밭이나 가족을 담보로 삼을 수밖에 없거나[35] 빚에 대한 이자를 내야 할 경우가 여기에 해당했다. 그들의 절규를 듣고 분노한 느헤미야는 처리할 방법을 고심한 후 세 가지 공개적인 반응을 보인다.

첫째, 심각한 도덕적 실패이자 하나님을 경외하라는 명령을 어겼다고 보고, 귀족들과 민장들을 꾸짖는다(느 5:7-9).[36] 둘째, 느헤미야는 백성에게 "나와 내 형제와 종자들도 역시 돈과 양식을 백성에게 꾸어 주었거니와"(느 5:10)라고 말한다. 자신도 가난한 사람들에게 꿔주고 있었지만 신명기 15장과 레위기 25장의 정신에 맞게 이자를 받지 않았다는 뜻으로 이 말을 한 것이라면, 그는 공동체에 가난한 이들을 착취하지 말고 꿔주라고 요구하는 것이다.[37] 개인적으로 나는 후자가 더 맞는다고 생각하지만, 느헤미야와 그의 사람들이 착취형 대출에 연루되어 있었다면 느헤미야는 자신이 그 문제에 일조했음을 자백하고 있는 것이다.[38]

셋째, 느헤미야는 백성에게 함께 하나님께 순종하자고 요청한다. 구체적으로 (1) 채무를 즉각 면제해주고, 이미 받았던 이자나 담보물을 돌려주며, (2) 이자를 받고 빌려주는 관행을 포기하라고 말한다(느 5:10-11).[39] 놀랍게도 "고대 세계에서 유례를 찾아볼 수 없는 특별한 사건"[40]이 일어났다. 돈을 빌려줄 수 있는 풍족한 계급의 사람들이 이 제안을 받아들이고 자신들의 잘못을 회개한 후 받았던 담보물과 이자를 되돌려주고 그들이 준 빚을 면제해준 것이다(느 5:12). 전체 단락은 모든 사람이 "여호와를 찬송하고" 그들의 약속을 다 이행했다(느 5:13)는 내용으로 마무리된다.

어떤 이들은 느헤미야의 행동이 토라의 희년 정치와 일치하지도 않고 이런 정치를 암시하지도 않는다고 주장한다.[41] 느헤미야의 선언은 시드기야의 선언처럼 주기적으로 시행되는 개혁이 아니라 일회성 선언이었다. 또한 귀족과 유력자의 행동이 엄밀히 말해 불법이었는지도 명확하지 않으며,[42] 느헤미야의 반응은 레위기 25장이나 신명기 15장에서 요구하는 수준을 능가한다.[43]

그러나 전체 문장은 두 본문이 암시하는 수많은 내용이

반영되어 있다.

- 느헤미야 5장 9절에서 순종의 동기로 '하나님에 대한 경외함'에 호소하는 부분은 레위기 25장 17, 36, 43절의 동일한 호소를 반영한다.
- 동사 슈브(*shuv*)의 다양한 형태를 이용해 땅(과 다른 '담보')을 되돌려준다는 표현은 레위기 25장에 압도적으로 등장하며, 느헤미야 5장 10-11절에도 나온다.
- 이자를 금하는 내용은 레위기 25장 36절과 느헤미야 5장 11절에 모두 등장한다.
- 느헤미야 5장 7절에서 '긴급한 요구'를 의미하는 표현은 레위기 25장 46절에서 차용했을 가능성이 크다.[44]
- '아무런 힘'이 없는 가난한 '형제' 유대인이라는 언급(느 5:5)은 가난한 '형제'를 지칭하기 위해 유사한 표현을 사용한 레위기 25장 35절을 떠올리게 한다.

더 심층적 차원에서 보면, 느헤미야는 레위기 25장을 근거로 채무 노예제를 근절하고자 시도하는 것으로 보인다. 심지어 본문이 요구하는 수준을 뛰어넘는 데까지 그 목표를 이루려는 모습을 보인다. 지금까지 논의했듯이, 법전 본문은 새로운 상황에서 창의적인 상황별 적용을 도모할 수 있게 할 목적의 지혜롭고 정의로운 실천에 관한 패러다임을 제공한다. 이런 사실을 감안하면, 후대의 느헤미야는 고대 율법을 응용하되 더 엄격하게 적용했다는 점에서 주목할 가치가 있다. 예수님이 산상 설교를 하신 것처럼 느헤미야는 율법을 근거로 그 율법의 본질과 정신에 맞게 그 요구를 더 강화한 것으로 보인다.

예레미야 34장 8-22절에서처럼 느헤미야 5장 1-13절은 하나님의 백성이 신실하게 권력을 행사함으로써 경제생활에서 정의를 추구한 한 가지 예시다. 적어도 일부는 원래 희년 규례에서 영감을 받았을 방식을 사용한다. 그렇다면 느헤미야 5장 1-13절에서 우리는 희년의 정치와 관련해 어떤 이해를 더 얻을 수 있는가?

첫째, 본문은 후대 저자들이 레위기 25장과 신명기 15장과 같은 본문을 근거로 불의의 상황에 대처하고 개선하는 방법을 모색했음을 보여준다. 지난 8장에서 나는 레위기 25장을 보면 모든 희년식 회복이 회개의 행위를 포함한 것은 아니지만, 희년의 구체적 실천은 그런 회개의 행위를 포함했을 가능성을 암시하는 부분이 있다고 주장했다. 여기서는 더 확실한 증거가 있다. 하나님의 백성은 신명기 15장이나 레위기 25장과 같은 본문을 근거로, 부당한 경제적 관행을 다루고 불의를 저지른 자들에게 회개하고 보상하라고 요구했다.

둘째, 느헤미야 5장 1-13절은 일단 계급 사회가 출현하면 희년 정치가 필요할 뿐 아니라 실제적 시행 역시 어렵다는 점을 동시에 보여준다. 신명기 15장과 레위기 25장은 엘리트가 없는 사회를 꿈꾸지만, 느헤미야는 "귀족들과 민장들"(느 5:7)과 사회적 사다리의 더 아래에 있는 사람들 사이의 명확한 구분이 존재하는 세상에서 일하고 있다. 이런 새로운 상황에서는 희년 정치를 맹목적으로 복제하기보다 창의적으로 시행할 필요가 있다. 그러나 본문은 계급으로 분열된 사회에서도 진정한 연대가 가능함을 증거한다.

이렇게 계급으로 분리된 사회가 당면한 문제는 단순히 경제적인 문제만 있는 게 아니었다. 권력 문제도 있었다.[45] 느헤미야 5장 3절에서 권력 문제가 가난한 사람들의 원망의 핵심이었던 이유가 이 때문이다. 그들은 땅을 잃었기에 굴욕적인 사회적, 경제적 쇠락에서 자신과 가족을 보호할 힘이 없었다. 이러한 사회에서 희년의 정치를 향한 추진력이 권력자의 선한 의도가 아니라 동족에 대한 가난한 자들의 절규에서 시작한다는 점은 시사하는 바가 매우 크다. 사회·경제적 분열이 심한 사회에서 살다 보면, 이런 분열과 이를 강화하는 경제적 관행이 적어도 거기서 혜택을 받는 사람들에게는 자연스럽고 필요한 것처럼 보이게 된다. 애굽 노예들의 부르짖음과 같은 압제당하는 자들의 외침[46]은 당연히 동족 유대 형제자매를 향하고 있었다. 고통당하는 가난한 사람들은 공동체의 시민으로서 당연히 받아야 할 대우를 거부당하고 있다고 주장했다. 그들은 권력자들이 그들의 본질적 평등을 인정해야 한다고 주장했다.[47]

이런 절규는 느헤미야에게 보내는 경고의 나팔 소리였다. 최소한 그는 사람들과 직접 맞서는 극적인 조치를 취해야 한다. 느헤미야 5장 10절을 일종의 고백으로 해석한다면, 이 절규를 듣고 그는 다시 자신을 점검해야 했을 것이다. 가난한 이들의 고발에 오경의 희년 본문에 대한 그의 자각이 더해져, 결국 느헤미야와 그의 동료 "귀족들과 민장들"은 자신들의 행동을 회개하고 그들이 입힌 손해를 회복해주었다.

그러나 느헤미야는 자신의 상황에서 희년의 사회적 비전을 추구하며 희년의 문자적 요건을 충족하는 데서 훨씬 더 나아간다.[48] 레위기 25장은 공동체의 곤궁한 형제를 '구하는' '기업 무르는 자'를 상정하지만, 이 기업 무르는 자는 희년이 오기 전에는 그 곤궁한 형제의 노동에서 혜택을 얻는다. 느헤미야는 동족 유대인들 사이에서는 물론이고, 일체의 '노예 노동'을 거부하는 것처럼 보인다. 그 대신 그는 유대인들이 채무 노예로 전락한 동족을 '속전'해야 한다고 주장한다. 다만 그 '속전을 치른 사람'이 그렇게 함으로써 어떤 이득을 얻는다는 암시는 보여주지 않는다.[49]

느헤미야는 공동체의 도덕적 실패에 즉각적이고 근본적인 대응이 필요하다는 점을 인식한다. 이런 반응은 토라의 희년 정치에 영향을 받은 것으로, 어느 특정 본문의 구체적인 요구를 넘어서는 것이기도 하다. 그러나 느헤미야는 이런 일회성 조치로는 공동체 내의 경제 정의를 실현하기에 충분하지 않다는 사실을 알고 있다. 경제 개혁은 느헤미야 5장 1-13절에서 끝나지 않고 느헤미야 10장의 언약 갱신에서 다시 등장하며, 백성은 이제 7년마다 안식년과 채무 면제를 실천하기로 다시 결단한다(느 10:31[32]).[50] 이렇게 느헤미야가 희년 본문을 창의적으로 적용했던 일회성 사건은 빚 탕감의 정기적인 실천으로 이어지며 이를 보완한다. 이 정도로 공동체 내의 계급적 구분을 없애기에는 충분하지 않았지만, 계급 간 분열이 극적으로 줄고 그들 사이에 진정한 연대의 가능성을 볼 수 있었다. 그래서 가난한 자들의 절규와 귀족들의 응답은 온 회중이 함께 여호와를 찬양하는 것으로 마무리된다(느 5:13). 그러므로 요약하면, 느헤미야는 매우 다른 사회·경제적 상황에서 희년의 정치를 받아들인 공동체의 놀라운 사례를 보여준다고 할 수 있다.

에스겔서의 희년 정치

또 다른 희년 정치의 예는 에스겔에서 볼 수 있다. 레위기가 공동체에 "하나님의 급진적 거룩을 (그들) 가운데" 받아들이도록 할 총체적 삶의 방식을 제시했다면,[51] 에스겔은 이스라엘이 바로 그 일을 제대로 하지 못했을 때 심판을 받는 상황에서 예언한다. 실제로 에스겔서의 핵심적 순간은 이스라엘의 우상 숭배와 불의 때문에 여호와의 영광이 성전을 떠나는 것을 에스겔이 환상으로 보는 장면이다(참고. 겔 10-11장).[52]

이런 배경에서, 에스겔 34-48장에 나오는 미래의 소망에 관한 에스겔의 예언에는 약속의 땅에서 하나님이 자비의 왕국을 다시 세우신다는 내용이 포함되어 있다. 레위기에서 희년을 공동체의 거룩한 정치의 중심 축으로 제시했듯이, 에스겔은 여호와가 다시 백성 가운데 거하실 새로운 공동체의 필수 요소로 갱신되고 수정된 희년 규례를 상상한다.[53] 우리는 에스겔의 비전에서 세 가지 독특한 측면을 확인할 수 있다.

왕권의 한계가 드러난다. 첫째, 희년은 회복되었지만 상당히 축소된 왕궁에 대한 에스겔의 환상에서 중요한 역할을 한다.[54] 에스겔 선지자는 다윗 계보에서 난 왕으로, 여호와의 희년을 받들며 살 왕을 상상한다. 그리고 회복된 성전의 구조를 몇 장에 걸쳐 간략히 소개한 뒤 땅을 어떻게 분배할 것인지에 대한 질문으로 다시 돌아간다(겔 45장). 에스겔은 원래의 토지 분배를 그대로 반복해서 소개한다. 그러나 이제 왕 역시 '조상의 몫'(*akhuzzah*, 겔 45:7-8)을 받게 될 것이다.[55] 바로 이어 에스겔 45장 8-9절에서 왕에게 그 가족의 몫을 주는 취지를 명확히 확인해준다.

> 나의 왕들이 다시는 내 백성을 압제하지 아니하리라 그 나머지 땅은 이스라엘 족속에게 그 지파대로 줄지니라 주 여호와께서 이같이 말씀하셨느니라 이스라엘의 통치자들아 너희에게 만족하니라 너희는 포악과 겁탈을 제거하여 버리고 정의와 공의를 행하여 내 백성에게 속여 빼앗는 것을 그칠지니라 주 여호와의 말씀이니라.

에스겔 46장 16-18절은 왕에게 요구되는 경제적 정의와 여호와께 제사드릴 때 왕이 담당해야 할 역할을 자세히 설명한 후, 토지와 관련해 왕과 공동체와의 관계 문제로 다시 돌아간다.

> 주 여호와께서 이같이 말씀하셨느니라 군주가 만일 한 아들에게 선물을 준즉 그의 기업이 되어 그 자손에게 [조상의 소유로서(*akhuzzah*)] 속하나니 이는 그 기업을 이어받음이어니와 군주가 만일 그 기업을 한 종에게 선물로 준즉 그 종에게 속하여 희년(*deror*,

해방의 해**56**)까지 이르고 그 후에는 군주에게로 돌아갈 것이니 군주의 기업은 그 아들이 이어받을 것임이라 군주는 백성의 기업을 빼앗아 그 산업에서 쫓아내지 못할지니 군주가 자기 아들에게 기업으로 줄 것은 자기 산업으로만 할 것임이라 백성이 각각 그 산업을 떠나 흩어지지 않게 할 것이니라.

이 모든 것은 거룩한 왕으로서 여호와의 통치에 군주가 철저히 종속됨을 의미한다. 군주의 명령이 아니라 하나님이 직접 희년 주기를 시행하시며 군주 역시 직접 희년의 적용을 받는다. 이렇게 하면 백성은 약속의 땅에서 자기에게 할당된 땅을 지킬 수 있을 것이다.

에스겔서와 많은 구약 성경에 나오는 것처럼, 왕은 백성을 억압하고 그들의 땅을 빼앗아 마음대로 사용했을 뿐 아니라 자신의 통치력 강화에 도움이 되는 엘리트들의 충성을 사는 데 그 땅을 사용할 때가 적지 않았다(삼상 8:14, 왕상 21장).**57** 에스겔은 다른 이스라엘 백성과 마찬가지로 군주 역시 자신이 소유한 땅 외에는 권리가 없고, 그러므로 다른 백성과 마찬가지로 그것을 처분할 능력 역시 없는 정치 공동체를 꿈꿨다. 군주부터 일반 백성에 이르기까지 모든 사람이 토지를 선물로 받으며, 신적 왕의 희년의 토지 정책에 맞게 그것을 관리해야 한다. 그렇게 해야 모든 가족이 안전하게 거할 수 있는 공동체가 유지된다.**58** 이번에도 역시 희년식 공동체는 경제적 생존과 사회적 권력에 관심이 있다. 레위기 25장에서 전체 공동체 내의 분배 기능을 강조한다면 에스겔의 비전은 이것이 가능하기 위해서는 왕의 권력을 제한할 필요가 있음을 인정한다.

타국인이나 나그네도 영구적으로 포용한다. 그러나 둘째, 에스겔은 레위기 25장의 수준을 훨씬 상회하는 급진적 포용 공동체를 꿈꾼다. 여호와가 약속의 땅으로 그들을 귀환하게 하실 때 "너희"뿐 아니라 "너희 가운데에 머물러 사는 타국인 곧 너희 가운데에서 자녀를 낳은 자"(겔 47:22)들도 그 땅을 유업으로 할당받게 된다는 것이다. 아마 이 체류자가 받는 땅도 희년의 적용을 받을 것이다. 하나님의 백성 중에 머물러 살기로 한 타국인도 약속의 땅에서 영구적인 사회·경제적 위치와 관리할 몫을 얻는다.[59] 체류자도 더는 '영구적 의존 상태'에 있지 않다.[60]

레위기 25장에 대한 담대한 재해석이 아닐 수 없다.[61] 레위기는 외부인이 공동체 내의 땅을 영구히 소유하지 못하도록 금했을 뿐 아니라 레위기 25장 45-46절에 따르면, 그들을 영구적 노예로 살 수 있다고 명시돼 있다. 그러나 에스겔의 희년 정치는 주님께 속한 공동체에 직접 참여한 외부인을 위한 포용 정치의 가능성을 명시한다.[62] "타국인이 동료 상속자로 변화하는 것이다."[63]

여기서 우리는 창조와 구원이라는 하나님의 목적 안에 깊이 뿌리내린 희년이 그 자체로 상상되는 의미를 넘어서 공동체를 이끄는 것을 본다. 여호와는 애굽에서 이방인으로 살던 이스라엘을 가혹한 종살이에서 해방해주신 하나님이실 뿐 아니라 열방을 향한 하나님 축복의 통로가 되게 하려고 이스라엘을 부르신 분이다. 에스겔에서는 여호와가 타국 출신의 체류자들을 돌아보시고, 자기 백성에게 주신 약속의 땅을 분배받게 하실 정도로 그들이 이스라엘에서 축복을 누릴 수 있게 하셨다.

정의로운 왕국의 미래에 대한 분명한 비전이 있다. 셋째, 예레미야와 느헤미야는 이스라엘 백성이 희년의 여러 측면을 수용한 역사적 사례를 서술했지만, 에스겔서는 약간 차이가 있다. 이스라엘의 땅에서 멀리 떨어져 포로로 살면서 그는 자기 백성의 삶에 여호와가 결정적으로 개입하실 미래의 한 측면으로 희년을 상상한다. 데이비스(Davis)는 에스겔의 마지막 환상이 '세상 창조' 장면이라고 주장한다. 에스겔 선지자는 청중에게 "대안적 상태의 현실에 가상으로 참여하도록" 초청한다.64 에스겔은 이 '대안적 상태'의 현실이 전적으로 여호와의 은혜로우신 역사에 달려 있음을 인정한다. 실제로 이스라엘이 필요한 것은 일종의 심장 수술이었다(겔 36:26). 게다가 부활도 필요했다!(겔 37:1-14) 오직 여호와만이 이 완악한 백성을 다시 창조하셔서 영구히 여호와를 모실 수 있는 공동체로, 여호와가 그들의 하나님이 되시고 그들이 그분의 백성이 되는 공동체로 만드실 수 있었다(겔 37:27-28).

동시에 그런 대안적 공동체를 상세하게 소개하되 매우 실제적인 현실적 관심사를 거론함으로 에스겔은 또한 청중이 미래 세상의 이 비전을 따라 현재를 살아가도록 초청한다. 즉, 에스겔의 '세상 창조'는 성경이 실제적인 정의의 기능을 감당하도록 제자들의 상상력과 인격을 형성하는 또 하나의 방식이다. 그러므로 종합하면 에스겔의 희년에 대한 환상은 또한 다음과 같은 부분에 기여한다.

1. 사회·정치적 해방과 완전하고 도덕적인 영적 변화를 모두 아우르는 기적 같은 미래의 구원 역사에 대한 소망으로 백성을 위로하는 역할을 한다.
2. 지도자들이 부당하게 토지를 획득하는 것이 특징인 약탈적 경제생활 방식을 버리고 여호와의 주 되심 아래 사는 정의로운 희년 정치를 받아들임으로써 현재를 회개하도록 이끈다.
3. 타국인을 잠재적 내부자로, 여호와가 언젠가 완성하실 정의로운 왕국의 시민으로 받아들인다.

에스겔은 이 모든 방식으로 토라의 희년 정치의 효력을 증명한다. 즉, 여호와의 왕국 개입에 대한 예언자적 소망과 현재 그 희년 정치에 대한 상상력 있는 삶의 시도에 영감을 불어넣는 힘을 보여주는 것이다.

예수와 초대 교회의 희년 정치
희년의 정치와 신학은 구약에서 끝나지 않는다. 신약에서, 특히 예수님의 첫 설교에서도 그것이 확장되고 있음을 알 수 있다.[65]

예수께서 그 자라나신 곳 나사렛에 이르사 안식일에 늘 하시던 대로 회당에 들어가사 성경을 읽으려고 서시매 선지자 이사야의 글을 드리거늘 책을 펴서 이렇게 기록된 데를 찾으시니 곧 주의 성령이 내게 임하셨으니 이는 가난한 자에게 복음을 전하게 하시려고 내게 기름을 부으시고 나를 보내사 포로 된 자에게 자유를, 눈먼 자에게 다시 보게 함을 전파하며 눌린 자를 자유롭게 하고 주의 은혜의 해를 전파하게 하려 하심이라 하였더라 책을 덮어 그 맡은 자에게 주시고 앉으시니 회당에 있는 자들이 다 주목하여 보더라 이에 예수께서 그들에게 말씀하시되 이 글이 오늘 너희 귀에 응하였느니라 하시니(눅 4:16-21).

"주의 은혜의 해"는 희년을 가리킨다. 일부 학자는 예수님이 문자적인 제도로서 희년을 시행하려 하셨다고 주장하지만, 대다수는 생애와 사역에서 그런 문자적 시행을 암시하는 어떤 단서도 보이지 않는다고 주장한다.[66] 그렇다면 예수님이 희년이라는 주제를 선택하신 사실을 어떻게 이해해야 하는가?

예수님 당대에 희년은 종말론적으로 해석되기 시작했다. 이러한 종말론적 해석은 구약에서 시작되었다. 이사야 61장 1-3절은 여호와의 종이 영적이고 정치적이며 사회적이고 경제적인 미래의 희년을 선언하시는 장면을 상상한다.[67] 쿰란 문헌(11QMelchizedek)과 같은 신구약 중간기 문헌에서는 구약의 희년 본문들이 거의 영적인 의미의 종말론적 희년을 기술하는 데 편집 사용되었다. 언젠가 하나님의 백성은 "그들의 모든 불의(의 채무)에서" 해방될 날이 올 것이다.[68] 레위기 25장에서 희년의 선언 주체가 여호와 하나님이시라는 사실에서 보듯이, 그 시행의 책임이 이스라엘 가정들에 있었지만, 신구약 중간기의 희년은 점점 '하나님의 책임'으로 인식되기에 이르렀다.[69]

혹자는 예수님의 첫 설교를 유사하게 해석해야 한다고 주장한다. 레위기의 희년은 예수님의 사역에서 거의 역할을 하지 않았고, 이사야서 인용문은 죄 사함에 대한 희망이라는 영적이고 종말론적인 메시지를 강조하는 데 사용되었다는 것이다.[70] 그러나 누가복음과 사도행전이 그리는 그림은 훨씬 더 복합적이고 설득력이 있다. 한편으로, 예수님은 이사야 61장 1-3절에 따라 종말론적 희년에 관해 실제로 말씀하셨다. 그러나 예수님께 종말, 즉 '마지막 때'는 그분의 삶과 사역으로 이미 시작되었다. 예수님은 "이 글이 오늘 너희 귀에 응하였느니라"고 선언하신다. 종말론적 희년의 약속은 이제 성령의 기름 부음을 받은 예수님의 사역으로 현재에 폭발적으로 나타나고 있다.

또 다른 한편으로, 예수님은 분명히 죄 사함을 언급하시려고 희년의 언어를 사용하셨지만, 그분께 희년은 영적이고 사회적인 해방의 패러다임을 제시한다.[71] 예수님이 죄 사함을 당대의 가장 심각한 사회악 중 하나인 채무의 면제와 연관 지으시는 데서 이런 상관관계가 있음을 알 수 있다.[72] 칠십인역에서 '자유'(*aphesis*, 아페시스)라고 쓰인 누가복음 4장 18절 단어는 레위기 25장(21번)과 신명기 15장(6회)에서 많은 용례를 확인할 수 있다.[73] 누가는 죄를 용서하고 채무를 면제하도록 제자들에게 요청할 때 유사한 언어를 사용한다.[74] 그러므로 누가복음의 주기도문은 제자들이 아버지께 요청하는 죄 사함과 그들이 서로 베풀어야 하는 채무 면제를 연결하고 있다(눅 11:4).[75] 더 나아가 제자들이 돌려받을 것을 바라지 말고 빌려주어야 한다는 예수님의 명령과 그렇게 할 때 축복해주시겠다는 약속은 신명기 15장에서 직접 차용하고 있다(눅 6:34-36).[76]

실제로 그린(Green)이 주장하듯이, 예수님의 상호주의 체제 전복은 제자들에게 경제적 빈곤층과 사회적 소외 계층 모두에게 억압적인 사회적 의무와 관련하여 은유적 부채 용서를 실천하도록 요구했다.[77] 예수님의 희년 메시지는 신체적 장애인과 귀신에 사로잡힌 사람을 포함해 모든 종류의 소외 계층에 기쁜 소식을 전했다.[78] 우리는 구약의 희년이 경제적 생존뿐 아니라 사회적 통합과 연대를 목표로 했음을 살펴보았다. 예수님의 이런 희년 비전은 소외된 자들이 공동체로 회복되는 일종의 '해방'을 강조한다.[79]

희년 정치와 실천의 마지막 예는 누가가 사도행전 2장 42-47절과 4장 32-37절에서 초기 기독교 공동체의 경제를 요약한 데서 찾을 수 있다. 이 구절에서 교회는 "하나님 나라의 종말론적 삶의 방식"을 수용한다.[80] 그런 삶의 증거로는 사도적 가르침에 대한 헌신, 공동 기도, 매일의 식사, 공동체 구성원들의 복지를 위해 소유물을 기꺼이 나누려는 지속적인 의지가 포함된다.

그동안 이런 본문들을 일종의 공산주의의 원조라는 관점에서 해석할 때가 많았다. 어리석게도 공동체는 각자 재산을 정리해 돈이 다 바닥날 때까지 공동으로 사용했던 것이다. 레타 홀트만 핑거(Reta Haletman Finger)는 탁월한 저서, 『과부와 식사』(Of Widows and Meals)에서 이와 다른 그림을 그린다.[81] 이 본문은 "천하 각국"(행 2:5)의 대표들로 이루어진 사람들이 가족이 되는 모습을 묘사한다.[82]

> 고대 세계의 가족들은 단순히 함께 먹었을 뿐 아니라 함께 생산 활동을 했다. 남자들은 양을 치러 함께 들로 나가거나 어부로서 함께 고기를 잡거나 일용직 노동자로 고용되려고 했다. 여자들은 작은 텃밭을 가꾸며 가정에서 작은 가게를 꾸리거나 베를 짜고 장막 만드는 일을 했다. 아이들은 식사 준비를 거들거나 그 외 집안일을 도왔을 것이다. 이 모든 일을 하기 위한 수단, 도구, 사회적 유대 관계, 심지어 생활 공간과 일터는 초대 교회처럼 확대 가족의 네트워크 속에서 서로 공유되었다.
> 그러므로 우리가 봐야 하는 그림은 아마 그리스도인들이 집을 팔아 그 돈을 다 쓰는 방식이 아니라 모든 가족이 함께 노력해서 모두가 먹을 수 있도록 필요한 노력을 함께 하는 그리스도인 공동체에 관한 그림일 것이다. 바나바의 밭을 처분하여 예루살렘에서 가축을 구입하거나 올리브 기름을 짜는 새로운 기구를 샀을 것으로 보는 것이 타당하다. 우리는 아이들이 텃밭에서 함께 일하고, 사람들이

그리스도와의 관계를 통해 공유한 무역에서 함께 일하는 모습을 상상해야 한다. 그리고 이 모든 가난한 그리스도인이 일과를 마치고 땀에 젖은 몸으로 귀가해 주님의 만찬이라는 소박한 식사를 함께 나누는 모습을 상상할 수 있다.[83]

그렇다면 누가가 초대 교회의 경제적 실천을 통해 "그중에 가난한 사람이 없으니"(행 4:34, 참고. 신 5:4)라고 선언하며 이 소박한 공동체를 신명기 15장의 비전이 성취된 것으로 본다는 점이 놀랍지 않은가? 누가가 이 성취를 전체 공동체의 안녕을 위해 그들의 땅과 집을 기꺼이 내놓는 희년식 자발성과 연결하는 것이 놀랍지 않은가?[84] 성경의 정치적, 사회적, 경제적, 영적 비전에서 희년의 중심성을 고려할 때 누가가 일종의 희년 정치를 구현한 공동체를 가난한 자들에 대한 그의 내러티브적 관심사의 절정처럼 묘사한 것이 정말 놀랍지 않은가?[85]

물론 희년을 창의적으로 적용해야 할 필요성은 이 초기 예루살렘 제자 집단이 토라의 희년 정치를 국가 정치적인 법의 한 형태가 아니라 자신들의 삶과 행동의 패러다임으로 적용했다는 사실에서 더 확실히 알 수 있다. 예수님은 분명히 "이스라엘이 전 국가적 차원에서 희년을 지키도록" 설득하려고 하지 않으셨다. 오히려 "제자들이 스스로 희년의 정신에 따라 살기를 기대하셨다."[86] 사도행전은 초기 신자들이 로마 제국 내에서 희년식 '대조 사회'(contrast society)를 형성하여 메시지를 받아들였음을 시사한다.

요컨대, 누가복음과 사도행전은 희년을 용서, 자유, 구원, 해방이라는 예수님의 총체적 사역에 영향을 미쳤을 뿐 아니라 초대 교회가 함께하는 공동체 생활 속에서 그 종말론적 왕국 사역을 수용하고 실현하고자 노력하도록 이끌었던 구약 패러다임의 일부로 제시하고 있다.[87] 레위기의 자유 선포는 성경의 여러 페이지에 울려 퍼지면서 상상력을 자극하고, 다양한 시대와 장소에서 하나님의 백성이 창의적으로 희년을 적용하도록 촉매제 역할을 했다.

오늘날 이루어질 희년을 상상하다

희년의 신학과 정치가 오늘날 우리 교회 정치의 안내자 역할을 할 수 있는가? '정치'란 여기서 공동체적 구조, 제도와 교회 공동체의 실행을 가리켜 쓰고 있음을 기억하기 바란다. 희년이 교회의 배상을 옹호하는 근거라고 말할 수는 있는가? 지금까지 우리 연구를 볼 때 그 답변은 '그렇다'임을 알 수 있다. 우리 연구는 그런 희년 논증에 필요한 최소한 네 가지 주제를 제시한다.

첫째, 희년은 여전히 현대 교회 생활의 강력한 패러다임이며, 따라서 교회가 배상 사건에 어떻게 대응해야 할지 참고할 수 있는 자료가 된다. 레위기의 희년은 이스라엘의 거룩 정치의 핵심이 사회·경제적 정의와 회복임을 증언한다. 신약에서 교회는 예수님의 사역을 통해 거룩해졌을 뿐만 아니라 하나님이 거룩하신 것처럼 거룩해야 할 사명을 받은 공동체로 식별된다. 토라의 희년 정치가 성경 전반에 반영된 방식은 교회가 "하나님의 근본적인 거룩함을 그 가운데 모셔야 한다"는 임무를 완수하기 위해서는 자기 삶과 세상 앞에서 희년의 정치와 실천을 받아들여야 함을 강력하게 시사한다.[88]

또 우리는 희년 패러다임이 경제 정의와 사회적 연대를 위해 광범위한 혁신적 노력을 시도하도록, 종종 원래 희년 규례가 요구하는 이상의 노력을 하도록 후대의 신앙 공동체에 도전했음을 반복해서 살펴보았다. 레위기나 신명기가 요구하는 이상으로 느헤미야는 노력했고, 에스겔은 토라 전반에서 타국인에게 거부했던 약속의 땅 분배를 희년의 몫으로 제시했다. 누가는 신명기 15장 1-13절을 토대로 누구나 다 환영받는 소속 공동체를 추구하며, 희생적인 관대함을 특징으로 하는 삶의 방식을 설명한다. 현대 교회들이 느헤미야와 에스겔과 초대 교회의 발자취를 따라 고대 본문을 근거로, 배상 문제를 비롯한 우리 시대의 정치·경제 문제에 어떻게 대응할지 창의적으로 생각해야 할 이유가 충분하다.

둘째, 배상에 대한 현대적 요구 때문에 자백, 회개, 회복의 필요성이 강조되듯이, 희년은 사회·경제적 불의에 맞서 자백, 회개, 회복의 정치를 수용하도록 우리를 이끌어준다. 흑인 선언문의 경우처럼, 최소한 적어도 특정한 환경에서 희년은 이전 세대의 선조들이 저지른 불의를 후세대가 인정하고 회개하며 보상할 것을 요구했다. 느헤미야는 나중에 오경에 나오는 희년 본문을 근거로 백성에게 약탈적인 경제적 관행을 회개하고 손해를 회복시켜주며 채무 면제의 정기적 시행을 받아들이도록 동족에게 명령하여, 그런 약탈적 행위가 다시는 재발하지 않게 했다. 마찬가지로, 현대의 신자들 역시 희년의 정신을 이어받아 우리 시대의 사회·경제적 불의를 인정하고 회개하며 보상해야 한다. 설령 이전 세대들이 저지른 피해를 해결해야 하는 경우라도 마찬가지다.

셋째, 희년의 패러다임은 권력의 문제를 전면에 내세운다. 레위기 25장, 느헤미야 5장 1-13절, 에스겔 45장 7-9절 등의 본문에서 목표로 삼은 것은 단순히 모든 사람의 경제적 생존이 아니라 사회·경제적 권력이 상대적으로 공평하게 분배되는 것이다. 이렇게 분배의 상대적 공평성을 겨냥하는 것은 실용적인 이유만 아니라 신학적인 이유가 있다. 사람들은 신적 왕의 통치 아래 공동 지배자로 창조되었기 때문이다. 공동체에서 신실한 권력 행사를 통한 정의 실현은 인간으로서 우리 정체성의 핵심을 차지한다. 이스라엘은 가구별로 공평하게 땅을 분배하고 상대적으로 공평하게 분배된 토지를 지속적으로 유지하는 희년 정신을 구현함으로써 세상에 인류를 향한 하나님의 뜻을 알려주어야 했다. 그러므로 희년 정치는 현대 그리스도인들에게 불의하고 불공평한 권력 분배에 대처하는 법에 대해 창의적으로 생각할 거대한 자원을 제공하는 셈이다. 이미 살펴보았듯이, 흑인 선언문은 흑인 미국인과 백인 미국인 간의 부당한 권력 배분이 교회가 막중한 책임을 져야 하는 불공평한 처사임을 인정하도록 요구한다.

넷째, 믿음의 공동체에서 희년 정치를 수용하는 문제는

경제 정의를 지향하는 도덕의 형성에 달려 있음을 살펴보았다. 느헤미야는 이와 관련한 부정적 사례를 말한다. 본문을 보면, 계급으로 분리된 사회의 출현으로 권력자들은 희년 정신을 거스르는 심각한 관행에 익숙해져 있었다. 그러나 정의로운 제자도의 실종은 압제당하는 이들의 처절한 절규로 회복될 수 있었다. 마찬가지로 레위기는 대속죄일과 종교 절기의 참여를 통해 사람들이 희년 정치의 지속적 실행을 받아들이도록 훈련받았을 가능성을 암시한다. 사도행전에서 교회의 희년식 혁신은 사도의 가르침과 기도 모임, 식탁 교제와 성례에 힘씀으로 이룰 수 있었다.[89] 더 나아가 예레미야, 에스겔, 느헤미야, 예수님, 누가 모두 신명기 15장과 레위기 25장 본문에 담긴 내용을 자유롭게 언급했으며, 이런 사실은 경제 율법이 그들의 의식 깊숙이 뿌리내려 있었음을 보여준다. 그들의 생각과 윤리적 성격이 성경의 희년 정치에 대한 정기적인 묵상을 통해 형성된 것이다.

희년의 정치와 배상을 위한 사례

성경의 희년과 관련된 이 네 가지 주제는 흑인 선언문의 교회 배상에 대한 요구를 포함해 모든 종류의 방식으로 정의로운 제자도를 추구하도록 영감을 주어야 한다. 결과적으로 교회는 1969년이나 그 이후에도 흑인 선언문을 광범위하게 수용하지 않았다. 그러나 배상에 대한 요구는 여전히 계속되고 있으며, 흑인 가정과 백인 가정 간 부의 격차와 관련하여 그 어느 때보다 열렬하게 제기되고 있다.

흑인 가정의 순 자산은 백인 가정과 비교해 10분의 1수준에 불과하다.[90] 이런 통계는 너무나 빈번하게 인용되기 때문에 그 이면에 놓인 거대한 불의를 간과하기 쉽다. 1865년 흑인들은 '미국 전체 순 자산'의 불과 0.5퍼센트만을 소유했다.[91] 노예제의 유산이 강력했던 시기임을 생각할 때 이런 통계가 전혀 놀랍지 않다. 하지만 135년이 지난 1990년에 흑인 미국인이 '전체 부의 불과 1퍼센트'만을 소유했다는 사실은 충격적이다.[92]

이런 부의 불균형은 흑인 미국인이 모든 수입 수준에서 백인 미국인만큼 저축하고 있다는 사실에도 전혀 해소되지 않는다.[93] 또 이런 격차는 우리가 흔히 경제적 성공과 연관 짓는 가정생활과 교육에서 흑인이 어떤 선택을 하느냐와 상관없이 지속된다. 평균적으로 백인 싱글 부모가 결혼한 흑인 부모보다 재산이 두 배이며, 대졸자 흑인 가구의 가장은 고등학교를 중퇴한 백인 가정의 가장보다 "평균 순 자산이 약 10,000달러(약 1,300만 원) 적다."[94] 실제로 "풀타임으로 일하는 흑인은 실업자인 백인보다 평균 순 자산이 더 적다."[95]

이런 부의 격차는 주로 과거와 현재의 인종 차별이 일차적 원인이다.[96] 한편으로, 과거의 착취로 얻은 백인의 부는 현재 백인의 부에 직접적으로 기여한다. 미국에서 '부의 주된 원천'은 대부분 생존한 부모가 성인 자녀에게 주는 상속과 증여이기 때문이다.[97] 이에 반해 흑인 가구들은 20세기에 들어서도 부를 축적할 기회를 계속해서 얻지 못했다. 실제로 미국 정부는 흑인들이 미국의 대규모 자산 증식 프로그램에 참여하지 못하도록 집요하게 방해했다.

- 홈스테드 법(Homestead Act, 자영농지법)은 개척 가구들이 명목상의 비용만 내고 공공 택지를 최대 160에이커(약 20만 평)까지 매입할 수 있게 한 법이다. 미국 성인의 조상 4분의 1이 이 혜택을 받았다. 흑인은 이 혜택에서 제외되었다.[98]
- 흑인 미국인은 백인 미국인의 자가 소유 비율을 극적으로 높여준 FHA 지원 대출을 조직적으로 거부당했다. 이것은 주로 소위 빨간 줄 긋기, 즉 레드라이닝을 통해 일어났다.[99] 레드라이닝은 은행들이 흑인 밀집 거주 지역의 주택 담보 대출을 제한한 관행을 말한다.
- 제대 군인의 사회 적응 지원 법안, 즉 GI Bill을 근거로 미국 남부 주들은 흑인 퇴역 군인이 자산 구축 입법 조항의 혜택을 받지 못하도록 방해할 수 있었다.[100] 예를 들어, "1947년 미시시피에서 보장한 주택, 사업, 농가 대출" 총 3,229건에서 흑인 퇴역 군인에게 이 혜택을 준 경우는 불과 2건에 지나지 않았다.[101]

구조적인 경제 착취는 여전히 진행되고 있다. 2000년부터 2013년까지 웰스 파고와 뱅코프 사우스(Wells Fargo and Bancorp South)는 내 고향 멤피스에서 인종 차별적 약탈 대출과 레드라이닝을 저질렀다는 혐의를 받았다.[102] 최근의 우리 연구는 "금융 배경이 유사한" 흑인 소유 기업이 대출 융자를 거부당할 확률이 백인 소유 기업에 비해 두 배 이상 높았음을 보여주었다. 흑인 기업은 대출 승인을 받지 못할 경우 "높은 이자를 내고 대출을 받아야 했다."[103]

교회는 미국 사회의 거대한 경제적 고통과 사회 권력의 극단적인 독점화를 초래한 이런 인종적 부의 격차에 어떻게 반응해야 하는가? 첫째, 희년은 현대 교회들이 교회와 사회의 사회·경제적 불의를 청산하는 것을 핵심 소명으로 삼을 것을 요구한다. 실제로 성경의 희년 정치는 그리스도인들이 우리 사회의 사회·경제적 불의를 해결하는 데 희생적이고 혁신적으로 '헌신할 것'을 요구한다.

이것이 더욱 중요한 이유는 두 번째 주제에 따라 희년을 우리 상황에 적용하려면 백인 교회와 기독교인들이 도둑질을 저지르고 영속화하는 데 기여한 역할을 인정하고, 그 역사를 회개하며, 이를 회복하는 데 헌신해야 하기 때문이다. 교회에서 백인 우월주의 역사와 오늘날 우리 시대까지 계속되는 거대하고 끈질긴 부의 격차를 고려할 때, 백인 그리스도인은 "가난한 자에게서 탈취한 물건이 너희의 집에 있도다"(사 3:14)라는 이사야의 신랄한 비판을 받아들여야 한다. 성경의 희년 정치에 따르면, 우리가 흑인을 약탈한 세대에 속하지 않더라도 도덕적 사실이 바뀌지는 않는다. 희년은 현대 기독교 공동체에 세대 간 경제적 죄를 고백하고, 부분적으로 값비싼 사회적 행동을 통해 이를 회복하도록 촉구한다.

오늘날에는 이 일을 어떤 식으로 할 수 있겠는가? 굳이 힘들게 애쓸 필요 없이 다만 짐작만 할 뿐이다! 그러나 개인적으로 나는 특정한 그리스도인 세대가 배상을 실천하는 법에 창의적으로 접근하는 것이 희년 정신에 부합한다고 생각한다. 절도의 규모를 확인하고 배상할 방법을 확인하기 위한 한 방편으로, 교회나 교파 차원에서 각자의 공동체가 저지른 경제적 절도의 역사를 연구할 수 있다. 어떤 경우에는 그 역사가 상당히 구체적일 수 있다. 버지니아 신학교는 학교 차원에서 백인 우월주의에 가담한 죄를 밝히기 위해 170만 달러의 기부금 펀드를 조성해 "신학교에서 노예로 일한 사람들의 후손"을 지원하는 데 그 기금의 일부를 사용했다.[104] 학교는 이러한 노력이 "과거에 저지른 죄의 물질적 결과를 배상하려는" 후대 그리스도인의 노력의 일환이라고 말한다.[105]

가족과 내가 속한 공동체의 역사를 연구하고 내 죄와 선조의 죄를 회개하고자 노력한 것은 정의로운 제자도를 위해 내가 치른 투쟁에서 중요한 부분이었다. 나는 모교의 역사적 잘못을 고발하는 것으로 이 책을 시작했다. 더 개인적인 고백의 차원에서 조상의 죄를 인정하고 회개하는 마음으로 내 가문에 로버트 리(Robert E. Lee)가 있음을 고백한다. 그는 흑인 병사 학살을 담당한 책임자로 19세기 남부군 사령관을 맡았다. 또한 20세기 기자로서 펜의 힘을 이용해 로버트와 그런 사람들을 영웅으로 기린 남부군 업적 기념비(Stone Mountain Confederate Memorial)를 옹호한 사람도 내 조상이다.[106] 그리고 내 사랑하는 조부모님처럼 백인 퇴역 군인에게는 허락되었지만, 흑인 퇴역 군인은 거부당한 일종의 경제적 유산을 내가 물려받았다는 사실을 고백할 수밖에 없다.[107] 희년은 그런 회개가 단순히 잘못을 인정하는 차원을 넘어 실제적인 보상을 하려는 노력으로 나아가야 한다고 주장한다.

우리의 세 번째 주제와 연관해서 희년은 교회들이 배상금을 권력 재분배와 연결해야 한다고 요구한다. 즉, 배상금으로 지목된 돈을 그런 배상금을 치르는 공동체가 직접 관리하지 못하게 해야 한다는 말이다.[108] 슈메이커(Schoonmaker)는 아무 조건 없이 역사적인 흑인 회중에게 실제적인 낙헌제를 바침으로 그런 배상을 실행할 수 있다고 주장한다.[109] 백인 교회가 미국의 인종 차별적 사회의 '도덕적 시멘트' 역할을 한 점과 흑인 그리스도인이 백인 교회와 교파에서 강제 탈퇴하게 된 점을 생각하면, 이러한 주장은 매우 타당하다. 동시에 미국에서 흑인 교회처럼 흑인의 경제력 향상을 위해 노력한 기관이 없음을 알아야 한다.

그러나 교회와 교단은 백인 우월주의 때문에 생긴 피해, 특히 인종적 부의 격차로 인한 피해를 복구하는 데 가장 도움이 된다고 판단되는 방식으로 흑인 리더십이 감독하고 배분하는 배상 기금을 설립할 수도 있다. 이런 격차를 해결하기 위해 윌리엄 데리티(William Darity)와 커스텐 멀렌(Kirsten Mullen)은 '직접 지급' 방식을 포함해 '배상 포트폴리오'를 제안한다. 여기에는 흑인이 주택을 구매하기 위한 기금을 신청할 수 있거나 학교에 진학하거나 소기업을 창업하거나 금융 자산을 구매 혹은 취득할 수 있도록 신탁 기금을 마련하고 흑인 시설에 투자하는 것도 포함된다.[110] 교회가 이런 기금을 조성하는 것이 수 세기 동안 반희년적 정치와 관행에 대응하여 희년을 선포하는 한 가지 방법이 될 수 있다.

그동안 내가 희년을 교회 정치의 패러다임으로 주장해 왔다는 점을 감안하면, 기독교의 회복을 위한 노력은 각 신앙 공동체의 정치, 제도적 구조, 공동체적 실천 속에서 시작되는 것이 합리적이다.[111] 교회를 하나님 나라의 전초 기지로 이해한다면, 교회의 정치가 자기 삶에서 시작되는 것이 당연하다.

그러나 이러한 교회의 희년 정치 수용은 배상에 관한 국가 차원의 대화에 교회가 참여하는 데도 영향을 미칠 것이다. 교회가 역사를 배우고, 그 역사로 인한 피해를 회개하고 회복하려는 혁신적 노력을 통해 희년 배상을 수용한다면, 배상에 대한 공적 토론에 더 많은 기여를 하게 될 것이다. 예를 들어, 데리티와 멀렌은 대중의 정서에 극적인 변화가 없다면 배상은 이루어지지 않을 것이며, 교회 배상은 그러한 변화를 촉진할 수 있다고 말한다. 또한 국가 배상 프로그램을 위한 기금이 연방 정부와 시민 사회의 제반 기관이 모두 기여할 수 있는 '슈퍼 펀드'의 형태를 취한다면, 교회의 희년식 배상 운동으로 그런 전국적 프로그램의 발판을 마련할 수 있을 것이다.[112]

마지막으로, 네 번째 주제에 따라 교회가 희년의 정치를 수용하려면 교회가 희년에서 영감을 받아 정의를 지향하는 전인적 제자도를 수용해야 한다. 교회의 예전과 예배 생활로 용서받아야 할 개인의 죄를 확인할 뿐 아니라 '조상의 죄'를 확인하고 그것을 해결하고자 결단해야 하는 것이다. 제자도는 성도들이 가난한 자들의 절규에 귀 기울이도록 독려하고, 자기 보존의 탐욕스러운 성향을 아낌없이 베푸는 관용의 정신으로 바꾸도록 독려한다. 교회의 설교와 가르침과 예배 생활은 세상에 대해 성경의 매혹적인 희년의 비전으로 세례를 받고, 예수님의 관용적 통치로 모든 사람이 '자기 포도나무 아래와 자기 무화과나무 아래에 앉으며' '그들을 두렵게 할 자가 없을' 세상을 실현하게 될 것이다.

    좋은 소식은 희년의 정치를 구현하려고 노력하는 것 자체가 정의로운 제자도의 행위라는 것이다. 길은 발로 걸어야 생긴다. 우리는 희년의 정신을 구현하는 공동체가 되도록 노력함으로써 희년의 제자가 된다. 희년의 생활 방식대로 살기 위해 배상에 관한 모든 문제에 당장 답해야 할 필요는 없다.

    배상처럼 논쟁의 여지가 많은 문제는 그다지 많지 않다. 그러나 예수님 왕국의 비전 중에 희년처럼 모든 것을 아우르는 매력적이고 기쁨을 주는 비전도 별로 없다. 이제 그 영광스럽고 즐거운 비전에 비추어 오늘날 우리 시대의 정의를 추구하는 고통스럽고 힘든 일에 매진할 때다. 교회가 해야 할 배상에 희년의 정신을 받아들여야 할 때다.

10장

공동체 식탁에서 의자 재배치: 고린도전서

예수님과 초대 교회가 구약을 창조적으로 적용해 공동체 생활을 조직하는 방식을 보면, 그리스도인에게 정의로운 제자도는 교회 내에서 무엇보다 먼저 수용하고 받아들여야 한다는 사실을 알 수 있다.[1] 성령의 능력으로 하나님의 백성은 하나님 나라의 전진 기지 역할을 하는 교회 공동체로 모이게 된다. 그렇게 교회는 "정의, 평화, 기쁨의 시대가 단순히 하나의 몽상이 아니라 불완전하지만 실제로 현재에 알 수 있는 미래의 현실임을 보증하는 일종의 보증금 역할을 한다."[2] 상처 입은 세상은 하나님 백성의 삶을 통해 성경에 선포된 미래의 왕국에 거주할 수 있다.[3]

교회의 이런 점에 집중한다고 하나님의 백성이 더 넓은 문화적 상황을 무시해도 된다는 말은 아니다. 공동체 내에서 하나님의 변화시키시는 능력을 교회가 경험하면, 성도는 교회의 외적 사명을 감당할 준비가 되며 그리스도의 통치 아래 모든 삶을 살게 된다. 보내심을 받은 모든 곳에서 하나님 나라의 시민으로 사는 것은 그 자체가 일종의 정의로운 제자도의 한 형태이며, 하나님이 우리에게 허락하신 원래 모습에 더욱 가까워지도록 초청하시는 방법이다. 이 모든 것에 비추어 볼 때, 그리스도인이 특별히 이 책에서 그동안 살펴본 인종이나 경제 불의와 관련해 스스로 더욱 정의로워지도록 애써야 할 가장 중요한 장소는 바로 교회다.

그러나 이런 신학적 주장은 우리가 계속해서 마주치는 교회 실패의 현실에 부딪힌다. 인종 차별과 관련해 우리는 "주일 오전 11시가 일주일 중 가장 인종 차별이 심한 시간"[4]이라는 마틴 루터의 경고에 여전히 직면하고 있다. 실제로 교회 분리에 대한 그의 예언자적 비판이 대두된 지 50년이 지난 지금 '미국의 전형적 교회'를 보면 교인 중에 다른 인종 집단 출신은 단 한 명도 보이지 않는다.[5] 인종 차별을 불의하다고 생각한다면, 인종에 따라 분리하는 교회들이 정의를 구현하도록 어떻게 하나님 백성을 준비시킬 수 있을지 알기가 어렵다.

제닝스(Jennings)가 교회 제자도의 관행이 과거에 인종적 불의에 기여했다고 주장하여 상황은 더욱 복잡해졌다. 식민주의 초기에 교회는 선교적 열정으로 미래의 그리스도인 양성과 경제적 착취를 목적으로 인간을 인종적 위계로 구분하는 식민주의 논리를 사악하게 수용하거나 수용하도록 강제당했다.[6] 기독교 제자도는 같은 시기와 같은 장소에서, 사람들이 하나님과 동행하는 삶을 추구하는 동시에 백인 우월주의적 인종 위계질서를 통해 이익을 취하는 삶을 추구해야 했다.

이런 불의한 반제자도는 교회 생활과 교회의 삶과 예전에 그대로 반영되었다. 1444년 일부 초창기 노예 무역상이 포르투갈에 도착했을 때 헨리 왕자는 노예 235명을 받고, 노예 두 명은 하나님께 드리는 예배 헌금인 십일조로 교회에 바치라고 명령했다.7 신대륙의 노예 요리문답은 세례를 받은 노예들에게 "모든 사람은 하나님이 주신 자리에 있는 것이 최고"라고 가르쳤고, "당신에게 주인과 여주인을 주신 분이 누구십니까?"라는 질문에 "하나님이 내게 주셨습니다"라는 대답을 하도록 강제했다.8 흑인과 백인 교인은 분리된 좌석에서 예배드렸다.9 심지어 세례받은 사람에게 새 이름을 줄 때조차 백인 노예 주인이 사용할 수 있는 이름을 받았으며, 이는 흑인 교인의 역사적 정체성을 박탈하는 데 사용될 수 있었다.10 십일조, 교리 교육, 예배, 세례, 성찬식 등 모두 인종적 불의를 다루기에 완전히 무력해졌고, 사실상 인종적 불의를 저지르기에 용이하도록 사람들의 의식을 형성했다.

그라임스(Grimes)는 이런 환경에서 교회들이 "악의 서식처(들)"가 되었다고 주장한다.11 교회의 형성 교육이 백인 우월주의로 오염되면, 백인들이 교회 안 생활을 "인종적 정의의 시행에는 무능하고 인종적 불의를 추구하는 데는 교묘할 정도로 능숙하게" 만드는 경우가 잦아질 것이다.12 노골적으로 인종이 분리된 교회나 노예 요리문답은 이제 과거의 유물이 되었다. 그러나 여전히 이루어지고 있는 교회 분리는 "세례나 성찬식에서도 심각하게 분리된 흑인 그리스도인과 백인 그리스도인"을

하나로 통합하기란 너무나 요원한 일임을 보여준다.[13]

다인종 교회, 잠재적인 해결책은 무엇인가?

그러나 의도적으로 다인종이 모인 교회는 인종 차별의 우울한 풍경 속에서 밝은 한 줄기 희망을 선사할 수 있다. 그런 교회들은 교회 개혁 자체가 전체 사회의 인종적 정의를 실현할 열쇠라고 본다. 실제로 많은 사람이 교회 내에서 '사랑의 공동체'를 추구함으로 마틴 루터 킹의 도전에 스스로 반응하고 있다고 생각한다. 아마 이런 식으로 그들은 하나님의 정의로운 나라가 세상에 터를 잡도록 교회 정치를 실현하는 특별한 역할을 할 것이다.

그것이 바로 내가 사역과 삶에서 다인종 회중에 관심을 쏟았던 이유다. 나는 6개 국어로 찬양을 부르며 인종과 국적과 부족을 초월해 성도들이 하나 되는 나이로비 소재 뉴시티 펠로십에서 예배 리더로 봉사한 적이 있다. 또 흑인과 백인 그리스도인의 화해에 특별히 관심을 갖는 멤피스 지역의 다인종 교회인 다운타운 교회에서 목사 안수를 받았다. 이런 교회를 경험하면서 나는 많은 축복을 받았고 놀라운 변화를 경험했다. 나는 그들을 믿는다.

하지만 그 과정에서 다인종 교회 내에서 수많은 유색 인종이 우리가 예상했던 것보다 더 갈등을 겪고 있다는 사실이 점점 더 선명하게 드러났다. 에드워즈(Edwards)는 그녀의 중요한 책 『이루기 힘든 꿈』(*The Elusive Dream: The Power of Race in Interracial Churches*)에서 다인종 교회 내의 흑인 그리스도인과 백인 그리스도인의 관계에 특별히 초점을 맞추어 그것을 탐색한다. 그녀는 그런 교회에 다니는 흑인 그리스도인들의 고통스러운 경험을 어렵지 않게 설명할 수 있다고 주장한다. 다인종 교회는 백인의 규범과 권력 구조를 단순히 재생산하는 경우가 많다는 것이다.[14] 전국 교회 연구(National Congregations Study) 자료와 흑인 목회자가 사역하며 흑인이 압도적 다수를 이루는 다인종 교회의 심층 사례 연구를 토대로, 에드워즈는 다인종 교회들은 "무엇보다 백인이 다니기에 안락한 곳이 되도록 노력한다. 즉, 그 수준에서 인종적 통합성을 유지하려 노력한다"고 주장한다.[15]

이것은 다민족 교회에서 유색 인종에게 백인의 기준에 동화될 것을 요구하는 경우가 많다는 것을 의미한다. 그렇게 함으로써 그들은 또한 백인 참석자를 위해 그 기준을 강화한다.[16] 에드워즈는 이런 역학 관계가 어떻게 진행되는지 자세히 설명한다. 백인, 흑인, 다민족 회중이 예배하는 방식[17]이나 인종에 대해 대화하는(혹은 대화하지 못하는) 방식,[18] 그리고 지역 사회의 사회·정치적 문제에 관여하는(혹은 관여하지 못하는) 방식에 대한 그녀의 분석은 평균적인 다민족 교회가 본질적으로 백인 교회와 똑같이 행동한다는 것을 보여준다.[19] 그래서 다민족 교회에서 사람들을 '식탁으로' 초청하여 마틴 루터 킹이 말하는 '사랑받는 공동체'를 구현하고자 할 때조차 여전히 백인의 기준으로 '의자를 배열하는' 경우가 적지 않다는 것이다.

정의로운 제자도와 관련해 이것은 매우 심각한 문제다. 한편 흑인 회중은 그런 다민족 교회에 다녀서 큰 대가를 치를 수 있다. 캐넌(Canon)이 웅변적으로 주장하듯이, 흑인 교회는 역사적으로 "흑인 공동체의 유일한 권력 기관이며…집 밖에서 흑인이 자유롭게 자신을 표현하고 독자적 행동을 할 수 있는 유일한 곳이고…흑인들의 삶의 중심이자 심장이며 토대를 이루는 조직이자…희망의 성채" 역할을 했다.[20] 리처드 라이트(Richard Wright)는 흑인 교회 경험과 관련해 "우리가 온전히 우리일 수 있을 때는 우리 교회라는 울타리 안에 있을 때뿐이다"라고 공언한다.[21] 다민족 교회에 출석하는 흑인은 민족적 구성은 다양하지만, 고강도의 문화적 동질성을 강요하는 교회에 참석함으로써 중대한 상실을 경험할 수 있다.

또 다른 한편으로, 백인의 기준이 암묵적으로 유지되기 때문에 백인 교인들은 여전히 유지되는 백인의 기준과 권력 구조를 밝히고 맞서는 법을 배울 기회를 얻지 못하게 된다. 그러면 교회 내에서 이런 문제가 해결되었다는 착각으로 다민족 교회가 인종 차별이라는 악덕의 서식처가 될 가능성이 더 커지게 된다. 또 다민족 교회는 '분리된 주일 아침'이라는 문제의 심각성에 둔감해질 위험이 있으며, 인종적인 압제를 자행하는 기독교의 문제를 더욱 악화할 위험성이 있다. 에드워즈는 다민족 교회들이 진정한 정의와 화해를 수용하고자 한다면 '의자를 재배치'하여 그들의 교회 생활에서 압제적 인종 차별 규범을 강화하지 않고 오히려 그것을 혁파해야 한다고 주장한다.

바울이 주의 만찬에 대한 고린도 교인들의 행태를 비판

한 것은 다민족 교회가 그렇게 할 수 있는 도구를 제공한다. 이 책은 내가 자란 교회 이야기로 시작했다. 고린도전서에 대한 나의 해석은 에드워즈가 서술하고 비판한 종류의 다민족 교회에 출석하고 그 안에서 인도하는 백인 리더로서 최근 경험에서 비롯되었다. 그녀의 비판을 보면, 나 같은 독자들은 바울이 주의 만찬에 관해 지적한 '고린도 교인과 도덕적 친척'은 아닌지 스스로 돌아보게 된다.[22] 이 장에서는 다민족 교회 내 흑인 교인과 백인 교인의 관계에 초점을 맞추었지만,[23] 성만찬을 둘러싼 분열에 대한 바울의 비판은 인종 문제든 아니든, 교회 내의 모든 분열에 적용될 수 있다. 중요한 점은 바울이 단순히 다민족 교회를 비판하는 수준에서 끝내지 않는다는 것이다. 그는 하나님의 정의로운 왕국의 전진 기지로서 그들의 삶을 완전히 재정비하도록 소망에 가득한 초청을 하고 있다.

고린도 교회의 의자 재배열

바울은 세상을 재편할 진실, 즉 고린도 교인들이 이제 메시아와 교제하는(koinonia) 인생을 살고 있다는 사실을 선언함으로(고전 1:9) 고린도인에게 보내는 서신을 시작한다. 모든 고린도 교인은 예수님과의 이 상호 교제를 복음으로 생각할 것이다. 그들 중에는 그런 코이노니아에 내재된 정치적 본질을 외면하고 싶은 사람도 있었을 것이다.

고린도 교회 당시의 로마 사회는 "급경사진 피라미드를

이룬 사회로, 엄격하게 규정된 계급과 그 위계에서 각자 천부적이며 변경할 수 없는 지위를 고수하는 사회였다."[24] 이런 계급 사회에서 지혜와 권력과 지위로 구성된 사회 자본은 사회적 지위와 경제적 성공을 얻는 수단으로 사용될 수 있었다. 이런 상황에서 바울은 삼위 하나님이 고린도에서 십자가에 토대를 둔 공동체를 세우고 계신다고 주장한다. 십자가에 못 박히신 메시아는 고린도에서 '하나님의 능력과 지혜'가 돼주셨다.

실제로 십자가는 고린도 공동체를 형성하는 그리스도의 정치적 지도 원리 역할을 한다. 하나님은 어리석고 연약한 자를 사용해 지혜롭고 강한 자를 부끄럽게 하심으로 자기 교회를 세우기로 선택하셨다. '천한 사람과 멸시받는 사람'과 함께 그분의 교회를 세우심으로 "있는 것들을 폐하려"(*katargēsē*, 카타르게세) 하셨다(고전 1:27-28).

그렇게 하나님은 교회를 세우셔서 고린도의 사회·경제적 피라미드 구조를 무너뜨리신다. 편지의 정황으로 보아 폐하다(*katargeō*, 카타르게오)라는 표현은 분명히 정치적인 것이다. 예를 들어, 다음 장에서 바울은 하나님의 십자가 지혜가 "이 세상에서 없어질(*tōn katargoumenōn*, 톤 카타르고우메논) 통치자들의 지혜"(고전 2:6)와 극명한 대조를 이룬다고 설명한다. 고린도전서 15장 24절에서 바울은 같은 동사를 사용해 사망 자체의 파멸에서 정점에 이르는 모든 통치, 권력, 권위를 폐하시는 그리스도의 모습을 설명한다(고전 15:26). 함께 읽어보면 이 세상 통치자들에 대한 이런 언급은 세속의 인간 정치 권력들과 그들 배후에 있으며 어떤 의미에서 불의와 압제의 근원인 죄와 사망이라는 '거짓 권세'를 모두 아우르는 표현으로 보인다.²⁵ 이 두 권세는 십자가에서 정죄함을 받은 '이 세상 지혜'와 불가분의 관계가 있으며 사람들을 '가진 자'와 '못 가진 자'로 나누는 세상적 지혜의 방식도 여기에 포함된다. 십자가는 "인간과 하나님을 계속해서 분리하려는 권력의 심장부를 무너뜨렸을 뿐 아니라 인간이 서로 나누고자 세운 경계를 무너뜨렸다."²⁶

아프리카계 미국인의 바울 읽기에 대한 글에서 리사 보언스(Lisa Bowens)는 18세기에 태어난 초기 흑인 여성 설교자인 질파 엘로(Zilpha Elaw)의 이야기를 통해 바울의 논리가 지닌 폭발적인 힘을 비교적 현대적으로 보여준다. 극한의 적대적 환경에서 설교자로 하나님의 부르심을 받은 엘로는 흑인 여성이 가르치고 설교하는 것을 본 백인 노예주들이 받았을 충격에 대해 이렇게 썼다. "많은 노예주는 가난하고 비천하며 무학의 유색 인종 노예들과 한 가정의 재산에 불과한 일개 여성이 자신들의 영토에 와서 하나님의 지식을 유식한 소유주들에게 가르치는 것을 너무나 이상하다고 생각했다…그러나 하나님은 세상의 약한 것들을 선택해 강한 자들을 혼란스럽게 하셨다."²⁷

엘로는 장차 올 하나님 나라의 정치를 구현하는 공동체가 현 세상에 개입하는 것을 교회 생활이라고 인정했다. 그리스도는 '이 세상의 통치자'에게서 해방하게 해주셨을 뿐 아니라 교회를 주셔서 고린도의 사회·경제적 피라미드 구조를 뒤엎으심으로써 자기 백성에게 그 해방이 어떤 것인지 실제로 보여주셨다.

이런 선교적 소명의 교회적 참여는 환영해야 할 선물이

자 감당해야 할 사명이다. 바울은 고린도전서 1장 18-31절에서 이렇게 받은 선물을 강조한다. 이 본문은 교회 안에서 일어난 하나님의 역사를 그분이 이미 성취하신 사실로 제시하고 있다. 그러나 다음 장에서 그 일을 받아들이기 위해서는 고린도 교인들이 십자가의 방법으로 지혜로워져야 한다고 조언한다(고전 2:6-7). 그런 십자가의 지혜는 고린도 교인, 특히 세상 논리에 따라 '지혜롭다'고 주장할 수 있는 사람들이 세상의 바보처럼 행동하며(고전 3:18), 십자가의 사랑과 섬김을 실천해야 함을 요구한다(고전 4:9-16).[28] 고린도전서 11장 17-34절에서 바울은 이 사명에 부합하는 방향으로 고린도 교회가 모이지 못한 모습에 분노하며 그들을 질책하고 있다.

도리어 해로운 모임

바울은 고린도 교인들이 모일 때 유익하기보다 도리어 더 해로운 영향을 미친다고 지적하는 것으로 성만찬 식사에 대한 비판을 시작한다(고전 11:17). 그 이유는 무엇인가? 그들의 만찬이 "하나님의 교회를 업신여기고 빈궁한 자들을 부끄럽게 하[기]"(고전 11:22) 때문이다. 초대 교회의 예배 중심은 성만찬 의식이었기 때문에 바울이 이렇게 말했다는 것은 교회에 가서 사람들이 더 나빠진다고 말한 셈이나 마찬가지다! 교회는 그 구성원들이 정의로운 제자도의 사역을 감당할 역량을 길러주는 하나님 나라의 전진 기지라기보다 '악습의 서식처'가 되었다. 정확히 어떤 식으로 그들은 가난한 사람들을 부끄럽게 하고 하나님의 교회를 업신여겼는가? 세세한 부분에서 학자들의 의견이 갈리지만, 우리의 목적상 배경을 이루는 두 가지 핵심 요소를 확인해볼 수 있다.

첫째, 회중의 사회·경제적 위치에 대한 바울의 수사적 표현과 학자들의 연구를 종합하면, 고린도 교회는 다양한 경제 배경을 지닌 사람들로 구성되어 있음을 알 수 있다. 대다수 교인은 거의 확실히 빈곤 계층 출신이었음이 분명하다. 그러나 또 교회는 그 수는 훨씬 적지만 상당히 경제적으로 풍요로운 교인도 출석했을 가능성이 있다.[29]

둘째, 그리스·로마 세계에서 특히 협회나 공동체에서 이루어지는 식사는 사회·경제·정치적 위계에서 자신의 위치가 어디인지 확인할 수 있는 일차적인 공간이자 기회였다. 공동체는 '하층' 계급을 포함해 전체 사회·경제적 스펙트럼을 아우르는 개인들이 속해 있었다.[30] 동시에 그런 공동체는 '구조상 자율적이고', '로마 사회 도시 조직의 일부'였기에 식사는 공동체가 속한 더 큰 정치적 실재를 지지하거나 약화할 수 있는 정치적, 도덕적으로 형성된 공간을 제공했다.[31]

그런 식사에서 음식 준비를 관장하고 조달하는 주체와 손님들이 앉을 자리와 방식, 손님들이 받을 음식의 양과 질을 결정하는 데는 모두 정치적 목적이 있었다. 한편 식사는 구성원 간의 연대 의식과 평등 의식을 조성하는 기능이 있었다면,[32] 또 다른 한편으로 참석자 간의 사회·경제적 격차를 확인하고 강화하는 역할도 했다. 만찬은 공동체가 "공을 세운 구성원"이나 존경받는 손님에게 "찬사를 표현할" 기회가 되었다.[33] 사회 상층부에 속하는 손님은 많은 음식이나 고급 와인을 대접받았고, 이런 관행은 엘리트 문학이나 일부 공동체의 비문과 부칙에서 확인할 수 있다.[34] 다른 사람의 '높은 자리'를 차지하여 사회 상층부로 '올라가려고' 경쟁적으로 노력한 구성원에게 벌금을 부과하는 공동체가 있을 정도로, 자리 배열은 사회적 위계를 인정하고 강화하는 역할을 했다.[35]

직책을 부여하는 일, 모임에 회원이 바친 기부 물품을 적은 비문과 헌정문 작성, 외부 엘리트를 식사에 초청하는 일 등은 모두 식사를 통해 명예를 부여하고 보상하며 나누어주는 도덕적 경제에 기여했다.[36] 요컨대, 공동 식사로 특정 평등감이 조성됐다면, 또한 '어떤 사람은 다른 사람보다 더 평등하다'는 점을 모두에게 명확히 보여주었다.[37]

그렇다면 고린도에서 식사 공간의 배열, 말 그대로 의자 배열을 통해 참여자들은 명예와 지위를 얻고 받으며 나누고 공유하며 보상했다고 할 수 있다. 그런 지위는 도시 정치에 참여하고 시장에서 경제적 이득을 추구하는 데 필요한 중요한 사회 자본이었다. 확실히 이런 행위는 고린도 교회의 성만찬 식사에서도 재연되었을 것이다.

예를 들어, 고린도전서 11장 17-34절에서 바울이 사용한 언어는 공동체의 식사에서 지위를 두고 다투는 경쟁적 정치가 만연했음을 암시한다. 그는 '칭찬하다'(*epaineō*, 에파이네오)라는 동사를 두 번이나 사용해 교회에서 이렇게 행동하고 있는 이들을 용인하지 않을 것이라고 선언한다. 그러나 클로펜보 그(Kloppenborg)는 에파이네오를 그리스·로마의 공동체에서 특정 회원을 칭찬하고 기리기 위한 발표를 할 때 사용하던 가장 흔한 동사 중 하나라고 말한다.³⁸ 가지지 못한 자들을 부끄럽게 하는 이들이 칭송받아 마땅한 지위로 자신들의 당연한 몫이라고 믿는 명예와 특권을 주장하며 가난한 사람들을 수치스럽게 한다면 바울이 그들을 칭찬하지 않겠다는 말은 그들에 대한 역설적인 비판이다.

더 나아가, 그들의 분열이 그들 중의 호이 도키모이(*hoi dokimoi*)인 이들을 보여준다는 바울의 강력한 역설적 발언도 비슷한 맥락에서 이해할 수 있다. 호이 도키모이(*hoi dokimoi*)는 '존경과 존중을 받아 마땅하다고 여기는 사람'을 가리키며,³⁹ 동사 형태와 더불어 조합에 가입할 의사가 있는 신입 회원을 검증하고 인정하는 과정을 가리켜 종종 사용된다.⁴⁰ "따라서 '진정한'(*dokimoi*)이라는 단어의 일차적 의미는 지위가 높은 사람과 인정받는 인물에게 높은 서열을 부여하는 식탁 정치에서 파생된 것이라 할 수 있다."⁴¹ 이런 배경에 비추어, 바울은 지위가 높은 자들에게 "사회적 엘리트로 자신들을 부각해준다고 생각하는 그들의 행동이 실제로 신적 심판 아래 있음을 보여주는 역설적인 증거"⁴²라고 선언하고 있다.

바울은 고린도 교인들이 함께 모일 때 '갖지 못한 자'보다 '가진 자'를 더 대우한다고 비판한다. 적어도 그들은 고린도 사회에서 더 지위가 높은 신자들에게 더 좋은 좌석과 더 많고 고급스러운 음식을 대접했을 것이다. 하지만 분명히 할 점이 있다. 고린도 교인은 대부분 이것을 문화적으로 용인되는 일반적인 관행으로 보았으리라는 것이다. 더 부유한 고린도 교인이 다른 이들보다 공동체 식사에 기여한 바가 더 많았을 것이다. 그렇게 섬기는 그들에게 높은 지위와 명예를 부여한다고 어떤 잘못이 있다는 말인가?

하지만 적어도 바울에 따르면, 이는 몹시 해로운 일이다. 사회·경제적으로 가난한 사람들을 억압한 하나님의 백성이 드린 예배를 정죄한 선지자의 오랜 전통을 바탕으로(사 1:11-17, 암 5:18-24), 사도 바울은 그들의 행동이 그들이 먹는 식사를 진정한 주의 만찬이라고 부르는 것을 완전히 불가능하게 만든다고 선언한다.

하나님 나라의 전복적 정치를 구현하도록 설계된 교회에 대한 바울의 비전을 생각하면 그 이유를 쉽게 알 수 있다. 그들의 식사는 그리스도인답기보다 고린도인다웠던 것이다. 에드워즈가 조사한 다인종 교회들처럼, 그들이 좌석을 배정하는 방식은 모든 사람이 함께 식사에 참여할 수 있음을 알려주었을 것이다. 그러나 그들의 자리 배정은 식탁에서 중요한 사람과 중요하지 않은 사람에 대한 세속 문화의 인식을 동시에 강화해 주었다. 오늘날 많은 다인종 교회처럼 고린도 교인들은 함께하는 일상에서 하나님 나라의 정치를 제대로 반영하지 못했다.[43]

바울이 소문을 듣고 이런 식으로 교회를 책망할 수밖에 없었음을 유념하라(고전 11:18). 이 문제를 바울에게 전달했을 가능성이 가장 큰 사람들은 교회 내 지위가 낮은 신자들, 아마 고린도전서 1장 11절에 언급된 글로에 집안의 종이었을 가능성이 크다. 느헤미야 시대처럼 신앙 공동체 내부의 사회적 계층화와 억압이 치유되기 위해서는 지도자들이 공동체 내부 약자들의 부르짖음을 귀 기울여 듣고 그들을 지지해야 했다(고전 11:34).

그러나 바울은 그들의 모임이 지금 그리스도의 정치가 아니라 고린도의 정치를 반영한다고 지적하는 데서 그치지 않는다. 고린도 교인들에게 '좌석을 재배정'해야 한다고 요구한다. 그렇게 해서 바울은 '그리스도를 닮지 않은 식사를 하는 공동체'를 책망한 후, 예수님의 최후의 만찬을 상기시킨다.

> 내가 너희에게 전한 것은 주께 받은 것이니 곧 주 예수께서 잡히시던 밤에 떡을 가지사 축사하시고 떼어 이르시되 이것은 너희를 위하는 내 몸이니 이것을 행하여 나를 기념하라 하시고 식후에 또한 그와 같이 잔을 가지시고 이르시되 이 잔은 내 피로 세운 새 언약이니 이것을 행하여 마실 때마다 나를 기념하라 하셨으니 너희가 이 떡을 먹으며 이 잔을 마실 때마다 주의 죽으심을 그가 오실 때까지 전하는 것이니라(고전 11:23-26)

바울은 고린도 교인들에게 그들의 만찬을 형성한 이야기의 뿌리가 어디인지 알려주며 그들을 위해 십자가에서 자기를 희생 제물로 내주신 예수님께 관심을 집중하게 한다. 이 이야기는 공개적인 정치 이야기이며, 자기 몸과 피를 내주셔서 새로운 언약 공동체를 세우고자 하신 십자가에 못 박히신 왕의 이야기다. 도덕 형성에 대한 우리 모델과 마찬가지로 바울은 이 이야기로 공동체의 성격이 결정되기를 기대한다.

그러나 바울은 그들을 위해 예수님이 죽으신 이야기를 단순히 상기시키는 선에서 끝나지 않는다. 그 이야기를 실천하라는 예수님의 명령을 상기시키며 성만찬을 통해 그 이야기를 의식적으로 재현한다. 이 식사는 도덕적 제자도에 중요한 역할을 해야 했다. 즉, 그들 안에 예수님의 죽음에 관한 구체화된 기억을 형성함으로써 그들이 '더 나은 사람이 되도록' 빚어가는 식사가 되어야 했다. 그들의 식사는 내면에 전인적이고 고결한 덕성을 가꾸어주는 도덕적 형성의 장이 되어야 했다. 그리스도가 기꺼이 자신을 내주신 사랑을 기억하고 그런 사랑의 자기희생에 근거해 세상 속에서 그 사랑을 온전히 실천하는 공동체가 되어야 했다.

주님의 만찬에 대한 이야기와 식사에서 훈련하라는 주님의 가르침을 상기시킨 바울은 여기서 그치지 않고 더 나아가, 그들의 식사 관행이 예수님의 몸과 피에 죄를 짓는 수준까지 변질되었다고 경고한다. '갖지 못한 자'를 무시하는 것은 예수님을 공격하는 것이나 마찬가지였다.[44] 그 결과 그들은 이제 "주의 몸을 분별하지" 못하고 먹기 때문에 주님의 심판을 받고 있다(고전 11:27-29).[45] 이 문장에서 바울은 식사로 '갖지 못한 자'을 부끄럽게 한다는 점을 강조하기 때문에 "주의 몸을 분별하지" 않고 먹는다는 것은 무엇보다 전체 고린도 교회를 그리스도의 몸으로 분별하지 못한 사실을 가리킬 가능성이 크다.[46] 다시 말해, 교회는 세상에서 '갖지 못한 자'라고 생각되는 이들이 식탁에서 대접받는 하나님의 공동체인데, 그들이 자신들의 먹고 마시는 행위를 정확히 이해하지 못했음을 상징적으로 드러내는 것이다.

그렇다면 해결책은 두 가지다. 먼저 고린도 교인들은 자기를 점검하는 훈련을 해야 한다. "사람이 자기를 살피고 그 후에야 이 떡을 먹고 이 잔을 마실지니"(고전 11:28). 일단 그 "몸"(고전 11:29)이 교회 회중을 지칭하는 것임을 인정하면, 이런 자기 점검의 요청은 "고린도 교인들이 스스로 양심의 깊은 내면을 점검하는 것이 아니라 만찬을 먹을 때 그들의 행동이 교회 안 형제자매에게 어떤 영향을 미치고 있는지 살펴보라는 요청"임을 알 수 있다.[47]

둘째, 십자가의 렌즈로 스스로 그들 자신의 행동을 점검하면, 고린도 교인들은 '알레로우스 에크데체스데'(*allēlous ekdechesthe*)해야 한다. 대부분 번역본은 이 구절을 "서로 기다려주라"고 번역하지만 손님 환대라는 문맥임을 감안할 때 "받으라" 혹은 심지어 "서로 환영하라"로 번역하는 것이 더 적절한 것 같다.[48] 이 의미는 칠십인역, 제2성전기 유대교 문헌, 그리스 문헌에서 확인할 수 있다.[49] 바울은 교회가 지위 고하를 전혀 구분하지 않고 '갖지 못한 자'의 영적 자양분뿐 아니라 물리적 자양분도 공급하는 식사에 함께함으로 진심으로 '서로 환영하도록' 권면한다.

그리스도의 몸 안에서 서로 환영하는 것은 어떤 모습일까?

고린도전서 12장은 이런 '상호 환대'가 어떻게 표현되어야 하는지 더 자세히 보여준다. 고린도전서 12장 12-13절에서 바울은 "(그 도시를) 하나의 몸으로 묘사하는 오랜 수사학적 전통"[50]을 빌려 기독교 공동체를 유대인과 이방인, 노예와 자유인으로 구성된 하나의 몸으로 표현한다. 그리스·로마 사상가들은 이런 몸의 심상을 사용할 때 "현재 주어져 있는 인체 상태처럼 사회적 몸의 위계가 결정되어야" 한다고 종종 주장했다.[51] 예를 들어, 리비(Livy)의 유명한 예화를 보면, 한 상원 의원이 파업에 참가한 평민에게 몸에 대한 이야기를 들려주며 다시 일터로 돌아가자고 설득했다. 마틴(Martin)이 요약한 내용을 보면 이렇다.

> 옛날에 몸의 지체들이 배(신체)에 맞서 파업을 했다.
> 힘든 일은 자신들이 다 하는데 모든 결실을 배에
> 넘겨주고 노동의 결실을 배만 채운다고 불평한 것이다.
> 그런데 그 파업으로 결국 모든 지체가 죽음에 이르고
> 말았다.

이 이야기로 파업을 끝내고 다시 일터로 돌아가도록 평민들을 설득할 수 있었다. 다시 조화로운 세상이 되었다. "당연히 모두 그 후에 행복하게 살았다."[52]

인간의 몸과 비슷하게 교회의 몸 역시 지체들의 다양성에 의존한다는 바울의 첫 논증(고전 12:14-21)은 이 그리스·로

마식 기법과 아주 흡사한 것 같다. 유력한 고린도 그리스도인들은 "네, 그 지적이 맞습니다"라고 대답했을 것이다. "모두 각자 할 역할이 있습니다. 우리의 지위에 따른 자리 배정과 각기 다른 음식 양은 그 사실을 인정한 것일 뿐입니다." 그러나 겉모습은 속일 수 있으며, 바울은 공동체에 대한 이러한 위계적 이해에 금방 동의할 청중을 위해 의도적으로 함정을 놓는다.

이렇게 고린도전서 12장 22-24절에서 바울은 이 보수적인 비유를 근본적으로 다른 방향으로 바꾸어, 하나님이 약하거나 영광과 존귀를 받지 못하는 지체들에게 더 큰 명예와 존엄성을 부여하시려고 직접 한 몸을 세우셨다고 주장한다. 생식기를 완곡하게 지칭하는 표현[53]은 그런 지체들이 몸 안에서 필수적인 역할을 할 뿐 아니라 그들의 '노출하기 곤란한 특성'이 사회적으로 형성된 것임을 암시한다.[54] 바울은 교회 밖에서 사회적으로 열등한 존재로 여겨지는 지체들에게 '더 귀하게' 여기기 위해 적극적으로 교회를 조직하기로 하셨다고 설명한다(고전 12:24).[55] 하나님은 실제로 특정한 방식으로 교회를 조직하셨지만, 고린도 교인들과 같은 방식은 아니었다. 하나님은 교회 내 사회적 지위를 인정하시지만, 그것은 오직 사회적 피라미드의 하층부에 있는 이들을 우대하기 위해서였다.

이런 "그리스도와 십자가에 대한 비판을 교회에 적용"[56]하는 것은 바울이 고린도전서 1장 27-28절에서 제시한 주장을 강화하는 동시에 적용하게 해준다. 즉, 하나님은 세상이 보기에 어리석고 약한 자들을 선택하셔서 힘과 지혜, 지위에 대한 세상의 개념을 무너뜨리기로 작정하셨다는 것이다. 고린도 교회의 공동 식사는 고린도 사회에서 천대받는 공동체 지체들을 더 귀하게 대접함으로써 하나님의 이런 의지를 반영해야 했다.

이 신학적 통찰은 바울의 비판을 받은 고린도 교회의 사회적 계층화와 오늘날 많은 미국 교회에서 보이는 인종에 따른 억압적인 사회 계층화 문제가 매우 유사함을 확인해준다. 유력한 고린도 교인들은 "그들이 기득권으로 누리는 (사회·경제적) 자본을 하나님이 중요하게 평가하지 않으신다는 점"을 배워야 했다.[57] 그들은 이미 누리는 지혜와 권력과 가정 환경과 부나 지위나 민족성이라는 사회 자본으로 결정되는 위계에 따라 모임을 조직하려고 했지만(고전 12:12-13),[58] 하나님은 문화의 사회적 사다리 가장 하층부 사람들이 교회에서 특별히 존중받을 수 있도록 공동체를 조성하셨다. 블라운트(Blount)가 주장하듯이, 바울은 이렇게 해서 장소를 가리지 않고 "특권의 이데올로기"에 도전한다.[59]

바울의 해결책은 단순히 사회적으로 유력한 이들에 대한 특별 대우를 금하는 데서 끝나지 않고, 사회적으로 소외된 이들을 특별히 존중하고 귀히 여기고자 적극적으로 노력하라고 요구한다. 그러나 사회·경제적으로 소외된 자들에 대한 바울의 이런 '우선적 선택'의 한 가지 놀라운 목적은 '몸에 아무 분열이 없는' 교회의 하나 됨을 이루는 데 있었다. 그들의 반문화적 모임의 결과는 각 지체가 나머지 지체의 고통과 영광을 함께 나누는 교회의 몸을 이루는 것으로 나타날 것이다(고전 12:26). 그들의 "영광 재분배"는 "평등의 조성"을 목표로 한다.[60] 더 나아가 이런 논의가 영적 은사에 대한 바울의 가르침이라는 문맥에서 진행되기 때문에 누적 효과를 볼 수 있다. 가장 강력한 후원자를 포함한 모든 교인은 자신의 안녕을 위해 성령이 가장 가난하고 힘없는 교인을 비롯해 다른 모든 지체를 통해 주시는 은사에 의존한다는 것이다.⁶¹

그러므로 바울은 고린도 교인들에게 모임에서 상징적 의자를 '재배치'하여 그들의 삶에 하나님 나라의 전복적 실재를 반영하도록 촉구한다. 주가 오실 때까지 그분의 죽으심을 선포하는 하나님의 선교에 참여하려면, 그들이 그 왕국 정치를 받아들이고 포용하며 구현해야 한다.

오늘날 다인종 교회에서 의자 재배치하기

고린도 교인들이 사회적 불평등을 그대로 유지한 것과 다인종 교회들이 인종적 불평등을 그대로 유지하는 모습은 매우 흡사해 보인다. 두 경우 모두, 교회는 억압적인 사회적 위계를 교회 안에서 해체하는 작업을 하지 않고 오히려 그 위계에 맞추어 '의자를 배정하고 있다.' 고린도 교인들의 사회생활이 지혜, 권력, 부, 민족성, 지위라는 문화 자본과 관련한 위계에 따라 부적절하게 조직되었듯이, 현재 북미 다인종 교회들 역시 백인의 규범을 우월하게 보는 사회 인식에 영합할 때가 너무나 많다. 이것은 교회의 공동생활로 압축되는 교회의 선교적 정체성을 위협하며, 교회가 세상을 향한 사랑과 정의의 외적 선교에 참여할 수 있는 능력을 약화한다.

그러나 문제가 유사하다면 해결책 또한 비슷할 것이다. 다인종 교회의 백인 그리스도인은 흑인과 황인 형제자매들을 그리스도 몸의 온전한 지체로 인정하며, 교회 내외를 구별하지 않고 그들에게 그렇게 일관된 태도를 유지하지 못하는 이유가 무엇인지 점검해야 한다. 이것이 가능하기 위해서는 교회 지도자들과 백인 그리스도인들이 모두 바울처럼 아래로부터 들려오는 목소리에 귀를 기울여야 한다(고전 11:18). 그런 목소리는 우리 모임이 사회적으로 소외된 이들을 무시하고, 결과적으로 하나님의 교회를 업신여기는 방법을 가리킬 수 있다(고전 11:22).

실제로, 그런 경청과 분별과 점검이 이루어지려면 다인종 교회가 '유색 인종만'의 토론을 위한 안전한 공간을 만들고 이를 확인해야 한다.[62] 이렇게 하면 우리 형제자매들이 의자 재배열이 필요한 곳을 확인하는 데 도움이 될 것이다. 더 나아가 그런 교회들은 최상부 리더십에 실제적인 인종적 다양성이 구현되도록 노력해야 한다. 실제로 고린도전서 12장 22-24절에 비추어 볼 때 에드워즈가 일명 교회 리더십의 "영적 우대 정책"[63]이라 명명한 방식은 민주주의적 이상에 따른 다양성을 교회가 추종하기 때문이거나 비판적 인종 이론의 영향을 받아서가 아니다. 그것은 교회 밖에서 존중받을 가능성이 별로 없는 지체들을 교회 안에서 더 귀하게 여기는 삼위 하나님의 전략을 교회가 수용한 것이다. 많은 다인종 교회가 전폭적 지원 속에 흑인 지도자들이 리더십을 발휘하게 하지 않는다면 미국의 다인종 교회 운동은 흑인에 대한 인종 차별 문제를 제대로 직시하지 못할 것이다. 실제로 "정치, 교육, 사업을 비롯해 미국인의 삶 거의 모든 영역에서 백인이 불균형적으로 권력을 차지하는" 현실을 해체하는 대신 오히려 반영함으로써 그 문제를 더 고착화할 것이다.[64]

마찬가지로, 결국 다인종 교회의 성공은 역사적인 흑인 회중과 확고한 관계를 가꿀 능력에 달려 있다. 매컬리(McCaulley)가 지적하듯이, 흑인 교회들은 "무엇인가 할 말이 있었고"[65] 전체 교회는 그 말을 경청함으로 도움을 받을 것이다. 그렇다고 모든 교회 전통이 완벽하다는 말은 아니다. 그러나 흑인 교회들은 그 역사를 생각할 때 교회를 더 폭넓고 강건하게 해줄 수 있는 예배의 은사, 사회 참여 이력, 설교와 복음 전도와 제자도의 선물을 소유하고 있다. 이것은 로이드(Lloyd)가 주장한 대로, 흑인 교회 신학의 근간이 된 압제 경험은 흑인 신학이 백인 우월주의라는 우상 숭배를 포함해 우리 시대의 우상을 식별하는 데 특히 능숙해지게 만들어주기 때문이다.[66]

실제로, 흑인 교회는 그 자체의 교회 정치 내에서 우상 숭배적 위계를 해체한 오랜 경험이 있다. 콘(Cone)은 흑인 교회에 성령의 종말론적 임재로 예배자들이 "시간의 균열"(rupture in time)을 경험할 수 있다고 주장한다.

> 수위가 제직회의 의장이 되고, 가정부가 여성회 회장이 된다. 모든 사람이 귀족이나 귀부인이 되고 형제자매가 된다. 나중 된 자가 먼저 되어 사회에서 자아와 자기 소명에 대한 인식의 근본적 변화가 일어난다…성령의 능력으로 근본적으로 변화되는 이 경험이 흑인 예배의

가장 두드러진 방식이다.[67]

확실히 이런 설명은 외부에서 멸시당하는 지체들을 교회 내에서는 더욱 귀하게 여겨야 한다는 '의자 배정' 방식을 잘 포착하고 있다. 그러나 우리가 그런 교회와 그 지도자들로부터, 그들을 통해, 그들 아래서 기꺼이 배우고자 하지 않는다면, 백인 그리스도인은 절대 흑인 교회의 은사로 축복을 받거나 우상 숭배에 대한 그들의 예언적 가면 벗기기를 직면하지 못할 것이다.

다인종 교회들이 우리 공동체의 인종적 불의를 폭로하는 일을 시작할 때 우리는 또한 세상의 문화가 외면하거나 소외시키는 사람들을 교회에서 더 귀히 여기는 식으로 '의자를 재배열'하는 법을 배워야 한다. 이런 주장은 교회 내 인종적 규범과 기대의 측면에서 사람들이 '중간에서 만나는' 지점으로서 다인종 교회를 인식하는 전형적 접근 방식을 넘어선다. 바울의 논증은 여기서 한 걸음 더 나아가 교회가 연합하기 위해서는 사회적으로 소외된 이들을 우대해야 한다고 강조한다. 교회 내에 보이는 문화적 위계를 적극적으로 전복시킴으로 백인 지체들은 성령의 능력에 힘입어 "타인의 모국어로 말하는"법을 배우며,[68] 그렇게 그리스도의 몸의 흑인 지체들과 진정한 연대를 형성하는 법을 배울 수 있다.

이것이 바울이 우리에게 제시하는 상호 환대의 선교적 형성력이다. 더 큰 문화에서 소외된 집단 구성원들의 은사와 시각과 선호를 더 존중하고, 더 나아가 교회 안팎에서 지배적 문화가 당연시하는 특권을 적극적으로 부정하는 교회 생활 방식인 것이다. 나는 내 상황에 따라 다인종 교회의 흑인 그리스도인과 백인 그리스도인에 초점을 맞추었지만, 바울의 비전은 절대 이 두 집단에 국한되지 않는다.[69] 인종, 계급, 민족, 능력, 언어, 사회적 지위, 성과, 학력 등에 따라 우리를 분열하게 하는 사회적 위계가 형성된 곳마다 바울은 그리스도의 몸으로 함께 모여 그 위계를 해체하는 교회라는, 강한 폭발력을 지닌 비전을 제시한다.

교회들이 십자가의 상호 환대를 실천할 때, 교회의 다양한 지체는 정의로운 제자도를 향한 여정을 함께하며 모두에게 좋은 선물을 주시려는 성령의 통로로 사용될 수 있다. 또한 이 반문화적인 교회론을 포용함으로써 교회는 예수의 부활을 기다리며 십자가에 못 박히신 왕의 복음을 전파하게 된다. 십자가의 논리와 일치하는 성찬 공동체는 바로 그 공적 존재 자체로 복음을 선포하게 된다. "너희가 이 떡을 먹으며 이 잔을 마실 때마다 주의 죽으심을 그가 오실 때까지 전하는 것이니라."

이런 비전이 정말 현실적인지 의문을 가질 사람도 있을 것이다. 그러나 제닝스가 선언하듯이 그런 생활 방식은 "달성할 수 있는 목표다. 이는 그리스도인에게 두루 적용되는 실재다. 우리는 그 비전을 수용하고 실현하는 것을 목표로 삼아야 한다."[70] 더욱이 바울의 수사학에 비추어 볼 때 인종 차별적 헤게모니를 묵시적으로 지지하며 여전히 '도리어 해로운 모임'을 갖는 위험은 매우 치명적이다. 그런 모임은 심판을 자초하는 모임이 될 위험이 있다(고전 11:29).

그러나 이런 상황에서라도 희망을 품을 이유는 있다. 바울에게 그런 심판은 그 자체로 그리스도가 자기 백성과 여전히 함께하신다는 증거다. "우리가 판단을 받는 것은 주께 징계를 받는 것이니 이는 우리로 세상과 함께 정죄함을 받지 않게 하려 하심이라"(고전 11:32). 바울 시대의 교회뿐 아니라 우리 시대의 교회 역시 우리 가운데서 우리를 대신해 우리를 징계하시는 바로 그 주님의 은혜로운 사역으로 판단을 받는다. 그렇게 판단을 받아야 '십자가의 논리'로 해체되고 새롭게 거듭나길 거부하는 세상과 함께 정죄를 받지 않을 것이다.

세상에서 섬기는 삶을 위한 식사

그러나 이런 교회 생활의 강조가 종파적 도피를 조장하고 우리가 몸담고 사는 더 넓은 공동체의 불의를 외면하도록 조장하지는 않는가? 이런 본문은 교회 밖 인종 차별에 개입할 지침도 없이 우리로 방관하게 만들거나 심지어 교회 밖의 인종 차별에 개입하지 않아도 된다는 구실로 작용하지 않는가?

학자들은 때로 이런 방향으로 오도할 위험이 있는 방식으로 바울의 말을 해석해왔다. 주린 자들은 각자의 집에서 먹어야 한다는 바울의 책망(고전 11:34)을 타이센(Theissen)은 엘리트 집단과 타협한 처사라고 비판한다.[71] 그런 시각에서 보면 바울은 마치 "주님의 만찬을 한답시고 교회를 더럽히는 일은 그만하라. 너희들이 모이는 시간에는 가난한 사람들을 제외해라"라고 말한 셈이다.

    나는 이런 해석에 반대하며 오히려 바울이 "절대 그런 일은 없다"라고 선언했을 것으로 생각한다. 피(Fee)는 주린 자들은 각자 자기 집에서 먹어야 한다는 바울의 말을 일종의 타협으로 보지 않고 이렇게 해석했다. "빌레몬서에서 그랬듯이, 바울은 간접적으로 노예제를 공격하지만 그 본질을 명확히 겨냥한다. 식탁에서 참된 그리스도인이 되면, 바울이 항상 마음에서 잊지 못하는 문제, 즉 궁핍한 자들을 돌보는 일도 삶의 중요한 일부로 자리할 것이다."[72]

    피의 시각과 그리고 지금까지 우리가 살펴보았던 성품 윤리학의 모델에 따라, 바울은 주의 만찬이 하나님 백성의 도덕적이고 정치적 성격을 더 나은 방향으로 형성해줄 장이라고 본다. 이런 재배정된 주의 만찬 식사로 '더 나은 방향으로' 형성되는 이들의 성품은 교회에서 그리스도 몸의 다른 지체들을 대할 때 권한을 신실하게 행사함으로 그 진가를 드러낼 것이다. 그러나 이 '더 나은 방향으로'는 단순히 성만찬 식탁에 국한되지 않을 것이다. 결국, "전날 밤 주님이 직접 주신 한 끼의 식사, 한 개의 빵, 한 잔을 똑같이 나누어 먹었는데", 높은 지위의 사람들은 '언제까지' 자기 집에서 사회적 사다리 밑에 있는 사람들이 "고기 한 점 없는 보잘것없는 식사와 밍밍한 포도주를 마시는 것을 외면할 수 있겠는가?"[73] 가진 자와 못 가진 자가 멸시받는 이들을 더 귀히 여기고 하나님의 어리석음이 세상의 지혜를 전복시키는 식사를 함께했다면, 그리스·로마의 정치적 경제에서 그 자체로 정치적이고 경제적인 단위가 되는 개별 가정들이 언제까지 '가진 자'가 '못 가진 자'를 지배하는 사회를 방치할 수 있었겠는가?[74] 바울이 여기서 사회·경제적 주변화에 대한 타협을 제시했다는 타이센의 주장에 대해, 나는 바울이 주님의 만찬을 함께 나눌 때 식탁에서나 그 너머에서까지 십자가의 논리를 중심으로 행동하도록 고린도 교인들의 세계를 재형성하는 순서를 가졌을 것이라는 말로 반박하고자 한다.

나는 이런 통찰이 정의로운 제자도의 핵심을 차지한다고 생각한다. 우리가 교회 공동체의 정치에 참여함으로써 이루어지는 제자도는 가만히 머물러 있지 않는다. 그 삶으로 하나님 나라의 정치를 수용하는 교회(예수님이 친히 초대하시는 성만찬을 하고, 교회 밖에서 소외된 이들의 은사를 소중히 여기며 서로 환영하는)는 십자가 사랑과 섬김으로 무장한 변화된 그리스도인들을 주변 세상으로 파송할 것이다. 이렇게 공동체 생활을 하며 특히 하나님 나라의 전진 기지로서 그들은 "주님이 오실 때까지 그분의 죽으심을 선포할" 것이다.

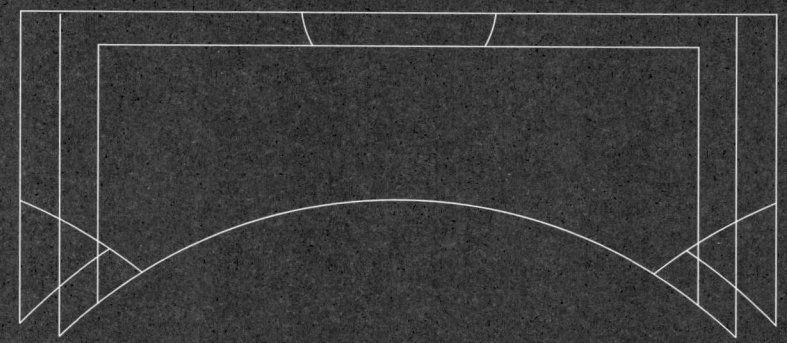

4부

정의로운
정치

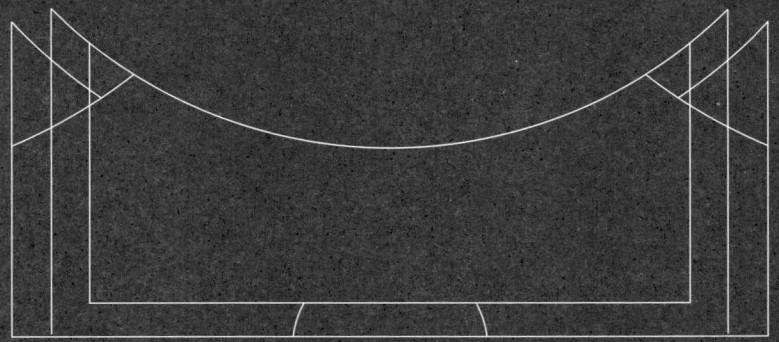

11장

정치 참여를 위한 요셉 방식의 함정

미국 복음주의자들은 선한 사마리아인의 이야기를 좋아한다.[1] 그러나 우리도 인정하는 부분이지만 미국인들이 투표소에서 선한 사마리아인처럼 행동하기를 기대해서는 안 된다. 적어도 라이프웨이 리서치 대표는 치열한 격전을 치른 2020년 대통령 선거 바로 직전에 실시한 여론 조사를 이렇게 요약했다.[2] 신앙이 있는 백인 복음주의자들에게 "대통령 선거로 가장 혜택을 받았으면 하는 사람은 누구입니까?"라는 질문을 던졌을 때 61퍼센트는 '나와 같은 전국의 사람들' 또는 '나와 내 가족'이 혜택을 받는 것이 주된 목표라고 답했다. 비복음주의자를 대상으로 한 조사에서는 이 두 가지를 주요 목표로 꼽은 비율이 11퍼센트 낮았고, '우리나라에서 소외된 사람들'이 가장 혜택받기를 원한다는 답변의 비율은 9퍼센트가 높았다.

복음주의자들은 자기 이익을 추구하는 것이 민주주의

사회에서 합법적이고 타당한 관심사라고 주장할지 모른다. 당연히 옳다. 하지만 그렇다고 복음주의자가 다른 미국인보다 자기 이익과 '나와 같은 전국의 사람들'의 이익에 왜 더 강한 관심을 가지는지는 설명할 수 없다. 오히려 사람들은 이웃을 자기 몸처럼 사랑하라는 예수님의 부르심 때문에 우리가 정반대로 행동하리라 기대할 것이다.

반대로 우리는 복음주의자에게 좋은 세상을 추구하면 모두에게 최선인 사회를 실현할 수 있다고 주장할 수도 있다. 공적 광장에서 선에 대한 구체적인 우리 비전을 정직하게 옹호함으로써 공동의 선을 추구한다는 것이다.

이런 주장은 확실히 중요한 무언가를 시사한다. 불행하게도 최소한 일부 자료는 우리 중 많은 사람이 우리 자신의 특권을 위해서는 기꺼이 싸우면서 타인의 유사한 특권은 부인하는 모습을 보여준다. 예를 들어, 복음주의자는 다른 유권자보다 종교적 자유를 정치적 우선순위로 꼽을 가능성이 더 크다.[3] 그러나 집단으로서 백인 복음주의자들은 트럼프 행정부의 무슬림 반이민 정책을 열렬히 지지하며[4] 종교 박해를 피해 온 난민의 재정착 금지 조치를 대체적으로 지지하는 경향을 보였다.[5] 난민 재정착 금지는 미국이 종교적 박해를 피해 온 그리스도인들을 약 90퍼센트 더 적게 받아들였다는 것을 의미한다.[6] 이에 대해 복음주의자들은 종교 자유와 이민 정책은 다른 것이라고 주장할 수도 있다. 충분히 일리 있는 말이다. 그러나 복음주의 유권자의 노골적인 자기중심적 경향성을 감안할 때, '종교의 자유'가 중요하다고 말하는 우리를 보고 '우리와 같은 사람들을 위한 종교의 자유'가 중요하다는 의미라고 사람들이 비난하는 이유를 이해할 수 있을 것 같다.

이 책의 1부와 2부에서 나는 성경이 우리에게 정의를 지향하는 도덕적 제자의 길을 제시한다고 주장했다. 우리가 살펴본 성경의 이야기, 관행, 미덕, 공동체 정치는 모두 제자들이 정의로워지도록 도와준다. 3부에서는 하나님의 백성이 공동체 생활을 영위하는 방식으로 이해되는 교회 정치를 살펴보았다. 성경의 희년과 고린도 교회의 주의 만찬은 하나님 백성의 반문화적 정치 생활이 불의한 세상에서 하나님의 정의를 증언하는 방식을 시범적으로 보여준다.

그러나 성경이 정치적 삶에서 우리에게 요청하는 정의로운 제자도는 우리가 반문화적인 공동체로서 살아가는 방식에만 국한되지 않는다. 사실, 정의로운 제자도의 중요한 한 측면은 우리가 몸담은 공동체의 더 넓은 정치 과정에 참여하는 것이다. 4부에서는 정의로운 제자들이 우리가 사는 국가와 지역의 정치에 참여하는 방법을 살펴본다.

그러나 이 장 초반에 공개한 정치 관련 통계(정치 영역과 관련해 우려스러운 통계를 우리가 인용할 수도 있다)는 우리의 정치적 증언이 모두 다 바람직한 것만은 아님을 보여준다. 당연한 지적일지 모르지만, 우리의 많은 실패는 일차적으로 정치적 의제나 정책 플랫폼의 실패를 의미한다거나 전략적 사안이나 입법 전략의 실패와는 관계가 없다고 생각한다. '올바른'(right) 팀이 공화당이라고 생각하든 민주당이라고 생각하든, 올바른 정치적 '팀'을 선택하지 못한 문제도 아니다. 무엇보다 그 실패들은 정치적 제자도의 실패다. 너무나 자주 발생하는 문제이지만, 이런 제자도의 실패는 성경으로 우리가 형성되지 못한 데서 기인한다. 그렇다면 하나님이 우리를 두신 국가와 공동체의 정치에 우리가 관여할 때 정의를 행하도록 성경으로 형성된다면 어떤 모습일 것 같은가?

'오직 로마서 13장만'이라는 정치적 선택을 넘어

지방 정치와 국가 정치에 대해 생각할 때 그리스도인들은 이상할 정도로 소수의 구절을 근거로 삼는다. 일단 이 부분을 짚고 넘어가는 것으로 시작하고자 한다. 우리 중 많은 이에게 성경의 정치적 증언은 로마서 13장으로 시작하고 끝난다.

> 각 사람은 위에 있는 권세들에게 복종하라 권세는 하나님으로부터 나지 않음이 없나니 모든 권세는 다 하나님께서 정하신 바라 그러므로 권세를 거스르는 자는 하나님의 명을 거스름이니 거스르는 자들은 심판을 자취하리라(롬 13:1-2).

많은 그리스도인은 바울이 정치 지도자에게 전적으로 복종하는 관계를 교회에 요구하고 있다고 생각한다. 이런 관점에서 보면 정치적 제자가 된다는 것은 단순히 당대 권력자에게 복종하는 것을 의미한다.

물론 미국 기독교를 구성하는 해석학적이고 신학적인 전통은 로마서 13장 1-7절에 대해 훨씬 더 미묘한 해석을 제공하며, 훨씬 더 복합적인 정치 신학 담론을 제시한다. 나의 칼뱅주의 전통을 이런 노골적인 '로마서 13장만'의 정치 방식과 동일시하는 것은 왜곡된 설명일 것이다. 그러나 나는 이런 왜곡된 설명이 교회 안의 많은 그리스도인의 실제 정치 신학을 형성하고 있지는 않은지 두렵다.

정치에 대한 전체 접근 방식의 근거를 로마서 13장 1-7절에서만 찾을 경우 문제는 이 본문 자체에 있지 않다.[7] 이 본문은 정치적 제자도에 관한 전체 성경 이야기에서 꼭 필요한 본문이다. 문제는 로마서가 그들이 몸담은 정치 체제나 구체적으로 관련된 정치인들에게 직접적인 영향력을 전혀 행사할 수 없는 그리스도인들에게 쓴 편지라는 것이다. 바울이 권력을 휘두르는 당국에 대해 썼을 때 그는 그리스도인 청중 중 누구도 속하지 않은 집단을 말하고 있었다.

그런데 미국 그리스도인은 어떤 방식으로든 지방 정치와 국가 정치에 영향을 미칠 실제적인 기회가 있다. 이 중에는 실권을 휘두르는 당국의 한 사람이 되는 방법도 있다. '오직 로마서 13장만'을 외치는 그리스도인은 분명히 "하나님이 정부의 권한을 단순히 인정하신다는 본문"[8]을 오해하여 자신들에게 적합하다고 생각하는 대로 정치 권력을 장악하고 이용하며 휘두르라는 초청이라고 해석할 때가 적지 않았다. 역시 문제는 로마서 13장 1-7절이 그리스도인이 지도자가 될 수 있는 상황을 직접적으로 다루지 않으며, 심지어 자신이 속한 지역 사회의 정치에 실제적이고 직접적인 영향을 미칠 수 있는 상황도 다루지 않는다는 것이다.

현대의 정치 상황에서 정의로운 제자로 사는 데 성경의 도움을 받고 싶거나, 투표나 공직 출마, 로비, 항의 시위로, 우리가 보내심을 받은 사회의 안녕을 추구할지 여부와 그 방법을 알려주기 원한다면, 우리는 로마서 13장 1-7절을 넘어선 성경에 의해 형성될 필요가 있다.

'요셉 방식' 탐구

하나님의 백성이 열방 가운데 직접 정치 권력을 행사했던 사례를 찾는다면, 요셉이 그 첫 번째 대상일 것이다.[9] 언뜻 보기에 요셉은 현명하고 신실한 행동을 한 완벽한 모델처럼 보인다. 성경의 화자는 여호와가 함께하신 것이 적대적 환경에서도 요셉이 성공한 근본적 이유라고 서술한다(창 39:2, 21). 보디발의 집에서 승승장구한 요셉은 성적인 유혹을 받게 되자 저항한다(창 39:6-20). 정치적 출세로 형제들에게 복수할 기회가 생겼을 때 요셉은 용서하는 길을 택한다. 실제로, 형들에게 그는 자신을 하나님이 '많은 생명을 구하기 위해' 사용하신 친생명적인 정치적인 인물로 묘사한다(창 50:20). 웬함(Wenham)은 여기서 더 나아가 요셉을 "창세기의 모범적 통치자이자 이상적 왕"이라고 극찬한다.[10]

요셉은 생사 여탈권을 가진 자신이 정치 권력을 사용하

는 것이 아브라함 가족의 일원으로서 자신의 선교적 책무라고 생각했을 수도 있다. 무엇보다 여호와는 아브라함의 가족이 땅의 모든 가족에게 축복의 통로가 될 것이라고 약속하셨다(창 12:2). 유랑 나그네인 야곱은 요셉을 통해 이 지상에서 가장 강력한 통치자 앞에 당당히 섰고 또한 그를 축복해주었다(창 47:7).

그러나 그리스도인의 정치 참여 방식의 하나로 '요셉 방식'을 알아보기 전에, 그의 기아 구조 정책을 다시 한번 살펴볼 필요가 있다. 공직을 맡은 요셉의 이야기는 국정에 참여한 하나님의 백성이 직면하는 가능성과 함정을 모두 보여준다.

요셉의 기아 구조 정책

창세기 41장 48절에서 요셉은 7년간의 풍년으로 거둔 '모든'[11] 곡식을 모아 각 성에 저장한다. 그러나 요셉이 곧이어 찾아온 흉년기에 이 곡식을 배분한 방식은 창세기 47장 13-26절에 가서야 등장한다.[12] 첫째, 요셉은 7년 풍년기에 '모든' 곡식을 거두어들였기에 기근이 시작되면 애굽인들은 값을 치르고 요셉에게서 양식을 사야 했을 것이고, 요셉은 그렇게 애굽인의 돈을 '모두' 바로의 집으로 모을 수 있었다(창 47:14). 계속된 기근에 돈이 수중에서 떨어지자 애굽인들은 요셉에게 이렇게 하소연했다. "돈이 떨어졌사오니 우리에게 먹을거리를 주소서 어찌 주 앞에서 죽으리이까"(창 47:15).

요셉에게 먹을거리를 달라는 애굽인의 요청이 자비를 베풀어달라는 간청이라면, 그는 즉각 상업적 거래를 제안하는 식으로 그들에게 반응한다. "너희의 가축을 내라 돈이 떨어졌은즉 내가 너희의 가축과 바꾸어 주리라"(창 47:16). 애굽인들은 그의 지시에 따라 그들의 말과 양 떼와 소 떼와 나귀를 주고, 그해에 기아의 위험에서 무사히 벗어날 수 있었다.

그러나 다음 해가 되자 그들은 다시 간청할 수밖에 없었다. 이번에는 그들이 먼저 방법을 제안한다. 돈과 가축은 이제 바로의 것이므로 그들에게 남은 유일한 것을 주고 바로에게 곡식을 달라고 한 것이다. 바로 그들의 육신과 토지였다(창 47:18). 요셉은 이 제안을 받아들이고 애굽의 "모든 토지"를 샀고 애굽인들은 스스로 바로의 노예가 된다(창 47:19-20).[13] 요셉은 이제 그들에게 심을 씨앗을 주고 추수할 곡식의 20퍼센트를 왕에게 상납하도록 한다(창 47:24). 이 문장은 애굽인들이 자신들을 종으로 받아주고 목숨을 구해주었다고 요셉에게 감사하며 화자가 요셉이 흉년기에 계획한 그 땅의 보유 기간을 "오늘날까지"라고 독자들에게 알려주는 내용으로 마무리된다(창 47:26).

현대 독자들은 요셉의 행동이 여러 부분에서 당혹스럽게 다가올 것이다. 그러나 요셉의 행동을 옹호하는 많은 학자는 그를 비난하는 것은 애굽이 처한 환경의 절박성을 무시하는 것이며, 우리의 현대적 가치를 전근대적 본문에 투영하는 시대착오적 태도라고 주장한다.[14] 본문을 그 자체의 문맥 속에서 읽어야 한다는 그들의 지적에 나는 동의한다. 그러나 또한 나는 본문을 더 자세히 들여다보면, 요셉이 정치 권력을 발휘하는 방식에 대해 성경 자체에서도 우려를 보이고 있다고 생각한다.[15]

첫째, 오경의 사회·경제적 규례는 생명을 구하려는 요셉과 생각을 같이한다. 하지만 이 규례는 요셉이 바로를 위해 시행한 토지 소유권의 집중화와 채무 노예제의 고착화를 강력히 반대하고 있다. 요셉이 애굽인을 노예로 삼은 토지법은 "오늘날까지" 이어진 사실은 채무 기간을 제한한 토라와 극적인 대조를 보인다.[16] 밀그럼(Milgrom)은 레위기 25장 25-55절에서 빈곤 상태로 전락한 이스라엘 백성에 대한 서술은 요셉이 애굽인을 노예화한 3단계 방식을 의도적으로 암시하며 간접적으로 비난한 것이라고 주장한다.[17]

어떤 주석가들은 20퍼센트가 고대의 유사한 이자법과 비교할 때 상대적으로 낮은 세율이라고 지적한다.[18] 그러나 가난한 사람들에게 이자를 받고 돈을 빌려주거나 이윤을 목적으로 식량을 꾸어주는 행위를 금지하는 레위기 25장 36-37절을 더 적절한 비교 본문으로 봐야 한다. 사무엘은 요셉이 애굽 백성에게 부과한 세율의 절반으로도 토지를 수탈한 왕을 신랄하게 비판했다(삼상 8:17).[19]

그러나 창세기 47장 13-26절을 단순히 그 자체의 내러티브 내에서 읽지 않고 나중에 등장할 이스라엘의 율법이나 이야기와 관련지어 읽어야 할 이유는 무엇인가? 개인적으로는 창세기 독자들이 그렇게 읽었으리라고 생각하기 때문이다. 창세기는 애굽 대기근 때 백성에게 요셉의 새 정책을 알리고자 발행된 신문이 아니었다. 창세기의 '내재적 청중'은 출애굽 이전의 하나님 백성이 아니라 먼 훗날 공동체가 애굽에서 해방되어 조상들의 이야기를 회고하는 하나님의 백성이다.[20] 이런 시각에서 보면 애굽에서 보여준 요셉의 정치적 행동이 이스라엘의 정치적 행위에 대한 오랜 성찰과 어떻게 비교되는지 묻는 것이 논리적으로 타당해 보인다.

그러나 이 대목에서 이의를 제기할 사람도 있을 것이다. 애굽인들이 바로의 노예가 될 수 있었던 것에 감사한 것은 절박한 상황에서는 절박한 수단을 동원해야 한다는 사실을 보여주는 예가 아니겠는가? 어쩌면 요셉은 나쁜 방법과 더 나쁜 방법 중 하나를 선택해야 할 때 필요한 어려운 정치적 지혜를 정확하게 보여주고 있는지도 모른다.

문제는 요셉에게 여러 가지 선택의 여지가 있었음을 창세기가 반복해서 일깨워준다는 점이다. 창세기 47장 13-26절 애굽의 긴축 정책 내용 바로 앞 단락은 요셉이 동족에게는 완전히 다르게 접근한 내용이 기록되어 있다. 요셉은 애굽의 '최고 좋은 땅'을 하사받게 하여 가족의 '어린아이'를 부양한 지불과 12절 뒤에, 기근으로 다시 그 부모의 땅을 받아들여, 땅을 판 돈으로 애굽의 '어린아이'를 부양한다. 즉, 요셉은 그의 가족이 양 떼를 돌볼 땅을 확보하고 그의 형제 일부를 바로의 가축 관리인으로 고용한 뒤(창 47:4-6), 애굽의 모든 가축을 바로의 것이 되게 함으로써 바로의 가축과 양을 비약적으로 늘려준다(창 47:17). 무엇보다 성경의 화자는 요셉의 토지 몰수 정책에서 면제받은 유일한 애굽 가문이 제사장 가문이었다고 분

명히 밝힌다. 아마도 요셉이 결혼한 강력한 사제 가문이 여기에 포함되었을 것이다.[21]

역시 나는 현대 독자들이 창세기 47장 13-26절에 나오는 요셉의 태도를 비판적으로 봐야 한다고 주장하려는 게 아니다. 창세기 화자가 그렇게 주장하고 있으며, 화자는 1차 독자들이 메시지를 이해할 수 있는 방식으로 이야기를 제시하고 있다. 그래서 요셉이 애굽인을 대하는 이야기가 애굽인은 노예제를 통해 구원받았지만, 요셉의 가족은 왕의 후한 하사품으로 구원받았음을 알려주는 내용으로 시작되고 마무리되는 이유가 여기에 있다(창 47:11-12, 27).

이 시점에서 잠시 숨 고르기가 필요하다. 요셉은 애굽에서 바로에 비견되는 권력을 얻었다. 그는 그 권력으로 자기 가족과 애굽인을 모두 구하지만, 자기 민족은 거대한 부를 얻고 애굽인의 사회·경제적 지위는 심각하고 영구적으로 떨어뜨리는 방식으로 그 권력을 사용했다. 성경적 정의가 권력의 신실한 행사를 강조한다면, 적어도 요셉은 정의 검증 시험에서 최고 점수를 받지 못했으리라고 의심할 충분한 이유가 있다. 그러면 이제 '요셉 방식'이 기묘하게 익숙한 말처럼 들리기 시작한다. 정치의 중요한 목표가 자기 가족과 '자신과 같은' 다른 사람들의 곤경을 개선하는 사람들이나 요셉이 같은 입장에 서 있다는 것이다.

문제는 '요셉 방식'의 마지막이 그렇게 좋지 않았음이 성경에 적혀 있다는 점이다. 바로가 권력을 공고히 하도록 성공적으로 도운 요셉의 업적은 거꾸로 그의 후손을 집요하게 괴롭히는 원인이 된다. 이 이야기의 1차 독자가 누구든지 그들은 요셉이 애굽인을 노예로 삼고 얼마 후 '요셉을 모르는' 바로가 요셉의 가족을 노예로 삼았다는 사실을 알고 있다.

이런 관계는 요셉이 창세기 47장 11절에서 가족에게 준 좋은 땅의 이름이 특이했던 이유를 설명한다. 앞에서 8번에 걸쳐 창세기는 이 좋은 땅을 고센이라고 불렀다. 그러나 요셉이 애굽인을 구제한 방식을 설명하기 직전인 창세기 47장 11절에서 화자는 이 땅을 '라암셋'이라고 부른다. 요셉 시대에는 아직 건설되지 않았던 도시를 가리키는 이름이 분명하다. 그렇다면 그 이유는 무엇인가?

화자는 언젠가 정치적 판세가 정반대로 바뀔 것을 우리에게 알려주고 싶었을 것이다. 노예가 된 요셉의 후손은 잉여 식량을 유능하게 관리한 대가로 가장 좋은 땅을 받는 대신 라암셋 성을 비롯해 바로의 더 거대하고 좋은 국고성을 건설하는 데 동원될 것이다(출 1:11).[22] 요셉은 바로의 관료 체제하에서 형들이 '관리자'로 고용되도록 힘쓰지만, 그런 '관리자'가 등장하는 다음 구절인 출애굽기 1장 11절에서 바로는 이스라엘 백성에게 강요된 '강제 노역'을 감독하도록 관리자를 세우고 있다.[23]

전체 메시지는 분명하다. 정치적 검으로 산 자는 정치적 검으로 망한다는 것이다.[24] 사리사욕에 치우친 정치로 고센 땅에 부족의 왕국을 건설하면 나중에 그 땅에서 다른 이들의 왕국을 건설하는 노역 노예로 마감할 운명이 되는 것이다.

이야기의 1차 독자가 애굽 경제를 잘 알고 있었다는 사실을 기억하면, 이 이야기가 한층 극적으로 다가온다. 고대 독자들은 애굽에서 바로가 사실상 모든 것을 소유했고, 이스라엘 백성이 그런 중앙 집권적 정치·경제에서 극심한 고통을 당했음을 알았다. 하나님이 이스라엘 백성을 애굽에서 인도해내시고 약속의 땅으로 들어가게 하신 것도 알았다. 또 하나님이 이스라엘에 애굽과는 완전히 다른 정치·경제 체제를 세우도록 구체적인 지침을 주신 것도 알았다. 그런데 애굽의 유명한 정치 체제를 처음 세운 이가 그들 중 한 사람인 이스라엘 사람이었음을 독자들이 알았을 때 얼마나 놀랐겠는가! 냉전이 절정에 달했을 때 공산당 선언을 작성하도록 도운 사람이 토머스 제퍼슨이라는 것을 미국인들이 알았을 때와 비슷한 충격일 것이다.

요셉 정치에 이런 어두운 면이 있음에도 성경이 요셉을 비난하고 있다고 생각하지는 않는다. 따라서 우리도 그래서는 안 된다. 성경의 모든 인물은 도덕적으로 말해서 복합적이며 완전하지 않다. 요셉도 마찬가지라고 할 수 있다. 우리는 그가 형제들과 기꺼이 화해하고 용서한 점이나 보디발의 집에서 성적 유혹에 저항한 점, 임종을 앞두고 애굽을 넘어 하나님 백성의 미래에 끝까지 관심을 기울였던 점을 인정해야 한다.

마찬가지로 성경은 다윗이 하나님께 헌신했던 점은 인정해야 하지만, 밧세바를 범한 그의 죄는 정죄해야 한다고 말한다. 성경은 솔로몬의 지혜가 경탄할 만한 것이었지만, 그가 후대에 저지른 우상 숭배나 이어서 행한 백성에 대한 압제는 정죄해야 한다고 말한다. 또 나는 성경이 요셉이라는 인물의 여러 측면을 인정해야 한다고 하지만, 정치·경제적 권력을 남용한 것은 비판해야 한다고 말한다고 생각한다.

하지만 다른 측면으로, 요셉이 애굽에서 겪은 고통을 간과해서는 안 된다. 그는 전 세계 이민자가 겪는 불의한 현실을 잘 알고 있었다.[25] 특히 보디발의 아내가 그를 부당하게 감옥에 가두려는 시도에 성공하면서, 그의 민족적 타자성에 주목하는 방식에서 이런 현실을 확인할 수 있다. 지금 생각해도 이런 정치적 이야기는 폭압적이기보다 비극적이다. 그러나 성경이 우리에게 이 이야기를 남겨준 것은 우리가 그 비극을 일부라도 피하도록 돕기 위해서일 것이다.

요셉 이야기나 현대 정치에서 우리가 마주치는 정치적 비극을 피하기 위해서는 정치적 제자도를 더 깊이 고민해야 한다. 하나님의 백성이 변질하거나 타락하지 않고 정치 권력을 정당하게 행사하려면 어떤 형성 훈련이 필요한가? 이 질문에 답하도록 돕고자 요셉 이야기에 나타난 정치적 제자도를 살펴볼 필요가 있다.

'요셉 방식'의 정치적 제자도

보디발의 아내는 요셉의 민족적 타자성을 그에게 불리하도록 악용한다(창 39:14, 17). 술 맡은 관원장은 요셉이 바로의 꿈을 해몽할 수 있다고 제안할 때 그를 외부 민족으로 기억한다(창 41:12). 그러나 요셉은 바로의 꿈을 해몽해주고, 그의 치하에서 실권자로 출세한 이후에는 점점 애굽 문화와 관행에 동화된다. 여러 역학 관계 속에서 그의 이야기는 '권력과 동화'의 '양면성'에 대한 유대인의 오랜 전통의 시작이라고 할 수 있다.[26] 그러므로 이 내러티브는 이방 정치 권력이 하나님의 백성에게 형성적 영향력을 행사하는 방식을 경고하고 있다고도 볼 수 있다. 애굽인은 애굽 정치에 참여한 모든 사람을 애굽식으로 형성하는 그들만의 정치적 제자훈련 방식을 갖고 있었다.

그리고 그것이 바로 문제였다. 하나님의 백성은 정의를 실행할 정치 권력을 추구할 수 있다. 우리는 종종 무엇보다도 자신을 위해 정의를 확보하고 싶고, 최상의 경우 타인을 위한 정의를 확보하고 싶어 한다. 그러나 하나님의 백성은 국가 정치에서 권력을 얻게 될 때 불의한 방식과 관행에 동화될 수 있는 새로운 유혹에 바로 직면하게 된다. 그런 변질된 정치적 제자도는 세상 속에서 하나님의 정의를 구현하는 수단인 하나님 백성의 능력을 약화한다(참고. 창 18:19).

요셉이 이런 유혹에 취약했을지도 모른다는 초기의 단서는 꿈을 해석해달라는 바로의 요청에 요셉이 보인 첫 반응에서 찾을 수 있다.[27] 요셉은 꿈을 해석할 수 있는 이는 자신이 아니라 하나님이시라고 바르게 반응한다. 그러나 이어서 요셉은 "하나님께서 바로에게 편안한 대답을 하시리이다"(창 41:16)라고 말한다. 문자적으로 "하나님이 바로에게 샬롬을 대답해주실 것입니다"라고 확신에 차서 선언한 것이다.[28]

하나님의 꿈이 이 강력한 애굽 통치자를 평안하게 할 것이라고 요셉이 생각한 이유가 무엇인가? 분명히 그는 애굽이 하나님의 심판을 받아 마땅하다는 사실을 알 정도로 애굽 사회에서 숱한 부당함과 불의를 경험했다! 창세기 20장 3-7절에서 또 다른 이방 통치자인 아비멜렉은 사라를 자신의 첩으로 삼으려 했기 때문에 죽은 자나 마찬가지라는 하나님의 경고를 꿈을 통해 받았다. 아비멜렉이 부지 중에 행동했음에도 하나님은 그가 돌이켜야 한다고 분명히 경고하셨고, 여호와의 선지자 아브라함의 중보 기도로 살 수 있다고 알려주셨다(창 20:7). 다음 장에서 보겠지만, 다른 어떤 이스라엘 사람도 이방 통치자들을 위해 꿈을 해몽해주었다. 그러나 그가 통치자의 도덕적 변화를 요구하지 않고 꿈을 해몽해준 경우는 거의 없었고, 그는 여호와가 왕에게 주시는 메시지가 위로가 될 유쾌한 내용이라고 생각하지도 않았다.

이것이 바로 체제를 위해 요셉이 유용하게 사용되도록 완벽히 준비되어 있었다는 암시일 수 있는가? 그렇다면 그것은 단순한 암시일 뿐이다. 그러나 그 암시는 요셉이 자기 정체성을 상실하지 않고 애굽 궁정에서 일해야 하는 쉽지 않은 과제를 어떻게 헤쳐나갈지 독자들에게 경각심을 불러일으키는 역할을 한다.

어떤 경우든, 요셉이 바로의 총애를 받은 후 겪는 '애굽에 동화되는' 과정을 간과할 수 없다. 왕은 그를 "애굽 온 땅"을 지배하도록 실권을 주고, 인장 반지와 고급 옷과 금 사슬을 선물로 준다(창 41:41-42). 이런 변화는 요셉이 막강한 권력을 가진 지위에 올랐음을 강조한다. 그래서 "애굽 온 땅에서 [그의] 허락이 없이는 수족을 놀릴 자가 없[게 된다]"(창 41:44). 그러나 이런 변화는 또한 이렇게 권력자로 부상할 때 따르는 정체성 변화의 가능성을 시사한다. 요셉에게 고귀한 지위를 부여한 첫 번째 의복은 이스라엘이 준 것이지만, 다음 옷들은 바로가 준 것이었다.[29]

나중에 요셉은 바로의 행동을 모방해 형제들에게 새 옷을 주었고 형제들은 지시대로 그 옷을 입고 바로에게 나아가 애굽 땅에서 특별한 호의를 누리게 해달라고 요청했다. 분명히 요셉은 열방의 정치·경제에서 영향력을 확보하기 위해서는 순응이 필요함을 배웠다. 그러나 그렇다면 하나님의 백성은 경계선을 어디에 설정해야 하는지 어떻게 알 수 있는가? 세속적 정치 권력에 영향을 미치고 그 권력을 휘두르고자 할 때, 열방 중에 하나님의 정의를 구현하도록 특별히 부름받은 가문으로서 아브라함의 가문이라는 정체성을 어떻게 충실히 고수할 수 있는가? 요셉 이야기에서 볼 수 있는 모호함은 우리 마음에 이런 의문을 불러일으키는 것 같다.

요셉이 출세한 직후에도 경고는 이어진다. 바로는 한 애굽 신에게서 딴 것으로 보이는 새 이름을 요셉에게 주었다.[30] 또한 그에게 애굽의 가장 강력한 제사장 가문의 딸인 아스낫(창 41:45)을 아내로 주었다.[31] 성경이 이방 종교를 섬기는 여인과의 결혼에 무조건 우려를 제기하지는 않지만, 요셉이 이방 여인과 결혼한 사건을 초기 해석가들은 심각한 충격으로 받아들였다는 점은 유념할 필요가 있다. 랍비 본문의 일부는 아스낫의 아버지를 평범한 제사장이 아니라 '수장'이라고 불렀고, 어떤 이들은 확실한 증거 없이 그녀가 '디나와 세겜의 딸'이었고 그러므로 '유대 혈통'이라고 주장했다.*32* "요셉과 아스낫"(*Joseph and Asenath*)이라는 헬라 본문에서는 아스낫이 애굽 신들을 거부하고 이스라엘의 하나님께로 개종할 때까지 요셉이 결혼을 거부했다는 식으로 이 문제를 해결한다.

더 나아가 요셉은 권력을 가진 하나님 백성의 초기 사례에 해당하기 때문에, 우리는 성경에서 정략 결혼이 통치자의 신실함을 무너뜨릴 수 있다고 수없이 경고하고 있음도 주목해야 한다. 신명기의 왕에 대한 규례(신 17:14-20)부터 솔로몬의 수많은 아내에 대한 이야기까지(참고. 왕상 11:1-4) 성경은 정략 결혼으로 형성된 권력 동맹이 거대한 유혹으로 작용할 수 있음을 암시한다.

실제로, 제사장들이 땅을 그대로 보유하도록 토지법의 허점을 허용했다는 사실이 요셉이 제사장들과 정치적으로 결탁한 것은 아닌지 의문을 제기한다면, "나 같은 사람이 점을 잘 치는 줄을 너희는 알지 못하였느냐"(창 44:15)와 같은 요셉의 말에서 적어도 그가 장인의 이교도적 예배 풍습을 일부라도 채택하고 따랐던 것은 아닌지 의문이 든다.*33* 무엇보다 신점은 오경에서 명확하게 금지하는 행위다(참고. 레 19:26, 신 18:10).

마지막으로, 요셉이 아스낫을 통해 낳은 첫아들에게는 히브리식 이름을 지어주었고, 그 이름은 "하나님이 내게 내 모든 고난과 내 아버지의 온 집 일을 잊어버리게 하셨다"(창 41:51)는 의미였다. 그러나 요셉이 아브라함의 집을 잊어버린다면 아브라함 가문을 통해 열방을 축복하시겠다는 여호와가 주신 사명에 어떻게 참여할 수 있겠는가?[34]

요약하자면, 요셉은 실권자로 부상하면서 애굽의 제자로 훈련받을 수많은 기회에 노출되었다. 정치적 동화를 피하는 데 꼭 필요한 반문화적 정체성과 언약적 기억을 유지하기가 쉽지 않았다. 결국 형제들이 나타났을 때 누구도 요셉이 아브라함 가문의 일원임을 알아보지 못했다. 그는 영락없는 애굽 사람이었고(창 42:8), 애굽인처럼 말했으며(창 42:23), 애굽인처럼 먹었다(창 43:32).[35] 이 마지막 요소는 특별히 흥미롭다. 요셉은 애굽인처럼 먹음으로써 애굽인이 히브리인에 대해 가졌던 고정 관념에서 나온 관행을 그대로 따랐기 때문이다(창 43:32).[36] 애굽인의 이런 고정 관념은 요셉이 억울하게 감옥에 갇힐 때도 어느 정도 작용했을 것이다! 그렇다면 요셉이 형제들을 알아보았는데도 처음 그들과 대화할 때 애굽에 동화된 바로와 닮은 히브리인(창 44:18)으로서 '그들을 생면부지의 이방인을 대하듯 행동했다'(창 42:7)는 점은 이상할 게 없다.[37]

심지어 창세기 안에서만 보더라도, 요셉의 애굽화는 우리에게 곤란한 질문을 제기한다. '애굽으로 돌아가지 말라'(참고. 신 17:16, 사 31:1)나 '애굽 땅에서 그들이 한 대로 하지 말라'(참고. 레 18:3, 겔 20:7)는 율법과 선지자의 경고가 여전히 귀에 쟁쟁한 상태에서 그의 이야기를 읽으면 그의 애굽화는 솔직히 충격으로 다가온다.

물론 이것이 이야기의 끝은 아니다. 요셉이 형제들에 대한 응어리진 마음을 풀고, 결국 그들의 배신을 용서했다는 설명은 요셉이 하나님 백성의 일원이라는 자기 정체성을 결국 잊지 않았음을 암시한다. 형제들과 화해하고 그들을 구원하고자 했다는 사실은 애굽에서 누리는 권력이 '책임감을 갖고 남을 섬길 때' 가장 제대로 활용된다는 사실을 그가 자각하기 시작했음을 암시한다.[38] 그런데도 형제들에 대한 심경의 변화가 생긴 뒤 가족이 왕의 특별한 호의를 얻도록 요셉이 권력을 남용한 부분은 애굽인에게 부당한 일이었을 뿐 아니라 이스라엘 백성에게도 위험한 일이었다고 내러티브는 암시한다.

'요셉 방식'과 정착의 위험성

아브라함 가문이 열방을 축복한다는 여호와의 과업에 참여하게 되리라는 약속은 가나안 땅에서 그의 가문을 세워주시겠다는 하나님의 약속과 연결되어 있다(참고. 창 12:1-7). 그렇다고 해서 아브라함이나 그의 후손이 애굽 땅에서 임시로 '거류하거나' '이방인으로 체류하는 것'을 막지는 못했다(창 12:10).[39] 심지어 족장들은 가나안 땅에서조차 '거류했고'(출 6:4), 야곱은 바로에게 자신의 인생이 조상의 인생처럼 끊임없이 '나그네' 같은 삶이었다고 말한다(창 47:9). 그렇다면 형제들이 바로에게 "이곳에 거류하고자" 애굽에 왔다고 말한 것은 당연하게 보인다(창 47:4-5).

그러나 창세기 47장 11절에서 요셉은 애굽 땅에서 형제들에게 아쿠자(*akhuzzah*), 즉 소유를 줌으로써 잠시 거류할 곳을 달라는 그들의 요청을 한 단계 넘어선다. 창세기에서 이 단어는 항상 하나님의 백성이 약속의 땅에서 안정적인 소유를 얻었을 때 쓰인다.[40] 예를 들어, 아브라함은 가나안 땅에서 거주하는 동안 매장지로 쓸 반영구적으로 소유할 땅을 산다(창 23:4-20). 이 땅은 하나님의 백성이 앞으로 소유할 그 땅의 담보물과 같은 기능을 한다. 오경 전반에서 아쿠자는 일관되게 약속의 땅을 가리키는 말로, 전체 가나안 땅을 가리키며, 또한 각 이스라엘 지파에 속한 양도할 수 없는 땅을 언급할 때 사용되고 있다. 실제로 레위기 25장의 희년에 관한 논의에서 이 단어가 13회나 사용되었다.[41]

이런 배경에 비추어 볼 때 요셉이 애굽의 실권자라는 권력을 이용해 가족들이 애굽 땅에서 '소유'를 얻게 한 것은 매우 심각한 문제가 있다고 봐야 한다. 요셉이 애굽인이 아닌 이스라엘이 고센에서 '소유를 얻도록' 도왔다면, 그것 역시 여러 면에서 스스로 위험을 자초한 것이었다. 무엇보다 이방 나라가 이스라엘을 초청하여 '소유를 얻게' 했을 때는 "가축과 재산과 그들의 모든 짐승"(창 34:10, 23)을 얻기 위해 이스라엘을 동화시키려는 분명한 목적이 있었기 때문이다. 그러나 창세기 47장 27절에서 그들이 애굽 땅에서 소유를 얻도록 도운 이는 놀랍게도 이스라엘의 가족 중 한 명이었다.

"하나님의 약속에 의존하는 것이 안전을 지키는 유일한 방법이었던 이스라엘의 조상은 이제 자기 땅과 요셉의 강력한 지위에 의지하는 정착민이 되었다."[42] 그러나 권력 정치에 동참하는 이들은 그런 권력이 그들에게 불리하게 이용될 수 있을 뿐 아니라 일단 한번 상실하더라도 권력 문화를 장악하려는 노력을 포기하기가 쉽지 않음을 알게 된다. 요셉의 후손은 속박에서 해방된 후에도 애굽에서 살던 시절이 더 좋았노라고 후회

할 때가 적지 않았다.

정치적 비극으로서 '요셉 방식'

요셉 이야기는 미묘한 뉘앙스와 모호함으로 가득하다. 그렇다고 그의 정치적 행동을 완전히 부정적으로만 말하고 싶은 의도는 추호도 없다. 이주민의 관점에서 그의 이야기를 연구하는 학자들은 요셉이 이스라엘인으로서 정체성을 한 번도 포기한 적이 없으며, 그가 일종의 문화적 이중 언어를 구사한 사람이었다고 강조한다.[43] 내러티브는 요셉이 자기 백성에게 주신 하나님의 약속을 결국 기억하고 있었으며, 실제로 임종 때 그 사실을 유언으로 남겼다고 긍정적으로 묘사한다(창 50:25).

더욱이 요셉 이야기는 구약에서 이방의 권력 정치에 관여할 때 하나님의 백성이 맞닥뜨릴 가능성과 압박에 대해 고민한 성경의 몇 사례 중 첫 사례일 뿐이다. 그러나 그런 비교는 또한 요셉의 잘못은 아니지만 애굽의 왜곡된 정치 제자도에 저항할 두 가지 필수적인 이 독특하게 없었음을 보여준다.

첫째, 그는 공동체가 없었다. 여호와는 축복의 사명을 아브라함의 가문에 맡기셨다. 아브라함 가문은 "의와 공도를 행하게" 함으로 여호와의 도를 지키고(창 18:19), 그렇게 열국을 위한 여호와의 축복의 통로 역할을 해야 했다. 그러나 요셉은 애굽에 고립되어(형들의 손에 당한 비극적 불의로 인한 환경) 더 쉽게 애굽에 동화될 수밖에 없었고, 정의를 행하고 열방을 축복하는 선교적 사명을 온전히 감당하기 어려운 처지에 있었다.

둘째, 요셉은 율법을 배울 기회가 없었다. 그가 정의와 공도의 공동체가 되어야 할 가문의 소명을 어느 정도 알고 있었더라도 시내산 언약 후 그 가문의 모든 구성원과 달리 그는 의와 공도가 현실에서 어떻게 실행되어야 하는지 토라의 지혜로운 지침을 배울 기회가 없었다. 하나님의 의로운 법은 미래 세대에게 열국 가운데서 열국이 보는 가운데 지혜롭고 정의롭게 살아갈 소중한 자원을 주었다(참고. 신 4:6). 창세기의 1차 독자들이 토라의 율법을 배경으로 47장에서 보인 요셉의 조치를 들었더라면 요셉이 그런 자료를 접할 기회가 없었음을 인정했을지 모른다.[44]

요셉은 정치적 제자도와 실제를 훈련하고 안내해줄 반문화적 공동체와 반문화적 율법이 없었다. 정치적 성공에 필요한 지혜가 그에게 있었는지는 몰라도, 그가 보여주는 지혜는 기껏해야 이스라엘 지혜의 근본이신 여호와에 대한 경외함과는 다소 무관한 지혜이며, 이스라엘의 근본적인 정치 정신을 구성하는 정의에 대한 끊임없는 추구와도 무관한 정치적 성공이었다.

요셉의 의도가 아무리 좋았더라도 그가 발휘한 '세속적 지혜'는 여호와가 자기 백성에게 기대하시는 지혜로운 정의가 결여되어 있었다.[45] 그러나 이것은 율법을 자원으로 가진 하나님의 백성으로서 이 본문을 읽는 고대 독자와 현대 독자가 더 엄중한 경각심을 가져야 함을 더욱 부각할 뿐이다. 성경이 요셉 정치의 비극을 알리는 이유는 열방의 정치에 참여할 때 우리 스스로 이런 비극을 되풀이하지 않도록 돕기 위해서다.[46]

'요셉 방식'의 수용과 일부 기독교적 민족주의와 복음주의 정치

불행하게도 우리 그리스도인은 종종 '요셉 방식'의 실패를 답습하는 정도에서 더 넘어설 때가 있다. 우리는 자신을 정의롭고 의로우며 반문화적 하나님 나라의 시민이자 파견된 나라에 하나님의 축복을 전하는 통로로 보기보다, 자신만을 위한 정치 권력을 획득하는 데 치중하고 이를 위해 싸울 때가 적지 않다. 그래서 이 장 초반에서 살펴본 통계는 시사하는 바가 크다. 그런데 미국 정치를 더 심층적으로 들여다보면 훨씬 더 어두운 측면이 드러난다.

역사적으로, 백인 그리스도인 조상 중에 이웃의 희생을 대가로 자신들의 번영을 추구하고자 정치 권력을 사용한 사람이 너무나 많았다. 백인 그리스도인 목회자는 원주민의 땅을 강탈하는 데 동조했고, 노예제를 옹호하는 방어 논리가 담긴 많은 문서를 집필했다.[47] 요셉처럼 그들은 땅의 가장 좋은 곳을 소유하고자 했다. 하지만 요셉과 달리 그들이 노예로 삼고자 했던 이들은 종종 믿음 안에서 그들의 형제이자 자매 된 이들이었다.

남북 전쟁 후 많은 백인 그리스도인은 '자신들에게' 가장 좋은 땅을 달라고 주장하는 일종의 백인 우월주의를 여전히 계속 수용하며 옹호했고, 흑인과 황인과 원주민을 이주시키고 재산을 강탈하며 심지어 죽이는 테러 폭력도 서슴지 않았다. 백인 교회들은 민권 운동으로 흑인 형제자매를 지지하는 데 대체로 수동적이었고, 실제로 종종 적극적으로 그들을 반대했다.

오늘날 그리스도인의 대부분 정치 행동을 떠받치는 신학적 연료는 기독교 민족주의에 대한 맹종이다. 실제로 2013년 전체 미국인의 거의 3분의 2가 "'인류 역사상 하나님은 미국에 특별한 역할을 부여하셨다'는 진술에 대부분 혹은 전적으로 동의했다."[48] 많은 그리스도인은 "성경의 이스라엘에 대한 언급을 현대의 미국 정치"[49]에 적용하는 식으로 이 '특별한 역할'을 설명하며, 미국이 하나님의 백성에게만 주어진 약속의 후계자라고 믿는다.

기독교 민족주의는 하나님이 자기 백성에게 주신 약속을 현대의 한 민족 국가에게 주신 약속이라고 주장한다. 그런 민족주의는 그 실체에 맞게 제대로 명명할 필요가 있다. 바로 우상 숭배적 이단인 것이다. 장차 올 하나님 나라는 모든 일시적인 정치 체제와 권위의 중요성과 역할을 상대화한다.[50] 그런 현재 체제와 권위들이 공공의 복지에 중요하고 기독교적 선교와 관심의 대상이지만 기독교적 희망의 원천이 되면 우상이 된다.

기독교적 민족주의의 이런 우상 숭배는 두 정당에도 부정적 영향을 미쳤다. 오바마 전 대통령은 미국을 "지상의 마지막 최선의 희망"이라고 불렀다.[51] 전 국무장관 힐러리 클린턴은 "미국은 예외적인 국가로서…언덕 위의 빛나는 성이자…없어서는 안 되는 국가"라고 선언했다.[52] 조 바이든 대통령은 대통령 수락 연설에서 "미국을 지탱하는 신념"에 관해 말했다. 그런 다음 성경적 암시로 가득한 찬양을 인용한 뒤 국민에게 "하나님과 역사가 우리에게 소명해서 맡긴 일을 시작하자고…미국과 서로에 대한 믿음으로 그 일을 하자고" 요청했다.[53]

공화당 편을 보자면 조지 W. 부시 대통령은 '미국의 이상'을 '모든 인류의 희망'이라고 불렀다. 그런 다음 성육신하신 그리스도를 기록한 성경 구절을 미국에 적용하며 이렇게 선언했다. "그리고 그 빛이 어둠에 비추니 어둠이 그것을 삼키지 못했습니다."[54] 트럼프는 취임식에서 미국 국민을 "하나님이 지켜주시는 의로운 국민"이라고 불렀다.[55] 부대통령 마이크 펜스는 히브리서의 내용을 일부 빌려와 청중에게 "우리를 위해 정해진 경주를 달려가자"라고 호소하며 "옛 영광과 그에 대표되는 모든 것에 시선을 집중하자"라고 말했다. 또 "영웅들의 땅에 시선을 고정하고 그들의 용기에서 힘을 얻자"고도 말했다. 분명히 기독교 민족주의 우상 숭배는 정치권 양 진영의 모든 미국인에게 영향을 미치고 있다.

우상은 우리의 형상으로 만들어진 신이기 때문에 인간과 흡사하게 보이기 쉽고, 또 우리가 원하는 것을 주겠다고 약속하는 경향이 있다. 복음주의를 오염시킨 기독교 민족주의를 많은 부분에서 백인 기독교 민족주의로 이해해야 할 더 정확한 이유가 여기에 있다. 화이트헤드(Whitehead)와 페리(Perry)는 기독교 민족주의, 특히 미국 백인들의 강력한 지지와 결합한 기독교 민족주의는 "미국에서 태어난 백인 그리스도인이라는 구성원 조건에 미달하는 이들, 즉 소수 인종과 백인이 아닌 이민자, 무슬림에 대해 반감과 불신을 불러일으킨다"[56]라고 주장한다. 예를 들어, 그들의 연구에 따르면 기독교 민족주의에 대한 강한 신념은 정책에서 인종 차별을 경시하거나 극적인 이민 제한을 지지할 것이라는 강력한 예측 인자로 작용한다.[57]

그런 변질된 제자도는 최소한 부분적으로 2021년 1월 6일 사건을 설명하는 데 도움이 될 수 있다. 트럼프는 선거를 도둑맞았다고 끊임없이 주장한 지 수개월 후 수많은 지지자에게 의사당으로 달려가서 선거 결과를 승인하는 의회 절차를 막아야 한다고 말했다. 트럼프가 연단에 서기 직전 그의 개인 변호사인 루디 줄리아니는 민주당에 맞서 '결투 재판'을 하도록 요구했다.58 트럼프가 연설을 마친 후 지지자들은 폭도로 돌변해 의사당을 무력으로 점거했다.

그 시위대가 기독교적 민족주의로 무장했다는 사실은 그 폭도들이 남부 연합기와 함께 '예수 구원'과 '예수 2020'이란 깃발을 들고 다닌 이유를 이해하는 데 도움이 된다. 또한 그들이 예수 그리스도께 기도하며 하나님 아버지가 "하나님이 주신 권리"를 "대변하도록 기회를 주신 데" 감사하고 "이 나라는 그들의 나라가 아니라 우리나라"라는 메시지를 반대자들에게 보내도록 하셨다고 감사한 이유도 이해할 수 있다. 또한 의사당을 "주의 사랑의 하얀 빛으로 채우시며…이 의사당을 당신을 사랑하고 그리스도를 사랑하는 애국자들로 채워주셔서" 하나님께 감사한다고 말한 이유도 납득할 수 있다. 그들은 미국을 "다시 태어나게" 해주신 하나님을 찬양했다.59 미국이 하나님 나라이며 트럼프가 하나님이 세우신 대통령이라면 그를 반대하는 사람들은 미국의 적일 뿐 아니라 하나님의 적이기도 했다.

많은 그리스도인은 그 폭력 사태를 비판했다. 그러나 문제는 의사당에서 드러난 극단적 행동이 백인 미국 그리스도인에게 훨씬 더 광범위한 영향을 미친 변질된 정치적 제자도에서 비롯되었다는 것이다. 열방을 위한 축복의 통로로 섬길 공동체에 소속되어 반문화적 나그네로 살기보다 우리는 이 땅에서 우리 스스로 '소유'를 얻고자 권력을 쟁취하려고 싸울 때가 너무나 많다. 요셉처럼 우리는 성공했다.

그러나 요셉처럼 우리는 성공 이면에 대가를 치렀다. 심각하게 변질된 방식의 정치적 제자도를 수용해야 했다. 요셉이 애굽에 동화되어 형제들이 그를 거의 알아볼 수 없을 정도였다면, 백인 복음주의자의 미국화는 믿음 안에서 형제자매 된 전 세계 사람들은 말할 것도 없고 미국 내의 확고한 흑인과 백인 복음주의자까지 그들을 알아볼 수 없게 될 정도였다. 실제로 요셉처럼 우리의 미국화는 그리스도 안에서 흑인, 황인 형제자매들을 마치 이방인이나 그보다 더 못한 부정적인 존재로 대하게 만들었다. 그 폭도들이 소리쳤듯이 "여기는 그들의 나라가 아니라 우리나라"라는 것이다.

앞서 나는 '요셉 방식'은 결국 정치적 검으로 사는 자는 정치적 검으로 죽는다는 사실을 확인해준다고 주장했다.[60] 이기적인 정치를 통해 고센 땅에 자기 민족만의 왕국을 건설하면, 나중에 바로 그 땅에 다른 누군가의 왕국을 세우는 노예 노동에 동원될 것이다. 백인 복음주의 정치 제자도가 계속해서 우리 자신의 선을 확보하기 위해 권력을 잡는 데 초점을 맞춘다면, 결국 우리는 이 같은 진리를 발견하게 될 것이다.

나를 포함해 많은 그리스도인이 우려하는 종교적 자유의 쇠퇴도 미래의 후유증에 포함될 수 있다. 그러나 나는 훨씬 더 심각한 예속의 문제, 즉 정치적 통제로 '기독교 미국'을 건설하려는 우상 숭배적 노력에 우리의 정치적 삶이 종속되고, 그러한 우상 숭배적 노력의 결과로 복음을 증거하는 일이 노예화되는 것까지도 우려하고 있다. 실제로 기독교적 민족주의를 수용함으로써 이미 미국의 복음 증거는 막대한 손상을 입었다고 생각한다. 우리의 실패로 너무나 많은 이웃이 예수님을 십자가와 함께 남부 연방기를 든 폭력적인 폭도들과 동일시하게 되었다.

그렇다고 착각해서는 안 된다. 우리의 정치적 우상 숭배로 하나님 나라가 위험에 빠질 일은 없다. 그러나 세상에 축복을 전한다는 하나님 나라의 과업에 참여하는 일은 분명히 위기에 봉착했다. 특히 그런 우상 숭배로 우리가 불의의 제자들이 되도록 계속 훈련받기 때문에 이 문제는 더욱 심각하다. 그리스도인, 특히 어떤 형태든 기독교 민족주의의 유혹을 받는 복음주의 그리스도인들은 '요셉 방식'에서 교훈을 얻어야 한다. 비판 없이 그 방식을 수용해서는 안 된다. 그러나 어떻게 해야 하는가? 더 신실한 정치적 증언의 형식은 무엇인가? 그리고 어떤 형태의 정치적 제자도가 그 증언을 감당하도록 우리를 도와줄 수 있는가?

12장
정의로운 정치를 위한 다니엘 방식

앞 장에서 나는 많은 미국 교회가 중앙 정치와 지방 정치와 관련해 참으로 빈곤한 정치적 제자도를 보여주고 있다고 주장했다. '오직 로마서 13장만' 접근 방식에 따라 많은 그리스도인이 한편으로는 정치 권력에 무조건 복종해야 한다고 주장하게 되었고, 다른 한편으로는 자기 목적에 맞게 정치 권력을 이용하려고 그 권력의 일원이 되는 데 주력하게 되었다. 전자의 강조는 종종 국가에 맞서거나 저항하고자 하는 기독교적 노력의 약화로 이어졌고, 후자의 강조는 기독교 민족주의를 비롯해 문제가 될 온갖 의심스러운 행동과 신념을 낳았다.

해결책은 무엇인가? 한 가지 해결책은 '로마서 13장만'의 방식 대신 '오직 계시록'이라는 대안을 선택하는 것이다. 로마 제국을 거대한 용이나 음녀로 본 요한의 묵시를 보고 일부 그리스도인은 우리 미국 사회를 떠올린다. 이런 시각에서 보면 정치적 제자가 된다는 것은 정치 권력의 우상 숭배를 확인하고 그들에게 동조하기를 거부하는 것을 말한다. '오직 로마서 13장' 방식을 고집하는 사람들이 정치 권력을 당연하고 유익하며 이용하기 매우 편하다고 생각한다면, '오직 계시록' 방식을 따르는 사람들은 정치 권력을 철저히 배격해야 할 부자연스럽고 위험한 우상이라고 생각한다.

정치 신학은 나의 이런 짧은 요약보다 이런 정치에 대해 훨씬 더 탄탄하고 세밀한 설명을 제공한다. 예를 들어, 신재세례파 정치 신학을 이 노골적인 '오직 계시록' 방식과 동일시하면 본질을 왜곡하게 될 것이다. 문제는 이런 왜곡된 주장이 많은 그리스도인의 실제적 정치 신학에 강력한 영향을 미칠 수 있다는 것이다.

계시록은 로마서처럼 기독교 정치 신학의 핵심적이고 대체할 수 없는 자료를 제공한다. 그러나 국가와의 관계를 이해하는 데 거의 전적으로 계시록만 의존하는 정치 신학은 앞 장에서 살펴본 정확히 동일한 문제를 안고 있다. 로마서와 많은 차이가 있음에도 계시록은 자신이 사는 곳의 정치 체제나 특정 정치 참여자에게 직접적으로 영향을 미칠 수 없는 그리스도인을 대상으로 쓰인 것이었다. 제국의 유혹에 맞서 저항하라는 요한의 요청은 적어도 직접적인 정치 행동으로 그것을 바꿀 능력이 전혀 없는 이들에게 쓴 것이었다.

어떤 이들은 로마서와 계시록 모두 이 무력함을 당연한 것으로 보고 있다고 해석했다. 하나님 백성의 사명은 권력 정치에 개입하는 것을 절대 포함하지 않는다. 권력 정치에 개입하는 것은 예수님의 방식을 세속적인 폭력의 방식과 바꾸는 것이다. 교회의 입장은 비소유의 입장이라는 것이다.[1]

그런 신학이 내 사상 형성에 크게 기여한 것을 감사하게 생각한다. 그 결과 '오직 로마서 13장' 방식에 대한 반발로 우리 중 많은 사람은 다음을 강조하는 정치 신학을 수용하게 되었다.

1. 세상의 불의에 선지자적으로 항의하고, 하나님 나라의 정치적 대안을 구현하는 대항 문화로서 교회의 사역.
2. 교회가 권력 정치로 세상을 운영하도록 유혹하는 변질된 제자도에 맞서야 할 필요성.

그러나 이것이 정치 신학의 전부여야 하는가? 세속적 정치 권력이 오로지 비판과 거부의 대상이라는 말인가? 그렇지 않을 경우, 교회는 어떻게 '요셉 방식'의 함정에 빠지지 않고 세속 정치 권력에 참여할 수 있는가? '요셉 방식'이 우리의 자의적 목적을 위해 정치 권력을 사용할 위험을 경계하도록 경고한다면, 또 다른 구약의 인물은 '요셉 방식'과 그 대안인 '오직 계시록' 방식의 단점이 무엇인지 알려준다. 그 인물은 바로 다니엘이다.

'다니엘 방식'

다니엘 이야기와 요셉 이야기를 서로 관련지어 읽어야 할 타당한 이유가 있다.[2] 두 사람 다 억울하게 타지로 끌려와 이방 왕의 궁전에서 왕의 꿈을 해몽하고 정치적으로 출세한 사람들이다(창 41장, 단 2장). 두 사람 모두 지혜로운 사람으로 인정받았다.[3] 두 사람 모두 이국땅에서 살아가며 하나님의 백성으로 생존하기 위해 이중 문화 정체성을 유지해야 하는 숙명을 안고 있었다. 또 두 사람 모두 그들이 섬겼던 통치자에게 상당한 영향을 미쳤고, 그 통치자들이 지배하는 정치 공동체에도 상당한 영향을 미쳤다.

그러나 그들의 정치적 증언에는 상당한 차이가 있다. 적어도 다니엘의 공동체가 그들의 제국주의적 지배자와 끊임없이 불화한 방식이 그러하다. 요셉의 성공은 정치적 문제로 인한 갈등이 끝났음을 의미했다면, 다니엘과 그의 친구들은 출세 때문에 오히려 풀무에, 사자의 먹이로 던져지는 위험과 맞닥뜨려야 했다.

'다니엘 방식'과 '요셉 방식'의 차이를 더 면밀히 살펴볼 필요가 있다. 다니엘은 우리가 권력과 영향력을 행사할 위치에 올랐을 때 '도시의 안녕을 추구'하는 모범을 우리에게 제시할 수 있는 인물인가?[4] 이 질문에 답하기 위해 도덕적 제자도와 정치적 옹호 활동의 우선순위, 그 옹호의 결과라는 측면에서 두 사람을 비교해볼 필요가 있다.

도덕적 제자도와 '다니엘 방식'

신실한 그리스도인의 증언은 정의를 지향하는 도덕적 제자도를 요구한다. 고대 이스라엘에 그런 도덕 형성은 아브라함의 자녀라는 정체성을 지켜야 할 필요성과 밀접한 연관이 있었다. 심지어 열방과의 상호 관계로 다문화적 정체성을 부득이하게 받아들여야 할 때 요셉과 다니엘의 접근 방식을 비교해보면 이 두 정치적 선택 사이에 몇 가지 차이점이 있음을 알 수 있다.

다니엘서 1장, 정체성 형성과 음식

제국의 궁에서는 요셉과 다니엘에게 새로운 이름, 즉 이방신들과 관련 있는 이름을 지어주었다(창 41:45, 단 1:7).[5] 요셉이 이름을 하사받았을 때는 애굽에 동화되는 일이 한창 일어나고 있을 때였다. 그러나 환관장이 다니엘에게 새 이름을 '정해'주었을 때 다니엘은 왕의 음식과 포도주로 자기를 '더럽히지' 않기로 마음을 정한 상태였다(단 1:7-8).

왕실 음식은 고대 세계에서 왕실의 권력과 위엄을 과시하는 데 늘 중요한 역할을 했다.[6] 그것을 거부한다는 것은 제국이 정한 규칙대로 기꺼이 경기할 사람에게 선사될 권력과 성공을 거부한다는 의미였다.[7] 그래서 성경의 화자는 다니엘이 이름 짓기와 관련된 제국의 형성 방식을 받아들이면서도 저항적 제자도(counter-discipleship)를 구체적이고 적극적으로 실천한 방식을 강조한다.[8]

다니엘과 그의 친구들이 왕실 음식을 먹지 않기로 한 구체적인 이유가 무엇인지 완전히 설명된 적은 없다.[9] 그러나 많은 주석가가 그들의 결정이 어떤 식으로든 유대 음식법과 관련이 있다는 데 동의한다.[10] 문제는 왕의 음식과 포도주를 모두 거부하기로 한 구체적인 결정이 유대 음식법 규정과 완벽하게 일치하지 않는다는 점이다. 그들의 결정은 분명히 논쟁의 여지가 있는 방식으로, 자기 상황에 따라 음식법을 신중하게 적용한 결과였을 것이다.[11]

그러나 이런 분명한 임의성이 이 사건의 핵심이다. 제자들이 동화되기를 거부하고자 한다면 어디선가 경계를 설정해야 한다. 그리고 그 경계선을 가를 지점을 결정하고[12] 고수하고자 하는 과정은 도덕 형성의 필수 과업이다. 왕의 음식을 거부하겠다는 결정은 단지 "차이점을 확인하고 유지하려는 단순한 결정"도 아니었다.[13] 이 젊은 포로들은 그 용도에 맞게 구체적인 훈련 프로그램으로 그들을 형성할 목적으로 제국이 주는 음식을 제공받았다. 그 프로그램은 제국의 희생자들에게서 훔친 풍요로운 음식도 포함된,[14] "갈대아 사람의 학문과 언어"를 가르쳐 왕을 섬길 수 있도록 그들을 준비시키는 과정이었을 것이다(단 1:4). 그런 훈련의 기대되는 결과로 그들의 용모도 포함되었다. 느부갓네살에게 그들의 쓰임새는 "흠이 없고 용모가 아름다우며 모든 지혜를 통찰하며 지식에 통달하며 학문에 익숙[한]"(단 1:4) 데 달려 있었다. 실제로 느부갓네살은 그들의 용모가 아름다운 것과 지혜에 통달한 것이 서로 상관성이 있다고 보았을 것이다.

다니엘이 그런 식단으로 남들보다 외모가 상하지 않을

까 봐 환관장이 두려워했던 이유가 이것으로 설명이 된다(단 1:10). 다니엘이 제안한 식단은 그와 그의 친구들이 "바벨론 사람들이 정한 바로 그 기준에서 가장 명백하게 관찰할 수 있는 방식"으로 실패할 위험을 감수해야 했다.[15]

다니엘과 그의 친구들이 내린 선택을 하나님이 옹호하신 일은 다음 이야기의 분위기를 조성한다.[16] 이 유대인 포로들은 유배지에 적응하며 나름의 생활을 하는 동시에 자신들의 도덕적, 문화적 정체성을 지키려고 노력했다. 그들의 역발상의 결과는 그 궁정에서 하나님이 주신 승리로 나타났다. 그들의 외모는 상하기는커녕 왕의 음식을 먹은 사람들보다 더 나아 보였다(단 1:15). 바벨론 사람들의 지혜에 단순히 동화되는 대신, 하나님은 그들에게 "모든 서적을 깨닫게 하시고 지혜를 주셨[다]"(단 1:17). 그들은 신실한 제자훈련을 통해 자신들의 정체성을 유지했을 뿐만 아니라 궁정에서 다른 누구보다 '열 배나 더 나은 사람'이 되었다(단 1:20).

이 첫 이야기는 도덕적 형성, 특히 정치적 동화의 가능성에 직면했을 때 도덕 형성은 사소한 문제에서 시작된다는 사실을 보여준다. 다니엘서 1장은 위기일발의 긴장감이 감돌지만 이어지는 장들에서 고조될 긴장감만큼 강렬하지는 않다. 왕의 식탁에서 왕이 주는 음식을 신실함으로 저항하는 것처럼 작은 일에 신실하면 더 큰 일에 신실할 수 있다.

그러나 여기서 드러난 것은 단순히 저항하는 모습만은 아니다. 이 유대인들은 자신들의 바벨론식 이름을 받아들이고 왕을 섬길 기회 역시 분명히 수용했다(단 1:19). 실제로 본문은 하나님이 그의 신실한 반문화적 제자들에게 주신 우주적 지혜에 '갈대아 사람의 학문과 언어'가 포함되었음을 미묘하게 암시한다(단 1:4). 하나님의 지혜로 형성되려면 그 사회의 문화와 공통점이 있는 영역을 확인하는 작업이 분명히 필요하다. 실제로 공통점이 있는 그런 영역들은 보냄을 받은 곳의 복지를 실현할 중요한 자원이 된다.[17] 다니엘은 바벨론의 지혜 전통을 완전히 수용하지도 거부하지도 않았다. 그 대신 그는 그 전통을 "사용하는 동시에 거부할 수 있는" 방법을 확인하며 그것을 익히고 숙달하는 훈련을 했다.[18]

이 첫 이야기는 이방의 지혜와 형성이 항상 재조정과 재구성 작업을 거쳐야 함을 분명히 밝힌다. 다니엘서 다른 곳에서 보듯이 때로 이방의 지혜를 전면적으로 거부해야 할 경우도 있다. 그러나 본문이 또한 하나님의 백성이 제국의 그늘 속에서도 개혁주의 신학자들이 명명한 '일반 은총의 지혜'를 발견할 가능성을 분명히 인정한다는 점은 의심할 여지가 없다. 공통점이 있는 그런 영역들을 확인하는 일은 '다니엘 방식'으로 다문화적 정체성을 추구하는 한 가지 방식에 해당한다.

물론 정치적 증언이 '활용과 거부'를 모두 포함한다는 사실은 '다니엘 방식'의 위험성을 더욱 부각하며 정당한 참여를 지향하는 반동적 형성의 의존성을 더욱 강조한다.[19] 오직 진정한 제자만이 이런 위험을 다룰 수 있다. 다니엘 1장은 공동체가 어떻게 더 넓은 문화에 참여하는 동시에 "그 현지 문화 속에서 특별한 하위 문화"를 창출할 수 있는지 본을 보여준다.[20] 정의로운 제자도와 분별 과정으로 그들은 그 도시의 선을 도모하는 일과 우상 숭배적 배신 행위의 차이를 확인할 수 있었다.

다니엘의 기도와 금식을 통한 정체성 형성

기도와 금식 역시 도덕적 제자도의 중요한 훈련 수단이다. 역시 여기서도 요셉과 다니엘의 차이는 시사하는 바가 크다.[21] 창세기에서 요셉은 꾸준히 하나님에 관해 말하지만, 아브라함, 이삭, 야곱과 달리 요셉은 절대 하나님께 말하지 않는다.[22] 그러나 다니엘은 기도 생활의 모범을 보여준다. 다니엘서 1장에서 반동 형성적 음식 습관으로 느부갓네살에게 저항하는 모습을 보였다면, 다니엘서 2장에서는 기도라는 무기로 느부갓네살에게 저항한다.[23] 느부갓네살 왕이 궁전의 모든 지혜자를 죽이겠다고 위협하자 다니엘은 그의 동료들에게 자비를 구하는 기도에 동참해달라고 부탁한다(단 2:5-18). 하나님이 다니엘의 기도에 응답해주셔서 그는 느부갓네살의 꿈을 해몽하고 지혜자들의 생명을 구할 수 있었고, 이로 인해 찬양의 기도와 감사의 기도를 드릴 수 있었다(단 2:20-23). 다니엘과 그의 친구들은 그런 기도를 통해 온 세상을 다스리는 참된 왕이신 하나님께 자신의 온 인생을 의탁하는 법을 배울 수 있었다.[24]

다니엘서 6장을 보면 다니엘은 제의적 기도 행위를 포기할 바에 차라리 죽을 각오가 되어 있었다. 이 제의적 행위에는 특정한 시간에 기도드리며 무릎을 꿇고 예루살렘을 향해 하나님을 찬양하면서 그분의 자비를 구하는 순서가 포함되었다. 그런 자세는 도덕 형성 과정의 일부다. "무릎을 꿇는 행위는 복종에 관한 메시지를 전달하는 것이 아니라 복종과 동일시되는 신체를 만들어내는 일이었다."[25] 다니엘의 기도 의식을 무엇보다 특히 포로 생활 중의 정의로운 제자도를 지향하는 도덕적 형성 행위로 이해해야 하는 이유가 여기에 있다. 기도하며 무릎을 꿇는 행위로 다니엘은 자신의 진정한 충성과 궁극적 복종의 대상이 누구인지 몸을 통해 기억하는 일종의 훈련을 했다. 다니엘은 기도로 형성된 그런 몸이 참된 한 분 주님께 충성하지 못하는 것보다 차라리 사자의 먹이가 되는 위험을 기꺼이 감수할 수 있는 몸임을 보여주었다.

다니엘서 9장에서 다니엘은 정치적 전환기에 예레미야에게 주신 여호와의 말씀을 보고 기도하며 금식한다(단 9:1-2). 인상적인 점은 다니엘이 여호와의 주권적 권능을 인정할 뿐 아니라 여호와의 율법을 거부한 자신의 죄와 조상의 죄를 고백한다는 점이다(단 9:11). 다니엘은 그런 기도와 금식을 통해 자신의 공동체와 더불어 자신의 도덕적 실패를 확인하고 구원을 구하며 여호와를 완전히 의지한다는 것을 몸으로 재현한다. 하나님이 보내신 천사는 지혜를 얻고자 자신을 드리며 하나님 앞에서 스스로 겸손히 했다고 다니엘의 기도를 해석해준다(단 10:12). 다니엘은 전심으로 기도하고 금식함으로 하나님께 죄를 고백하고 그분을 의지하며 경외하는 태도를 몸으로 훈련하는 방식을 받아들였다.[26]

예전적 훈련은 정치적 덕성을 표현하는 동시에 그 덕성을 육성한다. 다니엘서는 정치 영역에 참여할 수 있는 정의로운 제자가 되기 위해서 우리에게 필요한 고결한 태도를 길러야 하며 그 태도를 기르는 데 기도와 금식이 핵심임을 보여준다.

물론, 음식과 기도와 관련해 다니엘의 형성적 제자도의 힘은 다니엘이 이런 훈련을 종종 공동체적으로 실천했다는 사실에서 부분적으로 확인된다. 요셉의 애굽화가 약속의 공동체와 그가 (부당하게) 분리된 사실에 일정 부분 원인이 있다면, 다니엘과 그의 친구들은 포로 생활 중에 제자들의 반문화적 공동체를 형성하는 방식에 대한 모델을 보여준다.

다니엘서의 도덕적 형성과 성경적 규례

다니엘서 9장은 '다니엘 방식'의 정치적 정의를 지향하는 도덕적 제자도의 또 다른 원천을 보여준다. 그것은 바로 성경이다. 다니엘서 1장에서 식단 선택에 모세의 율법이 영향을 미쳤을 가능성뿐 아니라 다니엘서 9장에서 다니엘의 기도와 금식에 모세 율법과 선지자 예레미야가 중요한 역할을 했음을 이미 지적한 바 있다. 그러나 다니엘을 비판했던 사람들조차 도덕적 제자도에 하나님의 율법이 핵심을 이룬다는 사실을 인정한다.

그러므로 다리오 왕을 부추겨 절대 바꿀 수 없는 법을 선포하게 하여, 다니엘을 사자 굴에 던져 죽이기로 모의한 궁정의 관리들은 "그 하나님의 율법에서 근거를 찾지 못하면 그를 고발할"(단 6:5) 어떤 근거도 찾을 수 없음을 인정했다. 그렇게 본문은 두 법이 충돌할 가능성을 예고한다. 한편으로는 '메대와 바사의 규례'가 있다. 이 법령은 변경할 수 없지만, 불의를 도모하는 이들에게 쉽게 악용될 수 있었다. 이런 변경 불가능한 불의한 법을 지원하는 사람은 다리오 왕이었다. 그는 이 법으로 정의를 실현할 정도로 강력하거나 현명하지 않았다. 다른 한편으로는 다니엘이 적을 이기고 신실함을 유지하게 해준 하나님의 법, 특히 명령을 지키는 자를 구원하는 신적 왕의 권능이 있었다(참고. 단 6:22).

정의를 분별하기 위한 종말론적 지혜와 형성

마지막으로, '다니엘 방식'은 다니엘서의 대부분을 차지하는 묵시적 환상과 꿈과 천사와의 관계를 다니엘이 기꺼이 받아들이고 수용하며 그대로 살아야 실행할 수 있었다. 그런 환상과 꿈과 천사의 계시는 이런 의미에서 정치적 묵시에 해당하며, 세상의 진실을 단순히 피상적인 수준이 아니라 있는 그대로 보여준다. 이런 환상과 꿈과 계시 때문에 다니엘은 정치적 선동을 구분할 수 있었고, 자신이 만난 모든 정치인과 정권의 우상 숭배적 성향을 꿰뚫어 볼 수 있었다.[27] 또 야훼의 통치를 지배적이고 지속적인 정치적 현실로 인식하며, 특정 시간과 장소에서 지혜롭고 정의로운 행동이 어떤 모습인지 분별할 수 있었다. 다시 말해, 다니엘이 정의로운 정치 참여를 하기 위해서는 인간 제국과 여호와의 제국, 여호와의 통치를 받는 인간 정치 기관에 대한 계시된 지혜를 받아들이고 그에 응답해야 했다.

종말론적 지혜와 인간의 제국. 한편으로 다니엘서는 이방 제국들이 여호와에게서 정치적 주권을 받았다는 충격적인 주장을 한다. 유다의 왕을 느부갓네살에게 넘겨준 이는 바로 이스라엘의 하나님이셨다(단 1:2). "사람의 나라를 다스리시며 자기의 뜻대로 그것을 누구에게든지 주시는"(단 4:25[22]) 분은 바로 이스라엘의 하나님이시다. 패배한 민족들은 그들의 토착 신에게 버려졌다고 보았지만, 다니엘서는 유다가 이방 왕들에게 패했을 때도 참으로 나라를 다스리시는 주권자는 여호와시라고 주장한다. 여호와는 "정복자 왕(왕국)을 통해 적극적으로 일하시며 그들을 통치하심으로 일하신다."[28]

이런 사실 때문에 다니엘과 그의 친구들은 제국 정치에 참여할 수 있었고, 이방 왕들의 궁전에서 사역함으로써 자신들이 속하게 된 공동체의 선을 비판적이고 창조적으로 추구할 수 있었다. 그러나 그 덕분에 이방 왕국들을 바라보는 시선에 완전한 변화가 일어났고, 실제로 이 이방 왕국들이 스스로 그들의 실체를 보는 방식도 완전히 달라질 수 있었다. 예를 들어, 느부갓네살이 누구도 흔들 수 없는 우주의 왕처럼 보일 때 하나님은 다니엘서 2장에서 완전히 다른 정치적 실재를 알려주는 꿈을 느부갓네살이 꾸도록 하셨다. 느부갓네살은 "머리는 순금이요 가슴과 두 팔은 은이요 배와 넓적다리는 놋이요 그 종아리는 쇠요 그 발은 얼마는 쇠요 얼마는 진흙"(단 2:32-33)인 신상을 본다. 유대 독자들에게 그런 신상은 우상처럼 보였을 것이 확실하다.[29]

따라서 하나님은 다니엘에게 느부갓네살이 사실상 황금의 머리임을 보여주시고(단 2:37), 다니엘은 느부갓네살에게 그가 약간 더 빛나는 신상으로 곧 산산조각이 나서 바람에 불려 사라지리라고 분명하게 알려준다(단 2:34-35, 44-45).

> 또 왕이 보신즉 손대지 아니한 돌이 나와서 신상의 쇠와 진흙의 발을 쳐서 부서뜨리매…여름 타작마당의 겨같이 되어 바람에 불려 간 곳이 없었고(단 2:34-35).

하나님이 주신 꿈은 분명하게 경고한다. 제국이 오고 간다는 것이다. 선한 제국도 있고 악한 제국도 있을 것이다. 그러나 모든 인간 제국의 마지막 운명은 동일하다. 산산이 부서져 먼지가 되어 사라지는 것이다(단 2:44).

다니엘서 2장에서 하나님이 주신 꿈은 느부갓네살이 기껏해야 파멸이 예정된 번쩍거리는 금 신상일 뿐임을 보여준다면, 다니엘서 4장의 묵시적 꿈에 대한 다니엘의 해몽은 최악의 경우 우상을 숭배하는 폭군이라는 것을 왕에게 보여준다. 느부갓네살은 자신이 계속 짐승처럼 행동한다면 하나님이 실제로 자신을 짐승처럼 만드실 수 있음을 알게 된다. 느부갓네살은 완악한 교만과 불의로(참고. 단 4:27[24], 5:20) 권좌에서 쫓겨나 인간들 속에 살지 못하고 들짐승처럼 살아야 하며, 이스라엘의 하나님을 만물의 참된 주권적 통치자로 찬양하고 높일 때까지 이 신세에서 벗어나지 못할 것이다(단 4:34[31]).

다니엘서 7-12장에서 이방 제국들의 우상 숭배와 폭력은 더욱 악화될 뿐이다. 이런 후기 종말론적인 환상에서는 본격적인 싸움이 시작된다. 이 장들은 미래의 정권들을 서로 그리고 하나님의 백성을 상대로 폭력적인 전쟁을 벌이는 괴물 같은 짐승으로 묘사한다. 이 환상은 악몽처럼 끔찍해서 다니엘이나 현대 독자 모두 심한 충격에 빠질 수밖에 없다(참고. 단

7:15).*30*

　　이런 환상은 이방 정치 권력의 실상을 적나라하게 보여준다. 화려한 외관과 선전으로 과시하는 모습이 아니라 지극히 높으신 이에게 대적하며 "온 천하를 삼키고"(단 7:23, 25) 모든 신보다 스스로 자신을 높이는(단 11:36) 짐승인 것이다. 진리를 땅에 던지며(단 8:12) 성도들을 멸하고(단 8:24) 속임수로 번성하며 많은 사람을 멸할 것이다(단 8:25). 최악의 경우는 가증한 것으로 성전을 모독하며 하나님의 백성을 일부 타락하게 할 것이다(단 11:31-32).

　　폭력적이고 패역한 정치 권력이 넘치는 세상에서 정의로운 정치 참여를 위해서는 인간 제국의 도덕적인 신학적 실체에 대한 하나님의 시각을 기꺼이 선택해야 한다. 인간 제국이 영원성을 과시하지만 하나님의 종말론적 지혜는 그 제국들이 덧없고 금방 사라질 존재에 불과함을 보여준다. 인간 제국이 인간 번영에 필수적인 자애로운 권력으로 스스로 자처하는 곳에서 하나님의 종말론적 지혜는 모든 인간적 정치 권력에 끈질기게 보이는 우상 숭배적 성향을 폭로한다. 이것은 '다니엘 방식'을 추구하는 정치적 제자들이 받아들이고 수용해야 할 진리다.

　　종말론적 지혜와 여호와의 제국. 그러나 '다니엘 방식'은 또한 여호와의 제국 통치에 대한 동일한 종말론적 환상에 의존한다. 느부갓네살의 신상을 무너뜨리는 돌과 그것으로 모든 인간 제국을 무너뜨리는 돌은 하나님 자신의 왕국을 가리킨다. 이 왕국은 온 세상을 채우고 영원히 서 있을 왕국으로 오직 하나님의 역사에 의존한다. 하나님 나라의 돌은 인간의 손으로 가공하지 않은 돌이었다(단 2:44-45, 참고. 단 8:25). 인간 왕국 중 가장 파괴적인 왕국을 심판하시고 그 자리에 자신의 왕국을 세우신 후 신실한 성도들에게 그 영원한 왕국을 위임하시는 이는 이스라엘의 하나님이시다(단 7:26-27). 실제로, 여호와의 주권은 죽은 자들에게까지 미치며 그들 중 많은 이가 마지막 때 "깨어나 영생을 받는 자도 있겠고 수치를 당하여서 영원히 부끄러움을 당할 자도 있을 것이[다]"(단 12:2-4). 여기 구약에서 부활을 암시하는 가장 선명한 표현이 등장하는 본문에서, 여호와는 '그 폭군의 최후 무기'인 사망도 그분의 왕국을 이기지 못할 것이라고 선언하신다.[31]

여호와의 통치는 또한 단순히 미래에 있을 현상이 아니다. 그분은 지금도 하늘에서 통치하고 계신다(단 4:23[26]). 유다 왕을 느부갓네살에게 넘겨주신 이는 여호와이시고(단 1:2), 맹렬한 풀무나 사자의 우리에서 죽을 운명인 신실한 자기 종을 건져주시는 이도 여호와시며(단 3:28, 6:22), "사람의 나라"를 다스리는 왕을 세우시는 분도 여호와시다(단 4:25[22]). 그런 왕국은 도덕적 혹은 정치적 우월성의 어떤 증거도 확인되지 않을 것이다. 여호와는 그분의 뜻대로 누구에게든지 그 나라를 다스리게 하시며(단 4:25[22]), 심지어 "지극히 천한 자"도 그 위에 세우시는 분이다(4:17[14]).

다니엘의 환상과 꿈과 천사의 계시는 인간 제국의 허영과 선전으로 허우적거리는 세상에서 쉽게 놓치는 참된 지혜를 보여준다. 여호와는 모든 다른 왕국을 대체할 미래의 왕국을 세우실 것이다. 심지어 현재도 여호와는 인간 왕국을 정기적으로 저울에 달아보시고 부족함이 보이는 왕국을 버리신다(단 5:25-29). '주가 통치하신다'는 말은 모든 성경적 정치의 핵심 고백이다. 정의롭고 신실한 정치 참여는 여호와가 통치하신다는 이 환상을 현재와 미래의 결정적, 정치적 실재로 인식할 것을 다니엘에게 요구한다.

종말론적 지혜와 여호와의 통치를 받는 인간의 정치적 대리 행위. 마지막으로 꿈과 환상과 천사의 계시는 잘못된 인간 정치 권력에 억압당하는 동시에 신적 왕의 확실한 통치를 받는 세상에서 '다니엘 방식'의 정치적 대리 행위의 신실한 행사가 어떠해야 하는지 비전을 제공한다.

다니엘서의 후반부가 시작되는 7장의 환상은 제국의 폭력과 우상 숭배가 더욱 기승을 부리다가 갑자기 옛적부터 항상 계신 이의 개입이 이어지는 내용(단 7:9-10)을 기술하고 있다. 다니엘서 7장 13-14절의 이런 정치 권력에 대한 하나님의 승리는 "인자 같은 이"의 등장과 연결되어 있다.

> 권세와 영광과 나라를 주고 모든 백성과 나라들과 다른 언어를 말하는 모든 자들이 그를 섬기게 하였으니 그의 권세는 소멸되지 아니하는 영원한 권세요 그의 나라는 멸망하지 아니할 것이니라(단 7:14).

이런 환상은 다니엘서 2장에서 다니엘이 받은 환상과 유사하다.

그러나 이 환상은 많은 의문점을 남긴다. 다니엘 7장

13-14절은 초기에 메시아적 예언으로 해석되었고 예수님 역시 직접 이런 해석을 채택하셨지만, 다니엘서 7장 18, 22, 27절을 볼 때 "인자 같은 이"는 또한 이 영원한 왕국을 받았다고 하는 거룩한 자들과도 연관이 있다.

팀 메도우크로프트(Tim Meadowcroft)는 개별적인 "인자 같은 이"와 더 일반적인 의미의 하나님 백성 간의 모호한 경계가 신학적 핵심의 일부라고 주장한다. 이 환상은 하나님의 백성이 '인자'를 통해 신적 생활에 참여하는 것을 암시한다. '인자'라는 문구는 의도적으로 다의적이고 복합적인 심상을 제시하는데, 메시아 사역으로 하나님의 백성이 세상의 모든 왕국에 맞서 하나님 왕국의 승리에 참여할 수 있게 하는 하나님 자신의 사역을 가리킨다.[32] 이것은 2장에서 살펴본 성경의 정의 이야기에 비추어 우리가 예상할 수 있는 것이다(참고. (표 2.3)).

이것은 하나님이 장차 성도들을 통해 세상을 다스리실 것이며, 그들이 세상의 제국과 문화 속에서도 부분적으로 하나님의 통치에 참여할 수 있게 하신다는 의미다. 이는 실제로 독자들이 다니엘 1-6장을 읽으면서 목격한 내용이다. 다니엘과 그의 친구들은 당대의 통치자들을 창의적으로 비판하고 그들에게 저항하면서도 또한 종종 협력했다. 그러므로 종말론적 환상은 미래에 하나님의 통치에 참여해야 하는 정치적 소명이 어떻게 현재 하나님의 통치에 참여하기 시작하는지 보여준다. 즉, 하나님 임재와 지혜로 힘을 공급받으며 장차 올 그분의 왕국을 소망하는 것이다.

그렇다고 세상 제국과의 정치적 제휴가 항상 신실한 선

택이라는 의미는 아니다. 다니엘은 벨사살에게 협력하기를 전면 거부했다. 또한 이 전면적 거부가 다니엘서 전반부의 예외적 사건이라면,³³ 후반부에서는 하나의 규범이 되고 있다. 다니엘서 7-12장에 나오는 종말론적 환상은 하나님의 백성이 세상 왕국과의 협력이 아니라 그들과의 모든 협력적 관계를 거부함으로써 하나님 나라에 참여하는 시대를 묘사한다. 실제로 후반부는 하나님의 백성이 정치적 제휴를 거부하고 그 대신 전면적 저항의 자세를 취하도록 요구하는 것처럼 보인다.³⁴

이런 역동 때문에 우리는 다니엘 7-12장의 환상과 다니엘 1-6장의 이야기가 무슨 관계인지 다루지 않을 수 없다. 어떤 면에서 이 두 단락의 차이는 '오직 로마서 13장'의 방식과 '오직 계시록' 방식의 차이점을 반영한다. 다니엘서 후반부의 저항과 거부의 태도가 하나님의 백성이 제국 정치에 참여한 것으로 묘사한 전반부에 주는 의미는 무엇인가?

어떤 이들은 다니엘서의 이 전후반부가 각기 다른 두 개의 문맥을 배경으로 하고 있으며, 이방인의 지배에 대한 상호 배타적인 두 가지 다른 반응을 의미하는 것이라고 주장한다.³⁵ 이런 관점에서 다니엘서는 독자에게 정치 권력에 참여하거나 거부하는 두 가지 방법 중 하나를 선택하도록 강요한다. 그러나 다니엘서의 최종 형태를 보면 두 단락의 밀접한 연관성은 그대로 유지되고 있다.³⁶ 특별히 정치 참여에 부정적인 후반부의 환상이 전반부에서 다니엘이 이방 통치자들을 섬기던 시기의 일이라고 묘사하는 식으로 이 점을 확인해준다(참고. 단 7:1, 8:1, 9:1).

다니엘서 1-6장의 이야기가 마치 '숨은 대본' 같은 역할을 한다고 주장하는 사람들도 있다. 압제에 시달리는 이들은 상대적으로 긍정적으로 보이는 방식으로 이방의 군주들에 관해 말하지만 실상 더 심층적으로는 전복적 메시지를 전달하고 있다는 것이다.[37] 이방 지도자들에 대한 긍정적 묘사는 단순히 '공식 서신'일 뿐이며 "그 정권과의 긍정적이고 협력적인 관계"를 암시하지 않는다.[38] 다니엘 1-6장이 때로 "제국의 통치를 (인정하는)" 것처럼 보인다면 본문이 더 혁명적인 의미를 그 이면에 숨기고 있기 때문이다.[39]

이런 해석은 다니엘서 7-12장의 종말론적 환상에 나타난 제국에 대한 명백히 부정적인 묘사가 책 전반부의 더 긍정적인 가능성을 완전히 압도할 수 있게 해준다.[40] 이 해석은 '오직 계시록' 방식을 지지한다. 세속 정치 권력에 참여하는 것이 가능해 보일 수 있지만, 더 심층적인 차원에서는 모든 정치 권력을 저항과 거부의 대상으로 본다는 것이다.

그러나 '숨은 대본' 개념이 중요한 논쟁을 촉발했더라도 다니엘서 1-6장에 이것을 적용할 경우 우리를 오도할 위험성이 있다. 1-6장의 이야기를 보면, 다니엘과 그의 친구들은 반복해서 제국과 정면으로 맞서며 제국을 통치하시는 분은 여호와이심을 반복해 증언한다. 실제로 "저자가 제국을 통치하시는 하나님 능력의 진정한 성격이 무엇인지 공개적으로 드러내는 데 조금도 망설이는 흔적을 보이지 않는다."[41] 특별히 이방 정치 지배자들에 대한 다니엘과 친구들의 증언이 무언가를 '숨기는' 듯한 부분은 어디서도 찾아볼 수 없다. 실제로 그들은 반복적

이고 공개적이며 도전적으로 증언함으로써 순교의 위험을 감수한다.[42]

다니엘서의 전반부와 후반부를 서로 대치하는 관계로 설정하거나 주로 후반부의 부정적인 환상에 비추어 전체 책을 해석하는 대신 나는 개인적으로 본문의 최종적 형태로 미루어 종말론적 기조의 정치적 판단이 갖는 까다로운 긴장에 주목해야 한다고 생각한다. 정의로운 정치 참여를 하려면 하나님의 백성은 그분의 계시된 지혜에 비추어 세속 정치에 참여하든지 아니면 세속 정치를 완전히 거부하든지 그 시기와 방법을 결정해야 한다. "궁정 이야기의 순응주의적 충동과 환상 내러티브의 적대적 태도"[43]의 긴장이 유지되는 이유는 정확히 그런 긴장으로 '다니엘 방식'이 요구하는 일종의 지혜로운 분별력을 독자가 발휘해야 하기 때문이다.

다니엘의 지혜롭고 정의로운 정치 참여는 부분적으로는 외형상의 세상이 아니라 있는 그대로의 세상에 대한 이런 비전에 따라 살려는 그의 의지에 달려 있었다. 이 비전을 통해 다니엘과 그의 친구들은 이방 정치 군주들과 협력하여 그 성의 복지를 추구해야 할 시기, 반대로 특정 명령을 따르지 말아야 할 때 그리고 정권에 협조하지 말아야 할 때를 분별할 수 있었다. 이런 유의 종말론적 정치적 분별력은 파송받은 곳의 유익을 추구하는 정의로운 제자들에게 매우 중요하다.

정치 권력의 목표는 무엇인가?

다니엘과 요셉은 도덕적 제자도도 다르고 정치 권력을 행사하는 방식도 다르다. 두 사람 모두 생명을 구하는 데 정치적 영향력을 발휘하지만, 그들의 이야기를 보면 정치 참여에 대한 접근 방식에도 미묘한 차이가 있음을 알 수 있다. 이는 느부갓네살이 본 환상에서 곧 베일 처지에 놓인 하늘까지 닿은 거대한 나무가 느부갓네살 자신이라고 해석한 다니엘의 말에서 가장 명확하게 드러난다(단 4:1-36[3:31-34]). 다니엘은 그의 꿈을 해석한 후 왕에게 '평안함'을 지속할 방법에 대해 충고한다(단 4:27[24]).

다니엘은 요셉처럼 제국의 황제에게 하나님이 주실 임박한 재앙에 관한 꿈을 해석해주며, 제국이 그 재앙을 모면하도록 도우려고 노력한다. 그러나 요셉이 바로에게 보인 반응은 지극히 관료적이었다. 기근이 닥칠 것이므로 예방 조치를 취해야 한다는 것이었다. 바로는 아무 대가도 치르지 않았고, 오히려 요셉이 제안한 기근 구제 프로그램으로 막강한 경제적·정치적 권력을 얻게 되었다.

다니엘이 느부갓네살에게 한 조언은 놀라울 정도로 방향이 다르다.

> 그런즉 왕이여 내가 아뢰는 것을 받으시고 공의를 행함으로 죄를 사하고 가난한 자[44]를 긍휼히 여김으로 죄악을 사하소서 그리하시면 왕의 평안함이 혹시

장구하리이다 하니라(단 4:27[24]).

바벨론을 다시 위대하게 할 방도에 대한 다니엘의 '조언'은 사실상 느부갓네살이 지금 죄를 짓고 있다는 책망에 가까웠다. 임박한 하나님의 심판을 피하고 싶다면 현재 자행하고 있는 죄를 당장 '중단해야'[45] 한다는 것이었다. 하지만 단순히 죄짓기를 중단하는 것으로 느부갓네살이 해야 할 일이 끝나는 것은 아니었다. 억압받는 자들을 위해 적극적으로 정의를 행하고 자비를 베풀어야 했다.[46] 그렇게 하면 느부갓네살이 꿈에서 엿본 심판을 하늘의 하나님이 돌이키실 것이라고 다니엘은 주장했다.

그러나 다니엘이 무엇보다 느부갓네살의 통치 기간을 연장하도록 도우려는 이유는 무엇인가? 다니엘이 연장하려는 체제는 예루살렘을 파괴하고 하나님의 백성을 포로로 끌고 온 바로 그 체제였다! 하지만 놀랍게도 다니엘은 꿈에서 예언한 심판이 느부갓네살의 적에게 임하기를 바란다고 표현함으로써 그에 대한 일종의 '순수한 애정'[47]을 이미 보여준 적이 있었다(단 4:19[16]).[48] 일부 랍비계 주석가는 다니엘이 사악한 의도로 느부갓네살에게 조언했다는 죄목으로 나중에 처벌받았다고 주장하지만 별로 놀랍지도 않다.[49] 다니엘서의 초창기 해석가 중에는 바벨론 체제의 번영을 그가 흔쾌히 구한 것은 억압적 제국과의 관계가 너무나 우호적이었기 때문이라고 주장하는 이들도 있었다.

다니엘이 느부갓네살의 안녕이 연장되도록 돕고자 했던

이유가 무엇인지 혼란스럽다면 그런 제안을 한 내용 역시 동일하게 이상하게 보일 수 있다. 그것이 "지극히 높으신 자의 주권성을 느부갓네살이 인정하지 않은 것과 직접적인 상관관계가" 있어 보이지는 않는다.[50] 하나님의 주권성을 인정하지 않는 오만이 다니엘이 지적하는 임박한 심판의 이유로 보이며(단 4:26[23]) 화자는 실제로 느부갓네살에게 임한 심판의 이유가 하나님의 주권성을 인정하지 않았기 때문임을 확인해준다(단 4:30[27]). 느부갓네살은 마침내 하나님의 주권성을 인정함으로 다시 온전한 정신을 회복했다고 스스로 암시한다(단 4:34[31]). 그렇다면 다니엘이 많은 방법 중에 압제당한 사람들에게 정의를 베푸는 것을 느부갓네살이 하나님의 주권성을 인정하지 않은 죄의 해결책이라고 제시한 이유는 무엇인가?

다니엘은 인간 통치자들이 여호와의 주권성을 인정하는 방식이 바로 정확히 가난한 자들을 위해 정의를 시행하는 것이라고 믿었던 수많은 선지자의 대열에 서 있기 때문이다. 예레미야는 불의와 부정으로 호화로운 '집'을 짓고 "이웃을 고용하고 그의 품삯을 주지 아니하는"(렘 22:13) 여호야김 왕을 비판했다. 제국의 변방에 사는 모든 사람처럼 이스라엘이 보기에 느부갓네살이 자기 위엄과 영광을 나타내려고 바벨론 왕궁을 지은 것을 자랑하며 제국의 풍요를 누릴 수 있었던 것(단 4:30[27])은 항상 가난한 자들을 압제하고 짓밟은 결과였다. 그러나 예레미야는 여호야김의 행동과 요시야 왕의 태도를 대조해서 보여준다. 요시야는 "정의와 공의"를 행하여 모든 것이 형통할 수 있었다(렘 22:15). 여호와는 "이것이 나를 앎이 아니냐"(렘 22:16)라고 반문하셨다.

다니엘서 9장에서 다니엘은 여호야김에 대한 예레미야의 예언을 살펴보고 통치자들이 여호와의 주권성을 인정하는 길은 가난한 사람들을 위해 정의를 시행하는 것임을 배우게 된다. 느부갓네살은 하나님 나라의 우선순위를 알고 배워야만 하나님의 주권적 왕권을 알고 인정할 수 있었다.[51] 가난한 사람들을 위한 정의를 최우선시하는 것이 모든 왕국의 평화와 번영을 도모할 유일하고 확실한 방법임을 다니엘은 알고 있었다.[52] 가난한 자들을 대변하는 다니엘의 옹호는 단순히 원칙적으로 바람직한 결과를 달성하는 것이 아니라 정의 지향적 지혜를 구현한다.

하나님은 자기 형상을 지닌 사람들을 왕 같은 제사장 가문의 일원으로 창조하셨다. 정의와 공의가 하나님 성품의 핵심이며 직무의 중심이기 때문에 인간의 성품과 직무 역시 그 중심에 공의와 정의가 있어야 한다. 이스라엘에서 왕의 정의와 공의를 특별히 강조하는 것은 단순히 전체 사회에 미치는 왕의 권한과 영향력이 막강하기 때문이다. 왕은 일반인과 비교할 수 없는 강력한 권한을 휘두르기 때문에 정의를 시행할 책임 역시 비교할 수 없을 정도로 막중하다. 더 나아가 구약에서 하나님의 백성이 정의와 공의를 행해야 함을 특별히 강조하는 것은 그들에게 세상 윤리와 구별되는 특별한 윤리 강령이 있어서가 아니라 각자의 삶으로 여호와가 모든 인류에게 바라시는 정의와 공의를 구현하도록 부르심을 받았기 때문이다.

이런 이유로 곤궁한 자들을 대신해 정의를 행하고 행동하는 것이 이스라엘과 열국을 위한 구약의 정치적 비전의 핵심을 차지한다. 두 경우 모두 특별히 통치자에게 특별한 책임을 요구한다. "이방 왕들 역시 하나님 돌봄의 왕권을 실행하는 수단으로 부름받았다." 따라서 "다니엘은 심지어 이방 왕의 경우조차 정의를 우선하는 체제가 (번영)하리라고 생각한다."[53]

'다니엘 방식'과 '요셉 방식' 모두 하나님의 백성이 적어도 어떤 경우에는 그들이 파송된 공동체의 선을 추구하기 위해 정치 권력을 사용할 수 있음을 인정한다. 둘 다 그러한 경우에 하나님 백성은 더 넓은 공동체의 '복지'를 추구하는 데서 자기 '복지'를 찾을 수 있다는 예레미야의 말에 동의한다(렘 29:7). 그러나 다른 면에서 두 사람은 정치적 옹호에 대한 전반적인 접근 방식에 상당한 차이를 보인다.

요셉은 체제와 맞서지 않고 정치적 목표를 추구한다. 그러나 다니엘은 제국의 횡행하는 불의와 맞서지 않고 제국의 복지를 바랄 수 없음을 인정한다. 정의를 옹호하기 위해서 다니엘은 모든 사람의 공동선, 특히 가난한 자들과 억압받는 자들의 공동선을 옹호해야 했다. 그러나 요셉은 제국의 권력층과 유착 관계를 이용해 자기 가족이 특별 대우를 받도록 했다. 요셉은 적어도 회고적으로 보면 불의라고 법으로 규정할 수 있는 경제적 조치로 바로가 번영하도록 도와주었다. 다니엘은 느부갓네살에게 진정한 번영으로 가는 길을 알려주었다. 그것은 모두에게 정의와 자비를 고루 베풀되 특별히 소외된 자들을 배려하는 것이었다.

또한 다니엘의 정치적 옹호는 요셉과 극적으로 다른 결과를 이끌어냈다. 바로는 하나님이 요셉에게 꿈을 해몽할 능력을 주셨음을 인정했지만, 그 인정은 요셉의 지혜를 강조하기 위한 의례적 행위였다. 반대로 한결같이 성실한 다니엘을 보고 느부갓네살은 하나님에 대한 다니엘의 시각을 받아들이게 되었다.⁵⁴ 실제로 뉴섬(Newsom)에 따르면, 여기서 느부갓네살에 대한 묘사는 "구속함을 받은 죄인"으로, 그를 매우 인간적인 인물로 묘사했다.⁵⁵ 그래서 "바로의 입장에서 하나님의 역할은 요셉의 지위를 높여주는 것이라면" 다니엘은 "느부갓네살의 시선에서 하나님의 지위를 높이는 역할을 한다."⁵⁶

실제로 느부갓네살의 지극히 인간적인 변화는 다니엘이 옹호한 정의를 실행하는 것으로 나타난다. 이 이야기가 느부갓네살이 열방을 향해 들려준 이야기라는 사실은 가난한 이들에게 정의와 자비를 시행하는 것이 "천상의 왕"의 주권성을 인정하는 방법임을 느부갓네살이 잘 알았음을 보여준다. 느부갓네살이 천상의 왕에게 드린 최종적 찬양에는 "그의 일이 다 진실하고 그의 행하심이 의로우시"(단 4:37[34])다는 사실이 담겨 있다.⁵⁷ 아마 느부갓네살이 이 거룩한 왕을 찬양할 한 가지 방법은 다니엘이 옹호했던 의와 공의를 모방하고, 더 나아가 자기 길이 아니라 하나님의 길을 따르는 것이었다.

실제로, 다니엘 7장 4절은 느부갓네살의 지극히 인간적인 변화를 암시했을 것이다. 다니엘서의 후반부를 지배하는 제국의 훨씬 더 암울한 종말론적 묘사가 시작되는 지점에서, 사자처럼 보이지만 독수리 같은 날개를 가진 짐승이 바다에서 등장한다. 정치 왕국을 상징하는 이 짐승은 그 날개가 뽑히고 또한 인간과 같은 '마음'을 받는다.⁵⁸ 이 표현은 정신병으로 비천한 상태가 된 느부갓네살이 짐승의 '마음'을 받았다고 서술한 부분을 암시한다(단 4:16[13]). 다니엘 7장에서 사악한 이방 제국과 '인자'로 묘사된 통치자가 다스리는 여호와의 나라가 극적으로 대비되는 것으로 보아, 느부갓네살을 상징하는 "첫 짐승의 인간화"는 "놀라울 정도로 긍정적인 이미지로 표현된다."[59] 이것은 시리아의 에프렘(Ephrem the Syrian)이 표현하듯이, 느부갓네살의 형벌이 "교육적 목적으로 신중히 집행된 고통"이었음을 암시한다.[60]

그 처방은 효과가 있었다. 인자와 같은 이의 신원을 찬양하는 장에서 짐승의 체제가 더 인간적인 체제로 바뀌었다는 식의 느부갓네살의 통치에 대한 신적 묘사는, 느부갓네살이 신적 왕과 미래 왕국의 성격에 맞게 통치 방식을 바꾸기 시작했다는 뜻일 수 있다. 그렇다고 느부갓네살의 왕국이 하나님의 왕국이 된다는 의미는 아니다. 신상의 황금 머리는 여전히 여호와의 통치가 시작될 때 무참히 무너질 제국을 상징하는 동상의 일부다. 그러나 그렇다고 느부갓네살의 막강한 왕국의 인간화가 전혀 의미가 없다고도 할 수 없다. 실제로 폭압적 제국의 위세에 고통당하는 자들에게 압제적 지배자의 인간화는 매우 의미 있는 일일 수 있다. 또 그렇게 억압에 고통당하는 이들이 여전히 영원한 왕국을 계승하며 성도들과 함께 그 나라를 통치할 최후의 통치자를 고대하며 계속 부르짖더라도 그 일은 충분히 의미 있는 일이다.

그렇다면 결론적으로 '요셉 방식'과 '다니엘 방식'은 실천 방식이 다른 도덕적 제자도를 수용한 것이라고 볼 수 있다.

그 도덕적 제자도로 서로 독특한 방식의 정치 권력을 행사하고자 시도하며 얻는 결과 역시 다르다. 애굽에 동화된 요셉의 제자도는 애굽인을 노예화하고, 바로에게 권력이 집중되게 하며, 자기 가족이 특권을 누리게 하는 정치적 옹호 활동으로 이어졌지만, 다니엘의 도덕적 제자도는 정권과 협조하는 동시에 대항하며, 느부갓네살의 압제를 비판하고, 억압당하는 자들에게 정의와 자비를 행함으로써 번영을 추구하도록 그를 초청한다. 요셉의 노력은 자기 가족에게 단기적 이득을 안겨주었지만, 장기적으로는 결국 그들의 노예화에 일조했다. 다니엘은 느부갓네살의 폭력적 체제가 변화하도록 기여함으로써 모든 사람의 생명을 구하는 결과를 낳았다.

로마서와 계시록을 넘어서는 '다니엘 방식'

'다니엘 방식'은 '오직 로마서 13장' 방식과 '오직 계시록' 방식 모두에 심각한 도전이 된다. 한편으로, 다니엘은 현 국가 권력을 인정하고 누리며 그것에 복종하는 '오직 로마서 13장' 방식이 주는 편안함에 도전한다. 다니엘서는 최고의 통치 체제라도 짐승의 체제로 변질될 수 있으므로 끊임없이 저항하고 맞서야 함을 보여준다. '오직 로마서 13장' 방식은 정치 권력을 좀 더 낙관적으로 보기에, 이 방식을 인정하는 그리스도인은 정치 권력을 추구하고, 획득하며, 사용하는 것을 항상 믿음의 공동체의 신실한 대안이자 상대적으로 필요한 과정으로 볼지 모른다. 반대로 다니엘서는 이방의 정치 과정에 참여하는 것이 종종 공동체의 진정성, 심지어 그 생명까지 해칠 수 있는 매우 위험한 것으로 묘사한다. 정치 권력은 우상 숭배로 흐르기가 쉽기에, 정치에 참여하려면 끊임없는 경계, 하나님께 충성하고자 하는 진지한 제자도, 하나님의 반문화적 백성과의 일차적 동일시, 정의에 대한 습관화된 헌신이 필요하다. 하나님의 백성이 세속 정치 권력과 협력할 시기와 방법을 알고 싶거나 그런 협력을 거부해야 할 시기와 방식을 아는 데 필요한 지혜를 얻고 싶다면 그런 제자도가 필수적이다.

이 모든 것에서 '다니엘 방식'은 세속 정치가 하나님 백성을 세상을 경영하고자 하는 우상 숭배로 유혹할 수 있다는 '오직 계시록' 방식 그리스도인들의 감각을 확인시켜준다. '다니엘 방식'은 하나님의 백성이 무엇보다 '체류 외국인'[61]이자 '특이한 백성'으로 사는 법을 배워야 한다는 데 동의한다. 이들은 오직 하나님께 먼저 복종하며 공동체 생활로 현 체제의 예언자적 대안을 구현할 수 있게 할 성품을 기르는 데 집중한다.

그러나 '다니엘 방식'은 이런 방식에 충실하기 위해 하나님의 백성이 몸담고 사는 국가와 장소의 정치 참여를 거부해야 한다는 주장은 받아들이지 않는다. 다니엘 방식의 반문화는 정치 권력을 비판적으로 바라보지만, '오직 계시록' 방식과 달리 무조건 거부하지 않는다. 실제로 다니엘서는 그런 권력을 다니엘에게 억압적인 권력으로 종종 묘사하지만, 그가 친구들을 제국의 왕궁에서 직책을 맡도록 적극적으로 추천했음도 보여준다(단 2:49). '다니엘 방식'은 적어도 때로는 우리가 "체류

외국인이면서 동시에 모든 영광스러운 실패에도 해당 국가에 헌신"할 수 있다고 믿는다.⁶² 실제로 우리는 충실하게 감당할 수 있다면 언제라도 정부를 변화시키고자 노력할 수 있고 또한 마땅히 그렇게 해야 한다.

그러므로 '다니엘 방식'은 믿음의 공동체가 반문화적 공동체나 선지자적 항거에 국한하는 식으로 제한적인 참여를 해서는 안 된다는 '오직 로마서 13장'의 그리스도인들에게 동의한다. 다니엘의 정치적 제자도는 '오직 계시록' 방식이 권하는 도덕 형성과 반문화적 증언에 의존한다. 그러나 그런 도덕 형성과 증언으로 다니엘은 권력 정치에 참여했다. 실제로 신실한 제자도는 그에게 그렇게 하도록 요구했다.

더 나아가, 다니엘은 그런 참여를 통해 우상 숭배적인 정치 권력이 변할 수 있고 정의와 공동선을 향해 나아갈 수 있음을 보여준다. 다시 말해, 다니엘은 정부가 실제로 국민의 '선'을 위한 '하나님의 종'으로 기능할 수 있음을 보여준다(롬 13:3). 다니엘은 변화가 일시적이며 국가의 정의와 선이 하나님 나라의 온전함에 비하면 너무나 하찮은 수준임을 인식하고 있었으나, 그래도 이것은 여전히 사실이다.

심지어 다니엘은 로마서 13장과 계시록의 정치 신학을 한 책으로, 실제로 한 인간의 삶으로 통합하고 있다고 볼 수도 있다. 그렇다면 이런 해석은 남아프리카 인종 차별 정책의 어두운 그림자 속에서 앨런 보작(Alan Boesak)이 강조한 주장을 지지한다. 즉, 로마서 13장 1-7절은 하나님이 의도하신 정부에 대해 묘사했으나 계시록은 하나님의 의도를 완전히 거부하는 국가를 묘사한 것이므로 거부할 수밖에 없다는 것이다.[63] 그러면 다니엘은 그런 두 종류의 정치 체제 아래 살았던 사람의 모델을 제시하며 각기 요구하는 정치적 실제의 차이를 우리에게 보여준다고 볼 수 있다.[64]

'다니엘 방식'과 현대 정치 신학

'다니엘 방식'은 깊이가 얕은 '오직 로마서 13장' 방식과 '오직 계시록' 방식 중에 택일하고자 하는 일부 미국 그리스도인의 문제적 성향을 드러낸다. 그러나 이런 단점은 어떤 면에서 정치 신학이 복잡하기 때문임을 감안해야 한다. 사랑하고 섬기도록 부름받은 복잡한 세상에서 오직 하나님만 섬기며 살아가는 방법을 모색하는 일은 참으로 쉽지 않다. '다니엘 방식'은 일견 서로 배타적으로 보이는 입장과 결단을 긴장을 유지하며 접근할 것을 요청하기 때문에 정치 신학은 더욱 복잡해질 수밖에 없다.

앞에서 '오직 로마서 13장' 방식과 '오직 계시록' 방식이 진지한 정치 신학의 왜곡된 설명임을 주장한 적이 있다. 그렇다면 다양한 전통에 속하지만, 각각의 전통 속에 잠재된 환원주의적 문제를 넘어서는 정치 신학을 정립하고자 노력하는 신학자들이 있다는 것은 참 놀라운 선물이 아닐 수 없다.

예를 들어, 스티븐 롱(D. Stephen Long)은 기독교 윤리에 대한 '아우구스티누스'의 방식과 '교회론적' 방식의 논쟁을 체계적으로 연구하고 그 결과를 선보였다. 교회론적 입장에서 접근하는 롱은[65] 이 두 진영이 서로 상대방의 비평에 영향을 받아 엄청난 수정을 거쳤다고 강력하게 주장한다. 그는 '독특한 정치 형태'의 교회적 구현을 지속적으로 강조하는 정치 신학을 옹호하면서도, 교회론적 접근 방식이 새 예루살렘에 대한 계시록의 환상이 "없어지지 않을" 열국의 선을 위한 여지를 만든다는 점을 인정한다고 옹호한다.[66] 그렇게 그는 세속 정치 참여에 개방적인 교회론적 혹은 신재세례파적 정치 신학을 상상한다. 그 이유는 열국이 "사탄적"이지는 않지만 "언덕 위의 성에 '영광과 존귀'를 바치는 폐위된 권력"이기 때문이다(참고. 계 21:26).[67]

제임스 스미스(James K. A. Smith)는 롱의 연구 과제를 일종의 거울처럼 반영하여 칼뱅주의, 신카이퍼주의 전통에 뿌리를 두면서도 교회론적 방식을 참고하는 정치 신학을 제시한다. 따라서 그는 성령이 하나님 나라의 정의롭고 의로운 특성을 갖도록 "…정치 질서를 인도하실" 수 있고 때로 실제로 그렇게 역사하고 계심을 인정하면서, 그리스도인이 문화적 변혁을 추구할 수 있고, 특히 세속 정치 영역에서 그렇게 해야 한다고 주장한다.[68] 그러나 동시에 스미스는 교회 전통, 특히 스탠리 하우어워스의 입장을 수용한다.[69] 따라서 그는 신카이퍼주의 정치 신학이 민족 국가든 교회라는 정치 사회든, 모든 정치적 사회에서 사는 삶의 방식이 매우 형성적이며 심지어 예전적임을 인정하도록 요청한다.[70] 정치적 제자는 "태어나는 것이 아니라 만들어진다"는 사실은 "우리를 우리답게 하는 습관과 욕망의 형성

과 정치 생활이 어떻게 연결되어 있는지 세밀하게 살피는 정치 신학이 되어야 함"을 의미한다.[71]

그런 통찰은 스미스를 세속 정치에 참여하는 신카이퍼주의 신학으로 인도한다. 즉, 국가의 우상 숭배적, 종교적 경향과 교회의 정치적 현실을 인정하면서도 이런 통찰이 교회 정치와 국가 정치가 "상호 배타적이거나 철저하게 대립"을 요구하는 것으로 보지 않는 접근법으로 인도한다.[72] 이런 주장을 종합하면, 스미스는 정치 제자도에 대해 세밀한 해석을 제시할 수 있다. 그리스도의 몸은 오직 예수께만 충성하는 제자도를 추구할 수 있고, 또 마땅히 그래야 한다. 하지만 그 제자도를 삶으로 살아내기 위해서는 적어도 가능하다면 "정도는 미미하더라도 장차 올 사랑의 왕국으로" 정치 제도가 다가갈 수 있도록 정치 권력을 사용하는, 쉽지 않은 일을 해야 한다.[73]

다니엘서에 대한 나의 해석이 학계와 교단에서 이런 유의 정치 신학을 공언하고 실천하는 데 도움이 되었으면 좋겠다. 실제로 '다니엘 방식'은 그런 실천적 정치 신학에 필요한 적어도 다섯 가지 중요한 통찰을 제공한다.

첫째, '다니엘 방식'은 정의, 특히 가난한 자들을 위한 정의가 정치 행위자의 가장 중요한 정치적 덕목이자 모든 정치 제도를 평가하기 위한 일차적인 정치 기준임을 분명히 한다. 교회는 하나님 나라의 전진 기지이므로 그 자체로 정치적 존재인 교회에도 이것은 적용된다.

그러나 하나님의 백성이 참여하는 모든 세속 정치 제도에도 이것은 적용된다. 따라서 다니엘서는 바로 연결된 문맥에서 많은 사람을 '의'와 '공의'로 돌아오게 할 자들이 지혜로운 자라고 언급하며, 이것은 억압당하는 하나님의 반문화적 백성이 의와 공의를 함양하는 데 지혜로운 자가 맡은 역할이 있음을 특별히 가리킨다(단 12:3). 그러나 이 억눌린 반문화 속에서 '의가 시행되게'(*matsdiqe*, 마츠디케) 한다는 표현은 폭군 느부갓네살조차 그런 '의'나 '공의'를 받아들이게 하려는(*tsidqah*, 치드카, 단 4:27[24]) 다니엘의 초기 시도에서 분명한 반향을 발견한다.[74] 다시 말해, 정의와 공의에 대한 하나님의 독특한 비전은 교회와 교회 밖에서 그분 백성의 정치를 인도해준다. 정치적 순간에 하나님의 백성이 더 넓은 정치 공동체에 참여할 것인지 저항하거나 물러날 것인지 어떤 선택을 요구하든 상관없이 이것은 사실이다. 다니엘서와 다른 성경에서 신실한 정치는 압제당하는 이들을 대신해 정의롭고 신실하게 권력을 행사할 것을 요구한다.

둘째, '다니엘 방식'은 우리가 세속 정치 권력과 관계를 맺는 방식이 특정 시기의 고유한 가능성에 대한 분별력에 달려 있다는 정치 신학을 끊임없이 상기시킨다. 다니엘은 느부갓네살을 위해 열심히 일하고 벨사살을 위해 일하는 것을 거부하며 미래의 정권과 협력하는 것은 배교나 다름없는 미래의 날을 예견했기 때문에 세속 정치에 '찬성' 또는 '반대'라는 접근 방식에 깔끔하게 들어맞지 않았다. 그 결과, 제국의 권력 정치에 신실하게 참여하는 것이 정의와 공동선을 위한 진정한 변화를 추구하는 경건한 방법이 될 수 있다고 주장하는 사람들은 다니엘서 1-6장의 다니엘을 우호적으로 평가할 수 있지만,

7-12장의 다니엘은 이해하기가 어려울 것이다. 또는 모든 권력 정치를 압제에 동조하는 것으로 보아 직접적인 저항이나 철수를 유일한 신실한 태도라고 주장하는 사람들은 다니엘서와 관련해 정확히 정반대의 문제에 봉착할 것이다.

우리가 정경으로 보는 다니엘서는 분명히 모순되어 보이는 이런 입장을 하나로 통합하고 있다. 그는 삶으로 제국에 직접적으로 저항하는 모습을 보이면서 제국에 대해 신중하고 건설적으로 관여하는 모습도 보인다. 태도의 이런 변화는 신학적 입장의 변화가 있다는 증거가 아니라 상황에 따른 현명한 분별력을 바탕으로 한 '특별한'[75] 결정으로 이해하는 것이 가장 설득력이 있다. 이런 분별력은 아래의 공동체에 따라 달라진다.

— 형성적 제자도에 기도, 금식, 공동체적 회개, 왕의 음식과 제국의 교육을 포함한 현재 제도에 대한 의도적 저항을 행하는 반문화적 공동체.
— 형성적 제자도에 성경에서 보여주는 정의, 공의, 거룩이라는 독특한 이야기를 받아들이고 수용하는 반문화적 공동체.
— 형성적 제자도로 그 구성원들이 당대의 정치적 현실에 대한 하나님의 시각을 받아들이도록 훈련하는 반문화적 공동체.

마지막 부분은 더 상세한 설명이 필요하다. 다니엘의 정치를 형성하는 종말론적 정치적 지혜는 우상 숭배와 압제라는 모든 권력의 지칠 줄 모르는 속성을 드러낸다. 다니엘이 경험한 모든 정치 체제는, 그가 그 체제에 협조했든 거부했든, 이런 우상 숭배적 경향을 보여주었다. 실제로 다니엘서 2장 끝부분은 느부갓네살이 이 교훈을 얻었다고 믿게 하다가 다음 두 장에서 결국 그가 반복적으로 '타락'했음을 이야기한다.[76] 동시에 그렇다고 이 보편적인 우상 숭배 성향이 모든 정치 체제가 똑같이 문제가 있다는 것을 의미하지는 않는다. 하나님이 다니엘에게 보여주신 환상은 느부갓네살을 금으로 된 머리로 묘사하고 미래의 통치자들을 사악한 짐승으로 묘사한다. 하나님의 백성은 다양한 당대의 정치적 선택을 도덕적으로 진지하게 구분하는 노력을 해야 한다.

이와 대조적으로, 학자들은 때로 모든 '제국'이 똑같이 문제가 있다는 식으로 제국에 관해 이야기한다. 일반적인 수준에서 그리스도인들은 때로 똑같이 부패한 것으로 추정되는 모든 정당이나 플랫폼 사이에 일종의 광범위한 도덕적 동등성을 제안하기도 한다. 그러나 다니엘서는 제국 간의 연속성을 인정하면서도 차선의 정권과 더 나쁜 정권을 구분한다. 실제로 창조적 협조나 건설적 조언이나 노골적 저항 중 어떤 것이 적절한 반응인지는 공동체의 이런 차이에 대한 분별로 결정된다.

그러므로 '다니엘 방식'의 정치적 분별력은 모든 종류의 거짓 동등성을 거부하며, 개별 정치인이나 정치 집단이 사리 분별을 갖춘 그리스도인에게 동등하게 우호적인 것처럼 가장하는 것을 반대한다. 다니엘서에서 묘사한 사악한 짐승 같은 정권을 보면, 우리는 언제 거부하고 저항해야 할지 마땅히 확인해야 할 의무가 있다. 다니엘의 정치 제자도는 가능하다면 세속 정치에서 하나님의 나라를 추구하도록 그를 형성했다. 그러나 그런 훈련이 있었기에 또한 정치 체제의 심각한 타락으로 참여가 더는 신실한 선택이 아닐 시기를 분별할 수 있었다.

셋째, 성경적 정치의 핵심은 정의이며, 모든 정치 권력은 우상 숭배와 불의를 지향하기에 그리스도인은 정치 권력, 특히 그들과 협력하는 권력에 대해서도 예언자적 직언을 실행해야 한다. 예를 들어, 다니엘이 예루살렘을 약탈하고 성전을 유린한 폭군 느부갓네살과 협조할 수 있었던 것은 매우 인상적이다. 이런 사실은 신앙 공동체가 의견 차이가 큰 사람들과 파트너십을 맺는 데 제약을 가하는 모든 종류의 정치적 순수주의에 도전한다. 그러나 정의로운 제자도는 또한 느부갓네살이 자기 정권을 숭배하고 가난한 사람들을 부당하게 대하는 것에 예언적으로 맞서며, 자신의 상전을 제대로 평가할 것을 다니엘에게 요구한다.

아마 세속 정치에 깊이 연관된 그리스도인이 맞닥뜨릴 가장 심각한 유혹은 정치 권력에 협조하다가 그런 권력의 불의하고 우상 숭배적 성향을 예언자적으로 비판하는 능력이 무뎌지는 것이다. 그러나 '다니엘 방식'의 관점에서 충실한 정치적 증언은 우리가 소속된 정치 진영을 혹독하게 비판하는 것도 마다하지 않는 수준이어야 한다. 실제로 다니엘서 9장에서 공동체적 회개 기도에 비추어 볼 때 '다니엘 방식'은 우리 자신의 정치적 자아마저 신랄하게 비판할 것을 요구한다.

현대 복음주의 정치의 예로 돌아가서, 그리스도인이 트

럼프 시대의 공화당과 함께 일할 수 있다고 판단한다면, 가령 이민자와 난민에 대한 공화당의 비인간적 공격에 맞서야 한다. 그리스도인이 민주당과 함께 일할 수 있다고 판단한다면, 태아의 생명을 보호하지 않으려는 민주당의 태도를 비판해야 한다. 어떤 경우든, 그리스도인은 특정 정당이나 정치 운동과 관계없이 우상 숭배적 민족주의를 맞닥뜨릴 때 그것에 맞서고 대면해야 한다.

그러나 물론 신중하면서 예언자적인 정치 입장을 고수하는 것은 매우 어려운 일이다.[77] 이러한 어려움 때문에 우리는 정의로운 제자도를 지향하는 도덕 형성의 중요성을 다시 생각해 보지 않을 수 없다. 권력의 중심부에서 '다니엘 방식'을 실행할 수 있는 그리스도인은 그 구성원들이 한편으로는 예수님과 그분의 정의로운 왕국에 깊이 헌신하도록 훈련하며, 또 다른 한편으로는 세속 정치 권력에 대해 상대적으로 "계산된 모호성"[78]을 유지하도록 하는 반문화적 공동체에서만 배출될 수 있다.

상대적 모호성이란 말을 쓰는 이유는 다니엘이 자기 동족의 안녕에 진심으로 관심을 기울이면서, 실제로 바벨론의 안녕에도 관심을 기울였기 때문이다. 무엇보다 예레미야가 포로들에게 그들이 파송된 "그 성읍의 평안을 구해야" 한다고 쓰면서 가르쳤던 것이 바로 이런 내용이었다(렘 29:7). 예수의 통치를 받으며 성경을 지침으로 삼는 하나님 나라의 전진 기지로서 교회의 근본적 정체성과 충실한 역할에 비추어 볼 때 우리는 그런 국가적 헌신을 상대화하는 교회 생활을 수용해야 할 과제를 안고 있다. 우리에게 너무나 절실한 것은 이런 종류의 정의롭고 도덕적으로 형성되는 성경 중심의 정치적 제자도다. 정치적 복도의 양측 모두 우상 숭배와 불의의 위험이 잠복하고 있는 세상에서, 예수의 통치를 받는 정치적 제자도는 신실한 정치 참여의 유일한 통로다.

넷째, '다니엘 방식'은 그리스도인에게 특이한 형태의 정치적 희망을 선사한다. 한편으로, 느부갓네살도 변화될 수 있다. 그는 하나님 나라에 관해 한두 가지를 배울 수 있었으며 이는 모두에게 좋은 소식이다. 동시에 그런 정치적 성공은 기껏해야 단기적이고 임시적인 것이다. 제국은 무언가를 배워도(단 2장) 곧 잊어버린다(단 3장). 세상의 느부갓네살들이 마침내 교훈을 얻더라도(단 4장) 그 일로 하나님 나라가 도래하지는 않을 것이다. 오히려 또 다른 무리의 압제하는 정치인이 등장할 가능성이 더 크다(단 5장)! 이런 현실은 정치 체제나 과정을 지나치게 낙관적으로 보는 경향이 있는 정치 신학과 균형을 이룬다.

그러므로 '다니엘 방식'은 하나님의 백성에게 가능한 한 단기적인 정치적 변화를 위해 일하고 희망하도록 촉구하는 동시에, 우리의 최종적인 정치적 희망은 오로지 모든 인간 왕국에 대한 하나님의 궁극적 승리와 절대적으로 직결됨을 끊임없이 상기시킨다. 이 승리는 오직 하나님만 주실 수 있으며, 모든 인간 권력의 통제 밖에 있다. 하나님 나라의 돌은 인간의 손으로 깎을 수 없다(단 2:45)![79] 그런 핵심적인 신학적 주장은 그리스도인의 정치적 제자도의 핵심을 이루며 우리의 잘못된 희망을 교정해주지만, 우리 스스로 우리의 정치적 노력으로 그 나라를 실현하고자 하는 부담을 내려놓게 해준다.

다섯째, '다니엘 방식'은 하나님의 백성이 정치 생활로 받는 고난을 받아들일 것을 요구한다. 다니엘서에서 통치 권력은 여러 차례 변하지만, 오직 하나님만을 섬기고자 기꺼이 고통을 감수하는 반문화적 공동체의 태도는 전혀 변하지 않는다. '다니엘 방식'에 따라 이 고통을 일부러 자처해야 하는 것은 아니지만, 현재의 신앙 공동체에 중요한 한 가지 질문을 제기한다. '하나님에 대한 신실성과 이웃을 위한 정의를 실현하고자 우리가 고통을 감수하며 정치적 실천을 해야 할 부분은 어디인가?'

'다니엘 방식'의 실현

요셉과 다니엘에 대한 나의 종합적인 해석과 더불어 이런 다섯 가지 통찰을 통해 롱과 스미스로 대표되는 복합적인 정치 신학이 미국 교회들의 강단에 뿌리내리게 되기를 기대한다. 이를 위해 나는 '다니엘 방식'의 여러 측면을 반영한 정치적 삶을 살았던 현대의 한 인물, 고 제임스 네터스(James Netters) 목사를 소개하며 글을 마무리하고자 한다.[80]

2020년 임종 당시 네터스 목사는 '멤피스시에서 단일 교회를 가장 오래 섬긴 목회자'였다.[81] 1955년 마운틴 버논 침례교회에 취임한 네터스는 지역 사회와의 교류를 계기로 마틴 루터 킹의 민권 운동에 참여하게 되었다. 킹이 "나에게는 꿈이 있습니다"라는 연설을 할 때 그는 무대에 있었고, 킹의 모범에 고무된 그와 다른 여섯 명은 멤피스에서 '버스 좌석 점거 시위로 가장 먼저 체포된' 사람들이었다.[82] 그 시위로 멤피스시의 버스들이 통합될 수 있었지만, 또한 멤피스에서 네터스 박사가 최초로 흑인 시의원 중 한 명으로 당선되는 길이 열렸다.

네터스는 정치 참여가 사역의 연장선이라고 생각했다. 제도 안팎에서 적극적으로 정치에 참여하고자 했던 탓에 그는 독특한 위치에 오를 수 있었다. 공직에 진출한 첫해에 미화 노동자들의 시위가 시작되었다. 네터스는 거리로 나가 시위에 동참했고, 1968년 3월 28일에는 그 유명한 시위 도중에 최루탄에 맞서 싸웠다. 그러나 그는 또한 시의원으로서 보이지 않는 곳에서 일하기도 했다. 그의 노력은 킹이 암살된 후이기는 했지만, 미화 노동자들의 승리에 기여했다.

네터스는 마운트 버논 교회에서 여전히 목회했고, 지역 공동체 자원봉사를 선두에서 이끌었으며, 지방 정부와 시민 단체에서 활동했다. 와이어스 챈들러(Wyeth Chandler) 시장을 도와 부시장으로 섬겼고, 자신의 영향력을 이용해 멤피스의 흑인들이 지방 정부에 진출하도록 문을 열었다. 다니엘처럼 이런 일은 지속적인 사리 분별과 협상력, 영적 형성에 대한 지속적 헌신, 권력에 맞서고자 하는 자발성이 분명히 필요했다. 정치에 참여해야 할 필요성과 예언자적 목소리를 동시에 견지하기 위해서는 늘 아슬아슬할 수밖에 없었다. 그러나 목회자로 섬기며 가난한 이들의 일상을 늘 함께했기 때문에 네터스는 성실하게 그 길을 걸어갈 수 있었다.

네터스의 유산은 내 친구 멜빈 왓킨스(Melvin Watkins)

목사의 지도력 아래 마운트 버논 교회에 변함없는 증언으로 여전히 살아 숨 쉬고 있다. 네터스 목사의 삶은 '다니엘 방식'의 효력과 그 방식을 거리와 권력의 핵심부를 비롯한 세상 속에 실현하는 실천적 정치 신학의 힘을 확인하게 해준다. 그런 실천적 정치 신학은 '다니엘 방식'으로 구체화된 정의로운 제자도에 의존한다. 우리도 그 길로 걸어갈 수 있기를 바란다!

13장
기쁨을 위한 정의로운 제자도

예수님은 정의를 승리로 이끄신다(마 12:20). 성경에서 그 승리의 이야기를 추적하다 보면 정의를 사랑하시며, 세상의 구조 자체에 정의의 방식을 새겨 넣으시고 정의로 통치하시며, 왕 같은 제사장인 아들과 딸이 공의로운 통치에 참여하도록 부르시는 하나님을 만나게 된다.

성경에서 정의라는 줄기를 따라가다 보면 하나님의 형상을 지닌 인간들이 하나님의 공의로운 방식을 비극적으로 거부하는 모습과 마주하게 된다. 아담과 하와는 하나님께 반역했고, 가인은 동생을 죽였으며, 인류는 하나님의 아름다운 세계가 폭력으로 얼룩지게 만들었다. 모두 성경의 첫 여섯 장에 등장하는 이야기다! 하나님이 반역한 세상을 되찾으실 계획에 동참하도록 이스라엘을 부르실 때 그들의 가장 중요한 직무는 정의였으며, 하나님이 이스라엘을 고발한 내용을 한마디로 요약

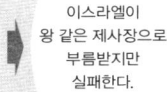

[표 13.1] 예수님은 공의를 행하는 백성을 세우셔서 정의를 승리로 이끄신다

할 때도 정의가 그 핵심에 있었다. 이스라엘은 모든 인류처럼 극적으로 실패했다는 것이다. 이스라엘과 인간 역사는 하나님의 정의로운 선한 길에 맞서 반역을 저지르며 불성실하게 권력을 행사하는 인간의 이야기로 점철되어 있다.

복음의 좋은 소식은 우리의 공의로우신 하나님이 통치하시며 인간의 형상을 지닌 자들을 통해 세상을 다스리려는 계획을 포기하지 않으신다는 것이다. 인간과 이스라엘이 왕 같은 제사장의 아들과 딸로서의 정체성과 직분을 거부하자, 하나님은 인간이자 충실한 이스라엘 사람, 또 왕이자 대제사장, 하나님의 아들이신 예수님을 보내셨다.

예수님은 불의한 사람들을 지도에서 다 제거하거나 세상에서 가장 작은 역할로 좌천하는 식으로 그분의 왕권을 행사하지 않으셨다. 예수님 안에서 삼위 하나님은 우리의 불의를 속죄하도록 용서를 베푸시고, 우리를 죄와 죽음과 사탄에게 노예 된 상태에서 해방하셨으며, 우리와 연합하시고, 새 생명 안에서 그분의 정의로운 길을 걷도록 초대하시며, 성령을 주셔서 우리가 그 일을 감당할 수 있게 해주셨다.

그 결과는 무엇인가? 예수님은 성령의 권능을 힘입고 세상 속에서 왕이신 예수의 의로운 통치를 실현하도록 하나님의 부르심을 받은 사람들의 공동체로서 교회를 세우셨다. 의로우신 왕이 하나님의 백성과 함께하시기에 그들은 증인으로 섬기며 사람들을 예수께로 이끌어 죄를 용서받고 왕 같은 제사장 가문의 일원으로 재위임받도록 돕는다. 언젠가 우리의 의로우신 왕이 다시 오실 것이다. 부활하신 이가 자기 백성을 죽은 자 가운데서 일으키시며 그분의 세상을 온전히 다시 회복하실 것이다. 부활하여 구원받은 삼위 하나님의 백성은 부활하여 재창조된 세상에서, 끝없이 영원한 세상에서 하나님의 의로운 통치에 영원토록 참여할 것이다. 아멘!

제자도는 성경의 지침을 따라 성령의 능력에 힘입어 이 거대한 이야기 속에 참여하도록 하나님이 작정하신 창조 본연의 백성이 되어가는 여정이다. 제자도는 하나님께 값없이 받은 선물이다. 그러나 제자도라는 하나님의 선물은 매일 성령 충만한 기쁨으로 제자도의 임무를 수행하도록 우리를 변화시킨다. 그 선물이자 과업의 핵심에는 의롭게 되라는 부르심이 자리한다.

정의가 성경 이야기의 전부도 아니며 제자의 정체성과 직무의 전부를 이루지도 않는다. 그러나 공동체 속에서 권력의 신실한 행사로 이해되는 정의는 성경 이야기의 중심을 이루며 제자들의 정체성과 직무의 핵심을 차지한다. 성경은 불의한 세상에서 정의로운 제자가 되기 위해 창조적으로 노력하는 우리에게 짜릿하고, 힘이 넘치며, 폭발적인 지침을 제공한다.

정의로운 제자 되기, 지나온 길 되돌아보기

2부에서는 성품 면에서 정의로운 제자가 되는 법에 초점을 맞추었다. 신명기의 절기를 경험하면서 우리는 계급으로 심각하게 분열된 사회에서 관대한 정의를 포함한, 정의롭고 하나님을 경외하는 습관을 어떻게 함께 기를 수 있을지 상상해볼 수 있었다. 시편의 정의의 노래를 들으며 하나님의 백성이 사회 불의의 희생자들과 연대하도록 훈련하는 찬양 방식을 이해할 수 있다. 잠언에 나오는 아버지의 도발적인 훈계를 경청하면 가난한 이들을 배려하는 경제를 위한 정의로운 지혜를 갈망하는 마음이 길러진다. 요한일서의 예수님께 시선을 집중하면 악한 자의 영향으로 심각하게 타락한 경제와 문화 속에서 고통당하는 형제들의 절규에 마음을 열고, 자기희생적 사랑의 행동으로 우리 주님을 본받고자 하는 뜨거운 열망이 생긴다.

3부에서는 하나님의 백성이 우리의 공동체 생활의 지침이 될 기준과 '내부' 정치, 공동체 생활의 구조와 제도를 통해 정의로운 백성이 되어가는 과정에 초점을 맞추었다. 희년을 연구하면 백성의 사회·경제적 생활에 대한 하나님의 계획을 중요하게 받아들일 수밖에 없다. 희년은 하나님의 정의롭고 '각자 포도나무와 무화과나무를 가진' 경제에 대한 비전을 보여준다. 또한 하나님의 백성이 그 경제를 유지할 수 있는 정의로운 실제를 보여준다. 필요하다면 후대 세대가 조상의 불의를 인정하고 회복해주어야 할 것이다. 후대의 성도 세대들이 희년의 정치를 근거로 후대의 시공간에서 공동체 생활을 어떻게 영위할지 확인한 방식을 연구하면 우리 역시 유사한 방법을 고민하게 된다. 희년은 현대 교회가 우리의 공동체 생활을 다시 상상하도록 도전한다. 심지어 미국 그리스도인들이 조상의 잘못에 희년의 방식으로 반응하도록 교회 배상을 실행하도록 도전할 수도 있다.

그리스도의 뜻에 맞게 교회 정치를 실행하는 일이 쉽지 않았던 고린도 교회에 바울이 한 조언을 들으면, 우리 교회들이 종종 불의한 계급 질서를 강화하는 방식으로 스스로 정비하지는 않았는지 우리 모습을 점검하게 된다. 그러나 바울은 교회들이 '의자를 재배치'하는 방법을 상상하도록 영감을 주어, 교회 존재 자체로 '주님이 오실 때까지 그분의 죽음을 선포'하는 공동체로서의 정체성에 맞게 살도록 도전한다.

마지막으로, 4부에서는 정의로운 제자들과 정의로운 교회 공동체들이 주변의 국가나 장소나 정치 속에서 어떻게 정의를 추구할 수 있는지를 살펴보았다. 요셉의 성공 이야기에서 정치 참여의 가능성과 문제를 살펴볼 수 있었다. '요셉 방식'은 요셉처럼 미국 그리스도인들이 종종 권력을 이용해 '애굽'에서 자신의 자리를 차지하려고 했던 방식을 고려하게 만들었고, 그 과정에서 문제가 되는 '애굽화'를 수용하고 정치적 증언을 노예화할 위험이 있음을 발견할 수 있었다. 그러나 다니엘의 권력 상승과 '다니엘 방식'과 '요셉 방식'의 유사점과 차이점을 추적하면서, 우리는 정치적 우상 숭배에 휘둘리지 않고 우리가 파송된 곳의 선을 추구할 수 있는 정의로운 정치적 제자도의 방법을 상상할 수 있는 영감을 얻었다.

정의로운 제자도, 앞으로 나아갈 길 생각해보기

지금까지 정의로운 제자도에 대한 성경의 주장을 확인하고자 많은 부분을 다루고 살펴보았다. 이제 앞으로 더 시도해야 할 일은 무엇인가?

결과적으로 긴 분량의 책을 쓰고 말았지만 이제 마무리를 해야 하는 이 시점에서 "아직 못 다룬 부분은 무엇이지? 거의 전부야!"라고 소리치고 싶을 정도로 아쉬움이 가득하다. 성경의 정의라는 거대한 주제와 관련해 빙산의 일각만 다루었을 뿐,[1] 성경의 정의로운 제자도와 관련해 그동안 살펴본 모든 내용을 현대의 매우 좁은 범위의 문제에 적용했다. 나는 미국 교회가 인종이나 경제 정의의 문제를 치열하게 고민해야 한다고 믿으며, 이런 문제들에 관해 아직 할 말을 다 하지 못했다고 생각한다. 그러나 하나님은 삶의 모든 영역에서 정의를 추구하도록 정의로운 제자들을 부르신다! 교회가 정의로운 제자도의 비전을 진심으로 받아들이기를 바란다면, 현대의 수많은 도전, 기회, 상황, 소명을 외면하지 않고 살도록 성경으로 형성될 방법을 고민해야 할 것이다.

개인적으로 이런 문제 때문에 마음이 더 절박했던 것은

이 책의 집필을 마칠 때쯤 우리 가족이 사랑하는 고향 멤피스를 떠나 지구 반대편의 뉴질랜드(아오테아로아)[2]로 사역을 위해 가야 했기 때문이다. 성경은 이곳에서도 교회가 정의로운 제자들의 공동체가 되기를 요청한다. 그러나 이곳에서 그 부름을 받아들이려면, 미국과는 전혀 다른 역사와 상황에 대한 이해가 필요하다!

이 책은 정의로운 제자도의 전체 지도는 아니다. 하지만 이 책이 정의로운 제자도의 여정에 참여하고 싶다는 마음이 들게 하는 매력적인 초청장이 되길 바란다. 이 책에서 제시하는 성경 해석으로 하나님의 백성이 이 여정을 조금 더 나아가기 위한 많은 아이디어를 얻었기를 바란다. 하지만 궁극적으로 교회는 장기적인 의제에 해당하는 정의로운 제자도를 심층적으로 탐구하는 작업을 해야 한다. 그렇게 하기 위한 구체적인 방법은 무엇인가?

정의로운 제자도를 의제로 받아들이라

이 책이 청사진을 제공한 것은 아니다. 하지만 유용한 방법의 예시를 보여주려고 노력했다. 그것에는 다음과 같은 방법도 있다.

─성경이 말하는 정의 지향적 제자도에 관해 탐구한다.
─도덕 형성에 대해 연구한 신학자들의 통찰을 자세히 알아본다.
─우리 자신의 상황에서 창의력을 발휘해 성경

말씀대로 산다는 의미가 무엇인지 발견해나간다.

　　이 책을 읽는 독자들이 베뢰아 교인들처럼 우리가 함께 살펴본 본문이 하나님의 말씀을 정직하게 반영하는지 확인하고자 부단히 씨름하기를 바란다(행 17:11). 내 성경 해석과 제안을 설득력 있게 받아들인 독자들을 위해 나는 이 책에서 성경 해석의 전반적 의제, 학자, 목회자, 학생, 교인이 받아들이고 고민하길 바라는 의제를 제시했다. 3장에서 살펴본 도덕적 제자도가 그 뒤에 충분히 해설되었다고 생각하기에, 나는 그리스도인들이 성경과 우리 세계의 정의로운 제자도에 대한 하나님의 비전을 확인하는 데 그 지도를 사용했으면 좋겠다. 특별히 난민 위기, 낙태, 종교 박해, 기후 위기, 노숙자, 안락사, 폭력, 중독, 원주민에 대한 불의, 사법 개혁, 과학 기술 등 수많은 문제에 적용해볼 수 있으리라 생각한다.

　　이 의제를 조금이라도 진지하게 고민하는 그리스도인이라면, 정의로운 제자도에 대한 성경 비전으로 나는 상상조차 할 수 없었던 전망을 발견할 것이며, 도덕 형성에 관한 내 지도를 수정하고 개선하는 방향으로 더욱 나아가게 될 것이다. 실제로 학자적 관점에서 볼 때 신학적 해석을 목적으로 풍성한 신학 윤리의 실제적인 학제적 대화를 시도한 노력이 이제 겨우 결실하기 시작하는 것 같다. 이 책이 이런 의제를 수용하도록 사람들에게 도전이 되었으면 한다.

새로운 대화 상대들과 교류하라

성경과 우리 세계와 관련해 정의로운 제자도를 두고 씨름하던 나는 다소 예상치 못한 새로운 대화 상대들과 교류하게 되었다. 여기에는 다른 학문 분야를 연구하는 사람들도 있었다. 경제학자, 역사가, 사회 과학자, 심리학자, 인지 과학자가 연구한 성과도 살펴보았다. 내가 이런 전문 분야를 이해하기는 어려웠지만, 최저 임금 입법화, 미국의 종교사, 미국 지역 현황, 트라우마 희생자의 노출 효과, 뇌에 내장된 모방의 방식과 관련해 그들의 주장을 이해하고자 경청하는 노력은 놀라운 효과가 있었다. 정의로운 제자도를 위해 성경을 꼼꼼하게 읽는 일이 필수라면, 오늘날 성경대로 사는 방법을 고민하기 위해 하나님의 세상에서 진리를 추구하는 이들과 교류하는 일도 꼭 필요하다고 느꼈다.

뜻밖의 사람들과 대화를 나누면서 내가 속한 신학적 전통 밖의 목소리를 경청하게 되었다. 나는 모태 장로교인으로 장로교 대학을 다녔고 장로교단에서 사역자로 임명받았다. 그러나 정의로운 제자도를 연구하면서 로마 가톨릭 전통의 도덕 신학자, 재세례파 색채가 강한 윤리학자, 성공회 신학자와 침례교 동료와 교류하면서 훨씬 풍성한 지식을 얻을 수 있었다. 여전히 나의 신학적 전통의 뿌리는 그대로지만, 더 폭넓게 여러 배경의 교회에서 배우는 것이 얼마나 우리를 풍성하게 하는지 경험했다.

하지만 더 중요한 것이 있다. 정의로운 제자도를 추구하면서 나와는 완전히 다른 사회적 입장에 있는 동역자들과 대화할 필요가 있었다. 특히 흑인 교회의 동역자들과 대화할 필요가 있었다. 그들의 목소리는 내가 성경을 읽고 세상을 바라보는 방식에 큰 영향을 미쳤다. 진리가 상대적이라서 그런 것이 아니다. 비백인이거나 경제적으로 소외된 이들이 부유한 배경의 백인보다 더 낫거나 고결한 해석을 하기 때문도 절대 아니다. 드러나지 않은 비판 이론이나 의제를 내가 전폭적으로 지지하기 때문도 아니었다. 그것은 단순히 우리 경험이 성경과 세상의 어떤 부분을 더 쉽게 보게 하고, 다른 것들을 더 쉽게 놓치게 한다는 상식적인 관찰 때문이다. 아버지가 되고 나서 부성에 대한 성경 본문을 보면 이전과는 다른 부분이 들어온다. 케냐 소작농들과 함께한 경험 덕분에 밭과 농장에 대한 성경의 가르침을 보는 시각이 새로워졌다. 새로 만난 마오리족 출신의 동료와 학생은 내가 생태학적 비전에 관해 새롭고 깊은 발견을 할 수 있도록 도와주었다. 그리고 정의를 위한 싸움에 참여했던 흑인 그리스도인은 하나님이 정의에 관해 품으신 마음의 여러 측면을 볼 수 있도록 도와주었다. 그들의 도움이 없었더라면, 나는 그런 부분들은 간과하고 보지 못했을 것이다.

    나와 다른 사회적 위치에 있는 사람, 다른 신학적 전통이 배경인 사람의 목소리를 경청하면 충격을 받을 사람도 일부 있으리라고 본다. 그런 우려와 관련해 제2장로교회에서 내가 경험한 이야기를 들려주고 싶다. 우리는 1990년대에 존 퍼킨스가 사용한 것과 같은 성경을 사용했다. 또 1960년대 기도로 시위하던 이들과도 같은 성경을 사용했다. 실제로 연좌 시위가 벌어질 당시 교회에 출입을 거부당한 사람 중에는 흑인 장로교 장로도 있었다! 성경은 그리스도인들에게 최종적 권위를 지닌 책이다. 그러나 나의 교회 이야기는 동질적인 집단으로 고립되어 있을 때 성경의 권위 있는 음성을 듣기가 쉽지 않음을 보여준다. 타인, 특별히 압제와 배제를 당한 이들이 함께하는 공동체에서 성경을 읽는 일이 오늘날 하나님이 우리에게 말씀하시는 대로 성경을 경청하는 데 중요함을 우리는 확인했다. 새로운 동역자들과의 대화는 정의로운 제자가 되고자 노력하는 교회에 참으로 필요한 일임을 알게 될 것이다.

일단 시작하라

불의한 세상에서 정의에 대한 하나님의 비전은 감당하기 힘든 벅찬 일일 수 있지만, 정의로운 제자도를 행하는 데 그 임무의 과중함에 위축되어 머뭇거릴 여유가 없다. 그 일을 완벽하게 잘할 교회나 그리스도인은 아무도 없다. 하지만 우리는 모두 하나님이 부르신 대로 정의로운 개인과 공동체가 되기 위해 다음 걸음을 내디딜 수는 있다. 그러므로 공동체 개발 분야의 격언을 빌려 이렇게 말하고 싶다. 작게라도 좋으니 일단 시작하라!(start small and start soon)

시작하는 방법을 고민한다면 다른 사람들과 함께 모여 성령의 인도하심에 귀 기울이라. 정의의 길을 가는 가운데 잔치를 베풀라는 신명기 말씀에 마음이 끌린다면, 공동체 차원에서 가난한 자들에게 다가가는 방법과 공동체 생활 속에서 경제적 소외를 극복할 방법을 함께 고민하라. 절기를 그 일의 핵심으로 삼을 방법을 찾아보라! 당신이 사는 곳에서 불의로 고통당하는 사람이 주변에 많다면, 친구들을 모아 요셉과 다니엘의 이야기를 묵상하며 당신의 공동체에서 '다니엘 방식'을 받아들이는 것이 어떤 의미인지 생각해보라. 음악을 사랑하거나 기도 모임을 인도한다면, 시편에 나오는 정의의 노래를 집중적으로 연구하며 당신이 영향력을 미칠 공동체를 어떻게 변화시킬지 상상해보라. 직장에서 막강한 권한을 가졌거나 빈곤 근로자를 대변하도록 부름받았다는 생각이 든다면 잠언을 읽으며 정의에 관한 교훈을 집중적으로 살펴보라. 직장에서 신실하게 권한을 행사하고자 노력하며 빈곤 근로자를 위한 새로운 정책을 옹호하거나 그들의 곤경에 항의하는 시위에 참여할 때 그 잠언의 교훈이 무엇을 하도록 인도할지 스스로 물어보라. 이 책에서 살펴본 본문을 적용하기가 어려워 보이는 영역에서 신실하게 권한을 행사하도록 부름받았다고 생각한다면, 하나님이 세상에서 대변하도록 부르시는 정의를 위해 하나님의 백성에게 무엇을 요구하는지 성경을 찾아보라. 어쨌든 무슨 일이든 바로 시작하라.

기쁨을 기대하라!

정의 담론은, 특히 인종과 계급 문제와 관련한 담론은 사람을 지치게 할 수 있다. 단순히 현대 교회가 이런 사안에 격렬한 반응을 보이기 때문만은 아니다. 정의로운 제자도의 길이 대가를 요구하는 십자가의 길이기 때문이다. 그런 노력을 할 가치가 있는지 회의가 생길 수도 있다. 특히 교회의 관심이 대부분 다른 곳에 쏠려 있다는 생각이 들 때는 더욱 그렇다.

성경에서 정의의 십자가 여정이 하나님의 넘치는 기쁨으로 세례를 받는다고 반복해서 알려주는 것이 아마 이런 이유 때문일 것이다. 정의로운 제자들은 "그 앞에 있는 기쁨을 위하여 십자가를 참으사 부끄러움을 개의치 아니하시[는]"(히 12:2) 정의로운 왕을 따른다. 바로 그 왕이 십자가를 지고 오직 그분만이 주실 수 있는 기쁨을 얻도록 우리를 부르신다. 성경의 정의를 추구할 때 마음 깊이 바라던 음식이 풍성하게 차려진 잔치에 이끌리는 이유가 여기에 있다. 제자는 이런 이유로 정의를 행하는 일이 기쁨이 되는 세상에 눈뜨게 되고, 하나님 백성의 정의로운 행복한 인생에 관해 소리 높여 부를 노래를 알게 된다. 하나님이 정하신 희년의 정치는 하나님 백성에게 농장과 밭을 대가로 요구했지만, 백성은 2년간의 휴식과 하나님과 서로 교제하는 새로운 가족을 얻을 수 있었다. 하나님은 피조 세계가 부르는 노래 속에 정의를 새겨두셨기에 정의로운 제자도를 수용할 때 그 피조 세계와 같은 찬양을 부르게 된다. 정의로운 제자도가 기쁨이 되는 이유는 정의로운 제자도를 통해 하나님이 작정하신 창조 본연의 삶을 살 수 있기 때문이다.

정의로운 제자도를 거부하고 그분의 세계 속에서 신실하게 권력을 행사하라는 하나님의 명령을 무시하는 것은 죄를 짓는 일일 뿐 아니라 어리석은 일이다. 하나님의 정의로운 길을 거부할 때 우리는 간절히 갈망하는 기쁨의 유일한 길에서 떠나게 된다. 그러니 정의로운 제자도를 받아들이도록 하자! 그리고 그렇게 할 때 '정의가 승리하게' 하시는 정의로운 왕의 기쁨을 기대하자.

그 요청대로 삶을 살라

마지막으로, 교회가 세상에서 하나님의 정의로운 길을 삶으로 실천할 때 우리는 한 가지 요청을 실천하게 된다. 하나님의 정의에 따라 살아가는 교회는 그 삶 자체로 하나님 나라를 선포한다. 우리의 많은 이웃이 성경 이야기를 믿지 못하는 이유는 무엇보다 우리가 정의로운 왕의 성품을 삶으로 드러내지 못할 때가 너무나 많기 때문이다. 그러나 우리가 정의로운 제자라는 소명에 충실한 삶을 살아갈 때 사람들은 망가지고 하나님에 대한 믿음이 없는 세상에서 하나님 나라를 만날 수 있게 된다. 하나님 나라에 대해 사람들에게 말할 뿐 아니라 우리의 교회 생활로 '하나님 나라의 현존'을 구체화하게 된다.[3] 그 나라를 구현하고 하나님의 통치를 경험할 수 있게 함으로써 우리는 왕에게 삶을 드려 이웃에게 그 나라에 참여하자는 매력적인 초청을 할 수 있다.

성경은 단순한 이야기가 아니다. 정의의 이야기다. 정의로운 제자들은 하나님의 영광과 이웃의 평안과 정의로운 왕과 함께하는 삶이라는 순전한 기쁨을 소망하며, 그 이야기대로 살아가는 법을 배운다. 이 외에 우리가 달리 무엇을 고대하겠는가?

감사의 글

이 책의 주제를 생각할 때 이 책이 무사히 출간되기까지 도와준 분들의 수고에 제대로 감사하지 못해서 참으로 송구스럽다는 생각이 든다. 내 생각은 동료들과 대화와 피드백을 주고받으며 형성되고 다듬어졌다. 아서 키퍼, 스티븐 헤인즈, 마크 글랜빌, 피터 알트먼, 브라이언 피커트, 크리스 라이트, 마크 캐틀린, 드루 하트, 윌 카인스, 데이비드 퍼스, 리사 보웬스, 제이미 데이비스, 저스틴 스트래티스, 그레그 톰슨, 마이클 배람, 짐비야 케터링, 존 카우츠, 켈리 케이픽, 저스틴 로나스, 마이클 데이비스, 매슈 린치, 매슈 캐밍크, 팀 메도우크로프트, 존 바클레이, 커비 라잉 센터(Kirby Laing Centre)의 신학·경제학 모임, 성경 문헌 협회의 선교적 해석 모임 회원들이 내 동료들이다. 그들은 이 책의 내용을 연례 모임에서 여러 차례 발표할 수 있도록 허락해주었다. 이 책의 문장마다 그 흔적이 스며 있을 정도로 멤퍼스 도시신학대학(MCUTS)의 동료들과 학생들도 내 사고가 형성되는 데 큰 영향을 끼쳤다. 특히 공동체 개발 과정의 일환으로, 이 책 초반부 여러 장에 관해 광범위한 피드백을 해준 애슐리 채봇, 캐롤라인 베니, 카터 맥키, 대리얼 닐리, 제이크 위그, 타일러 포니, 빅토리아 푸엔테스에게 특별한 감사를 전한다. 캐리 침례신학교의 동료들은 이 자료를 발표할 수 있도록 수없는 기회를 주고 격려를 아끼지 않았다. 지혜와 예배 수업의 학생들은 잠언과 시편을 다룬 장을 쓰는 데 도움을 주었다(특히 피드백 내용을 글로 작성해서 준 리즈 코이, 캐롤라인 베니, 레베카 후퍼, 애슐리 버드에게 감사를 드린다). 시옹 엥(Siong Ng)은 사서로서 특출한 실력으로 여러 차례 곤경에서 나를 구해주었다. 이 책을 옹호해주었던 크레이그 바르톨로뮤와 스티븐 롱 박사가 베풀어준 우정과 충언은 생각만 해도 감동이다. 흔쾌히 추천사를 써주고, 대화와 우정과 조언으로 함께해주신 브렌트 스트론 교수님께 너무나 감사드린다. 또한 점심을 함께하며 내 생각을 정리하게 해준 멜빈 왓킨스 목사님께도 특별히 감사드린다. 정치에 관한 대화를 지속적으로 나누며 11장에 대해 피드백을 해준 대니얼 워너, 배상에 관해 성경적 관점에서 대화를 나누고 처음으로 그 주제를 고민하도록 문을 열어준 듀크 권, 비용을 내야 할 정도의 상세하고 예리한 피드백을 해준 라이언 오다우드, 버밍엄에서 나와 만나 이 책에 관해 반나절이나 역사적 대화를 나누었던 로비 홀트와 대니 캐럴에게 감사드린다.

잠언은 많은 상담가에게 지혜가 있다고 말한다. 내 경험에 비추어 보면 편집자도 마찬가지다. 나를 믿어주고 이 책이 나오기까지 편집으로 섬겨준 존 보이드, 애나 기싱, 레이철 헤이스팅스에게 감사를 드린다.

이 책은 정의를 탐구하는 여정 가운데 있는 나에게 아낌없이 애정을 주고, 나를 배려해준 공동체가 있었기에 나올 수 있었다. 2피씨(2PC), 나이로비 뉴시티 펠로십(New City Fellowship Nairobi), 다운타운 교회(Downtown Church)의 목회자와 교인들, 어드밴스 멤피스(Advance Memphis)의 가족과 사우스 멤피스(South Memphis) 이웃, 더 포스 오브 더 피프스 패밀리즈(the fourth of the fifth families), 더 옵션 105(the Option 105, 배상이라는 주제를 다룰 때 피드백해준 조너선과 콜린스도 빼놓을 수 없다) 공동체에 고마운 마음을 전한다. 특히 초안의 단어 하나까지 읽어준 마셜 티그에게 감사드린다. 그의 피드백을 받고 초안의 큰 틀을 수정할 수 있었다. 형제님, 톡톡히 신세를 졌습니다. 고맙습니다.

아내 레베카의 협조와 사랑, 지원, 격려, 우정이 없었다면, 이 책을 쓸 수밖에 없었던 그 많은 경험을 절대 할 수 없었을 것이다. 말로 표현할 수 없을 만큼 아내에게 고마움을 느낀다.

마지막으로, 사랑하는 부모님, 마이크 로즈와 게이 로즈, 내 자녀 아이제이어, 에이머스, 노바, 주블리에게 이 책을 바친다. 부모님은 나에게 온 마음을 다해 예수님을 사랑하고, 말씀이 이끄는 대로 그분을 따라가야 한다고 가르치셨다. 그러한 가르침이 이 책의 씨앗이 되었다. 또 우리 아이들이 나처럼 예수님과 사랑에 빠지기를 바라는 소망이 이 책을 완성하는 데 불을 지폈다. 우리 아이들이 우리를 떠나 먼지를 일으킬 정도로 정의로운 제자도의 길을 더 멀리 더 빠르게 달려 나가기를 소망한다.

주

추천의 글

1. Kenneth J. Collins, *A Real Christian: The Life of John Wesley* (Nashville: Abingdon, 2000).
2. 지금은 Michael J. Rhodes, *Formative Feasting: Practices and Virtue Ethics in Deuteronomy's Tithe Meal and the Corinthian Lord's Supper*, Studies in Biblical Literature 176 (New York: Peter Lang, 2022)으로 출간되어 있다.
3. Robert Bly, "An Evening When the Full Moon Rose as the Sun Set," in *Eating the Honey of Words: New and Selected Poems* (New York: HarperCollins, 2000), 134.
4. Brent A. Strawn, *The Old Testament Is Dying: A Diagnosis and Recommended Treatment* (Grand Rapids: Baker Academic, 2017).
5. Baptismal Covenant II-B in *The United Methodist Book of Worship* (Nashville: The United Methodist Publishing House, 1992), 103-104.
6. 옥스퍼드 영어 사전(2022년 9월 개정; online; 2022년 12월 4일 접속), s.v. "become, v.".
7. 옥스퍼드 영어 사전(2021년 12월 개정; online; 2022년 12월 4일 접속), s.v. "becoming, adj.".
8. 옥스퍼드 영어 사전(2022년 9월 개정; online; 2022년 12월 4일 접속), s.v. "become, v.".

1장. 이 책의 배경

1. 인종 표기와 관련된 모든 결정에 논쟁의 여지가 있으나 나는 흑인(Black)은 대문자로 표시하지만 백인은 소문자로(white) 표기하는 편을 선택했다. Nancy Coleman의 "Why We're Capitalizing Black," *New York Times* (2020년 7월 5일), www.nytimes.com/2020/07/05/insider/capitalized-black.html.
2. Mark Gornik, *To Live in Peace: Biblical Faith and the Changing Inner City* (Grand Rapids, MI: Eerdmans, 2002).
3. 훈련을 통한 도덕 형성에 대한 내 심층적 연구에 대해서는 Michael J. Rhodes, *Formative Feasting: Practices and Virtue Ethics in the Deuteronomic Tithe Meal and Corinthian Lord's Supper*, Studies in Biblical Literature 176 (New York: Peter Lang, 2022) 참고.
4. Jonathan Tran, *Asian Americans and the Spirit of Racial Capitalism* (New York: Oxford University Press, 2022).
5. John Goldingay, *The Theology of the Book of Isaiah* (Downers Grove, IL: IVP Academic, 2014), 21.

2장. 승리에 이르는 정의

1. Stephen R. Haynes, *The Last Segregated Hour: The Memphis Kneel-Ins and the Campaign for Southern Church Desegregation* (New York: Oxford University Press, 2012), 126.
2. Haynes, *Last Segregated Hour*, 5.
3. Haynes, *Last Segregated Hour*, 13-14.

4. Haynes, *Last Segregated Hour*, 15.
5. Haynes, *Last Segregated Hour*, 121.
6. Haynes, *Last Segregated Hour*, 73.
7. 이 기념 예배 녹음본은 www.2pc.org/steps-a-remembrance-of-the-1964-kneel-ins에서 들을 수 있다.
8. 하나님의 형상을 기능적 측면이나 존재론적 측면으로 축소해서는 안 된다. Gordon McConville, *Being Human in God's World: An Old Testament Theology of Humanity* (Grand Rapids, MI: Baker Academic, 2016), 21.
9. Walter Brueggemann, *Theology of the Old Testament: Testimony, Dispute, Advocacy* (Minneapolis: Fortress, 2012), 451-452; Catherine L. McDowell, *The Image of God in the Garden of Eden: The Creation of Humankind in Genesis 2:5-3:24 in Light of the Mīs Pî, Pīt Pî, and Wpt-r Rituals of Mesopotamia and Ancient Egypt* (Winona Lake, IN: Eisenbrauns, 2015), 130. 『구약신학』(CLC)
10. Jon D. Levenson, *Creation and the Persistence of Evil: The Jewish Drama of Divine Omnipotence* (Princeton, NJ: Princeton University Press, 1994), 114-117. 『하나님의 창조와 악의 잔존』(새물결플러스)
11. Gordon Wenham의 번역으로 McConville의 *Being Human*, 17에 인용됨.
12. J. Richard Middleton, *A New Heaven and a New Earth: Reclaiming Biblical Eschatology* (Grand Rapids, MI: Baker Academic, 2014), 44. 『새 하늘과 새 땅』(새물결플러스)
13. G. K. Beale, *The Temple and the Church's Mission: A Biblical Theology of the Dwelling Place of God*, NSBT (Downers Grove, IL: IVP Academic, 2004), 29-80; McDowell, *Image of God*, 207. 『성전 신학』(새물결플러스)
14. John Barton, *Ethics in Ancient Israel* (New York: Oxford University Press, 2017), 65; McDowell, *Image of God*, 207.
15. McDowell, *Image of God*, 125-126; 132.
16. McConville, *Being Human*, 21-29.
17. Middleton, *New Heavens*, 46.
18. N. T. Wright, *The New Testament and the People of God* (London: SPCK, 1992), 262. 『신약성서와 하나님의 백성』(CH북스)
19. M. Daniel Carroll R., "Blessing the Nations: Toward a Biblical Theology of Mission from Genesis," *BBR* 10, no. 1 (2000): 17-34; Middleton, *New Heaven*, 61-62.
20. Wright, *Mission of God*, 194.
21. Middleton, *New Heaven*, 46.
22. Middleton, *New Heaven*, 62.
23. 영어 성경의 절 표기가 히브리 원문의 절 표기와 다를 경우 괄호 안에 절을 표기해놓았다.
24. Brueggemann, *Theology of the Old Testament*, 144.
25. Bruce C. Birch, *Let Justice Roll Down* (Louisville, KY: Westminster John Knox, 1991), 157.
26. Christopher J. H. Wright, *Old Testament Ethics for the People of God* (Downers Grove, IL: IVP Academic, 2011), 254. 『현대를 위한 구약윤리』(IVP)
27. 토론을 위해서는 Wright의 *Mission of God*, 263-264를 참고하라.
28. 내 사역은 원서상 "AT"로 표시했는데, 한글 번역본은 모두 개역개정을 인용했다.
29. Wright, *Mission of God*, 368.
30. Walter Brueggemann, *Genesis*, Interpretation (Louisville, KY: Westminster John Knox, 2010), 169. 『창세기』(한장사); Moshe Weinfeld, *Social Justice in Ancient Israel and in the Ancient Near East* (Minneapolis: Fortress, 2000), 7.
31. Jeremiah Unterman, *Justice for All: How the Jewish Bible Revolutionized Ethics* (Lincoln, NE: University of Nebraska Press, 2017), 21-25.
32. Wright, *Mission of God*, 269.
33. 또한 왕상 10:9; 대하 9:8 참고.

34. Walter J. Houston, *Contending for Justice: Ideologies and Theologies of Social Justice in the Old Testament* (New York: T&T Clark, 2006), 136.
35. BDB, 842. 체데크(*tsedeq*)와 체데카(*tsedeqah*)의 표기 형태는 중요한 차이는 없는 것으로 보인다. Wright, *Old Testament Ethics*, 255.
36. BDB, 1048.
37. 토론을 위해서는 HALOT, 1005-1006; TWOT, 1879c; Wright, *Old Testament Ethics*, 255; Enrique Nardoni, *Rise Up, O Judge: A Study of Justice in the Biblical World*, Sean Charles Martin 번역 (Grand Rapids, MI: Baker Academic, 2001), 102; John Goldingay, "Justice and Salvation for Israel and Canaan," in *Reading the Hebrew Bible for a New Millennium*, W. Kim 등 편집(Harrisburg, PA: Trinity, 2000), 175; B. 존슨, "צדק," *TDOT* 12:243-244.
38. 다양한 표기에 대해서는 HALOT, 652; Wright, *Old Testament Ethics*, 256; Birch, *Justice*, 155-156, 260; B. Johnson, " צדק," *TDOT* 12:239-264; Nicholas Wolterstorff, *Justice: Rights and Wrongs* (Princeton, NJ: Princeton University Press, 2008), 69-75.
39. Moshe Weinfeld, "'Justice and Righteousness' — משפט וצדקה: The Expression and Its Meaning," in *Justice and Righteousness: Biblical Themes and Their Influence*, Henning Graf Reventlow, Yair Hoffman 편집(Sheffield: Sheffield Academic Press, 1992), 235; Wright, *Old Testament Ethics*, 257 참고. '특정 이야기'란 표현을 쓴 이유는 현대적 논쟁에서 사회 정의라는 표현이 사용되는 방식을 성경적 가르침이 거부할 수 있기 때문이다.
40. Wolterstorff, *Justice*, 22에서 인용.
41. John Rawls, *A Theory of Justice* (Cambridge, MA: Harvard University Press, 2009), 6. 『정의론』(이학사)
42. Wolterstorff, *Justice*, 35.
43. William Brown, *Wisdom's Wonder: Character, Creation, and Crisis in the Bible's Wisdom Literature* (Grand Rapids, MI: Eerdmans, 2014), 99.
44. Houston, *Contending*, 128; Patricia L. Vesely, "Virtue and the 'Good Life' in the Book of Job," *Horizons in Biblical Theology* 41, no. 1 (2019): 9.
45. Gustavo Gutierrez, *On Job: God-Talk and the Suffering of the Innocent*, Matthew J. O'Connell 번역 (Maryknoll, NY: Orbis, 1988), 42-43. 『욥기: 무고한 자의 고난과 하나님의 말씀』(나눔사)
46. Carol A. Newsom, *The Book of Job: A Contest of Moral Imaginations* (New York: Oxford University Press, 2009), 194-195; Barton, *Ethics*, 234-235.
47. Cornel West, *Brother West: Living and Loving Out Loud* (New York: Smiley Books, 2010), 23.
48. John Goldingay, *The Theology of the Book of Isaiah* (Downers Grove, IL: IVP Academic, 2014), 21.
49. 이것에 대해서는 욥 31장을 참고하라.
50. Levenson, *Creation and the Persistence of Evil*, 104.
51. Gutierrez, *On Job*, 40.
52. Wolterstorff, *Justice*, 78.
53. Wolterstorff, *Justice*, 79.
54. Gutierrez, *On Job*, 94.
55. John E. Hartley, *The Book of Job*, NICOT (Grand Rapids, MI: Eerdmans, 2007), 391.
56. Houston, *Contending*, 128-129.
57. Gutierrez, *On Job*, 40.
58. 참고. 시 3:7[8]; 58:6[7]; 욥 4:8-10.
59. 예를 들어 Vesely의 "Virtue," 12-14를 참고하라. 더 일반적인 후원 패러다임에 대해서는 Houston의 *Contending*, 99-102; Newsom, *Job*, 187-198을 참고하라.
60. 또한 겔 36:26을 참고하라.
61. Joshua Jipp, *Christ Is King: Paul's Royal Ideology* (Minneapolis: Fortress, 2015), 211-272; N. T. Wright, *Paul and the Faithfulness of God*, Christian Origins and the Question of God (London: SPCK, 2013), 942. 『바울과 하나님의 신실하심』(CH북스)

62. N. T. Wright, *The Resurrection and the Son of God*, Christian Origins and the Question of God (London: SPCK, 2003), 730.
63. Michael Gorman, *Becoming the Gospel: Paul, Participation, and Mission* (Grand Rapids, MI: Eerdmans, 2015), 225. 『삶으로 담아내는 복음』(새물결플러스)
64. 로마서 정의의 중심성에 대해서는 Douglas K. Harink, *Resurrecting Justice: Reading Romans for the Life of the Word* (Downers Grove, IL: IVP Academic, 2020), 2-12 참고.
65. Jipp, *Christ Is King*, 237.
66. 예를 들어, Philip Ziegler, *Militant Grace: The Apocalyptic Turn and the Future of Christian Theology* (Grand Rapids, MI: Baker Academic, 2018), 45 참고.
67. Jipp, *Christ Is King*, 234.
68. Wright, *Paul and the Faithfulness of God*, 943.
69. 내가 제시한 내용은 칭의 자체가 의롭다는 선언과 실제적 변화를 모두 포함하는 것인지의 문제(Gorman, *Becoming the Gospel*, 225-237)나 칭의가 구체적으로 의롭다는 선언을 말하는 것인지의 문제를 다루지 않지만, 그리스도와의 연합과 성령의 내주하심에 대한 칭의의 관계를 통한 변화와 밀접하고 필수적으로 연결되어 있다(Wright, *Paul and the Faithfulness of God*, 956-960). 나는 후자의 입장을 선호하지만, 구원의 법정적인 변화의 요소를 하나로 연결하고자 하는 전자의 입장도 존중하는 편이다.
70. Nardoni, *Rise Up*, 269.
71. Gorman, *Becoming the Gospel*, 225; Harink, *Resurrecting Justice*, 88-96.
72. Richard B. Hays, *The Moral Vision of the New Testament: Community, Cross, New Creation* (New York: Harper Collins, 1996), 24; Gorman, *Becoming the Gospel*, 236-239. 『신약의 윤리적 비전』 (IVP)
73. Gorman, *Becoming*, 223-225.

3장. 도덕적 제자도를 위한 지도

1. 이 사진은 1964년 오하이오 옥스퍼드에서 Herbert Randall이 찍은 것으로 간단한 설명과 함께 www.thestoryoftexas.com/visit/exhibits/this-light-of-ours/voices-of-activist-photographers에서 온라인으로 볼 수 있다.
2. Cheryl Sanders, 2017년 도시 신학 연구 멤피스 센터에서 열린 킹 박사 서거 50주년 추도식에서 비공식적으로 주최한 모임에서 발표한 내용이다.
3. Sanders는 Cheryl J. Sanders, *Empowerment Ethics for a Liberated People: A Path to African American Social Transformation* (Minneapolis: Fortress, 1995), 104-113에서 직접 도덕 형성이라는 사안에 대해 말하고 있다.
4. 이 도식의 아이디어를 얻게 해준 Robby Holt에게 감사드린다.
5. 이 표현은 Larry O. Rivers의 "'Militant Reconciling Love': Howard University's Rankin Network and Martin Luther King, Jr.," *Journal of African American History* 99 (2014): 223에서 인용한 James Hudson의 말을 빌려 온 것이다.
6. Rivers, "Militant Reconciling Love," 155.
7. 예를 들어, Aristotle의 *Eth. nic*. I.i.1-5; Aquinas, *ST* I-II q. 49, a. 3-4; q. 50, a. 1; q. 52, a. 1; q. 55, a. 4; q. 65, a. 1-2.
8. *ST* I-II q. 28, a. 6.
9. James K. A. Smith, *Desiring the Kingdom: Worship, Worldview, and Cultural Formation*, Cultural Liturgies, vol. 1 (Grand Rapids, MI: Baker Academic, 2009), 55-57. 『하나님 나라를 욕망하라』 (IVP)
10. Stanley Hauerwas, *A Community of Character: Toward a Constructive Christian Social Ethic* (Notre Dame, IN: University of Notre Dame Press, 1991), 115.

11. 형성 훈련에 대한 더 심층적 내용은 내 책 *Formative Feasting: Practices and Virtue Ethics in the Deuteronomic Tithe Meal and Corinthian Lord's Supper*, Studies in Biblical Literature 176 (New York: Peter Lang, 2022), 특히 7-86 참조.
12. Aristotle, *Nicomachean Ethics*, H. Rackham 번역, LCL (Cambridge, MA: Harvard University Press, 1934), II.i.4-7. 『니코마코스 윤리학』(부크크)
13. Aristotle, *Eth. nic.* I.i.1-5.
14. Luke Bretherton, *Christ and the Common Life: Political Theology and the Case for Democracy* (Grand Rapids, MI: Eerdmans, 2022), 35-36.
15. Daniel J. Daly, "Critical Realism, Virtue Ethics, and Moral Agency," in *Moral Agency Within Social Structures and Culture: A Primer on Critical Realism for Christian Ethics*, Daniel K. Finn 편집 (Washington, DC: Georgetown University Press, 2020), 95.
16. 특정한 상황 속의 단일 문화는 존재하지 않으므로 '특정 문화' 담론은 오도의 위험이 있다.
17. Katie Walker Grimes, *Christ Divided: Antiblackness as Corporate Vice* (Minneapolis: Fortress, 2017), 208-224.
18. Christina McRorie, "Moral Reasoning in 'the World,'" *Theological Studies* 82, no. 2 (2021): 215; Kate Ward, "Virtue and Human Fragility" *Theological Studies* 81, no. 1 (2020): 152.
19. James Thompson, *Moral Formation According to Paul: The Context and Coherence of Pauline Ethics* (Grand Rapids, MI: Baker Academic, 2011), 106-107.
20. Rhodes, *Formative Feasting*, 66.
21. Rhodes, *Formative Feasting*, 69.
22. Rhodes, *Formative Feasting*, 69.
23. John Webster, *God Without Measure: Working Papers in Christian Theology*, vol. II, *Virtue and Intellect* (New York: Bloomsbury T&T Clark, 2015), 188-189.
24. John Webster, *God Without Measure*, 188-189.
25. Leslie Newbigin, *The Open Secret: An Introduction to the Theology of Mission* (Grand Rapids, MI: Eerdmans, 1995), 48-49. 『오픈 시크릿』(복있는사람)
26. Wright, *Paul and the Faithfulness of God*, 1493-1494; Webster, *God Without Measure*, 138.
27. Stanley Hauerwas, *With the Grain of the Universe* (Grand Rapids, MI: Brazos Press, 2001), 214.
28. Gorman, *Becoming the Gospel*, 47.
29. Jonathan Tran, *Asian Americans and the Spirit of Racial Capitalism* (New York: Oxford University Press, 2022), 283.
30. Tran, *Asian Americans*, 283.
31. Stephen J. Chester, *Reading Paul with the Reformers: Reconciling Old and New Perspectives* (Grand Rapids, MI: Eerdmans, 2017), 265.
32. David B. Hunsicker, "Westminster Standards and the Possibility of a Reformed Virtue Ethic," *SJT* 71, no. 2 (2018): 182, 184.
33. Rhodes, *Formative Feasting*, 30.
34. Rhodes, *Formative Feasting*, 26-35.
35. 방법론적으로 이것은 신학적 해석의 한 분야라고 본다. 신학적 윤리가 신학적 대화 파트너가 된다고 보는 것이다. 이 방법론은 특별히 William Brown과 M. Daniel Carroll R.이 구약 주석에 덕성 윤리를 적용한 Society of Biblical Literature's의 "Character Ethics and Biblical Interpretation"에 대한 이제는 더 사용되지 않는 참조 내용과 유사한 면이 있다.
36. Nicholas Wolterstorff, *Justice: Rights and Wrongs* (Princeton, NJ: Princeton University Press, 2008), 8-10.
37. Michael O. Emerson, *Christian Smith, Divided by Faith: Evangelical Religion and the Problem of Race in America* (New York: Oxford University Press, 2000), 115-133.
38. Bretherton, *Christ and the Common Life*, 35.
39. Brian Brock, *Singing the Ethos of God: On the Place of Christian Ethics in Scripture* (Grand Rapids,

MI: Eerdmans, 2007), 241.

4장. 축제로 형성되는 정의로운 성품: 신명기

1. Dedrick Asante-Muhammad, Joshua Devine, "Closing the Racial Wealth Divide: A Plan to Boost Black Homeownership," *Nonprofit Quarterly*, 2021년 9월 29일, https://nonprofitquarterly.org/closing-the-racial-wealth-divide-a-plan-to-boost-black-homeownership/에서 확인할 수 있다.
2. William Darity Jr., Kirsten Mullen, *From Here to Equality: Reparations for Black Americans in the Twenty-First Century* (Chapel Hill: University of North Carolina Press, 2020), 31.
3. "CDC Health Disparities and Inequities Report—U.S. 2013," https://www.cdc.gov/minorityhealth/CHDIReport.html; Liz Sablich, "7 Findings That Illustrate Racial Disparities in Education," Brookings Institute, 2016년 6월 6일, www.brookings.edu/blog/brown-center-chalkboard/2016/06/06/7-findings-that-illustrate-racial-disparities-in-education; Jason Stauffer, "The Black Homeownership Gap Is Larger Than It Was 60 Years Ago. COVID-19 Made It Worse," Next Advisor, 2022년 4월 21일, www.time.com/nextadvisor/mortgages/what-is-black-homeownership-gap.
4. Richard Fry, Paul Taylor, "The Rise of Residential Segregation by Income," Pew Research Center, 2021년 8월 1일, www.pewsocialtrends.org/2012/08/01/the-rise-of-residential-segregation-by-income.
5. Jonathan J. B. Mijs, Elizabeth L. Roe, "Is America Coming Apart? Socioeconomic Segregation in Neighborhoods, Schools, Workplaces, and Social Networks, 1970-2020," *Sociology Compass* 15, no. 6 (2021): 7-9, compass.onlinelibrary.wiley.com/doi/epdf/10.1111/soc4.12884.
6. Dana Wilkie, "Across the Economy, Workplaces are More Segregated Than 40 Years Ago," SHRM, 2018년 3월 6일, www.shrm.org/resourcesandtools/hr-topics/employee-relations/pages/workplace-diversity-.aspx.
7. Mijs and Roe, "Coming Apart," 9. 또한 Judith K. Hellerstein and David Neumark, "Workplace Segregation in the United States: Race, Ethnicity, and Skill," *The Review of Economics and Statistics* 90, no. 3 (2008): 467.
8. Mijs and Roe, "Coming Apart," 1.
9. Christian Smith and Robert Farris, "Socioeconomic Inequality in the American Religious System: An Update and Assessment," in *Religion and Class in America: Culture History and Politics*, Sean McCloud and Bill Mirola 편집(Leiden: Brill, 2008), 29-39; Sam Reimer, "Class and Congregations: Class and Religious Affiliations at the Congregational Level of Analysis," *Journal for the Society of Religion* 46, no. 4 (2007): 583-592.
10. Michael O. Emerson, William A. Mirola, and Susanne C. Monahan, *Religion Matters: What Sociology Teaches Us About Religion in Our World* (London: Routledge, 2010), 161.
11. Mark Gornik, *To Live in Peace: Biblical Faith and the Changing Inner City* (Grand Rapids, MI: Eerdmans, 2002). 2.
12. David Baker, *Tight Fists or Open Hands? Wealth and Poverty in Old Testament Law* (Grand Rapids, MI: Eerdmans, 2009), 248.
13. Baker, *Tight Fists*, 248.
14. Walter Brueggemann, *Deuteronomy* (Nashville: Abingdon Press, 2001), 163.
15. 이런 왕의 칙령은 문헌에서 안두라룸과 미사룸(andurārum and mišarum)으로 표현되어 있다. 고대 근동의 채무 면제에 대해 더 알고 싶다면 Peter Altmann의 *Economics in Persian Period Biblical Texts: Their Interactions with Economic Developments in the Persian Period and Earlier Biblical Traditions* (Tubingen: Mohr Seibeck, 2016), 43-44 참고.
16. 토론을 위해서는 J. J. Finkelstein, "Ammisaduqa's Edict and the Babylonian 'Law Codes,'" *Jour-*

nal of Cuneiform Studies 15, no. 3 (1961): 100.
17. Walter J. Houston, *Contending for Justice: Ideologies and Theologies of Social Justice in the Old Testament* (New York: T&T Clark, 2006), 181.
18. Baker, *Tight Fists*, 145.
19. Georg Braulik, "Deuteronomy and Human Rights," *Verbum et Ecclesia* 19, no. 2 (1998): 209-224.
20. Boer는 이것을 생존 체제라고 부른다(Roland Boer, *The Sacred Economy of Ancient Israel, Library of Ancient Israel* [Louisville, KY: Westminster John Knox, 2015], 3).
21. Boer, *The Sacred Economy*; Norman K. Gottwald, *Social Justice and the Hebrew Bible*, vol. 1 (Eugene, OR: Wipf & Stock, 2016), 21, 24-26; Christopher J. H. Wright, *Old Testament Ethics for the People of God* (Downers Grove, IL: IVP Academic, 2011), 55, 89.『현대를 위한 구약윤리』(IVP); Sandra Lynn Richter, "The Question of Provenance and the Economics of Deuteronomy," *JSOT* 42, no. 1 (2017): 23-50.
22. Braulik, "Deuteronomy and Human Rights," 209-224; Richard D. Nelson, *Deuteronomy: A Commentary* (Louisville, KY: Westminster John Knox, 2002), 192.
23. 예수님도 이런 의도로 말씀하신 것이 아니라고 봐야 한다!
24. Douglas A. Knight, "Whose Agony? Whose Ecstasy? The Politics of Deuteronomic Law," in *Shall Not the Judge of All the Earth Do What Is Right?: Studies on the Nature of God in Tribute to James L. Crenshaw*, David Penchansky and Paul L. Redditt 편집(Winona Lake, IN: Eisenbrauns, 2000), 111.
25. Raymond Westbrook, *Law from the Tigris to the Tiber: The Writings of Raymond Westbrook*, F. Rachel Magdalene and Bruce Wells 편집(Winona Lake, IN: Eisenbrauns, 2009), 158-159.
26. 가족을 가리키는 '형제'라는 표현은 도덕적으로 중요하다. 여기서 성 중립적 표현을 사용하지 않은 이유는 이스라엘 가정의 남성 가장 간에 일어나는 사회·경제적 거래일 가능성이 가장 크기 때문이다.
27. Jeffrey H. Tigay, *Deuteronomy: The Traditional Hebrew Text with the New JPS Translation, Commentary by Jeffrey H. Tigay* (Philadelphia: JPS, 1996), 77. 또한 TWOT, 1071a; BDB, 523도 참고.
28. Altmann, *Economics in Persian Period Biblical Texts*, 73.
29. Peter Altmann, *Festive Meals in Ancient Israel*, BZAW (Berlin: De Gruyter, 2011), 227-228; Suee Yan Yu, "Tithes and Firstlings in Deuteronomy" (PhD diss., Union Theological Seminary, 1997), 69.
30. 그렇다고 신 31:10-13에 명시된 것처럼, 신명기 절기에 율법을 듣고 암송하는 것과 같은 공동체적 관습을 배제하는 것은 아니다.
31. TDOT, 6:307; Moshe Weinfeld, *Deuteronomy and the Deuteronomistic School* (Oxford: Clarendon Press, 1972), 274-281; Stephen L. Cook, *Reading Deuteronomy: A Literary and Theological Commentary* (Macon, GA: Smyth & Helwys Publishing, 2014), 51; Bernard Jacob Bamberger, "Fear and Love of God in the Old Testament," *Hebrew Union College Annual* (2006), 40.
32. 일부 주석가는 시간이 지남에 따라 구절의 의미가 변했다고 주장하며, 동일한 구절을 두 가지 다른 의미로 계속 사용하는 것은 서로 다른 편집 계층이 존재함을 시사한다고 주장한다. 짧은 토론을 위해, Brent Strawn, "The Iconography of Fear," in *Image, Text, Exegesis: Iconographic Interpretation and the Hebrew Bible*, Joel M. LeMon and Izaak J. de Hulster 편집(London: Bloomsbury T&T Clark, 2014), 95-97.
33. Strawn, "Iconography," 96-97.
34. Philip Lasater, "Fear" in *The Oxford Encyclopedia of Bible and Theology*, Samuel E. Balentine 편집 (Oxford: Oxford University Press, 2015), 2:346, 348.
35. William Brown, *Wisdom's Wonder: Character, Creation, and Crisis in the Bible's Wisdom Literature* (Grand Rapids, MI: Eerdmans, 2014), 89.
36. Brown, *Wisdom's Wonder*, 37; *NIDOTTE*, 2:530.
37. 내 책 *Formative Feasting: Practices and Virtue Ethics in the Deuteronomic Tithe Meal and Corinthian*

Lord's Supper, Studies in Biblical Literature 176 (New York: Peter Lang, 2022), 90-95에서 상세히 주장한 대로다.

38. Rhodes, *Formative Feasting*, 93-94.
39. Altmann, *Festive Meals*, 243.
40. Altmann, *Festive Meals*, 231; Denise Schmandt-Besserat, "Feasting in the Ancient Near East," in *Feasts: Archaeological and Ethnographic Perspectives on Food, Politics, and Power*, Michael Dietler and Brian Hayden 편집(Tuscaloosa, AL: University of Alabama Press, 2010), 392-401.
41. Brian Hayden and Michael Dietler, "Digesting the Feast—Good to Eat, Good to Drink, Good to Think: An Introduction," in Dietler and Hayden, *Feasts*, 10.
42. Rhodes, *Formative Feasting*, 104.
43. A. J. Culp, *Memoir of Moses: The Literary Creation of Covenantal Memory in Deuteronomy* (Minneapolis: Fortress Academic, 2019), 150.
44. Rhodes, *Formative Feasting*, 104.
45. Georg Braulik, *The Theology of Deuteronomy: Collected Essays of George Braulik*, Ulrika Lindblad 번역(North Richland Hills, TX: D & F Scott Publishing, 1998), 61.
46. Braulik, *Theology*, 44.
47. Brian Hayden, "Fabulous Feasts: A Prolegomenon to the Importance of Feasting," in Dietler and Hayden, *Feasts*, 47-50.
48. Mark R. Glanville, *Adopting the Stranger as Kindred in Deuteronomy*, Ancient Israel and Its Literature 33 (Atlanta: SBL Press, 2018), 200-201.
49. Norbert Lohfink, "Poverty in the Laws of the Ancient Near East and of the Bible," *Theological Studies* 52, no. 1 (1991): 46.
50. Houston, *Contending*, 183; Nelson, *Deuteronomy*, 199.
51. George McConville, *Deuteronomy*, AOTC (Downers Grove, IL: IVP Academic), 170.
52. Albino Barrera, *Biblical Economic Ethics: Sacred Scripture's Teachings on Economic Life* (Lanham, MD: Lexington Books, 2013), 31.
53. Michael O. Emerson and Christian Smith, *Divided by Faith: Evangelical Religion and the Problem of Race in America* (New York: Oxford University Press, 2000), 117-119, 130-132; Chanequa Walker-Barnes, *I Bring the Voices of My People: A Womanist Vision for Racial Reconciliation* (Grand Rapids, MI: Eerdmans, 2019), 7-9, 113, 215-220.
54. 이 주제에 대한 심층적 고찰을 위해서는 Daniel J. Daly, "Critical Realism, Virtue Ethics, and Moral Agency," in *Moral Agency Within Social Structures and Culture: A Primer on Critical Realism for Christian Ethics*, Daniel K. Finn 편집(Washington, DC: Georgetown University Press, 2020), 95.
55. Willie James Jennings, *Acts*, Belief (Louisville, KY: Westminster John Knox, 2017), 50.
56. Willie James Jennings, *The Christian Imagination: Theology and the Origins of Race* (New Haven, CT: Yale University Press, 2010), 287.
57. John M. Perkins 편집, *Restoring At-Risk Communities: Doing It Together & Doing It Right* (Grand Rapids, MI: Baker, 1996), 22.
58. Perkins의 재배치 정신에 부응해 세운 교회의 이야기는 Gornik의 *To Live in Peace*를 참고하라. 또한 Jonathan Tran이 쓴 리디머 커뮤니티 교회에 관한 내용인 *Asian Americans and the Spirit of Racial Capitalism* (New York: Oxford University Press, 2022), 152-292도 참고하라.
59. Claire Miller, Josh Katz, Francessa Paris, and Aatish Bhatia, "Vast New Study Shows a Key to Reducing Poverty: More Friendships Between Rich and Poor," *New York Times*, 2022년 8월 1일, www.nytimes.com/interactive/2022/08/01/upshot/rich-poor-friendships.html.
60. 참고. Bischoff and Reardon, "Residential Segregation," 209; Mary Hirschfeld, *Aquinas and the Market: Toward a Humane Economy* (Cambridge, MA: Harvard University Press, 2018), 185-186.
61. Mijs and Roe, "Coming Apart," 11.

62. McRorie, "Moral Reasoning," 221.
63. Tran, *Asian Americans*, 194.
64. Preston Lauterbach, "Memphis Burning" 참고. *Places Journal*, 2016년 3월, https://placesjournal.org/article/memphis-burning.
65. Cole Bradley, "Seeing Red I: Mapping 90 Years of Redlining in Memphis," High Ground, 2019년 3월 31일, www.highgroundnews.com/features/SeeingRedlining.aspx.
66. Melvin Burgess, "Memphis Must Come Together to Address Looming Affordable Housing Crisis," Commercial Appeal, 2021년 10월 28일, www.commercialappeal.com/story/opinion/2021/10/28/memphis-depletion-affordable-housing-has-become-major-issue/8572402002.
67. Tran은 샌프란시스코에서 젠트리피케이션으로 인한 2차 시장의 기회를 중요하게 다루고 있다(Tran, *Asian Americans*, 151-243 참고). 그러나 일부 조사에서 빈곤한 공동체들이 젠트리피케이션으로 이동한 이들보다 장기적 빈곤에서 헤어나오지 못할 가능성이 더 크다는 사실을 보여준다(John Buntin, "The Myth of Gentrification: It's Extremely Rare and Not as Bad for the Poor as You Think," Slate, 2015년 1월 14일, https://slate.com/news-and-politics/2015/01/the-gentrification-myth-its-rare-and-not-as-bad-for-the-poor-as-people-think.html).
68. Alana Semuels, "When Wall Street Is Your Landlord," *The Atlantic*, 2019년 2월 14일, https://www.theatlantic.com/technology/archive/2019/02/single-family-landlords-wall-street/582394/.
69. 주택 관련해 이 사례를 확인하고 싶다면, 이와 관련한 내 미미한 노력이 담긴 Michael Rhodes and Robby Holt, *Practicing the King's Economy: Honoring Jesus in How We Work, Earn, Spend, Save, and Give* (Grand Rapids, MI: Baker, 2018), 189-190 참고.
70. 경제생활과 관련한 더 포괄적 논쟁이 있지만, 유사한 주장을 보고 싶다면 Luke Bretherton, *Christ and the Common Life: Political Theology and the Case for Democracy* (Grand Rapids, MI: Eerdmans, 2022), 353 참고.
71. Tran, *Asian Americans*, 289-290.
72. Houston, *Contending*, 133.
73. Carol A. Newsom, *The Book of Job: A Contest of Moral Imaginations* (New York: Oxford University Press, 2009), 188.
74. Patricia L. Vesely, *Friendship and Virtue Ethics in the Book of Job* (Cambridge, MA: Cambridge University Press, 2019), 204.
75. Vesely, *Friendship and Virtue Ethics*, 204.
76. William P. Brown, *The Ethos of the Cosmos: The Genesis of Moral Imagination in the Bible* (Grand Rapids, MI: Eerdmans, 1999), 335.
77. Patricia L. Vesely, "Virtue and the 'Good Life' in the Book of Job," *Horizons in Biblical Theology* 41, no. 1 (2019): 12-13.
78. 이에 대해서는 Brown, *Ethos*, 333-336 참고.
79. Vesely, "Virtue and the 'Good Life,'" 14.
80. Aristotle, *Eth. nic.*, H. Rackham 번역, LCL (Cambridge, MA: Harvard University Press, 1926), IV.iii.17.
81. Aristotle, *Eth. nic.*, IV.iii.22 [Rackham].
82. Aristotle, *Eth. nic.*, IV.iii.24 [Rackham].
83. Willie James Jennings, *After Whiteness: An Education in Belonging* (Grand Rapids, MI: Eerdmans, 202), 29.
84. Jennings, *Christian Imagination*, 65-118. Jennings는 아퀴나스의 윤리 도덕이 문제가 있음을 그의 책 *After Whiteness*, 30-32에서 지적한다. 그리고 그 책의 제목은 Alasdair MacIntyre의 *After Virtue*를 참고한 것이다.
85. Jennings, *After Whiteness*, 32.
86. Willie James Jennings, "Overcoming Racial Faith," *Divinity* (Spring 2015): 9.
87. 토론을 위해서는 Vesely, "Virtue and the 'Good Life,'" 14; Houston, *Contending*, 129 참고.

88. Brown, *Ethos*, 342.
89. Brown, *Ethos*, 361.
90. Brown, *Ethos*, 363.
91. William P. Brown, "Virtue and Its Limits in the Wisdom Corpus: Character Formation, Disruption, and Transformation," *The Oxford Handbook of Wisdom and the Bible*, Will Kynes 편집(New York: Oxford University Press, 2021), 18.
92. Vesely, "Virtue and the 'Good Life,'" 18. 욥이 소외되었거나 하나님의 말씀이 그를 거부했다고 말하는 것은 아니다. 무엇보다 마지막 부분에서 여호와는 욥과 친구들 간의 시적 토론 내내 욥이 쏟아낸 거친 언사를 옹호해주신다. 사실을 정확히 말했던 이는 전통적 경건관을 가진 친구들이 아니라 격렬한 반응을 보인 욥이었다(욥 42:7; Elaine Phillips, "Speaking Truthfully: Job's Friends and Job," *BBR* 18, no. 1 [2008]: 31-43 참고).
93. Vesely, "Virtue and the 'Good life,'" 16.
94. Vesely, "Virtue and the 'Good life,'" 16.
95. Gustavo Gutierrez, *On Job: God-Talk and the Suffering of the Innocent*, Matthew J. O'Connell 번역 (Maryknoll, NY: Orbis, 1988), 88.
96. Brown, *Ethos*, 2.
97. William P. Brown, *Sacred Sense: Discovering the Wonder of God's Word and World* (Grand Rapids, MI: Eerdmans, 2015), 77.
98. Vesely, "Virtue and the 'Good Life,'" 20.
99. David J. A. Clines, *Job 39-42*, WBC (Grand Rapids, MI: Zondervan, 2011), 1235.
100. Brown, *Wisdom's Wonder*, 130. Nathan MacDonald, *Not Bread Alone: The Uses of Food in the Old Testament* (New York: Oxford University Press, 2008), 186과 대조적으로.
101. Robby Holt와 나는 *Practicing the King's Economy*에서 이 메타포를 집중적으로 사용했다.
102. Alasdair MacIntyre, *Dependent Rational Animals: Why Human Beings Need the Virtues* (Peru, IL: Open Court, 2001), 119.
103. MacIntyre, *Dependent Rational Animals*, 121.
104. Gutierrez, *On Job*, 31-48.
105. Brown, *Ethos*, 379.
106. Brown, *Wisdom's Wonder*, 130.
107. Brown, "Virtue and Its Limits," 19; Vesely, "Virtue and the 'Good life,'" 21.
108. Philip Thomas, "A Theological Interpretation of Inexplicable Chaos in the Book of Job, Read Alongside the Novels of Cormac McCarthy" (PhD diss., Trinity College Bristol, 2019), 21.
109. Houston, *Contending*, 130.
110. Jennings, "Overcoming Radical Faith," 9.

5장. 정의를 향한 노래: 시편

1. Michel Martin의 "Slave Bible from the 1800s Omitted Key Passages That Could Incite Rebellion" 참고. *NPR*, 2018년 12월 9일, www.npr.org/2018/12/09/674995075/slave-bible-from-the-1800s-omitted-key-passages-that-could-incite-rebellion.
2. 노예 성경은 https://researchdata.gla.ac.uk/955에서 볼 수 있다.
3. Walter Brueggemann, *From Whom No Secrets Are Hid: Introducing the Psalms* (Louisville, KY: Westminster John Knox, 2014), 8. 『시편적 인간』(한장사)
4. Gerald H. Wilson, *Psalms*, vol. 1, NIVAC (Grand Rapids, MI: Zondervan, 2014), 100; J. Clinton McCann Jr., "Hearing the Psalter," in *Hearing the Old Testament: Listening for God's Address*, Craig G. Bartholomew and David J. H. Beldman 편집(Grand Rapids, MI: Eerdmans, 2012), 280.
5. Nancy L. deClaissee-Walford, "The Theology of the Imprecatory Psalms," in *Soundings in the*

Theology of the Psalms: Perspectives and Methods in Contemporary Scholarship, Rolf A. Jacobsen 편집 (Minneapolis: Fortress, 2011), 80.

6. Kit Barker, *Imprecation as Divine Discourse: Speech-Act Theory, Dual Authorship, and Theological Interpretation*, JTI Supp 16 (Winona Lake, IN: Eisenbrauns, 2016), 175.
7. '같은 언어'로서 성경의 개념은 Brent A. Strawn의 *The Old Testament Is Dying: A Diagnosis and Recommended Treatment* (Grand Rapids, MI: Baker Academic, 2017)에서 차용한 것이다.
8. Harry Nasuti, "The Sacramental Function of the Psalms in Contemporary Scholarship and Liturgical Practice," in *Psalms and Practice: Worship, Virtue, and Authority*, Stephen B. Reid 편집 (Collegeville, MN: Liturgical Press, 2001), 35.
9. McCann, "Hearing the Psalter," 281.
10. McCann, "Hearing the Psalter," 286.
11. McCann, "Hearing the Psalter," 289.
12. Enrique Nardoni, *Rise Up, O Judge: A Study of Justice in the Biblical World*, Sean Charles 번역 (Grand Rapids, MI: Baker Academic, 2001), 129.
13. Brueggemann, *No Secrets*, 218-220; Richard Bauckham, *The Bible in Politics: How to Read the Bible Politically* (Louisville, KY: Westminster John Knox, 2011), 53.
14. John Goldingay, *Psalms*, vol I: 1-41, Baker Exegetical Commentary on the Old Testament Wisdom and Psalms (Grand Rapids, MI: Baker Academic, 2006), 1, 169; 더 일반적으로는 Trevor Laurence, "Cursing with God: The Imprecatory Psalms and the Ethics of Christian Prayer" (PhD diss., University of Exeter, 2020), 200-225.
15. Bauckham, *Politics*, 57.
16. Brueggemann, *No Secrets*, 19.
17. Brent A. Strawn, "Poetic Attachment: Psychology, Psycholinguistics, and the Psalms" in *The Oxford Handbook of the Psalms*, William P. Brown 편집(New York: Oxford University Press, 2014), 412-413.
18. Bauckham, *Politics*, 53; Brueggemann, *No Secrets*, 19.
19. Strawn, "Poetic Attachment," 416.
20. Nasuti, "God at Work," 42.
21. 저주 시편은 특별히 Brent Strawn의 "Poetic Attachment"; "Imprecation," in *Dictionary of the Old Testament: Wisdom, Poetry, and Writings*, Tremper Longman III and Peter Enns 편집(Downers Grove, IL: IVP Academic, 2018), 315-319; Ellen F. Davis, *Getting Involved with God: Rediscovering the Old Testament* (Lanham, MD: Cowley Publications, 2001).『하나님의 진심』(복있는사람); Laurence, "Cursing with God"; 무엇보다 Erich Zenger, *A God of Vengeance? Understanding the Psalms of Divine Wrath* (Louisville, KY: Westminster John Knox, 1994), 37 참고.
22. deClaisse-Walford, "Theology," 86.
23. Laurence, "Cursing," 227-228. The psalmists claim "relative innocence" rather than total innocence.
24. Strawn, "Imprecation," 315-316.
25. Barker, Imprecation, 170.
26. David Firth, "Cries of the Oppressed: Prayer and Violence in the Psalms" in *Wrestling with the Violence of God in the Old Testament*, BBR Supp 10, M. Daniel Carroll, R. and J. Blair Wilgus 편집 (Winona Lake, IN: Eisenbrauns, 2015), 81.
27. Nahum Sarna, *On the Book of Psalms: Exploring the Prayers of Ancient Israel* (New York: Schocken Books, 2013), 82.
28. Strawn, "Imprecation," 317.
29. Zenger, *God of Vengeance?*, 38, 71.
30. Van Gemeren, *Psalms*, 711; Sarna, *Psalms*, 192.
31. 예를 들어, 시 7:6-11; 35:23-24.

32. David Firth, *Surrendering Retribution in the Psalms: Responses to Violence in Individual Complaints* (Eugene, OR: Wipf & Stock, 2005), 142.
33. Laurence, "Cursing," 363.
34. Laurence, "Cursing," 230.
35. Zenger, *God of Vengeance?*, 50.
36. Davis, *Getting Involved*, 24-25.
37. Zenger, *Vengeance?*, 79.
38. Brent A. Strawn, "Trauma, Psalmic Disclosure, and Authentic Happiness," in *Bible Through the Lens of Trauma*, Elizabeth Boase and Christopher G. Frechette 편집(Atlanta: SBL Press, 2017), 145.
39. Strawn, "Trauma," 143, 145.
40. Nardoni, *Rise Up*, 127.
41. Patrick Miller, *The Way of the Lord: Essays in Old Testament Theology* (Grand Rapids, MI: Eerdmans, 2007), 201. 그러나 Firth는 왕이 무력을 사용해 정의를 시행하는 것을 시편이 인정하지 않는다고 정확히 지적한다(Firth, "Cries of the Oppressed," 76).
42. 대조적으로, Laurence와 Barker는 이것이 시편의 권위를 훼손할 것이라고 암시한다(Laurence, "Cursing," 149-151; Barker, *Imprecatory*, 175). 시편 73편은 시편이 사실상 사실이 아닌 신학적 주장을 표현할 대본을 줄 때가 있음을 보여준다. 하나님은 우리에게 이런 식의 표현이 필요하다는 것을 아시기에 그것을 표현할 대본을 주신다. 욥기는 여호와가 욥의 일부 주장은 분명히 거부하시는데도 욥의 표현 방식은 인정한다는 이런 역동의 내러티브 모델을 제시한다.
43. Strawn, "Poetic Attachment," 415.
44. 예를 들어, 시 109:21; 143:11, Laurence의 "Cursing," 240 참고.
45. Gordon Wenham, *Psalms as Torah: Reading Biblical Song Ethically* (Grand Rapids, MI: Baker, 2012), 178; Laurence, "Cursing," 363.
46. Davis, *Getting Involved*, 28,
47. Zenger, *God of Vengeance?*, 76, 85.
48. 보편적이지는 않지만 전형적으로(가령, 시 88편).
49. Wenham, *Psalms*, 117-119.
50. Wenham, *Psalms*, 64; Ps 26:2, 9-11; 119:121.
51. 가령, 사 1:10-15; 암 5장.
52. 시 55:12-14[13-15].
53. Wenham, *Psalms*, 57.
54. Davis, *Getting Involved*, 8-9.
55. Martin Luther King Jr., "Where Do We Go from Here?," (1967년 8월 16일 조지아주 애틀랜타에서 열린 남부 기독교 리더십 콘퍼런스에서 한 설교). 설교의 일부는 www.beaconbroadside.com/broadside/2017/08/martin-luther-king-jrs-where-do-we-go-from-here-sermon-50-years-later.html에서 확인할 수 있다.
56. Harry Nasuti, "The Sacramental Function of the Psalms in Contemporary Scholarship and Liturgical Practice," in *Psalms and Practice: Worship, Virtue, and Authority*, Stephen B. Reid 편집 (Collegeville, MN: Liturgical Press, 2001), 83; Strawn, "Trauma," 153-158.
57. Wenham, *Psalms*, 60.
58. Davis, *Getting Involved*, 20.
59. Cornel West, *Brother West: Living and Loving Out Loud* (New York: Smiley Books, 2010), 23.
60. Brian Brock, *Singing the Ethos of God: On the Place of Christian Ethics in Scripture* (Grand Rapids, MI: Eerdmans, 2007), 232.
61. 칠십인역의 시편 93:1. LEH는 에크디케오(*ekdikeō*)를 '보복하다' 혹은 '벌하다'로 번역한다 (180).

62. Laurence, "Cursing," 343-345.
63. Laurence, "Cursing," 345.
64. "언제까지"라는 구절은 시편에서 빈번히 사용된다.
65. Strawn, "Imprecation," 317.
66. 출 23:4-5; 잠 20:22; 25:21.
67. 저주와 원수 사랑에 관한 자세한 논쟁에 대해서는 Barker의 *Imprecation*, 137-156 참고.
68. Miroslav Volf, *Exclusion and Embrace* (Nashville: Abingdon Press, 1996), 303-304. 『배제와 포용』(IVP)
69. Laurence, "Cursing," 248-250.
70. Zenger, *Vengeance?*, 68; Laurence, "Cursing," 24, 281.
71. Laurence, "Cursing," 26.
72. Strawn, "Imprecation," 318 참고.
73. Zenger의 *God of Vengeance?*, 13-23도 참고하라.
74. Soong-Chan Rah, *Prophetic Lament: A Call for Justice in Troubled Times* (Downers Grove, IL: InterVarsity Press, 2015), 22.
75. Strawn, *Old Testament Is Dying*, 49-51.
76. Strawn, *Old Testament Is Dying*, 51-52.
77. Strawn, *Old Testament Is Dying*, 52.
78. 여기에 해당하는 찬송가 목록은 다음과 같다. "Way Maker," "Build My Life," "Graves into Gardens," "Goodness of God," "Living Hope," "Great Are You Lord," "What a Beautiful Name," "Who You Say I Am," "Raise a Hallelujah," "This Is Amazing Grace," "King of Kings," "10,000 Reasons," "Great Things," "Glorious Day," "Lord, I Need You," "In Christ Alone," "The Lion and the Lamb," "How Great Is Our God," "The Blessing," "Cornerstone," "See a Victory," "Reckless Love," "King of My Heart," "O Come to the Altar," "Amazing Grace (My Chains Are Gone)."
79. Mack Brock, Wade Joye, Chris Brown, and Steven Furtick, Elevation Worship, "O Come to the Altar," on *Here as in Heaven* (Provident Music, 2016).

6장. 지혜 없는 정의, 정의 없는 지혜: 잠언

1. 2020년 6월 미국 노동 통계국, "A Profile of the Working Poor, 2018," www.bls.gov/opub/reports/working-poor/2018/home.htm.
2. Martha Ross and Nicole Bateman, "Low Wage Work Is More Pervasive Than You Think, and There Aren't Enough 'Good Jobs' to Go Around," Brookings Institute, 2019년 11월 21일, www.brookings.edu/blog/the-avenue/2019/11/21/low-wage-work-is-more-pervasive-than-you-think-and-there-arent-enough-good-jobs-to-go-around.
3. Ross and Bateman, "Low Wage Work."
4. 이 조직들의 활동을 온라인으로 보고 싶다면 fightfor15.org, poorpeoplescampaign.org를 참고하라.
5. fightfor15.org에서 차용한 내용.
6. 제안된 최저 임금이 더 극적으로 상승하고 더 신속히 실행될수록 이 역동에 대한 우려가 커진다.
7. William E. Even and David A. Macpherson, "California Dreamin' of Higher Wages: Evaluating the Golden State's 30-Year Minimum Wage Experiment," Employment Policy Institute, 2017년 12월, https://epionline.org/app/uploads/2017/12/EPI_CaliforniaDreamin_final.pdf.
8. Mary Hirschfield, *Aquinas and the Market: Toward a Humane Economy* (Cambridge, MA: Harvard University Press, 2018), 15.
9. 기저의 신념이 경제학자들이 자료를 분석하는 방식에 영향을 미칠 수 있다는 사실에 대해

서는 Hirschfield의 *Aquinas and the Market*, 16을 참고하라.
10. 이 두 '진영'을 미국의 주요 정당과 혼동해서는 안 된다.
11. Alasdair MacIntyre, *Whose Justice? Which Rationality?* (Notre Dame, IN: University of Notre Dame Press, 2003), 197. 『신학이 무슨 소용이냐고 묻는 이들에게』(포이에마)
12. J. David Pleins, *The Social Visions of the Hebrew Bible: A Theological Introduction* (Louisville, KY: Westminster John Knox, 2001), 456-473.
13. William Brown, *Wisdom's Wonder: Character, Creation, and Crisis in the Bible's Wisdom Literature* (Grand Rapids, MI: Eerdmans, 2014), 30; 또한 Timothy J. Sandoval, *The Discourse of Wealth and Poverty in the Book of Proverbs*, Biblical Interpretation 77 (Leiden: Brill, 2006), 46-61.
14. 마찬가지로 Arthur Keefer의 *The Book of Proverbs and Virtue Ethics: Integrating the Biblical and Philosophical Traditions* (New York: Cambridge University Press, 2020), 217; Christopher B. Ansberry, "What Does Jerusalem Have to Do with Athens? The Moral Vision of the Book of Proverbs and Aristotle's *Nicomachean Ethics*," *Hebrew Studies* 51 (2010): 173 참고.
15. 그런 구절로는 잠 8:15-16에서 지혜가 정의(just, NRSV, ESV)를 선포하고 정의롭게(justly, ESV) 통치하는 지혜로운 왕들을 묘사한 내용을 포함한다.
16. 지혜와 의를 다른 모든 미덕을 내포한 '메타 미덕'으로 이해할 때만 이것을 설명할 수 있다. Sun Myung Lyu, *Righteousness in the Book of Proverbs* (Tubingen: Mohr Siebeck, 2012), 53; Sandoval, *Discourse of Wealth*, 47.
17. Lyu, *Righteousness*, 49.
18. 잠언은 또한 실천을 통한 도덕 형성과 능력 주심으로 정의로운 제자도가 가능하다는 점을 강조하지만, 나는 이 장에서 잠언의 가르침에 대한 강조에 철저히 초점을 맞추고 있다.
19. 일반적인 갈망의 형성에 대해서는 Christine R. Yoder, "The Shaping of Erotic Desire in Proverbs 1-9," in *Saving Desire: The Seduction of Christian Theology*, F. LeRon Shults and JanOlav Henrickssen 편집(Grand Rapids, MI: Eerdmans, 2011), 149-163.
20. Michael V. Fox, *Proverbs 1-9: A New Translation with Introduction and Commentary*, AB (New Haven, CT: Yale University Press, 2010), 350.
21. Fox, *Proverbs 1-9*, 349.
22. Fox, *Proverbs 1-9*, 349; Yoder, "Shaping of Erotic Desire," 151.
23. Anne Stewart, "Wisdom's Imagination: Moral Reasoning and the Book of Proverbs," *JSOT* 40, no. 3 (2016): 352.
24. Ryan O'Dowd, "Pain and Danger: Unpleasant Sayings and the Structure of Proverbs," *CBQ* 80, no. 4 (2019): 624; Stuart Weeks, *Instruction and Imagery in Proverbs 1-9* (Oxford: Oxford University Press, 2009), 372; Wongi Park, "Sensing Ethnic Difference: A Kinesthetic Reading of Proverbs 7.1-27," *JSOT* 44, no. 1 (2019): 57-61.
25. Christopher B. Ansberry, *Be Wise, My Son, and Make My Heart Glad: An Exploration of the Courtly Nature of the Book of Proverbs* (Boston: De Gruyter, 2011), 44; Michael V. Fox, *Proverbs 10-31: A New Translation with Introduction and Commentary*, AB (New Haven, CT: Yale University Press, 2009), 500-505; Pleins, *Social Visions*, 456; Bruce Waltke, *The Book of Proverbs: Chapters 1-15*, NICOT (Grand Rapids, MI: Eerdmans, 2008), 58 참고. 또한 Waltke, *Proverbs*, 63도 참고.
26. Sandoval, *Wealth and Poverty*, 75.
27. Raymond C. Van Leeuwen, "Wealth and Poverty: System and Contradiction in Proverbs," *Hebrew Studies* 33 (1992): 31.
28. Raymond C. Van Leeuwen, "Liminality and Worldview in Proverbs 1-9," *Semeia* 50 (1990): 116.
29. Van Leeuwen, "Wealth and Poverty" 참고.
30. Stewart, "Wisdom's Imagination," 352-357; Sandoval, *Discourse of Wealth*, 205.
31. 잠언에서 에우다이모니아(*eudaimonia*, 행복)와 창조의 구조에 대해서는 Carol A. Newsom, "Positive Psychology and Ancient Israelite Wisdom," in *The Bible and the Pursuit of Happiness: What the Old and New Testaments Teach Us About the Good Life*, Brent A. Strawn 편집(Oxford:

Oxford University Press, 2012), 127-128.
32. Lyu, *Righteousness*, 76-93.
33. Sandoval, *Wealth and Poverty*, 57.
34. 더 자세한 논의는 Lyu, *Righteousness*, 62; Sandoval, *Discourse of Wealth*, 61; Van Leeuwen, "Wealth and Poverty," 26 참고.
35. 이 구절은 Ronald J. Sider, *Just Generosity: A New Vision for Overcoming Poverty in America*, 2nd ed. (Grand Rapids, MI: Baker, 2007), 62 참고.
36. Newsom, "Positive Psychology," 123에서 차용했다.
37. Lyu, *Righteousness*, 75.
38. 잠 12:2, 14:17, 24:8-9; Brown, "Virtue and Its Limits," 48.
39. 잠언의 의도적 전략으로서 모호함에 대해서는 Knut M. Heim, *Poetic Imagination in Proverbs: Variant Repetitions and the Nature of Poetry*, BBR Supp 4 (Winona Lake, IN: Eisenbrauns, 2012), 641 참고.
40. Yoder는 Christine R. Yoder의 "Forming 'Fearers of Yahweh': Repetition and Contradiction as Pedagogy in Proverbs," in *Seeking Out the Wisdom of the Ancients: Essays Offered to Honor Michael V. Fox on the Occasion of His Sixty-Fifth Birthday*, Ronald L. Troxel, Kelvin G. Firebel, and Dennis R. Magary 편집(University Park: Penn State University Press, 2021), 179-183에서 모순에 대해 긍정적 의미를 부여한다. 그녀의 유익한 통찰에 도움을 많이 받았지만, 그녀가 설명하는 모순은 내가 여기서 거부하는 노골적 모순과는 무관한 것으로 보인다.
41. Knut Heim은 *Like Grapes of Gold Set in Silver: An Interpretation of Proverbial Clusters in Proverbs 10:1-22:16* (Berlin: De Gruyter, 2001), 232에서 이 가능성을 인정한다.
42. Sandoval, *Discourse of Wealth*, 190.
43. Sandoval, *Discourse of Wealth*, 193.
44. David J. Montgomery, "A Bribe Is a Charm: A Study of Proverbs 17:8," in *The Way of Wisdom: Essays in Honor of Bruce K. Waltke*, J. I. Packer and Sven K. Soderlund 편집(Grand Rapids, MI: Zondervan, 2000), 137.
45. David Baker, *Tight Fists or Open Hands? Wealth and Poverty in Old Testament Law* (Grand Rapids, MI: Eerdmans, 2009), 216-217.
46. 더 자세한 논의는 Montgomery, "Bribe," 139-140; Andreas Scherer, "Is the Selfish Man Wise? Considerations of Context in Proverbs 10.1-22.16 with Special Regard to Surety, Bribery, and Friendship," *JSOT* 22, no. 76 (1997): 65-66; Heim, *Grapes of Gold*, 232 참고.
47. Scherer, "Selfish Man," 61.
48. 잠 10:15과 18:11의 유사한 관계에 대해서는 Heim, *Imagination*, 235-240, 634 참고.
49. Heim, *Like Grapes*, 232.
50. Montgomery, "Bribe," 139.
51. Heim, *Like Grapes*, 232.
52. Willie James Jennings, *After Whiteness: An Education in Belonging* (Grand Rapids, MI: Eerdmans, 202), 92.
53. Stanley Hauerwas, *With the Grain of the Universe* (Grand Rapids, MI: Brazos Press, 2001), 183.
54. Pleins, *Social Visions*, 469; John Barton, *Ethics in Ancient Israel* (New York: Oxford University Press, 2017), 180.
55. C. Van Leeuwen (Pleins, *Social Visions*, 469에서 인용됨).
56. Enrique Nardoni, *Rise Up, O Judge: A Study of Justice in the Biblical World*, Sean Charles Martin 번역(Grand Rapids, MI: Baker Academic, 2001), 134도 마찬가지 입장을 보인다. 분명히 말하지만 나는 잠언의 일부 단락이 특정한 사회적 입장이 있다고 주장하거나 전체 잠언서의 사회적 입장이 있다고 주장하지 않는다.
57. Barrera, *Biblical Economic Ethics*, 31-32.
58. Peter Altmann, "Feast and Famine: Theoretical and Comparative Perspectives on Lack as a Back-

drop for Plenty in the Hebrew Bible," in *Feasting in the Archaeology and the Texts of the Hebrew Bible and the Ancient Near East*, Peter Altmann and Janling Fu 편집(Winona, IN: Eisenbrauns, 2014).

59. Madipoane J. Masenya, "Proverbs 31:1-31 in a South African Context: A Bosadi (Womanhood) Perspective" (PhD diss., University of South Africa, 1996), 66; Nardoni, *Rise Up*, 135.
60. Ellen Davis, *Scripture, Culture, and Agriculture: An Agrarian Reading of the Bible* (Cambridge, MA: Cambridge University Press, 2009), 140. 『성서 문화 농업』(코헨)
61. 이것은 Hirschfield의 *Aquinas and the Market*, 166-188과 내용상 매우 유사하다.
62. 하일(*hayil*)이 "미덕과 가장 가까운 히브리어"일 가능성을 감안하면 실제로 이 여인을 고결한 여인으로 명해서는 안 될 것 같다(Keefer, *Virtue Ethics*, 52).
63. 이 용감한 여성이 어떤 식으로 이런 활동을 통해 경제적이고 사회적 권력을 상당히 축적하고 행사했을지에 대한 설명은 Carol L. Meyers, "Material Remains and Social Relations: Women's Culture in Agrarian Households of the Iron Age," in *Symbiosis, Symbolism, and the Power of the Past: Canaan, Ancient Israel, and their Neighbors from the Late Bronze Age Through Roman Palestine*, William G. Dever and Seymour Gitin 편집(University Park: Penn State University Press, 2003), 435-436 참고.
64. Sandoval, *Discourse of Wealth*, 202.
65. Yoder는 이 표현이 가정의 종을 가리킬 수도 있고 혹은 룻기서처럼 '젊은 여성 일꾼'을 가리킬 수도 있다고 지적한다. 함께 일하는 집단이나 심지어 직원들과 더 유사한 경제적 관계일 수도 있다고 말한다. Christine Yoder, *Wisdom as a Woman of Substance: A Socioeconomic Reading of Proverbs 1-9 and 31:10-31* (Berlin: De Gruyter, 2001), 86.
66. 교차 대구 구조에 대해서는 Yoder, *Wisdom as a Woman* 참고.
67. Davis, *Scripture, Culture, and Agriculture*, 149.
68. Davis, *Scripture, Culture, and Agriculture*, 154 (quoting "The Farm" from Wendell Berry, *A Timbered Choir: The Sabbath Poems, 1979-1997* [Washington, DC: Counterpoint, 1998], 141).
69. 이런 논증은 미덕 윤리가 잠언서를 해석하는 데 유익한 도구일 수 있다는 Brown, Keefer와 다른 구약 학자들의 주장을 강력히 지지한다.
70. Michael Rhodes and Robby Holt, *Practicing the King's Economy: Honoring Jesus in How We Work, Earn, Spend, Save, and Give* (Grand Rapids, MI: Baker, 2018), 148-150.
71. 잠 18:16은 경제적 은사의 현명한 활용을 염두에 두고 있을 수 있다. 이에 대해서는 Montgomery의 "Bribe," 139-142를 참고하라. Heim은 *Like Grapes*, 232에서 잠 17:23이 적절한 보상의 가능성을 암시한다고 주장한다.
72. Jonathan Tran, *Asian Americans and the Spirit of Racial Capitalism* (New York: Oxford University Press, 2022), 227-228.
73. Tran, *Asian Americans*, 228.
74. 이 부분에 대해서는 Hirschfield, *Aquinas and the Market*, 138-160 참고.
75. John Mackey and Raj Sisodia, *Conscious Capitalism: Liberating the Heroic Spirit of Business* (Cambridge, MA: Harvard Business Review Press, 2012). 『돈, 착하게 벌 수는 없는가』(흐름출판)
76. Jamin Hubner, "Production for the Common Good," *Journal of Religious Leadership* (2021):41-42, 55-60. 이 전체 단락을 집필하는 데 큰 도움을 준 Jamin Hubner에게 감사드린다.
77. Bob's Red Mill의 이야기에 대해서는 Jane Thier, "Executive Greed Is Driving the Labor Shortage," Fortune, 2022년 1월 17일https://fortune.com/2022/02/17/bobs-red-mill-president-on-his-employee-owned-company.
78. Thier, "Executive Greed."
79. 직원 오너십에 대한 자료는 https://democracycollaborative.org/elements/employee-ownership; https://www.ownershipeconomy.org/를 참고하라.
80. Jamin Hubner, "Owning Up to It: Why Cooperatives Create the Humane Economy Our World Needs," *Faith & Economics* (2020): 153.
81. 지방 정치와 중앙 정치의 정의로운 제자도에 대한 더 자세한 연구는 이 책 4부에서 다시 다

룰 것이다.

82. Charles C. Brown and Daniel S. Hamermesh, "Wages and Hours Laws: What Do We Know? What Can Be Done?," *Russell Sage Foundation Journal of the Social Sciences* 5, no. 5 (2019): 69, https://muse.jhu.edu/article/742465.
83. Ekaterina Jardim et al., "Minimum Wage Increases, Wages and Low-Wage Employment: Evidence from Seattle," *National Bureau of Economic Research* (2018), www.nber.org/system/files/working_papers/w23532/w23532.pdf; David Neumark et al., "Revisiting the Minimum Wage-Employment Debate: Throwing Out the Baby with the Bathwater?," National Bureau of Economic Research, 2013년 1월, www.nber.org/system/files/working_papers/w18681/w18681.pdf; Qiuping Yu et al., "Research: When a Higher Minimum Wage Leads to Lower Compensation," *Harvard Business Review*, 2021년 6월 10일, https://hbr.org/2021/06/research-when-a-higher-minimum-wage-leads-to-lower-compensation.
84. Doruk Cengiz et al., "The Effect of Minimum Wages on Low-Wage Jobs," *Quarterly Journal of Economics* 134, no. 3 (2019): https://academic.oup.com/qje/article/134/3/1405/5484905; Arindrajit Dube et al., "Minimum Wage Effects Across State Borders: Estimates Using Contiguous Counties," Institute for Research on Labor and Employment, 2010년 11월, https://irle.berkeley.edu/files/2010/Minimum-Wage-Effects-Across-State-Borders.pdf.
85. Anna Godoey and Michael Reich, "Are Minimum Wage Effects Greater in Low-Wage Areas?," Institute for Research on Labor and Employment, 2020년 9월 25일, https://irle.berkeley.edu/are-minimum-wage-effects-greater-in-low-wage-areas.
86. José Azar et al., "Minimum Wage Employment Effects and Labor Market Concentration," National Bureau of Economic Research, 2019년 7월, www.nber.org/system/files/working_papers/w26101/w26101.pdf.
87. "The Budgetary Effects of the Raise the Wage Act of 2021," Congressional Budget Office, 2021년 2월, www.cbo.gov/system/files/2021-02/56975-Minimum-Wage.pdf.
88. Lawrence Mishel and Jori Kandra, "CEO Compensation Surged 14% in 2019 to $21.3 Million," Economic Policy Institute, 2020년 8월 18일, https://www.epi.org/press/ceo-pay-increased-14-in-2019-and-now-make-320-times-their-typical-workers/. 또한 Hirschfield, *Aquinas and the Market*, 185도 참고하라. 물론 행정적 보상의 현실은 회사마다 매우 다르다.
89. Tran, *Asian Americans*, 224.
90. Mishel and Kandra, "CEO Compensation."
91. 유사한 사유에 대해서는 Robert C. Tatum, "A Theology of Economic Reform," *Faith & Economics* 69 (2017): 63-83; Hirschfield, *Aquinas and the Market*, 191-218 참고.

7장. 제자도라는 선물과 과업: 요한일서

1. Philip Ziegler, "Completely Within God's Doing: Soteriology as Meta-Ethics in the Theology of Dietrich Bonhoeffer" in *Christ, Church, and World: New Studies in Bonhoeffer's Theology and Ethics*, Philip Ziegler and Michael G. Mawson 편집(New York: T&T Clark, 2016), 109. Ziegler는 Luther도 이렇게 주장했다고 밝힌다.
2. 이 장의 주제에 관해 더 전문적으로 다룬 내용은 Michael J. Rhodes, "Becoming Militants of Reconciling Love: 1 John 3:1-3 and the Task of Ethical Formation," *JTI* 15, no. 1 (2021): 79-100을 참고하라. 이 개념 또한 Michael J. Rhodes, "(Becoming) Lovers in a Dangerous Time: Discipleship as Gift and Task in 1 John," *Word & World* (2021) 41.1에서 처음 등장했다는.
3. 편의상 요한일서 저자는 '요한'으로 표기한다.
4. 이런 질문은 John Webster가 도덕적 존재론이라고 언급한 내용을 다룬 것이다. John B. Webster, *Word and Church: Essays in Christian Dogmatics* (New York: T&T Clark, 2001), 283.

5. J. G. van der Watt, "Ethics in 1 John: A Literary and Socioscientific Perspective," *CBQ* 61 (1999): 494.
6. van der Watt, "Ethics in 1 John," 494; Cornelis Bennema, "Moral Transformation in the Johannine Writings," *In die Skriflig* 51 no. 3 (2017): 4.
7. J. G. van der Watt, "Cosmos, Reality, and God in the Letters of John," *In die Skriflig* 47, no. 2 (2013): 7.
8. 이 측면은 요일 3:17에서 '세상의 선'을 위한 요한의 긍정적 역할을 이해한다.
9. Andreas J. Kostenberger, "The Cosmic Trial Motif," in *Communities in Dispute: Current Scholarship on the Johannine Epistles*, R. Alan Culpepper and Paul N. Anderson 편집(Atlanta: SBL Press, 2014), 159.
10. Walter Wink, *Engaging the Powers: Discernment and Resistance in a World of Domination* (Minneapolis: Fortress, 1992), 55-57. 『사탄의 체제와 예수의 비폭력』(한국기독교연구소)
11. Brian K. Blount, *Then the Whisper Put on Flesh: New Testament Ethics in an African American Context* (Nashville: Abingdon, 2001), 110.
12. 요한복음의 종말론적 신학에 대해서는 Catrin H. Williams and Christopher Rowland 편집, *John's Gospel and Intimations of Apocalyptic* (London: T&T Clark, 2013) 참고. 종말론적 신학에 관심이 있고 J. Louis Martyn의 주장을 지지하는 "Union School"의 등장에 대해서는 J. P. Davies, *Paul Among the Apocalypses? An Evaluation of the "Apocalyptic Paul" in the Context of Jewish and Christian Apocalyptic Literature*, Library of New Testament Studies (New York: T&T Clark, 2016), 18을 참고하라.
13. J. Louis Martyn, "Epilogue: An Essay in Pauline Meta-Ethics," in *Divine and Human Agency in Paul and His Cultural Environment*, John M. G. Barclay and Simon J. Gathercole 편집(New York: T&T Clark, 2008), 175.
14. Martyn, "Epilogue," 178.
15. Philip Ziegler, *Militant Grace: The Apocalyptic Turn and the Future of Christian Theology* (Grand Rapids, MI: Baker Academic, 2018), 10.
16. Ziegler, *Militant Grace*, 10.
17. Ziegler, *Militant Grace*, 62. 또한 J. Louis Martyn, "Afterword: The Human Moral Drama," in *Apocalyptic Paul: Cosmos and Anthropos in Romans 5-8*, Beverly R. Gaventa 편집(Waco, TX: Baylor University Press, 2013), 163도 참고하라.
18. Michael J. Rhodes, *Formative Feasting: Practices and Virtue Ethics in the Deuteronomic Tithe Meal and Corinthian Lord's Supper*, Studies in Biblical Literature 176 (New York: Peter Lang, 2022), 162.
19. Benjamin E. Reynolds, "The Anthropology of John and the Johannine Epistles: A Relational Anthropology," in *Anthropology and New Testament Theology*, Jason Maston and Benjamin E. Reynolds 편집(London: T&T Clark, 2018), 121.
20. 논의를 위해서는 Stephen S. Smalley, *1, 2, 3 John, WBC* (Waco, TX: Word, 1984), 139 참고. 『WBC 성경주석. 51. 요한1, 2, 3서』(솔로몬)
21. John Webster, *God Without Measure: Working Papers in Christian Theology*, vol. 2, *Virtue and Intellect* (New York: Bloomsbury T&T Clark, 2015), 14. 또한 Marianne Meye Thompson, *1-3 John* (Downers Grove, IL: InterVarsity Press), 87; Rudolf Bultmann, *The Johannine Epistles*, Hermeneia (Philadelphia, PA: Fortress Press, 1973), 48.
22. Smalley, *John*, 137.
23. 이 문제에 대한 최종 판단은 이 장에서 다룰 수준을 벗어난다. 하지만 그리스도인들은 계속 죄를 지을 것이라는 요일 1:8-2:2의 솔직한 주장과 '그 안에 있는 모든 사람은 죄를 짓지 않는다'는 요일 3:6-8의 주장에서 보듯이, 이 서신의 명확한 모순은 이런 문맥에서 이해해야 한다고 믿는다. 여러 해석 방식에 대한 요약은 Reynolds, "Anthropology of John," 133 참고.
24. John Webster, "Eschatology, Ontology and Human Action," *Toronto Journal of Theology* 7, no. 1

(1991): 13.
25. 그렇다고 예수님을 모르는 이웃이 옳은 일을 전혀 할 수 없다거나 그들이 우리 원수라는 의미는 아니다. 예수님을 떠나서는 진정한 제자도가 실제로 불가능하다는 말이다.
26. Oliver O'Donovan, *Resurrection and Moral Order: An Outline for Evangelical Ethics*, 2nd ed. (Leicester: Apollos, 1994), 260.
27. 요한 윤리를 다룬 최근의 논문은 그런 대화에 대해 아리스토텔레스의 미덕 윤리의 도움을 받았다. Cornelis Bennema, "Virtue Ethics and the Johannine Writings," in *Johannine Ethics: The Moral World of the Gospel and Epistles of John*, Christopher W. Skinner and Sherri Brown 편집 (Minneapolis: Fortress, 2017), 264-266; Bennema, *Mimesis in the Johannine Literature* (New York: T&T Clark, 2017), 144; Jeffrey E. Brickle, "Transacting Virtue Within a Disrupted Community: The Negotiation of Ethics in the First Epistle of John," in *Rethinking the Ethics of John: "Implicit Ethics" in the Johannine Writings*, Jan G. van der Watt and Ruben Zimmermann 편집(Tubingen: Mohr Siebeck, 2012), 340-349. 나는 Thomas Aquinas의 의견이 다루기가 훨씬 더 적합하다고 생각한다. 더 알고자 한다면, Rhodes, "Becoming Militants," 79-100을 참고하라.
28. Thomas Aquinas, *The Summa Theologica of St. Thomas Aquinas*, Fathers of the English Dominican Province 번역, 2nd ed., 21 vols (London, UK: Burns Oates & Washbourne, 1920-1935), I-II q. 55, a. 4, 강조 추가.
29. Stanley Hauerwas and Charles Robert Pinches, *Christians Among the Virtues: Theological Conversations with Ancient and Modern Ethics* (Notre Dame, IN: University of Notre Dame Press, 1997), 68-69; Brickle, "Transacting Virtue," 345.
30. Aquinas, *ST* II-II q. 24, a. 4. Aquinas가 II-II q. 24, a. 5에서 명확히 밝히듯이 이것은 성령의 역사이기도 하다.
31. Aquinas, *ST* I-II q. 65, a. 3.
32. Dirk G. van der Merwe, "'A Matter of Having Fellowship': Ethics in the Johannine Epistles," in *Identity, Ethics, and Ethos in the New Testament*, Jan G. van der Watt 편집(New York: de Gruyter, 2006), 547, 554.
33. Andrew Pinsent, "Aquinas: Infused Virtues," in *The Routledge Companion to Virtue Ethics*, Lorraine Besser and Michael Slote 편집(New York: Routledge, 2015), 149.
34. Andrew Pinsent, *The Second-Person Perspective in Aquinas's Ethics: Virtues and Gifts*, Routledge Studies in Ethics and Moral Theory (New York: Routledge, 2012), 42.
35. Istan Czachesz, "From Mirror Neurons to Morality: Cognitive and Evolutionary Foundations of Early Christian Ethics," in *Metapher-Narratio-Mimesis-Doxologie: Begrundungsformen fruhchristli+cher und antiker Ethik* (Tubingen: Mohr Siebeck, 2016), 274.
36. Czachesz, "Mirror Neurons," 273.
37. Czachesz, "Mirror Neurons," 274.
38. Czachesz, "Mirror Neurons," 274.
39. Czachesz, "Mirror Neurons," 274-275.
40. Susan Eastman, *Paul and the Person: Reframing Paul's Anthropology* (Grand Rapids, MI: Eerdmans, 2017), 68.
41. Raymond E. Brown, *The Epistles of John*, ABC (New Haven, CT: Yale University Press, 2007), 387; Smalley, *1, 2, 3 John*, 133.
42. O'Donovan, *Resurrection and Moral Order*, 347.
43. Volker Rabens, "Johannine Perspectives on Ethical Enabling in the Context of Stoic and Philonic Ethics," in *Rethinking the Ethics of John*, 120.
44. Eastman, *Paul and the Person*, 144-145.
45. Rabens, "Johannine Perspectives," 125.
46. 헬라어 비오스(*bios*)는 종종 생명으로 번역되지만, 나는 여기서 요한이 한 말과 명확히 소유의 의미로 사용한 요한 문헌의 비오스에 대한 유일한 다른 용례(요일 3:17)의 밀접한 관계

를 강조하기 위해 "소유"로 번역했다(한글상으로는 개역개정에 따라 "이생"으로 표기함).
47. William R. G. Loader, "The Significance of 2:15-17 for Understanding the Ethics of 1 John," in *Communities in Dispute*, 224-233.
48. Jorg Frey, "'Ethical' Traditions, Family Ethos, and Love in the Johannine Literature," in *Early Christian Ethics in Interaction with Jewish and Greco-Roman Contexts*, Jan Willem van Henten and Joseph Verheyden (Leiden: Brill, 2013), 178-180.
49. Frey, "'Ethical' Traditions," 178-180.
50. 이 구절과 신 15:9-11이 미묘한 수준이라도 관련성이 있다면 강력한 경고의 의미가 있다고 할 수 있다.
51. Brickle, "Transacting Virtue," 346.
52. Wink, *Engaging the Powers*, 55-56.
53. K. R. Harriman, "Take Heart, We Have Overcome the World: Participatory Victory in the Theological-Ethical Framework of 1 John," *Evangelical Quarterly* 88, no. 4 (2016): 311.
54. Harriman, "Take Heart," 103; Kostenberger, "Cosmic Trial," 162.
55. David K. Rensberger, *Johannine Faith and Liberating Community* (Philadelphia: Westminster, 1988), 150; Richard B. Hays, *The Moral Vision of the New Testament: Community, Cross, New Creation* (New York: Harper Collins, 1996), 147. 『신약의 윤리적 비전』(IVP)
56. David K. Rensberger, "Completed Love: 1 John 4:11-18 and the Mission of the New Testament Church," in *Communities in Dispute*, 249.
57. Blount, *Whisper*, 112.
58. Cornel West, *Brother West: Living and Loving Out Loud* (New York: Smiley Books, 2010), 23.
59. 요한의 문헌이 전적으로 분파적이고 세상에 아무 관심이 없다고 보는 학계의 전통과는 반대된다.
60. Enrique Nardoni, *Rise Up, O Judge: A Study of Justice in the Biblical World*, Sean Charles Martin 번역(Grand Rapids, MI: Baker Academic, 2001), 296.
61. John Steinbeck, *Grapes of Wrath* (New York: Penguin, 2006), 33-34(Walter Wink 역시 *Engaging the Powers*에서 이 대사를 인용한다). 『분노의 포도』(민음사)
62. 이 '더 강력한 무엇'의 실체를 이해하고 분석하도록 비판적인 현실주의적 사회학이 제공하는 도구에 대해 요약한 내용은 Daniel Finn 편집, *Moral Agency Within Social Structures and Culture: A Primer on Critical Realism for Christian Ethics* (Washington, DC: Georgetown University Press, 2020)의 유익한 글을 참고하라.
63. Wink, *Engaging the Powers*, 50.
64. Willie James Jennings는 "Willie Jennings: To Be a Christian Intellectual," Yale Divinity School News, 2015년 10월 30일, https://divinity.yale.edu/news/willie-jennings-be-christian-intellectual 에서 백인이란 자체가 하나의 '권력'이라고 지적한다. 경제적 착취를 강조하는 '인종 차별주의자의 지배와 정치적이고 경제적 착취의 관계'에 대한 본격적인 논증은 Jonathan Tran, *Asian Americans and the Spirit of Racial Capitalism* (New York: Oxford University Press, 2022) 참고.
65. Chanequa Walker-Barnes, *I Bring the Voices of My People: A Womanist Vision for Racial Reconciliation* (Grand Rapids, MI: Eerdmans, 2019), 47.
66. Walker-Barnes, *I Bring the Voices of My People*, 192.
67. Eddie S. Glaude Jr., *Democracy in Black: How Race Still Enslaves the American Soul* (New York: Crown, 2017), 56.
68. Daniel J. Daly, "Critical Realism, Virtue Ethics, and Moral Agency," in *Moral Agency Within Social Structures and Culture*, 95.
69. Daniel K. Finn, "Social Structures," in *Moral Agency Within Social Structures and Culture*, 36-40.
70. Tran, *Asian Americans*, 194.
71. 이 단락의 나머지 부분은 상당 부분 Michael Rhodes, "Should We Repent of Our Grandpar-

ents' Racism? Scripture on Intergenerational Sin," Center for Hebraic Thought, 2020년 6월 19일, https://hebraicthought.org/repenting-intergenerational-racist-ideology-scripture-intergenerational-sin에서 처음 서술된 내용이다.

72. Sendhil Mullainathan, "Racial Bias, Even When We Have Good Intentions," *New York Times*, 2015년 1월 3일, www.nytimes.com/2015/01/04/upshot/the-measuring-sticks-of-racial-bias-.html.
73. Walker-Barnes, *Voices of My People*, 88-97.
74. 특별히 하버드의 암묵적 연합 테스트를 이용해 암묵적 편견을 측정할 수 있다는 주장은 심각한 논쟁의 소지가 있다. 이 검사의 실패 사례들에 관한 상당한 분량의 요약 내용은 Jesse Singal, "Psychology's Favorite Tool for Measuring Racism Isn't Up to the Job," *New York* (2017), https://www.thecut.com/2017/01/psychologys-racism-measuring-tool-isnt-up-to-the-job.html?utm_source=pocket_mylist에서 확인할 수 있다. 그런 비판은 암묵적 편견이 존재함을 증명하는 많은 증거와 모순되지 않는다. 이런 증거들은 그런 편견을 측정하는 것이 쉽지 않은 일이며, 심지어 불가능할 수도 있음을 시사한다. Keith Payne et al, How to Think About 'Implicit Bias,'" (March 27, 2018)에 수록된 유익한 평가를 참고하라, https://www.scientificamerican.com/article/how-to-think-about-implicit-bias/.
75. Walker-Barnes, *Voices of My People*, 192; Tran, *Asian Americans*, 194.
76. 복음주의라는 표현은 논쟁의 여지가 있을 수 있으며, 복음주의자에 대한 부정적 시선은 흔하게 볼 수 있다. 이 책에서는 대부분 복음주의자라는 언급을 정성적 연구의 일부로 '복음주의'라는 범주를 사용한 연구를 참고할 때만 한정해 사용하고자 했다.
77. James Davison Hunter and Carl Desportes Bowman with Kyle Puetz, *Democracy in Dark Times: The 2020 IASC Survey of American Political Culture* (New York: Finstock & Tew Publishers, 2020), 58. PDF는 https://s3.amazonaws.com/iasc-prod/uploads/pdf/sapch.pdf에서 볼 수 있다.
78. Hunter and Bowman, *Democracy in Dark Times*, 59-60.
79. Hunter and Bowman, *Democracy in Dark Times*, 60.
80. 이 책 11장에서 살펴본 기독교 민족주의의 역학 관계는 분명히 이런 차이의 일부를 반영하지만, 여기서는 다른 면에 초점을 맞추고 싶다.
81. '반인종주의적 정통성'이라고 명명한 기독교적 반인종주의에 대한 의미 있는 시도에 대해서는 Tran, *Asian Americans, in its entirety*를 참고하라.
82. Charles Marsh, "The Civil Rights Movement as Theological Drama—Interpretation and Application," *Modern Theology* 18, no. 2 (2002): 234.
83. Martin Luther King Jr., "Non-Aggression Procedures to Interracial Harmony," 1956년 7월 23일 미국 침례교 모임과 미국 국내 선교 Agencies Conference에서 한 연설, 주석이 달린 원고는 https://kinginstitute.stanford.edu/king-papers/documents/non-aggression-procedures-interracial-harmony-address-delivered-american에서 볼 수 있다.
84. James M. Lawson Jr. 편집, *Nonviolence and Social Movements: The Teachings of Rev. James M. Lawson Jr.* (Los Angeles: UCLA Press, 2016), 37.
85. Lawson, *Nonviolence and Social Movements*, 6.
86. James M. Lawson Jr., 2019년 4월 5일 Clayborn Temple에서 한 연설.
87. Martin Luther King Jr., "Mountain Top Address" (1968). https://www.afscme.org/about/history/mlk/mountaintop#:~:text=Dr.-,Martin%20Luther%20King%2C%20Jr.,day%20before%20he%20was%20assassinated.
88. King, "Mountain Top Address."

8장. 희년의 원리로 세워지는 정의의 공동체: 레위기

1. James Foreman, "The Black Manifesto," in *Black Theology: A Documentary History*, vol. 1: *1966-*

1979, James H. Cone and Gayraud S. Wilmore 편집(Maryknoll, NY: Orbis Books, 1993), 30-31.
2. Foreman, "Black Manifesto," 31-32.
3. Foreman, "Black Manifesto," 31-32.
4. Foreman, "Black Manifesto," 31-32.
5. William Darity Jr. and Kirsten Mullen, *From Here to Equality: Reparations for Black Americans in the Twenty-First Century* (Chapel Hill: University of North Carolina Press, 2020), 9.
6. Martin Luther King Jr, *Where Do We Go from Here?* (Boston: Beacon Press, 2010), 84.
7. Darity and Mullen, *Here to Equality*, 9-14의 조사 결과를 참고하라.
8. Foreman, "Black Manifesto," 31.
9. James F. Findlay, Jr, *Church People in the Struggle: The National Council of Churches and the Black Freedom Movement, 1950-1870* (New York, NY: Oxford University Press, 1997), 207.
10. Findlay의 *Church People*, 207-208에서 인용됨.
11. Gayraud, S. Wilmore, "A Black Churchman's Response to the Black Manifesto," in *Black Theology*, 96.
12. Wilmore, "Black Churchman's Response," 98.
13. Jennifer Harvey, *Dear White Christians: For Those Still Longing for Racial Reconciliation* (Grand Rapids, MI: Eerdmans, 2014), 121-140.
14. 막 10:19; 눅 18:20; 롬 13:9; 엡 4:28 참고.
15. Duke L. Kwon and Greg Thompson, *Reparations: A Christian Call for Repentance and Repair* (Grand Rapids, MI: Brazos, 2021), 136-143의 유용한 논의를 참고하라.
16. Kwon and Thompson, *Reparations*, 143.
17. Kwon and Thompson, *Reparations*, 117.
18. Kwon and Thompson, *Reparations*, 123.
19. William Darity Jr. and Dania Frank, "The Economics of Reparations," *American Economic Review* 93, no. 2 (2003): 327.
20. 하지만 구약의 농경적, 신정적 정치학이 현대 교회나 국가의 청사진을 제공한다고 주장하려는 것은 아니다. 교회가 전반적인 구약 율법을 어떻게 받을지에 대한 중요한 해석학적 질문들이 있으며 농업 경제에서 고안된 경제적 실체가 매우 다른 우리의 경제적 상황과 어떻게 관련되는지에 대한 동일하게 까다로운 해석학적 질문이 존재한다. 뒤에서 희년과 흑인 선언문 간의 유사성이 있음을 주장하고, 그 유사성이 오늘날 우리에게 어떤 의미가 있는지 살펴볼 것이다.
21. '거룩의 정치학'이란 표현은 Nathan Willowby, "Sanctification as Virtue and Mission: The Politics of Holiness" (PhD diss., Marquette University, 2016)에서 차용한 것이다.
22. Christopher J. H. Wright, *Old Testament Ethics for the People of God* (Downers Grove, IL: IVP Academic, 2011), 185. 『현대를 위한 구약윤리』(IVP)
23. Rudolf Otto, *Idea of the Holy: An Inquiry into the Non-Rational Factor in the Idea of the Divine and Its Relation to the Rational*, 2nd ed., John W. Harvey 번역(New York: Oxford University Press, 1950), 1-24.
24. Jacob Milgrom, *Leviticus: A Book of Ritual and Ethics* (Minneapolis: Fortress, 2004), 32.
25. Ellen F. Davis, *Opening Israel's Scriptures* (New York: Oxford University Press, 2019), 72.
26. 레위기와 정치학의 관계에 대해서는 Gordon McConville, "'Fellow Citizens': Israel and Humanity in Leviticus," in *Reading the Law: Studies in Honour of Gordon J. Wenham*, J. G. McConville and Karl Moller 편집(New York: T&T Clark, 2007), 11-14 참고.
27. Willowb, "Sanctification as Virtue and Mission," 213.
28. Moshe Weinf, *Social Justice in Ancient Israel and in the Ancient Near East* (Minneapolis: Fortress, 2000), 9.
29. Robin J. DeWitt Knauth, "The Jubilee Transformation: From Social Welfare to Hope of Restoration to Eschatological Salvation" (PhD diss., Harvard Divinity School, 2004), 46.

30. Jacob Milgrom, *Leviticus 23-27*, AB (New Haven, CT: Yale University Press, 2001), 2190-2237; David Baker, *Tight Fists or Open Hands? Wealth and Poverty in Old Testament Law* (Grand Rapids, MI: Eerdmans, 2009), 80; Wright, *Old Testament Ethics*, 203-205.
31. Joshua Berman, *Created Equal: How the Bible Broke with Ancient Political Thought* (New York, NY: Oxford University Press, 2011), 83.
32. 이런 칙령을 안두라룸(*andurarum*) 칙령과 미사룸(*misarum*) 칙령이라고 한다. Weinfeld, *Social Justice*, 1-17, 75-93; Milgrom, *Leviticus 23-27*, 2167-2169; Baker, *Tight Fists*, 77-86 참고. 또한 그런 칙령의 자세한 사례를 알고 싶다면 "The Edict of Ammisaduqa" (ANET, 526-528)와 Finkelstein의 그 문서에 대한 논의(J. J. Finkelstein, "Ammisaduqa's Edict and the Babylonian 'Law Codes,'" *Journal of Cuneiform Studies* 15, no. 3 [1961]: 91-103)를 참고하라.
33. Weinfel, *Social Justice*, 10; Raymond Westbrook, *Law from the Tigris to the Tiber: The Writings of Raymond Westbrook*, F. Rachel Magdalene and Bruce Wells 편집(Winona Lake, IN: Eisenbrauns, 2009), 157.
34. Milgrom, *Leviticus 23-27*, 2187, 2227; Weinfeld, *Social Justice*, 16.
35. Roland Boer, *The Sacred Economy of Ancient Israel*, Library of Ancient Israel (Louisville, KY: Westminster John Knox, 2015), 160; Rudolph Otto, "The Study of Law and Ethics in the Hebrew Bible/Old Testament" in *Hebrew Bible/Old Testament: The History of Its Interpretation*, III/2: *The Twentieth Century*, Magne Saebo 편집(Gottingen: Vandenhoeck & Ruprecht, 2015), 605.
36. Weinfeld, *Social Justice*, 10.
37. Weinfeld, *Social Justice*, 10; Milgrom, *Leviticus 23-27*, 2163.
38. Milgrom, *Leviticus 23-27*, 2169. 이 규례를 증명하는 예외는 성의 집들과 레위기의 토지와 관련이 있다. 모두 희년의 중요한 의도와 이유가 일치할 때 예외를 인정받았다.
39. Milgrom, *Leviticus 23-27*, 2192-2193; Wright, *Old Testament Ethics*, 205; Baruch A. Levine, *Leviticus*, JPS (Philadelphia, PA: JPS, 1989), 168.
40. Boer, *Sacred Economy*, 159-160.
41. 이 본문과 출 21:1-11의 관계에 대해서는 John Sietze Bergsma, *The Jubilee from Leviticus to Qumran: Its Origin, Development, and Interpretation in the Hebrew Scriptures, Second Temple Literature, and Qumran Texts* (Leiden: Brill, 2007), 47-48 참고.
42. Enrique Nardoni, *Rise Up, O Judge: A Study of Justice in the Biblical World*, Sean Charles Martin 번역(Grand Rapids, MI: Baker Academic, 2001), 87. 가혹한 대우에 대한 표현은 애굽에서 이스라엘이 경험한 학대를 의도적으로 반영한 것이다. 출 1:13-14; Jon D. Levenson, *The Hebrew Bible, the Old Testament, and Historical Criticism: Jews and Christians in Biblical Studies* (Lousiville, KY: Westminster John Knox, 1993), 150.
43. 그러나 레위기 25장은 외국인을 영구적 노예로 삼는 것은 금하지 않는다(레 25:44-46). 이 어려운 문제를 연구하는 일은 이 장의 범위를 벗어나는 일이다. 그러나 하나의 장르로서 법은 악을 제거하기보다 확산을 막는 데 기여한다는 것을 기억해야 한다. Gordon Wenham, *Story as Torah: Reading the Old Testament Ethically* (Edinburgh: T&T Clark, 2000), 80 참고. 레 25:44-46의 경우에 Baker는 이 법이 그런 노예제를 권장하기 위한 것이 아니라 "오히려 언약 공동체 밖의 사람들에게 제한적으로 적용하기 위한" 것이라고 지적한다(Baker, *Tight Fists*, 118). 이스라엘의 율법과 이야기에서 알 수 있듯이, 언약 공동체의 구성원은 항상 다원적이었다. 더 나아가 레 25:44-46이 허용하는 것은 무엇이든지 레 19:33의 명령의 적용을 받았다. "거류민이 너희의 땅에 거류하여 함께 있거든 너희는 그를 학대하지 말고 너희와 함께 있는 거류민을 너희 중에서 낳은 자같이 여기며 자기같이 사랑하라 너희도 애굽 땅에서 거류민이 되었었느니라 나는 너희의 하나님 여호와이니라"(레 19:33-34). Matt Lynch는 애굽인처럼 행동하지 말라는 이 훈계는 레 25:44-46와 출애굽기에서 바로가 이스라엘 백성을 억압한 것에 대한 묘사(개인적 소통)에서 바로의 가혹한 애굽 압제가 암시된 것으로 보인다는 점에서 더욱 강력한 힘을 발휘한다고 말한다. 레 25:44-46을 근거로 비이스라엘 노예를 학대하거나 억압해도 된다고 생각하는 이스라엘 백성은 레위기 19:33로 생각의 교정을

받아야 할 것이다. 마지막으로 앞으로 살펴보겠지만, 에스겔서의 희년의 적용 범위는 외부인을 더욱 포용하고 그들에게 정의를 시행하도록 이끌 것이다.

44. Milgrom, *Leviticus 23-27*, 2213.
45. Knauth, "Jubilee Transformation," 204.
46. Milgrom, *Leviticus 23-27*, 2195.
47. Berman, *Created Equal*, 88.
48. Berman, "Voices," 16.
49. Weinfeld, *Social Justice*, 15.
50. Milgrom, *Leviticus 23-27*, 2185; Wright, *Old Testament Ethics*, 89.
51. Berman, *Created Equal*, 90.
52. McConville, "Fellow Citizens," 29.
53. Berman, *Created Equal*, 87.
54. 이 메타포를 제안해준 Danny Carroll에게 감사드린다.
55. 모든 배상 프로그램이 인정, 시정, 마감으로 이루어진다는 개념은 William Darity, Jr.의 "Forty Acres and a Mule in the 21st Century," *Social Science Quarterly* 89 no. 3 (2008), 656에서 차용한 것이다.
56. Walter Brueggemann et al., *To Act Justly, Love Tenderly, Walk Humbly: An Agenda for Ministers* (New York: Paulist Press, 1986), 5.
57. Bruce C. Birch, *Let Justice Roll Down* (Louisville, KY: Westminster John Knox, 1991), 182.
58. 왕상 21:21-26; 겔 45:8-9; 잠 22:28, 23:10; 신 19:14, 27:17; 욥 24:2.
59. 배상과 관련해 이 본문의 논의는 Kwon and Thompson, *Reparations*, 139-143을 참고하라.
60. Levine, *Leviticus*, 103.
61. 레 6:1-7[5:20-26]의 이웃에게 의도적으로 지은 죄에 대한 제사는 예외다.
62. Milgrom, *Leviticus*, 162.
63. Davis, *Opening Israel's Scriptures*, 64.
64. 이 부분은 Robert S. Kawashima, "The Jubilee Year and the Return of Cosmic Purity," *CBQ* 65, no. 3 (2003): 371-389에서 철저하고 확실하게 다루고 있다.
65. Yairah Amit, "The Jubilee Law—An Attempt at Instituting Social Justice," in *Justice and Righteousness: Biblical Themes and Their Influence*, H. G. Reventlow and Y. Hoffman 편집(Sheffield: Sheffield Academic, 1992), 56.
66. 레 25장과 26장 간의 밀접한 문학적 관련성에 대해서는 Bergsma, *Jubilee*, 82-83 참고.
67. Weinfeld, *Social Justice*, 178.
68. 라트사(*ratsah*)의 이 번역에 대한 논의는 Milgrom, *Leviticus*, 323 참고.
69. 집단적 죄의 사례에 대해서는 느 1:6과 단 9:1-20의 회개 기도를 참고하라. 학문적 논의를 위해서는 Joel S. Kaminsky, *Corporate Responsibility in the Hebrew Bible* (New York: T&T Clark, 1995), 89-94; Milgrom, *Leviticus*, 15, 32; Mark J. Boda, "Return to Me:" *A Biblical Theology of Repentance*, NSBT 35 (Downers Grove, IL: IVP Academic, 2015), 154-159.
70. Philip J. King and Lawrence E. Stager, *Life in Biblical Israel*, Library of Ancient Israel (Louisville, KY: 2002), 37.
71. King and Stager, *Life in Biblical Israel*, 37.
72. 마찬가지로 민 5:8은 당사자가 사망할 경우 가장 가까운 친족에게 배상해야 함을 암시한다. Kwon and Thompson, *Reparations*, 140-141 참고.
73. Boda, *Return to Me*, 155.
74. Ted Barrett, "McConnell Opposes Paying Reparations: 'None of Us Currently Living Are Responsible' for Slavery," CNN, 2019년 6월 19일, www.cnn.com/2019/06/18/politics/mitch-mcconnell-opposes-reparations-slavery/index.html.
75. Davis, *Opening Israel's Scriptures*, 64.
76. Walter J. Houston, *Contending for Justice: Ideologies and Theologies of Social Justice in the Old Testa-*

ment (New York: T&T Clark, 2006), 196-199.
77. 과거에 그들이 이 계층에 속했더라도 의회 의원이라는 신분 때문에 저소득 식료품 지원을 받는 계층으로 다시 후퇴할 가능성은 없다.
78. Nobuyoshi Kiuchi, *Leviticus*, AOTC (Downers Grove, IL: InterVarsity Press, 2007), 451.
79. 흑인 선언문 서언에서 Forman은 "다소 노골적인 마르크시즘 분석"을 보여주었다(Findlay, *Church People*, 201). 흑인은 "무력과 총의 힘을 사용하는 것"을 포함해 경제생활에 대한 전반적 통제를 해야 한다는 주장이 대표적이다("Black Manifesto," 27-30). Forman은 흑인 지도자들이 모두의 선을 위해 사회를 재조직해야 한다고 주장했다. 이것은 이 선언문을 백인 교회들이 거부하는 원인이 되었고, 교회들이 이 선언문을 지탱하는 세계관을 거부할 매우 좋은 구실이 되었다. 그러나 흑인 그리스도인 지지자들이 백인 교회들에 선언문 서언에 표현된 Forman의 "정치학과 전략"은 여전히 동의하지 않더라도 그 내용의 실질적 정신에 초점을 맞추도록 요청했던 사실은 유념할 필요가 있다(Wilmore, "Black Churchman's Response," 96). 그러나 흑인 선언문과 관련해 나는 교회가 배상 프로그램을 수용해야 한다고 생각할 타당한 신학적 이유가 있는지의 문제를 정식으로 제기해야 한다고 생각한다.
80. Michael Rhodes and Robby Holt, *Practicing the King's Economy: Honoring Jesus in How We Work, Earn, Spend, Save, and Give* (Grand Rapids, MI: Baker, 2018), 135-38, 251-253. 이 단락의 남은 내용은 상당 부분 Michael Rhodes, "Jubilee Formation: Cultivating Desire and Dependence in Leviticus 25," Cateclesia Institute, 2020년 10월 28일, https://cateclesia.com/2020/10/28/jubilee-formation-cultivating-desire-and-dependence-in-leviticus-25에 처음 소개된 내용이다.
81. Rhodes and Holt, *Practicing the King's Economy*, 164-173.
82. Michael LeFebvre, "Theology and Economics in the Biblical Year of Jubilee," *BET* 2, no. 1 (2015): 34-45.
83. 희년의 날짜와 안식년과의 관계는 뜨거운 논쟁의 대상이지만, 감사하게도 이 책에서 펼치는 내 논증에는 그다지 영향을 미치지 않는다. 논의를 위해 Knauth, "Jubilee Transformation," 185-188; Milgrom, *Leviticus 23-27*, 2249; LeFebvre, "Theology and Economics," 34; LeFebvre, *The Liturgy of Creation: Understanding Calendars in Old Testament Context* (Downers Grove, IL: IVP Academic, 2019), 21-23 참고.
84. Alasdair MacIntyre, *Dependent Rational Animals: Why Human Beings Need the Virtues* (Peru, IL: Open Court, 2001), 119.

9장. 성경에서 현대까지 이어지는 희년의 정신

1. Walter Brueggemann, *Reverberations of Faith: A Theological Handbook of Old Testament Themes* (Louisville, KY: Westminster John Knox, 2003), 114-115. 『설교를 위한 구약 핵심 주제 사전』 (CLC)
2. Robin J. DeWitt Knauth, "The Jubilee Transformation: From Social Welfare to Hope of Restoration to Eschatological Salvation" (PhD diss., Harvard Divinity School, 2004), 12-13.
3. Jennifer Harvey, *Dear White Christians: For Those Still Longing for Racial Reconciliation* (Grand Rapids, MI: Eerdmans, 2014), 142.
4. William Darity Jr. and Dania Frank, "The Economics of Reparations," *American Economic Review* 93, no. 2 (2003): 326.
5. Tera W. Hunter, "When Slaveowners Got Reparations," *New York Times*, 2019년 4월 16일, www.nytimes.com/2019/04/16/opinion/when-slaveowners-got-reparations.html.
6. Christopher J. H. Wright, *The Mission of God: Unlocking the Bible's Grand Narrative* (Downers Gove, IL: IVP Academic, 2006), 295.
7. Moshe Weinfeld, *Social Justice in Ancient Israel and in the Ancient Near East* (Minneapolis: Fortress, 2000), 77-212; Jacob Milgrom, *Leviticus 23-27*, AB (New Haven, CT: Yale University

Press, 2001), 2168; Eckart Otto, "Programme der sozialen Gerechtigkeit: Die neuassyrische (an-)durāru卐Institution sozialen Ausgleichs und das deuteronomische Erlaẞjahr in Dtn 15," *Journal for Ancient Near Eastern and Biblical Law* 3 (1997): 45-46.
8. Knauth, "Jubilee Transformation," 204; Weinfeld, *Social Justice*, 78; J. J. Finkelstein, "Ammisaduqa's Edict and the Babylonian 'Law Codes,'" *Journal of Cuneiform Studies* 15, no. 3 (1961): 91-92.
9. Otto, "Programme," 47.
10. Jonathan Kaplan, "The Credibility of Liberty: The Plausibility of the Jubilee Legislation of Leviticus 25 in Ancient Israel and Judah," *CBQ* 81 no. 2 (2019): 183-203; Knauth, "Jubilee Transformation," 62 참고.
11. Michael LeFebvre, "Theology and Economics in the Biblical Year of Jubilee," *BET* 2, no. 1 (2015): 34-45.
12. '성문법' 개념의 부적절성에 대해서는 Joshua Berman, *Inconsistency in the Torah: Ancient Literary Convention and the Limits of Source Criticism* (New York: Oxford University Press, 2017), 107-117 참고.
13. Bernard S. Jackson, *Studies in the Semiotics of Biblical Law* (Sheffield: Sheffield Academic Press, 2000), 115.
14. Berman, *Created Equal*, 84; Jackson, *Semiotics*, 115.
15. 여러 선택에 대해서는 Jackson, *Semiotics*, 115-116; Raymond Westbrook, *Law from the Tigris to the Tiber: The Writings of Raymond Westbrook*, F. Rachel Magdalene and Bruce Wells 편집(Winona Lake, IN: Eisenbrauns, 2009), 1-16.
16. Berman, *Inconsistency*, 145-147.
17. Jackson, *Semiotics*, 70-92; John Barton, *Ethics in Ancient Israel* (New York: Oxford University Press, 2017), 145-148.
18. 이 책의 취지상 유대 법전의 정확한 배경을 확정할 필요가 없다. 어떤 경우든 모든 근동 법전과 본문의 단일 모델이 있다는 주장은 어리석다는 Jackson의 지적이 옳다. Jackson, *Semiotics*, 116.
19. Wright, *Old Testament Ethics*, 63-64.
20. Wright, *Old Testament Ethics*, 63-64.
21. 또한 Walter J. Houston, *Contending for Justice: Ideologies and Theologies of Social Justice in the Old Testament* (New York: T&T Clark, 2006), 193도 참고.
22. LeFebvre, "Theology and Economics," 37, 46; Knauth, "Jubilee Transformation," 62.
23. 두 법전 본문이 문자적으로 양립하기에 어려움이 있지만 이것은 사실이다(전자는 희년을 전혀 언급하지 않고 후자는 안식년의 노예 해방을 전혀 언급하지 않는다). 율법의 본질이라는 차원에서 다루었기 때문에 신 15:12-18이 레 15장에서 제시한 규례와 어떤 면에서 충돌하는 규례를 제시하더라도 두 본문은 상관성이 있다. 그러나 일부 학자는 각 규례가 약간 다른 상황에 적용된 것이라고 생각한다. David Baker, *Tight Fists or Open Hands? Wealth and Poverty in Old Testament Law* (Grand Rapids, MI: Eerdmans, 2009), 170-173; Gregory Chirichigno, *Debt-Slavery in Israel and the Ancient Near East* (Sheffield: Sheffield Academic Press, 2009), 223, 342-343.
24. John Sietze Bergsma, *The Jubilee from Leviticus to Qumran: Its Origin, Development, and Interpretation in the Hebrew Scriptures, Second Temple Literature, and Qumran Texts* (Leiden: Brill, 2007), 161; Milgrom, *Leviticus 23-27*, 2257; Weinfeld, *Social Justice*, 153.
25. Bergsma, *Jubilee*, 163; Gerald L. Keown, Pamela J. Scalise, and Thomas G. Smothers, *Jeremiah 26-52*, WBC 27 (Nashville, TN: Thomas Nelson, 1995), 185.
26. 예를 들어, Sharon H. Ringe, *Jesus, Liberation, and the Biblical Jubilee: Images of Ethics and Christology* (Eugene, OR: Wipf & Stock, 2004), 23.
27. Jeremiah Unterman, *Justice for All: How the Jewish Bible Revolutionized Ethics* (Lincoln, NE: Uni-

versity of Nebraska Press, 2017), 80; Bergsma, *Jubilee*, 164; Keown, Scalise, and Smothers, *Jeremiah*, 188.
28. Mark Leuchter, "The Manumission Laws in Leviticus and Deuteronomy: The Jeremiah Connection," *JBL* 127, no. 4 (2008), 648-651.
29. Bergsma, *Jubilee*, 165.
30. Keown, Scalise, and Smothers, *Jeremiah*, 184-185, 188.
31. Keown, Scalise, and Smothers, *Jeremiah*, 187; Weinfeld, *Social Justice*, 10.
32. Bruce C. Birch, *Let Justice Roll Down* (Louisville, KY: Westminster John Knox, 1991), 182.
33. Bergsma, *Jubilee*, 162.
34. Wright, *Old Testament Ethics*, 325.
35. Peter Altmann, *Economics in Persian Period Biblical Texts: Their Interactions with Economic Developments in the Persian Period and Earlier Biblical Traditions* (Tubingen: Mohr Seibeck, 2016), 253.
36. J. David Pleins, *The Social Visions of the Hebrew Bible: A Theological Introduction* (Louisville, KY: Westminster John Knox, 2001), 183.
37. Joseph Blenkinsopp, *Ezra-Nehemiah*, OTL (Louisville, KY: Westminster John Knox, 1998), 260.
38. 특별히 Altmann, *Economics*, 256-257, 266; Walter Brueggemann, *Money and Possessions*, Interpretation (Louisville, KY: Westminster John Knox, 2016), 94-95; H. G. M. Williamson, *Ezra-Nehemiah*, WBC 16 (Waco, TX: Word Books, 1987), 240을 참고하라. 느 1:6에서 느헤미야가 이미 자신의 죄와 공동체의 죄를 고백하는 모습을 보여주었음을 유의하라.
39. Williamson, *Ezra-Nehemiah*, 241.
40. Unterman, *Justice for All*, 81.
41. Bergsma, *Jubilee*, 207.
42. Williamson, *Ezra-Nehemiah*, 238-239.
43. Bergsma, *Jubilee*, 206; Milgrom, *Leviticus 23-27*, 2238.
44. 희년과 앞의 중요 항목에서 서술한 느헤미야 5장과의 유사성에 대해서는 특별히 Berman, *Inconsistency*, 151-153; Blenkinsop, *Ezra-Nehemiah*, 259; Williamson, *Ezra-Nehemiah*, 239-240; Altmann, *Economics*, 258; Unterman, *Justice for All*, 82; Baruch A. Levine, *Leviticus*, JPS (Philadelphia: JPS, 1989), 273; Milgrom, *Leviticus 23-27*, 2228, 2267 참고.
45. Wright, *Old Testament Ethics*, 356.
46. Brueggemann, *Money and Possessions*, 92.
47. Unterman, *Justice for All*, 82.
48. Altmann, *Economics*, 269.
49. Altmann, *Economics*, 269.
50. 여기서 법전 본문이 혼재한 부분에 대해서는 Berman, *Inconsistency*, 149 참고.
51. Ellen F. Davis, *Opening Israel's Scriptures* (New York: Oxford University Press, 2019), 72.
52. 레위기와 에스겔의 관계에 대해서는 Bergsma, *Jubilee*, 177-180 참고.
53. Christopher J. H. Wright, *The Message of Ezekiel: A New Heart and a New Spirit* (Downers Grove, IL: IVP Academic, 2002), 363. 『에스겔』(IVP)
54. Pleins, *Social Visions*, 322; Leslie C. Allen, *Ezekiel 20-48*, WBC 29 (Nashville: Thomas Nelson, 1990), 270; Houston, *Contending*, 165.
55. 아루자(*akhuzzah*)라는 단어는 레 25장에서 12배 더 등장한다.
56. 다시 말해 희년.
57. Barrera, *Biblical Economic Ethics*, 34-37.
58. Wright, *Message of Ezekiel*, 363-364.
59. 내가 보기에, 주석가들은 체류자가 희년에 참여할지 여부를 다루지 않는 것 같은데 도 본문은 그것을 전제로 하는 듯 보인다. Bergsma는 개인 서신에서 자신이 이 입장에 동의한다고 말했고 그 증거로 민 36:4의 비교 가능한 표현을 거론했다.
60. Daniel I. Block, *The Book of Ezekiel: Chapters 25-48*, NICOT (Grand Rapids, MI: Eerdmans,

2009), 718.

61. Jacob Milgrom, *Ezekiel's Hope: A Commentary on Ezekiel 38-48* (Eugene, OR: Cascade Books, 2012), 243-244.
62. Walter Eichrodt, *Ezekiel* (London: SCM Press, 1970), 592; Stephen L. Cook, *Ezekiel 38-48*, AB (New Haven, CT: Yale University Press, 2019), 280.
63. Wright, *Message of Ezekiel*, 365.
64. Ellen Davis, *Swallowing the Scroll: Textuality and the Dynamics of Discourse in Ezekiel's Prophecy* (Sheffield, UK: Sheffield Academic Press, 2009), 122.
65. Joel B. Green, *The Gospel of Luke*, NICNT (Grand Rapids, MI: Eerdmans, 1997), 197. 『NICNT 누가복음』(부흥과개혁사)
66. N. T. Wright, *Jesus and the Victory of God* (London: SPCK, 2015), 294. 『예수와 하나님의 승리』(CH북스)
67. Sharon H. Ringe, *Jesus, Liberation, and the Biblical Jubilee: Images for Ethics and Christology* (Eugene, OR: Wipf & Stock, 2004), 29-32. 눅 4:18-19에서 예수님은 사 42:7; 58:6; 61:1-3을 참고하고 계심을 유의하라.
68. Florentino Garcia Martinez and Eibert J.C. Tigchelaar, *The Dead Sea Scrolls: Study Edition* (Grand Rapids, MI: Eerdmans, 1999), 1207. 11QMelchizedek의 희년 본문들을 조합해 사용한 부분은 Bergsma, *Jubilee*, 294 참고.
69. Donald Blosser, "Jesus and the Jubilee: Luke 4:16-30, the Significance of the Year of the Jubilee in the Gospel of Luke" (PhD diss., University of St. Andrews, 1979), 117.
70. Robert Willoughby, "The Concept of Jubilee and Luke 4:18-30," in *Mission and Meaning: Essays Presented to Peter Cotterell*, Antony Billington et al. 편집(Carlisle: Paternoster Press, 1995), 51.
71. Green, *Luke*, 203.
72. Blosser, "Jesus and the Jubilee," 182; 또한 Ringe, *Jesus, Liberation, and the Jubilee*, 38-90 참고.
73. Blosser, "Jesus and the Jubilee," 180-185; Ringe, *Jesus, Liberation, and the Jubilee*, 65-66 참고.
74. Green, *Luke*, 212-213; Ringe, *Jesus, Liberation, and the Jubilee*, 34-35.
75. Green, *Luke*, 443; Sanders, "Jubilee in the Bible," 6; Blosser, "Jesus and the Jubilee," 271; Ringe, *Jesus, Liberation, and the Jubilee*, 79.
76. Blosser, "Jesus and the Jubilee," 264-266.
77. Green, *Luke*, 311-312, 443.
78. Joel Green, "Good News to the Poor: A Lukan Leitmotif," *Review & Expositor* 111, no. 2 (2014): 173-179.
79. Green, "Good News to the Poor," 173-179; Ringe, *Jesus, Liberation, and the Jubilee*, 71.
80. Craig S. Keener, *Acts I: Introduction and 1:1-2:47* (Grand Rapids, MI: Baker Academic, 2012), 991.
81. Reta Halteman Finger, *Of Widows and Meals: Communal Meals in the Book of Acts* (Grand Rapids, MI: Eerdmans, 2007), 111-144, 225-244.
82. Finger, *Of Widows and Meals*, 130.
83. Michael Rhodes and Robby Holt, *Practicing the King's Economy: Honoring Jesus in How We Work, Earn, Spend, Save, and Give* (Grand Rapids, MI: Baker, 2018), 172.
84. Sanders, "Jubilee in the Bible," 6.
85. Keener, *Acts I*, 1013.
86. Wright, *Jesus and the Victory of God*, 294-295.
87. 마찬가지로. Sanders, "Jubilee in the Bible," 5; Wright, *Jesus and the Victory of God*, 295 참고.
88. Davis, *Opening Israel's Scriptures*, 72.
89. 행 2:41의 세례에 대한 명확한 언급을 참고하는 동시에 '빵을 떼다'는 언급이 성만찬을 포함한 것임을 전제로 한다.
90. William Darity Jr. and Kirsten Mullen, *From Here to Equality: Reparations for Black Americans in the Twenty-First Century* (Chapel Hill: University of North Carolina Press, 2020), 31.

91. Dalton Conley, *Being Black, Living in the Red: Race, Wealth, and Social Policy in America* (Berkeley: University of California Press, 2010), 25.
92. Conley, *Being Black*, 25.
93. Darity and Mullen, *From Here to Equality*, 33.
94. Darity and Mullen, *From Here to Equality*, 33.
95. Darity and Mullen, *From Here to Equality*, 33.
96. Jonathan Tran, *Asian Americans and the Spirit of Racial Capitalism* (New York: Oxford University Press, 2022), 225-227; Thomas Pikketty, "About Capital in the Twenty-First Century," *American Economic Review* 105, no. 5 (2015): 48-53.
97. Darity, "Forty Acres," 661.
98. Rhodes and Holt, *Practicing the King's Economy*, 178-179; Darity and Mullen, *From Here to Equality*, 37.
99. Ta-Nehisi Coates, "The Case for Reparations," *Atlantic*, 2014년 6월, www.theatlantic.com/magazine/archive/2014/06/the-case-for-reparations/361631. 100. Ira Katznelson, "When Affirmative Action Was White," History & Policy, 2005년 11월 10일, http://historyandpolicy.org/policy-papers/papers/when-affirmative-action-was-white.
101. Katznelson, "When Affirmative Action Was White."
102. James O'Toole, "Wells Fargo Pledges $432.5 Million in Lending, Payments to Settle Lawsuit," CNN Money, 2012년 5월 31일, http://money.cnn.com/2012/05/30/news/companies/wells-fargo-memphis/index.htm; Ken Sweet, "Regulators Fine BancorpSouth $10.6 Million for Redlining," *The Washington Times*, 206년 6월 29일, https://www.washingtontimes.com/news/2016/jun/29/regulators-fine-bancorpsouth-106-million-for-redli/.
103. Darity and Mullen, *From Here to Equality*, 41.
104. 버지니아 신학교 웹사이트의 "Reparations"을 참고하라, www.vts.edu/about/multicultural-ministries-/reparations.
105. P. R. Lockhart, "A Virginia Seminary Is the First School to Create a Reparations Fund," *Vox*, 2019년 9월 10일, www.vox.com/identities/2019/9/10/20859407/virginia-theological-seminary-reparations-slavery-segregation.
106. Robert E. Lee에 대해서는 Adam Serwer, "The Myth of the Kindly General Lee," *Atlantic*, 2014년 6월 4일 참고, www.theatlantic.com/politics/archive/2017/06/the-myth-of-the-kindly-general-lee/529038.
107. 이런 역사 속에 살면서 내 생각과 마음이 왜곡된 사실을 고백하지 않을 수 없다. Michael Rhodes, "Should We Repent of Our Grandparents' Racism? Scripture on Intergenerational Sin," *The Biblical Mind*, 2020년 6월 19일, https://hebraicthought.org/repenting-intergenerational-racist-ideology-scripture-intergenerational-sin.
108. 배상 문제에서 권력 관계가 상대적으로 변함없이 유지된 점을 고려하면, 이런 개념은 예를 들어 배상 기금을 자신들의 기관 장학금으로 모두 혹은 대부분 사용한 역사적인 백인 신학교들에 대한 문제 제기로 이어져야 한다.
109. Geoffrey Schoonmaker, "Preaching About Race: A Homiletic for Racial Reconciliation" (PhD diss., Vanderbilt University, 2012), 118.
110. Darity and Mullen, *From Here to Equality*, 264-265.
111. Darity와 Mullen은 국가적 차원에서 백인 우월주의적 폭력과 절도가 자행되게 한 직접적인 책임이 있는 기관이 연방 정부라고 주장하며, 배상에 대한 그런 소소한 차원의 노력을 반대한다. Darity and Mullen, *From Here to Equality*, 269.
112. 그런 슈퍼 기금에 대해서는 Darity and Mullen, *From Here to Equality*, 266 참고.

10장. 공동체 식탁에서 의자 재배치: 고린도전서

1. 이 장의 자료는 많은 부분 Michael J. Rhodes, "Arranging the Chairs in the Beloved Community: The Politics, Problems, and Prospects of Multi-Racial Congregations in 1 Corinthians and Today," *SCE* 33, no. 4 (2019)에서 처음 소개되었고 이 책에 다시 소개한다. 교회를 우선순위에 두는 신학적이고 윤리적인 주장은 Stanley Hauerwas and Samuel Wells 편집, *The Blackwell Companion to Christian Ethics, Blackwell Companions to Religion* (Malden, MA: Blackwell, 2004), 6-7; Oliver O'Donovan, *The Desire of the Nations: Rediscovering the Roots of Political Theology* (Cambridge: Cambridge University Press, 1996), 158-162; James K. A. Smith, *Awaiting the King: Reforming Public Theology*, Cultural Liturgies vol. 3 (Grand Rapids, MI: Baker Academic, 2017), 1-90. 『왕을 기다리며』(IVP)
2. Michael Gorman, *Becoming the Gospel: Paul, Participation, and Mission* (Grand Rapids, MI: Eerdmans, 2015), 47. 『삶으로 담아내는 복음』(새물결플러스)
3. Stanley Hauerwas, *With the Grain of the Universe* (Grand Rapids, MI: Brazos Press, 2001), 214.
4. Martin Luther King Jr., "Meet the Press" interview, 1960년 4월 17일, https://www.youtube.com/watch?v=1q881g1L_d8. 동시에 흑인 교회 정치학은 흑인 회중 내부와 외부의 변화를 끌어냈다. Katie G. Cannon, *Black Womanist Ethics* (Eugene, OR: Wipf & Stock, 2006), 19; Charles Marsh, *The Beloved Community: How Faith Shapes Social Justice from the Civil Rights Movement to Today* (Grand Rapids, MI: Baker, 2006); James H. Cone, *The Cross and the Lynching Tree* (Ossining, NY: Orbis Books, 2011), 1-29.
5. Korie L. Edwards, *The Elusive Dream: The Power of Race in Interracial Churches* (New York: Oxford University Press, 2008), 15.
6. Edwards, *Elusive Dream*, 27, 35.
7. William James Jennings, *The Christian Imagination: Theology and the Origins of Race* (New Haven, CT: Yale University Press, 2010), 16.
8. Jennings, *Christian Imagination*, 239.
9. Grimes, *Christ Divided*, 115.
10. Grimes, *Christ Divided*, 190-192.
11. Grimes, *Christ Divided*, 87.
12. Grimes, *Christ Divided*, 93.
13. Grimes, *Christ Divided*, 200-201.
14. 그렇다고 모든 다민족 교회가 동일하다는 말은 아니다. 여기서 제시한 논증은 일차적으로 백인이 압도적으로 많은 교단이 주도하는 다인종 교회 개척 노력에 적용될 수 있다.
15. Edwards, *Elusive Dream*, 6.
16. Edwards, *Elusive Dream*, 4-13.
17. Edwards, *Elusive Dream*, 26-32.
18. Edwards, *Elusive Dream*, 41-68.
19. Edwards, *Elusive Dream*, 40-42.
20. Cannon, *Black Womanist Ethics*, 19.
21. James H. Cone, *The Cross and the Lynching Tree* (Ossining, NY: Orbis Books, 2011), 18에서 인용됨.
22. Brian Brock and Bernd Wannenwetsch, *The Malady of the Christian Body: A Theological Exposition of Paul's First Letter to the Corinthians*, vol. 1 (Eugene, OR: Wipf & Stock, 2016), xx-xi.
23. 다민족 교회의 흑인들에 집중한 것은 주로 나의 개인적인 상황에서 비롯된 것이지만(1장 참고), 흑인들은 북미에서 다인종 교회에 개입한 최대의 비백인 집단에 해당하기도 한다는 점을 유의하라. Edwards, *Elusive Dream*, 154 참고.
24. Dale Martin, *The Corinthian Body* (New Haven, CT: Yale University Press), 30.
25. Lisa Bowens, "Spirit-Shift: Paul, the Poor, and the Holy Spirit's Ethic of Love and Impartiality

in the Eucharist Celebration," in *The Spirit and Social Justice: Interdisciplinary Global Perspectives*, Antipas L. Harris and Michael D. Palmer 편집(Lanham, MD: Seymour Press, 2019).

26. Brian K. Blount, *Then the Whisper Put on Flesh: New Testament Ethics in an African American Context* (Nashville: Abingdon, 2001), 130.
27. Lisa M. Bowens, *African American Readings of Paul: Reception, Resistance, and Transformation* (Grand Rapids, MI: Eerdmans, 2020), 90.
28. Michael Rhodes, *Formative Feasting: Practices and Virtue Ethics in the Deuteronomic Tithe Meal and Corinthian Lord's Supper*, Studies in Biblical Literature 176 (New York: Peter Lang, 2022), 170-186.
29. 바울이 개척한 교회들의 빈곤 수준과 계층화에 대한 논의는 Gerd Theissen, *The Social Setting of Pauline Christianity: Essays on Corinth*, John H. Schutz 편집 및 번역(Philadelphia: Fortress, 1982), 164; Steven J. Friesen, "Poverty in Pauline Studies: Beyond the So-Called New Consensus," *JSNT* 26, no. 3 (2004): 363-366; Bruce W. Longenecker, *Remember the Poor: Paul, Poverty, and the Greco-Roman World* (Grand Rapids, MI: Eerdmans, 2010), 53; Timothy A. Brookins, "Economic Profiling of Early Christian Communities," in *Paul and Economics: A Handbook*, Thomas R. Blanton IV and Raymond Pickett 편집(Minneapolis: Fortress, 2017), 81.
30. Richard S. Ascough, "Social and Political Characteristics of Greco-Roman Association Meals," in *Meals in the Early Christian World: Social Formation, Experimentation, and Conflict at the Table*, Dennis E. Smith and Hal Taussig 편집(New York: Palgrave MacMillan, 2012), 59.
31. Ascough, "Social and Political," 60.
32. R. Alan Streett, *Subversive Meals: An Analysis of the Lord's Super Under Roman Domination During the First Century* (Eugene, OR: Wipf & Stock, 2013), 23-25; John S. Kloppenborg, "Precedence at the Communal Meal in Corinth," *Novum Testamentum* 58, no. 2 (2016): 171; Dennis E. Smith, *From Symposium to Eucharist: The Banquet in the Early Christian World* (Minneapolis: Augsburg Fortress, 2003), 111.
33. Matthias Klinghardt, "A Typology of the Communal Meal," in Smith and Taussig, *Meals in the Early Christian World*, 15.
34. Martial, *Epigrams*, I.20, 3.60 [LCL Bailey]; Pliny, *Ep.* II.vi [LCL Melmoth]; Theissen, *Social Setting*, 158; IDelos 1520, Philip Harland 번역, http://philipharland.com/greco-roman-associations/224-honors-by-berytian-immigrants-for-a-roman-banker; Ascough, "Social and Political Characteristics," 59.
35. Dennis E. Smith, "Meals and Morality in Paul and his World," *Society of Biblical Literature Seminar Papers* 20 (1981), 324; John K. Chow, *Patronage and Power: A Study of Social Networks in Corinth* (Sheffield: Sheffield Academic Press, 1992), 68; Rachel M. McRae, "Eating with Honor: The Corinthian Lord's Supper in Light of Voluntary Association Meal Practices," *JBL* 130, no. 1 (2011): 167; Jerome Murphy-O'Connor, *Keys to First Corinthians: Revisiting the Major Issues* (Oxford: Oxford University Press, 2009), 182.
36. Kloppenborg, "Precedence," 192-193.
37. Dennis E. Smith, "The Greco-Roman Banquet as a Social Institution," in Smith and Taussig, *Meals in the Early Christian World*, 29.
38. John S. Kloppenborg, "Associations, Christ Groups, and Their Place in the Polis," *ZNW* 108, no. 1 (2017): 39.
39. Roy E. Ciampa and Brian Rosner, *The First Letter to the Corinthians*, PNTC (Grand Rapids, MI: Eerdmans, 2010), 544.
40. John S. Kloppenborg, "The Moralizing of Discourse in Greco-Roman Associations," in *"The One Who Sows Bountifully": Essays in Honor of Stanley K. Stowers*, Caroline Johnson Hodge et al. 편집 (Providence, RI: Brown Judaic Studies, 2013), 218-219.
41. Smith, *Symposium to Eucharist*, 197; McRae, "Eating with Honor," 179.

42. Ciampa and Rosner, *Corinthians*, 544.
43. Brock and Wannenwetsch, *Malady*, 12.
44. Anthony C. Thiselton, *The First Epistle to the Corinthians: A Commentary on the Greek Text*, NIGTC (Grand Rapids, MI: Eerdmans, 2000), 890. 『NIGTC 고린도전서-상』(새물결플러스)
45. Martin, *Corinthian Body*, 194.
46. Gordon Fee, *The First Epistle to the Corinthians*, rev. ed, NICNT (Grand Rapids, MI: Eerdmans, 2014), 623. 『NICNT 고린도전서』(부흥과개혁사); David G. Horrell, *The Social Ethos of the Corinthian Correspondence: Interests and Ideology from 1 Corinthians to 1 Clement* (New York: T&T Clark, 2000), 153; Richard Hays, *First Corinthians, Interpretation* (Lexington, KY: Westminster John Knox, 1997), 200. 『고린도전서』(한장사)
47. Hays, *First Corinthians*, 200.
48. Bruce W. Winter, "Lord's Supper at Corinth: An Alternative Reconstruction," *Reformed Theological Review* 37, no. 3 (1978): 74-78.
49. 시 118:122; 3 Macc 5:26; Sir 6:23, 33; 18:14; 32:14; James H. Moulton and George Milligan, *Vocabulary of the Greek New Testament* (Grand Rapids, MI: Baker Academic, 1995), 192.
50. Martin, *Corinthian Body*, 30.
51. Martin, *Corinthian Body*, 93.
52. Martin, *Corinthian Body*, 93.
53. Martin, *Corinthian Body*, 95.
54. Horrell, *Social Ethos*, 180-181.
55. Fee, *Corinthians*, 678-679.
56. Thiselton, *Corinthians*, 1007.
57. John M. G. Barclay, *Paul and the Gift* (Grand Rapids, MI: Eerdmans, 2015), 539. 『바울과 선물』(새물결플러스)
58. 민족성에 대한 바울의 시각을 논의하고 싶다면 Margaret M. Mitchell, *Paul and the Rhetoric of Reconciliation: An Exegetical Investigation of the Language and Composition of 1 Corinthians* (Louisville, KY: Westminster John Knox, 1993), 94n174; Cavan W. Concannon, "When You Were Gentiles": *Specters of Ethnicity in Roman Corinth and Paul's Corinthian Correspondence* (New Haven, CT: Yale University, 2014), xii; Love Sechrest, *A Former Jew: Paul and the Dialectics of Race* (New York: T&T Clark, 2010); Love Sechrest, "Identity and the Embodiment of Privilege," in *1 and 2 Corinthians*, Yung Suk Kim 편집(Minneapolis: Fortress, 2013), 27.
59. Blount, *Whisper*, 141.
60. Horrell, *Social Ethos*, 182.
61. Brian Brock and Bernd Wannenwetsch, *The Therapy of the Christian Body: A Theological Exposition of Paul's First Letter to the Corinthians*, vol. 2 (Eugene, OR: Wipf & Stock), 72.
62. Glen Kehrein은 원서인 Christian Community Development Association handbook (John M. Perkins 편집, *Restoring At-Risk Communities: Doing It Together & Doing It Right* [Grand Rapids, MI: Baker, 1996], 168)에서 다인종 교회의 그런 공간이 지닌 영향력에 대해 증언했다. 2015년, CCDA는 백인 기준에 부합할 경우가 많은 다인종 공간에서 일한 경험을 처리할 수 있도록 목회자, 공동체 개발 직원 등을 위한 안전한 공간의 조성 목적으로 비백인 여성만을 위한 콘퍼런스를 개최했다.
63. Edwards, *Elusive Dream*, 76.
64. Edwards, *Elusive Dream*, 79.
65. Esau McCaulley, *Reading While Black: African American Biblical Interpretation as an Exercise in Hope* (Downers Grove, IL: IVP Academic, 2020), 1. 『진리는 나의 집에 있었다』(IVP)
66. Vince Lloyd, "The Political Theology of Martin Luther King, Jr.," 2018년 10월 Fuller Seminary에서 제시된 내용, https://fullerstudio.fuller.edu/fuller-dialogues-black-public-theology.
67. James H. Cone, "Sanctification, Liberation, and Black Worship," *Theology Today* 35, no. 2 (1978),

140-141.
68. Willie James Jennings, *Acts*, Belief (Louisville, KY: Westminster John Knox, 2017), 27-33.
69. 상기 차원에서, 흑인 그리스도인과 백인 그리스도인 간의 관계에 초점을 맞춘다고 문제가 있는 흑백 이분법을 조장한다거나 다른 유색 공동체들이 겪은 고통과 공헌을 폄하하려는 의도는 없음을 밝히고자 한다. 예를 들어, Robert Chao Romero, *Brown Church: Five Centuries of Latina/o Social Justice, Theology, and Identity* (Downers Grove, IL: IVP Academic, 2020)도 참고하라.
70. Jennings, *Acts*, 27-33.
71. Theissen, *Social Setting*, 164.
72. Fee, *Corinthians*, 603.
73. Rhodes, *Formative Feasting*, 228.
74. Blount, *Whisper*, 141.

11장. 정치 참여를 위한 요셉 방식의 함정

1. 11장과 12장의 일부 내용은 Michael Rhodes, "Instead of Fearing Loss of Political Power, Christians Should Consider the Daniel Option," *Center for Hebraic Thought* (2020)에서 처음 제시한 것으로, https://hebraicthought.org/politics-and-religion-evangelicals-daniel-joseph/에서 볼 수 있다. evangelical(복음주의자)이란 단어 사용이 논쟁의 여지가 있고, 복음주의에 대한 비판 역시 흔하다. 이 책에서 나는 대체로 복음주의자에 대한 표현을 특정한 하위 그룹으로서 복음주의자에 대한 구체적 연구를 제시한 단락에 한정해 사용하고자 했다.
2. Lifeway Research, "Most Evangelicals Choose Trump over Biden, but Clear Divides Exist," 2020년 9월 29일, https://lifewayresearch.com/2020/09/29/most-evangelicals-choose-trump-over-biden-but-clear-divides-exist.
3. Lifeway Research, "Most Evangelicals Choose Trump."
4. Dalia Mogahed and Azka Mahmood, "American Muslim Poll 2019: Predicting and Preventing Islamophobia," 2019년 5월 1일, www.ispu.org/american-muslim-poll-2019-predicting-and-preventing-islamophobia.
5. Griffin Paul Jackson, "Persecuted Christians Resettled in US Drop Dramatically Under Trump," *Christianity Today*, 2020년 7월 10일, www.christianitytoday.com/news/2020/july/persecuted-christian-refugees-trump-open-doors-world-relief.html.
6. Jackson, "Persecuted Christians Resettled."
7. 최소한 제대로 번역하면 그렇다는 말이다. 롬 13:1-7을 현 상태의 단순한 인정 이상의 의미로 해석하는 주석가들에 대해서는 다음을 참고하라. Allan A. Boesak, *Black and Reformed: Apartheid, Liberation, and the Calvinist Tradition* (Eugene, OR: Wipf & Stock, 2015), 37-38; Esau McCaulley, *Reading While Black: African American Biblical Interpretation as an Exercise in Hope* (Downers Grove, IL: IVP Academic, 2020), 25-46. 『진리는 나의 집에 있었다』(IVP)
8. Nicholas Wolterstorff, *Hearing the Call: Liturgy, Justice, Church, and World* (Grand Rapids, MI: Eerdmans, 2011), 309.
9. 이 장과 다음 장 내용은 Q&A 시간 때 망가진 체제 속에서 그 체제에 흡수되지 않고 일할 방법에 대한 나의 질문에 Walter Brueggemann이 제시한 탁월하고 매우 목회적인 답변이 그 출발이었다.
10. Gordon Wenham, *Story as Torah: Reading the Old Testament Ethically* (Edinburgh: T&T Clark, 2000), 26.
11. 여기서 모든(all)이란 표현은 문자 그대로의 의미일 수 없다. 특히 요셉이 이 정책을 풍년기에 애굽인의 모든 수확물의 5분의 1을 모았다는 식으로 설명했기 때문이다(창 41:34). 그러나 '모든'의 빈번한 사용은 요셉이 거두어들인 곡식량의 엄청난 수준을 강조하기 위한 화

자의 의도일 수 있다.
12. Ellen Davis, *Scripture, Culture, and Agriculture: An Agrarian Reading of the Bible* (New York: Cambridge University Press, 2009), 73. 『성서 문화 농업』(코헨)
13. 창 47:21의 중요한 본문 비평 문제에 대해서는 Gordon Wenham, *Genesis 16-50*, WBC (Nashville: Thomas Nelson, 2003), 449; Mark G. Brett, *Genesis: Procreation and the Politics of Identity* (London: Routledge, 2005), 130.
14. 요셉의 정치학을 가장 철저히 방어한 논리 중의 하나는 Lindsay Wilson, *Joseph, Wise and Otherwise: The Intersection of Wisdom and Covenant in Genesis 37-50* (Eugene, OR: Wipf & Stock, 2007).
15. 또 다른 방식은 요셉을 악당형 영웅으로, 이스라엘의 전형적 원수가 될 민족에 맞서 선수를 치는 영웅으로 보는 것이다. Ellen F. Davis, *Opening Israel's Scriptures* (New York: Oxford University Press, 2019), 37 참고. 나는 창세기와 출애굽기의 순서가 요셉/이스라엘에 대한 '농담'이 될 수 있다는 점 등 여러 가지 이유로 그럴 가능성은 작다고 생각한다.
16. 이 대조에 대해서는, Shira Weiss, *Ethical Ambiguity in the Hebrew Bible: Philosophical Analysis of Scriptural Narrative* (Cambridge: Cambridge University Press, 2018), 179.
17. Jacob Milgrom, *Leviticus 23-27*, AB (New Haven, CT: Yale University Press, 2001), 2192, 2228.
18. Wilson, *Joseph, Wise and Otherwise*, 193; Weiss, *Ethical Ambiguity*, 116.
19. Weiss, *Ethical Ambiguity*, 181.
20. 창세기가 독자들에게 후대 법을 의식할 것을 기대한다는 증거는 창 26:5와 같은 구절에서 찾을 수 있다. 이 구절은 이스라엘의 후대 법전 본문을 직접 차용한 것으로 보이는 언어를 사용해 아브라함의 순종을 묘사하고 있다.
21. Nahum M. Sarna, *Understanding Genesis* (New York: Jewish Theological Seminary Press, 2015), 288; J. Gerald Janzen, *Abraham and All the Families of the Earth: A Commentary on the Book of Genesis 12-50* (Grand Rapids, MI: Eerdmans, 1993), 179-181.
22. Leon R. Kass, *The Beginning of Wisdom: Reading Genesis* (Chicago: University of Chicago Press, 2006), 630; Kenneth Matthews, *Genesis 11:27-50:26*, NAC (Nashville: Holman, 2005), 848.
23. 창 47:11에 대해 요셉이 모든 애굽인을 노예로 삼았다고 서술한 칠십인역과 대부분 영어 번역 성경을 따르지 않고 요셉이 애굽인을 도시로 이주시켰다고 서술한 MT를 따른다면, 이 정책 역시 출애굽기의 바로 치하에서 유사한 이주 정책으로 요셉의 후손이 고통당할 것을 예고한 것이라 할 수 있다.
24. Daniel R. Shevitz, "Joseph: A Study in Assimilation and Power," *Tikkun* 8 (1993): 52; Walter Brueggemann, *Genesis*, Interpretation (Louisville, KY: 2010), 356. 『창세기』(한장사)
25. M. Daniel Carroll R., *The Bible and Borders: Hearing God's Word on Immigration* (Grand Rapids, MI: Brazos, 2020), 21.
26. Shevitz, "Joseph," 51.
27. 실제로 요셉 출세의 첫 2단계에서는 여호와가 요셉과 함께하셨다고 화자는 말하지만, 요셉이 애굽의 실권자로 출세한 초기 부분에서는 이 표현이 등장하지 않는다. 이것은 독자들에게 요셉이 바로의 궁에서 성공한 것과 관련된 여호와 행동의 정확한 본질에 대해 약간의 모호함을 불러일으킨다. 하나님은 일하고 계시지만, 이것이 바로의 궁에서 요셉이 한 행동의 모든 측면을 입증하지는 않는다.
28. Brett가 지적한 부분, *Genesis*, 117-118.
29. Calum M. Carmichael이 지적한 내용, *Law, Legend, and Incest in the Bible: Leviticus 18-20* (Ithaca, NY: Cornell University Press, 1997), 99. 실제로 강력한 권한의 소유자인 바로는 요셉에게 애굽에 동화될 것을 강요한 것으로 보인다. 그런 이유로 요셉이 새로운 정체성을 받아들인 것을 납득한다면, 그런 타협은 더 위험하다. Safwat Marzouk, "Migration in the Joseph Narrative: Integration, Separation, and Transnationalism," *Hebrew Studies* 60 (2019): 80.
30. Gerhard Von Rad, *Genesis: A Commentary*, OTL (London: SCM Press, 1972), 378.
31. Sarna, *Understanding Genesis*, 288; Wenham, *Genesis*, 397; Matthews, *Genesis*, 763.

32. Matthews, *Genesis*, 764.
33. 일부 주석가는 이것이 전략일 뿐이라고 생각하지만(Sarna, *Understanding Genesis*, 304-305; Matthews, *Genesis*, 799), 나는 요셉이 자신의 소명을 배신할 위험이 있는 입장에서 '스스로에 대해 생각하기' 시작한 것은 아닌지 화자가 의문을 제기했다고 한 Janzen의 주장을 받아들인다(Janzen, *Abraham*, 182).
34. Carroll은 히브리식 이름을 지어주었다는 사실을 근거로 요셉이 하나님이나 고향을 잊지 않았다고 주장하지만(Carroll, *Bible and Borders*, 22) Matthews는 이것이 요셉이 "자신의 과거를 잊으려 했으며, 조상이 받은 약속을 소홀히 했다"는 암시일 수 있다고 주장한다(Matthews, *Genesis*, 766). 의도적으로 긴장을 모호하게 처리했을 수도 있다.
35. Carolyn J. Sharp, *Irony and Meaning in the Hebrew Bible* (Bloomington: Indiana University Press, 2008), 60.
36. Sarna, *Understanding Genesis*, 302; Carroll, *Bible and Borders*, 22; Marzouk, "Migration," 75.
37. 이 절은 동사 나크하르(*nakhar*)의 여러 형태를 이용해 언어유희를 선보인다. 히필 형으로는 '인정하다'와 같은 의미로 사용되지만, 히트파엘 형은 '스스로 이방인이 되다'와 같은 의미가 있다(Holladay, 5551; TWOT, 1368).
38. Walter Moberly, *The Theology of the Book of Genesis* (New York: Cambridge University Press, 2013), 245.
39. Holladay, 1494; TWOT, 330.
40. 일반적으로는 창 17:8; 48:4, 구체적으로는 아브라함이 헷 족속에게서 매입한 매장지와 관련하여 창 23:4, 9, 20; 49:30; 50:13에서 이 단어를 쓰고 있다.
41. Calum Carmichael, *Illuminating Leviticus: A Study of Its Laws and Institutions in Light of Biblical Narratives* (Baltimore: Johns Hopkins University Press, 2006), 129.
42. Bruce C. Birch, *Let Justice Roll Down* (Louisville, KY: Westminster John Knox, 1991), 113.
43. Marzouk, "Migration," 75; Carroll, *Bible and Borders*, 22.
44. Sharp, *Irony*, 60의 논의를 참고하라.
45. Janzen, *Genesis*, 180; Kass, *Beginning*, 633-634.
46. Von Rad는 내러티브가 "인간 지혜의 가능성에 대한 순진한 기쁨"을 반영한다고 말하지만 (Von Rad, *Genesis*, 410-411), 나는 이 내러티브가 절대 순진하지 않다고 주장한다.
47. Elizabeth Jemison, *Christian Citizens: Reading the Bible in Black and White in the Postemancipation South* (Chapel Hill: University of North Carolina Press: 2020), 20.
48. Samuel L. Perry and Andrew L. Whitehead, *Taking America Back for God: Christian Nationalism in the United States* (New York: Oxford University Press, 2020), 6.
49. David T. Koyzis, *Political Visions and Illusions: A Survey and Christian Critique of Contemporary Ideologies* (Downers Grove, IL: IVP Academic, 2003), 120. 또한 Perry and Whitehead, *Taking America Back*, 11 참고.
50. D. Stephen Long, *Augustinian and Ecclesial Christian Ethics: On Loving Enemies* (Lanham, MD: Lexington Books, 2018), 191-192.
51. Nico Pitney, "Obama's Nomination Victory Speech in St. Paul," *HuffPost*, 2008년 11월 5일, www.huffpost.com/entry/obamas-nomination-victory_n_105028.
52. Daniel White, "Read Hillary Clinton's Speech Touting 'American Exceptionalism,'" *Time*, 2016년 8월 31일, https://time.com/4474619/read-hillary-clinton-american-legion-speech.
53. Andrew Harnik, "Read the Full Text of Joe Biden's Speech After Historic Election," *ABC News*, 2020년 11월 7일. https://abcnews.go.com/Politics/read-full-text-joe-bidens-speech-historic-election/story?id=74084462.
54. George W. Bush, "President's Remarks to the Nation," George W. Bush White House Archives, https://georgewbush-whitehouse.archives.gov/news/releases/2002/09/20020911-3.html.
55. NPR, "President Trump's Inaugural Address, Annotated," 2017년 1월 20일, www.npr.org/2017/01/20/510629447/watch-live-president-trumps-inauguration-ceremony.

56. Whitehead and Perry, *Taking America Back*, 16.
57. Whitehead and Perry, *Taking America Back*, 21.
58. Maggie Haberman, "Trump Told Crowd 'You Will Never Take Back Our Country with Weakness,'" *New York Times*, 2021년 1월 6일, www.nytimes.com/2021/01/06/us/politics/trump-speech-capitol.html.
59. "A Reporter's Footage from the Inside the Capitol Siege," *New Yorker*, www.youtube.com/watch?v=270F8s5TEKY.
60. Shevitz, "Joseph," 52; Walter Brueggemann, *Genesis, Interpretation* (Louisville, KY: Westminster John Knox, 2010), 356. 『창세기』(한장사)

12장. 정의로운 정치를 위한 다니엘 방식

1. D. Stephen Long, *Augustinian and Ecclesial Christian Ethics: On Loving Enemies* (Lanham, MD: Lexington Books, 2018), 225.
2. Carol Newsom, *Daniel*, OTL (Louisville, KY: Westminster John Knox, 2014), 64-65; Matthew Rindge, "Jewish Identity Under Foreign Rule: Daniel 2 as a Reconfiguration of Genesis 41," *JBL* 129, no. 1 (2010): 88; W. Lee Humphreys, "A Life Style for Diaspora: A Study of the Tales of Esther and Daniel," *JBL* 92, no. 2 (1973): 217.
3. Tim Meadowcroft, *Like Stars Forever: Narrative Theology in the Book of Daniel* (Sheffield: Phoenix Press, 2020), 2.
4. Justin L. Pannkuk, *King of Kings: God and the Foreign Emperor in the Hebrew Bible* (Waco, TX: Baylor, 2021), 97; Meadowcroft, *Like Stars*, 54.
5. 토론을 위해 Carolyn J. Sharp, *Irony and Meaning in the Hebrew Bible* (Bloomington: Indiana University Press, 2008), 56; Newsom, *Daniel*, 47; Daniel L. Smith-Christopher, "Daniel," in *The New Interpreter's Bible*, vol. 2, *Introduction Apocalyptic Literature, Daniel, the Twelve Prophets* (Nashville: Abingdon Press, 1996), 39 참고.
6. Newsom, *Daniel*, 45.
7. Smith-Christopher, "Daniel," 40-42.
8. Carroll, *Bible and Borders*, 25; Brennan Breed, "A Divided Tongue: The Moral Tastebuds of the Book of Daniel," *JSOT* 40, no. 1 (2015): 123; Pannkuk, *King of Kings*, 171.
9. Carroll, *Bible and Borders*, 25.
10. Anathea Portier-Young, *Apocalypse Against Empire: Theologies of Resistance in Early Judaism* (Grand Rapids, MI: Eerdmans, 2011), 259; Carroll, *Bible and Borders*, 25.
11. Newsom, *Daniel*, 48.
12. Newsom, *Daniel*, 48.
13. Meadowcroft, *Like Stars*, 38.
14. Smith-Christopher, "Daniel," 40.
15. Meadowcroft, *Like Stars*, 38.
16. Meadowcroft, *Like Stars*, 36.
17. Meadowcroft, *Like Stars*, 39-40. Smith-Christopher는 다니엘이 '문화와 대립하는 그리스도'라는 신학을 견지한다는 주장을 할 때 본문의 이런 측면을 적절하게 다루지 않는다 (Smith-Christopher, "Daniel," 34).
18. Portier-Young, *Against Empire*, 226.
19. Daniel L. Smith-Christopher, *A Biblical Theology of Exile* (Minneapolis: Fortress, 2002), 190.
20. Meadowcroft, *Like Stars*, 41.
21. Rindge, "Jewish Identity," 92-93.
22. Bruce C. Birch, *Let Justice Roll Down* (Louisville, KY: Westminster John Knox, 1991), 113.

23. Birch, *Let Justice Roll Down*, 52.
24. Stephen B. Reid, "The Theology of the Book of Daniel and the Political Theory of W. E. B. Du-Bois," in *The Recovery of Black Presence: An Interdisciplinary Exploration*, Charles B. Copher, Jacquelyn Grant, and Randall C. Bailey 편집(Nashville: Abingdon, 1995), 41.
25. Catherine Bell, *Ritual Theory, Ritual Practice* (New York: Oxford University Press, 2009), 100.
26. Portier-Young, *Against Empire*, 24.
27. Smith-Christopher, "Daniel," 34.
28. Pannkuk, *King of Kings*, 235.
29. Carol Newsom, "'Resistance Is Futile!' The Ironies of Danielic Resistance to Empire," *Interpretation: A Journal of Bible and Theology* 71, no. 2 (2017): 176.
30. 이런 환상은 기원전 2세기 Antiochus 4세 때 하나님의 백성이 겪을 가공할 핍박을 묘사하는 것일 수 있다(Portier-Young, *Against Empire*, 227).
31. N. T. Wright, *Surprised by Hope: Rethinking Heaven, the Resurrection, and the Mission of the Church* (Grand Rapids, MI: Zondervan, 2010), 20, 50. 『마침내 드러난 하나님 나라』(IVP)
32. Meadowcroft, *Like Stars*, 90-107.
33. Humphreys, "Life Style," 221.
34. Portier-Young, *Against Empire*, 228.
35. Humphreys, "Life Style," 223.
36. Meadowcroft, *Like Stars*, 2.
37. "숨어 있는 대본"이라는 표현은 James Scott에게서 빌려온 것이지만 성서학계에서는 광범위하게 사용되고 있다.
38. Smith-Christopher, *Exile*, 83.
39. Alexandria Frisch, *The Danielic Discourse on Empire in Second Temple Literature* (Leiden: Brill, 2017), 103.
40. 이것은 Smith-Christopher가 취하는 입장의 특성을 공평하게 잘 드러낸 것으로 보인다 (Smith-Christopher, "Daniel," 21, 34).
41. Frisch, *Danielic Discourse*, 123.
42. Portier-Young, *Against Empire*, 34-39.
43. Meadowcroft, *Like Stars*, 86.
44. (원서에서는) Goldingay가 번역한 내용을 실었다(John Goldingay, *Daniel*, WBC 30 [Grand Rapids, MI: Zondervan, 1996], 79). 나는 개역개정에서 "가난한 자"로 번역된 아나윔(*anayin*)을 NRSV를 따라 '빈궁한'이 아니라 '압제당하는'으로 번역했다. 이런 표현은 종종 단순히 물질적으로 가난한 사람뿐 아니라 핍박당하는 사람도 가리킨다(HALOT, 852, 856-857, 1951 참고).
45. HALOT, 1959; Goldingay, *Daniel*, 81. 『다니엘』(솔로몬)
46. 후대에는 그런 뜻을 갖게 되었기 때문에 칠십인역과 일부 현대 주석가는 치드카(*tsidqah*)를 '자선'의 의미로만 사용된 것이라고 이해한다(Newsom, *Daniel*, 145; HALOT, 1963). 그러나 느부갓네살이 '왕으로 언급되어' 있으므로 여기서는 정의라는 더 포괄적인 표현이 더 적절하다(Goldingay, *Daniel*, 81).
47. Newsom, *Daniel*, 143.
48. 이것을 법정의 수사적 표현으로 이해할 수도 있지만, 다니엘이 실제로 느부갓네살에게 조언을 한 점을 감안하면 가능성이 별로 없다.
49. Bava Batra 4a; 또한 Newsom, "Resistance Is Futile!," 173을 참고하라. 일반적인 해석의 역사에 대해서는 Newsom, *Daniel*, 150-156의 Breed가 탁월하게 요약한 내용을 참고하라.
50. Newsom, *Daniel*, 145.
51. John Goldingay, "The Stories in Daniel: A Narrative Politics," *JSOT* 12, no. 37 (1987): 105.
52. Goldingay, *Daniel*, 95.
53. Goldingay, *Daniel*, 95.

54. Rindge, "Jewish Identity," 94.
55. 내러티브의 흐름상 다니엘서 1장에서 절정은 시작되었다(Newsom, *Daniel*, 149).
56. Rindge, "Jewish Identity," 94.
57. 이것에 대해서는, Caio Peres, "A Lion Ate Grass Like an Ox: Nebuchadnezzar and Empire Transformation in Daniel 4," *Scandinavian Journal of the Old Testament* 35, no. 2 (2021) 참고.
58. NRSV는 'mind'로 번역하지만 레바브(*levav*)라는 단어는 보통 'heart'로 번역된다.
59. Newsom, *Daniel*, 223. 또한 Goldingay, *Daniel*, 162 참고.
60. Newsom, *Daniel*, 156에서 인용됨.
61. Stanley Hauerwas and William H. Willimon, *Resident Aliens: Life in the Christian Colony* (Nashville: Abingdon Press, 2014)에서 이렇게 주장했다. 『하나님의 나그네 된 백성』(복있는사람)
62. James K. A. Smith, *Awaiting the King: Reforming Public Theology*, Cultural Liturgies vol. 3 (Grand Rapids, MI: Baker Academic, 2017), xiii. 『왕을 기다리며』(IVP)
63. Allan A. Boesak, *Black and Reformed: Apartheid, Liberation, and the Calvinist Tradition* (Eugene, OR: Wipf & Stock, 2015), 54.
64. Nicholas Wolterstorff, *Hearing the Call: Liturgy, Justice, Church, and World* (Grand Rapids, MI: Eerdmans, 2011), 364에서 유사한 지적을 하고 있다.
65. 동시에 Yoder의 심각한 성적 학대와 교회론적 방식에 미치는 함의를 밀도 있고 철저하게 비판한다. D. Stephen Long, *Augustinian and Ecclesial Christian Ethics: On Loving Enemies* (Lanham, MD: Lexington Books, 2018), 105-112.
66. Long, *Augustinian*, 216.
67. Long, *Augustinian*, 276.
68. Smith, *Awaiting the King*, xiii.
69. Smith, *Awaiting the King*, xii-xiii.
70. Smith, *Awaiting the King*, 9.
71. Smith, *Awaiting the King*, 9-10.
72. Smith, *Awaiting the King*, 16.
73. Smith, *Awaiting the King*, 17. 칼뱅주의의 정치사상은 '원리적 다원주의'에 대한 맹신으로 이런 시도가 종교적 강요로 흐르지 않도록 차단하고자 노력한다(131-150 참고).
74. Breed, "Divided Tongue," 129.
75. Smith, *Awaiting the King*, xiv.
76. Pannkuk, *King of Kings*, 170.
77. Goldingay의 표현.
78. Smith, *Awaiting the King*, xiv.
79. Smith-Christopher, "Daniel," 56의 유익한 통찰을 참고하라.
80. Netters 목사의 정치 신학과 실제에 대한 통찰을 제공해준 친구 Melvin Watkins 박사이자 목사에게 감사드린다.
81. "Pastor Emeritus—Dr. James L. Netters Sr.," Mt. Vernon Westwood, accessed 2022년 11월 15일, https://mt-vernon.org/dr-james-l-netters-sr.
82. Mt. Vernon Westwood, "Pastor Emeritus—Dr. James L. Netters Sr."

13장. 기쁨을 위한 정의로운 제자도

1. 한 장을 할애해 선지서나 복음서만을 다루지 못했음을 유의하라.
2. 아오테아로아는 뉴질랜드를 가리키는 마오리족 언어다.
3. Leslie Newbigin, *The Open Secret: An Introduction to the Theology of Mission* (Grand Rapids, MI: Eerdmans, 1995), 48-49. 『오픈 시크릿』(복있는사람)